四川大学中央高校基本科研业务费项目

灾害法学基本问题研究(skqy201506)最终成果之一

国家社科基金"防范化解重大风险"重大研究专项项目

防大灾救大险法治能力提升研究(18VFH020)初步成果

| 光明社科文库 |

灾害法学基本问题研究

三个基本范畴研究报告

王建平◎著

光明日报出版社

图书在版编目（CIP）数据

灾害法学基本问题研究：三个基本范畴研究报告 /
王建平著 . -- 北京：光明日报出版社，2020.1
ISBN 978 - 7 - 5194 - 5587 - 3

Ⅰ . ①灾… Ⅱ . ①王… Ⅲ . ①灾害防治—法学—研究
Ⅳ . ①D912. 182. 04

中国版本图书馆 CIP 数据核字（2020）第 022059 号

灾害法学基本问题研究——三个基本范畴研究报告

ZAIHAI FAXUE JIBEN WENTI YANJIU——SANGE JIBEN FANCHOU YANJIU BAOGAO

著　者：王建平

责任编辑：郭思齐　　　　　　　责任校对：张　幽
封面设计：中联华文　　　　　　特约编辑：张　山
责任印制：曹　净

出版发行：光明日报出版社
地　　址：北京市西城区永安路 106 号，100050
电　　话：010 - 63169890（咨询），63131930（邮购）
传　　真：010 - 63131930
网　　址：http：// book. gmw. cn
E - mail：guosiqi@ gmw. cn
法律顾问：北京德恒律师事务所龚柳方律师

印　　刷：三河市华东印刷有限公司
装　　订：三河市华东印刷有限公司
本书如有破损、缺页、装订错误，请与本社联系调换，电话：010 - 63131930

开　　本：170mm×240mm
字　　数：322 千字　　　　　　　印　　张：18.5
版　　次：2021 年 6 月第 1 版　　　印　　次：2021 年 6 月第 1 次印刷
书　　号：ISBN 978 - 7 - 5194 - 5587 - 3
定　　价：99.00 元

献　给

2008 年"5·12"汶川大地震罹难者

2013 年"4·20"芦山大地震罹难者

2017 年"8·8"九寨沟大地震罹难者

四川大学法学院环境资源法学"灾害法学"硕士研究方向(2009)

四川大学—香港理工大学灾后重建与管理学院"灾害法学"博士学科点(2015)

巴拿恰灾害法学论坛(北川·2016)

《灾害法学评论》(2016)

四川大学自然灾害应急管理与灾后重建研究智库(2017)

防大灾救大险的法治能力提升研究(国家社科基金重大专项项目18VFH020,2018)

四川省法学会灾害法学研究会(2019)

导　言

本书 2015 年 1 月 5 日申报的"四川大学中央高校基本科研业务费项目"《灾害法学基本问题研究》(skqy201506) 最终成果之一,也是国家社科基金"防范化解重大风险"重大研究专项项目《防大灾救大险法治能力提升研究》(18VFH020) 的初步成果。之所以叫《灾害法学基本问题研究——三个基本范畴研究报告》(简称《灾害范畴报告》)是因为研究报告本身分为三大部分,即上编"灾害范畴的整合研究"、中编"人的致灾性概念研究"和下编"'灾害法学'的发现研究"。主要解决三个基本范畴,即灾害范畴、人的致灾性和灾害法学的基本定义及其产生路径问题。

创新是艰难和痛苦的。

在前无古人的背景下,提出灾害的定义不仅应当包含自然灾害,还应当包含事故灾难、公共卫生事件和社会安全事件等人为灾害,不仅会被法学界的人士所反对,就是专门进行灾害应急的实务界人士,也不是非常愿意接受这样一个把人为灾害"打包"到灾害概念的想法。

灾害肯定谁都不喜欢,笔者肯定也不喜欢。但是,如果因为不喜欢,就不去研究或者进行探索,从而找到防灾减灾救灾综合机制法治化路径的话,那么,我国社会的整体防灾减灾救灾能力是无法提升的。就如同癌症,客观地说,除了专门研究癌症,希望攻克癌症治疗难题的人之外,没有任何人愿意提到癌症或者与癌细胞、癌症病理以及治疗方法打交道。但是,当各种癌症作为一个类型化的疾病,困扰患者、困扰家庭和困扰全社会的时候,谁有资格指责与癌症打交道的肿瘤专家,以及抗癌药物的研发者,还有帮助患者与癌症进行疾病搏斗的医护人员呢?

因此,笔者自我安慰的小诗是:

灾害来临非因爱,

环境变异定致灾;

自然规律不随人，

过度索取必酿害。

一、三个基本范畴如何研究

在《灾害范畴报告》中，上编"灾害范畴的整合研究"部分，内容包括第一章"灾害的定义及其属性"、第二章"灾害的类型化及法律属性"和第三章"承灾体：灾害概念的反向塑造"。其中，灾害的定义从灾害、自然灾害与事故灾难在"灾害"层面的字源、本义与转义入手，解读"灾害"的内涵是水害和火灾，即所谓的"水火无情"。在致害物和受害物之间，人员生命、物质财富和社会秩序等，都是无法逃脱的承载体。于是，人类社会面对事故灾难的灾害属性，从"三链"现象入手，观察灾害、自然灾害与人为灾害的内在关系，实际上就是事故链、灾害链与应对链的"三链"关系。由此而言，灾害理所当然地要被分成人为灾害与自然灾害，而不能对人的致灾性加以否认和漠视。随着研究的展开，就有了"城市灾害"、"环境灾害"与"生态灾害"的名词和概念出现。

在灾害与事故的法律属性构成研究中，笔者发现，除了致灾因子中的诱发因子不同之外，自然灾害与人为灾害其实并没有本质上的差异。例如，武汉市从千百年前的一个水岸码头变成今天人口众多的超大城市，在这个过程中，蚕食或者不断侵蚀湖泊便是具有灾害诱发因子属性的。这种属性，在2016年再次以汤逊湖水灾的形式展现出来。在汤逊湖水灾中，建在填湖形成的土地上的超豪华别墅，实际上取得了承灾体的特性。这种承灾体，实际上是灾害概念的反向塑造或表现。这是一种思维方法，即水平思维或者横向思维，它观察灾害的几个视点分别是：(1)填湖造地的"蓝线蚕食"政策习惯；(2)人水斗争中水退人进的虚像；(3)人的欲望无限与资源供给有限的矛盾冲突升级；(4)自然规律与环境规律、生态规律的违反，等等。于是承灾体概念就被塑造出来了。

在第三章"承灾体：灾害概念的反向塑造"中，主要包括(1)第一节"承灾体界定及特征"，第一节又包括"承灾体的定义：灾害社会性的表现""承灾体、受灾体和受害对象：承灾体的法律特征""承灾体的发现、固定、选择和路径依赖"；(2)第二节"第一承灾体：人命与健康"，分为"自然灾害中的人：逃生本能与自甘冒险""人命第一承灾体：以死亡或伤残来表现""人命第二承灾体：健康与身体灾害中受伤，人命第三承灾体：心理应激障碍与灾害致残问题"；(3)第三节"第二承灾体：财物和各种建筑物"民括"财物和各种建筑物成为第二承灾体""财物和各种有体建筑物的无躲避性""财物和各种有体建筑物维护的有限性""日本大暴雨致灾的第二承灾体";(4)第四节 "第三承灾体:社会秩序",包括"对社会环境的破坏性:灾害改变社会关系结构""灾害第三承灾体:社会秩序的混乱与社会物质环境的损坏""社会人文环境的损伤:PTSD 的产生""第三承灾体变形:次生灾害与衍生灾害"。

二、人的致灾性概念研究

"人的致灾性"概念,是以第四章"人类需求与欲望超界及致灾性控制"作为研究分析的进路的。其中,对人与自然的物质能量交换关系分析,从人与自然的物质索取关系研究中,对人与自然的能量交换关系进行了证成分析,提出人的欲望无限与自然的供给有限之间必然产生矛盾和冲突,而这些矛盾和冲突,是人的致灾性产生的根源所在。

在对人类需求与欲望的超限性分析时,笔者认为,人的需求超出自然的供给量,必然导致自然界发生变异。因此,在"三生"即生命、生活与生物一起"向大自然索取超界"的时候,必然会发生"蓝线蚕食"现象。这种现象,便是填湖造地与人的致灾性的案例,即 2016 年 7 月,武汉长岛—汤逊湖别墅水灾的教训。这种教训,似乎并没有让人们刻骨铭心。

由此而言,2018 年 3 月,党和国家机构改革方案中,"应急管理部"被作为人的致灾性部门控制的专业机构,被整合型设置出来,试图以这样一个自然灾害应对性专门机构,担负全社会人的致灾性控制的重任。在我国,应急管理部本质上是灾害管理部,但却取了"应急管理部"这样的名字。根据《应急部三定规定》方案,以及其"三大职能目标",我国应急管理部的"三加一职能"与人的致灾性控制,是有内在联系的。

在本书中,对于人的致灾性概念的提出与界定,一方面,从人的致灾性定义入手,对人的致灾性法律特征,以及人的致灾性表现,主要是生态资源利用人的致灾性行为形态等进行分析,进行了人的致灾性证成。另一方面,从人的微致灾性及其聚合角度分析入手,把人的微致灾性概念推向前台,并对"北京咳"与北京城市形象,北京 PM2.5 成灾原理与雾霾灾害,人的微致灾性聚合现象及其人为控制进行实证分析。应当说,人的致灾性与环境污染、生态破坏的内在联系在于:(1)人的欲望无度转换成土壤污染的致灾性;(2)人的生态破坏牟取非法利益行为与生态灾害治理,是水火不相容的;(3)城市发展与人的宏观致灾性汇聚的实例之一,便是武汉这座城市千百年来与洪水的不懈斗争,以及"蓝线蚕食"型的填湖造地"习惯"。

与此同时，对人的致灾性挖掘，还表现在致灾因子与孕灾环境的研究层面，即致灾因子作为一个基本范畴，既有素质因子、诱发因子和扩大因子的界分，也有致灾因子的定义，以及法学上的表述与归纳，在诱发因子与素质因子的转换中，必然会发生致灾因子的组合，导致致灾因子聚合后的倍增效应发生。在作者看来，致灾因子的聚集、合成与放大效应，一是致灾因子的聚集现象，即大气污染致灾因子的持续性增加，导致致灾因子合成后，"北京咳"与"北京霾"在个别时段与空间会反复出现；二是《北京大气污染防治条例》与我国《大气污染防治法》对致灾因子的控制效应有限，从而导致雾霾灾害连续发生或者显现。在这里，由致灾因子的聚集、合成与放大，与一定的地理性环境因素结合，最终转化成了孕灾环境。对孕灾环境的界定，是从孕灾环境到成灾环境，尤其是在对城市灾害中的孕灾环境法律特征的界定中，对孕灾环境的时空分布、以法律控制人的致灾性、依法控制大气污染孕灾环境的效用性等，进行深入具体的分析，来证明国家法治能力对于人的致灾性控制是必然的。

三、"灾害法学"的发现研究

所谓灾害法学的发现，是指灾害法学作为一个新型交叉学科，从"安全科学与技术"中的灾害学，在结合法学方法和功能的过程中，寻找到其交叉学科的形成路径，即路径发现、路径选择、路径固定和路径依赖的过程。由于目前的学科目录上，没有直接列明"灾害法学"，学术界尤其是法学界也没有达成灾害法学应当存在的共识，所以，在这里笔者使用了"灾害法学的发现"这样的措辞。

灾害法学在其形成的实践路径上，即灾害法学的第一路径发现，首先来自1998年长江大水灾之后的国家天然林禁伐政策的出台。也就是说，长江流域大洪水的法律反思中，包括对我国《水法》《森林法》《草原法》等法律的法律效力的事实限制问题，进行系统的反思。而2008年"5·12"汶川大地震中人类社会的可作为与应作为，让灾害法学的路径直接显现出来。因为在各种自然灾害中，人的身份必然发生变化，即从承灾体到减灾体。前者强调人的消极承受灾害损害的特性，而后者则是强调人的积极防灾减灾救灾的义务承担属性。

虽然，我国相关单灾种立法和《突发事件应对法》当中，对"灾害三期"与"灾害四期"有所规定，但是，灾前期防灾、临灾期应急和灾后期重建，并没有非常明晰的法律界限和标准，尤其是对"通道期"与"通道后期"现象，至少在理论研究上都非常缺乏。这必然导致防灾减灾救灾综合体制改革，尤其是国家防大灾救大险法治能力的提升，必然遇到较强的瓶颈束缚。

笔者观察到,我国灾害法学的路径依赖当中,一方面在灾害法学路径选择上,北川样板虽然具有极强的典型意义和价值,但是,却没有被高度重视;而灾害法学路径的固定层面,我国的《退耕还林条例》,还缺少地方政策和经济投入的积极支撑。另一方面,灾害法学在"通道后期"的道德冲突下,如果确定路径依赖形成前的路径选择,还存在有待深入研究的必要。

灾害法学是新型交叉学科,虽然对于灾害学而言,是有些让人不待见的学科,但是,灾害科学理念之下,灾害能够改变世界,而灾害法学则是利用人类社会法治文化层面的法律义务、法律制度和法律责任等制度资源,可以积极拯救世界,化解灾害风险和控制灾害损失。当灾害学把自然力或人力致灾的学科理论,变成国家政策制定的基石时,人类为何不喜欢"灾害学"呢?是因为"灾害"二字让人很不舒服吗?灾难学与未来学耦合后,必然会生发出灾害法学文化的需求来,由此而言,灾害法学的产生,似乎也就是顺理成章的。

事实上,灾害法学就是因国际减灾十年活动而兴起的一门学科。国际减灾十年活动的开展,让世界各国的人们意识到:以人类社会制度的力量应对自然灾害,控制灾害风险,强化灾害损失控制,是人类社会制度的基本功能,当然也就是法律制度的基本功能了。减轻自然灾害的法治力量,除了立法、执法、守法之外,那就是司法。汶川大地震告诉世人的道理,就是以法律防灾减灾救灾是必须的,即以法律制度来防灾减灾与救灾,实际上是借助法治的力量和中央政府、地方政府的防灾减灾救灾法治能力,完成社会安全的法律任务。

在笔者看来,灾害法学的逻辑结构是以综合防灾减灾救灾机制为起点,在总结灾害与应急"一案三制"制度的得失基础上,进行综合防灾减灾救灾机制的全面改革,把全社会防灾减灾救灾能力的培育,从个体、群体到整体的能力形成作为灾害法学要承担的学科使命。应当说灾害法学的使命之一,首先是明确灾害法学的归属。应当说,灾害法学属于灾害管理与法学交叉的学科,同时,灾害法学归属于国家安全学门类,是四川大学"安全科学与减灾"这个二级学科生发出的灾害法学学科。其次,灾害法学的功能包括:(1)防灾为主的全方位应急管理能力建设;(2)灾害法学的宿命,就是授人以防灾减灾救灾法治能力;(3)对我国央地政府防灾减灾救灾能力的分工,通过灾害基本法的研究来架构和完成。最后,灾害法学对落实两办的《综合减灾意见》具有非常重要的价值和意义。(1)灾害法学教学、课题研究和学术交流,可以推动灾害法学理念的传播;(2)金沙江堰塞湖两次应急的实例分析,在形成专门的研究报告和论文之后,对灾害法学提供了实务分析的个案样板;(3)借助自然灾害应急管理智库、研究中心与《灾害法学评论》等平台,让灾害法学的理论形成,沿着自己的路径不断推动和向前发展。

这本《灾害范畴报告》,是笔者本着开创新的研究领域即"灾害法学"的宗旨,把自己从1991年江淮大水灾之后,对民生的关注、关切,于2015年1月以更高的视野,即设立"灾害法学"博士学科点变成学术层面的不断开拓的勇气和信念的产物。2018年8月25日,笔者申报的国家社科基金"防范化解重大风险"重大专项项目《防大灾救大险的法治能力提升研究》(18VFH020)获得立项。此后,笔者又以"四川大学自然灾害应急管理与灾后重建研究智库"首席专家身份,获得《四川藏区地质灾害综合防治体系建设研究》立项,学术研究任务异常繁重。

基于此,唯愿笔者这本《灾害范畴报告》,能为中华民族伟大复兴中国梦的实现,添砖加瓦。

目 录
CONTENTS

上编 **01**

灾害范畴的整合研究

第一章

灾害的定义及其属性

提到灾害,人们立即想到"自然灾害"。也就是说,在人们的心目中,灾害就是自然灾害,或者"灾害"＝"自然灾害"。其实,就"灾"字而言,其繁体字为"災",从水、从火,由水或者火生出水灾或者火灾的意思。事实上,人们往往对"灾害"两个字或者"自然灾害"四个字的理解,常常是"自然发生的""自然因素的""自然界的"或者"自然力的"等,重心是在"自然"二字上,而不是"灾害"二字上。

应当说,提到"自然灾害"时,固然要拷问其原因。但是,似乎更应该关注其结果,那就是,各种各样的自然危险,带来了什么样的危险性或者危害性后果。也就是说,把灾害理解成"自然灾害",实际上是原因理解或者原因推究法。而把"灾害"理解成是由灾因(致灾因子)、灾变(孕灾环境)和灾果(灾害后果即承灾体对灾害后果的承受与表现)"三灾"现象的,则是结果确定法,或者称灾果定义法。

由此而言,注重灾果的方法,必然将自然灾害和人为灾害归并在一起,统称为"灾害"。而要区分时,加上"自然因素"的为"自然灾害",加上"人为因素"的属于"人为灾害"即事故灾难。其中间态则为"自然人为灾害""人为自然灾害"等。

第一节　灾害、自然灾害与事故灾难

一、灾害的字源、本义与转义

(一)灾字的初意

"灾"字的来源解释上,多认为:第一,"灾"字源于水不是源自火。最早的"灾"源自《卜辞》,是水的横写,是象形字,有恣意横流、左冲右撞之意;第二,"灾"是个会意字,在"川"的三道之间有两斜横,意为川被横断,造成水灾;第三,"灾"

是形声字,"川"字中间一竖变成"才"字作声符。灾,会意字。甲骨文字形,像火焚屋的形状。小篆从川,表水;从火。水火都是灾祸之源。本义:火灾从宀(mian)从火,火起于下,焚其上也。

现代的汉字简体字,将灾、烖合并为灾。灾,在从巛、从火之后,其意思为"天火"。而"烖"则是人火,应当诛伐之意。下火上窜为灾(宀、火);天火下行为灾(巛、、火),人火诛伐为烖。天反时为灾,地反物为"妖"。《左传·宣公十六年》:"凡火,人火曰火,天火曰灾。"《周礼·司服》注:"水火为害。"王充《论衡》:"人君失政,天为异;不改,灾其人民;不改,乃灾其身也。"有"伤害,使受灾害"之意,而《汉书》则有"滥炎妄起,灾宗庙,烧宫馆"之语,灾为"焚烧"的意思。

(二)与"灾"字关联的词语

与"灾"字关联的词语,主要有:(1)灾害(calamity;disaster),是旱、涝、虫、雹、战争、瘟疫等造成的祸害的情形;(2)灾患(calamity),即灾害、灾难;(3)灾荒,是指由于自然灾害造成饥馑;(4)灾祸,即灾难、灾害;(5)灾民,是指受到灾情威胁的难民;(6)灾难,是自然的或人为的严重损害;(6)灾年,指受灾之年、荒年;(7)灾情,指受灾的情况;(8)灾区,指受到灾害危害或者承受灾害损失的地区;(9)灾星,即给人带来厄运或灾难的人或事物,是一种比喻的说法;(10)灾殃,即灾难、祸殃。由此而言,与"灾"字组合的词语,多是带有相当消极含义的词语,表现出"灾"的一般社会属性——灾难性或者对于人类社会的危害性。

(三)"害"字的含义

"害"即食野草也,芉野草也,不是丰。丰,麦穗也。其解释:一是会意,从宀(mián),从口从芉;二是同本义,英文相近的单词有 impair、injure、damage、harm 等。"害"字的四种词性,其含义各不相同。

1."害"作为动词。(1)"害"字,会意。从宀(mián),从口,丰(gài)声。从"宀"、从"口",意思是言从家起,而"言"又往往是危害的根源。(2)本义为"伤害""损害"。(3)"害"的本意,伤也。(4)害所得而恶也。如《韩非子·六反》"害者,利之反也"。《论语·卫灵公》"志士仁人,无求生以害仁,有杀身以成仁"。又如害心(害人害物的心思,即杀心)、害虐(伤害虐待)、害身(伤害身体)。(5)妨碍,妨害。如他设置重重障碍,这可害了我。(6)谋杀,谋害。如他在去上班的路上被害;他为仇人所害。(7)妒忌。(8)招致某种后果。(9)加祸。(10)怕羞。(11)感觉。如害乏(感到疲乏);害饥(感到饥饿);害疼(感觉疼)。(12)患病,发生疾病。(13)怕。如害慌(害怕;发慌)等。

2. "害"作为名词。(1)灾害。祸害(disaster;calamity)。如《墨子·兼爱中》"必兴天下之利,除去天下之害"。(2)另一表述。害咎(灾祸);害患(祸患);害灾(灾害)。(3)人身重要的部位。(4)险要的处所。如张衡《东京赋》:"守位以仁,不恃隘害。"(5)恶人。如为民除害。

3. "害"作为形容词。(1)有害的。如害虫;害兽;(2)"害"读音 hé(副词)通"曷",何不。《书·大诰》:"王害不违卜。"《汉书·翟方进传》:"予害敢不予祖宗安人图功所终?"(3)另见害"hài"。汉字首尾分解:宀口会意。金文和小篆都是从宀(mián),从口。从"宀"、从"口",表示同在一个屋檐下说话,而中间是三层物质被一个尖利的东西所贯穿,表示所说的话尖酸刻薄,因此,本义为"同在一个屋檐下的人说尖酸刻薄的话伤人"。英文单词为 impair、injure、damage、harm 等。

4. "害"的常用词组。(1)害病。生病。(2)害虫。凡直接或间接对人类有害的虫类。如苍蝇、蚊子,有的危害农作物,如蝗虫、螟虫、棉蚜等。(3)害处。对人或事物有害的地方。(4)害口。(方言)指妊娠反应。(5)害马。有害马的,后指危害集体的人。(6)害命。杀害性命,图财害命。(7)害怕。面临险境而心中恐惧、惊慌。(8)害群之马。"害马"本指损伤马的自然本性。后凡足以损害同类或团体的人,都称为害马或害群之马。(9)害人。使人受害的行为或过程。(10)害人不浅。把别人坑害得很厉害。《西游记》"恐日后成了大怪,害人不浅也"。(11)害人虫。比喻害人的人。(12)害臊。怕羞。(13)害兽。对人类有害的各种兽类,如獾、狼、野猎等。(14)害喜。指孕妇怀孕期间恶心、呕吐、不思饭食等种种反应。也说"害口"。(15)害羞。感到不好意思;难为情。(16)害眼。眼睛患病,特指患急性结膜炎。(17)害月子。(方言)见"害喜"等。

(四)"灾害"的本义与转义

"灾害"二字连用,构成一个名词。因此,灾害是一个具有灾因(致灾因子)、灾变(孕灾环境)和灾果(灾害后果即承灾体对灾害后果的承受与表现)的"三灾"现象,属于自然界与人类社会在物质和能量交换过程中,必然发生的一种社会现象。这个定义,是笔者从1991年7月江淮大水灾之后,经过28年的反复观察、思考和归纳总结出来的。由此,抽象言之,事故灾难也是具有灾因(致灾因子,人为致灾因子)、灾变(孕灾环境,事故发生环境)和灾果(灾害后果,承灾体对灾害后果的承受与表现)的"三灾"现象而已,与自然灾害唯一不同的是,致灾因子是人为原因,属于技术事故或者责任事故的范畴。

理论上,灾害就是天灾人祸造成的损害。如《左传·成公十六年》:"是以神降之福,时无灾害。"《史记·秦始皇本纪》:"阐并天下,甾害绝息,永偃戎兵。"清唐甄《潜书·格君》:"灾害不生,嘉祥并至。"有人把"灾害"定义为对能够给人类和人类赖以生存的环境,造成破坏性影响的事物、事件或者事情的总称。"灾害"本身表达的中心思想,是各种致灾因子或者引发自然灾害的因素的组合,必然会形成一种灾变,也就是孕灾环境的宏观、中观或者微观的灾变环境,于是灾害后果的发生也就是一种必然现象。这种现象,可以概括为人员生命健康、各种财产和社会秩序等承灾体,对各种自然灾害致灾因子的发生作用即灾害后果的承受与具体表现。由此而言,"灾害"只是一种自然界某种能量或者物质发生灾变某一现象的大概描述,并不表示该灾害发生的具体程度,即灾度状况。

(五)灾害、自然灾害与人为灾难

现实社会中,灾害的发生是各种致灾因子共同作用的结果,灾害发生后,可以扩张和发展并演变成灾难。如人畜共患的传染病大面积传播和流行,就会导致公共卫生灾难即严重的公共卫生事件。在我国,发生于2002年11月,大面积流行于2003年5月前后的SARS(即非典),就是一次非常严重的传染病灾害。因此,一切对自然生态环境、人类社会的物质和精神文明建设,尤其是人们的生命、财产和社会秩序等造成严重危害的自然灾害、事故灾难、公共卫生事件和社会安全事件等,都属于灾害范畴。

那种把自然灾害与事故灾害截然分开的认识,一般而言,并无大碍。

但是,就我国2018年3月进行的国务院机构改革中,组建"应急管理部"后,把国家安全生产监督管理总局并入,然后,由国务院办公厅(应急管理办公室)、公安部(消防局)、民政部(救灾司)、国土资源部(地质灾害应急管理办公室,即"地质环境司")、水利部(国家防汛抗旱总指挥部办公室)、农业部(草原监理中心)、国家森林防火指挥部(国家林业局森林公安局)、中国地震局(震灾应急救援司)、国家减灾委员会、国务院抗震救灾指挥部等11个部委司局办一起整合而成。其中,水利部的水旱灾害防治,由国家防汛抗旱总指挥部办公室承担,该办挂在水利部。国家森林防火指挥部职责,由国家林业局森林公安局承担。同时,由应急管理部管理中国地震局、国家煤矿安全监察局,并管理综合性常备应急骨干力量。

应当说,根据推动形成统一指挥、专常兼备、反应灵敏、上下联动、平战结合的中国特色应急管理体制,提高防灾减灾救灾能力,确保人民群众生命财产安全和社会稳定的应急管理部设立的目标,其职责重心是:(1)注重防灾即生产安全事故的预防;(2)各种灾害的应急与协调处置;(3)火灾、森林火灾、水旱灾害和地震灾害、草原灾害的预防与应急处置;(4)涉及灾后重建、应急救援与综合协调等,实际上就是有意识在国家层面把自然灾害与人为灾难弱化,而强化其"灾害"属性的一项重大举措。

二、灾害的定义

按照作者在前文中的定义,灾害是灾因(致灾因子)、灾变(孕灾环境)和灾果(灾害后果即承灾体对灾害后果的承受与表现)结合后,形成的"三灾"现象,即灾害是借助灾变介质,导致灾果出现或者发生的情形。灾害作为一种人类社会与自然界进行物质和能力交换关系,或者人类社会自身在生产、生活等社会活动过程中,发生重大变化尤其是损害性、伤害性或者有害性变化,不论引起这种有害性变化的原因是什么,站在人类社会对灾果的承受角度看,都是属于灾害的范畴。

可见,在定义灾害的时候,一定要把导致的结果放在第一位,而不是把原因放在第一位,也不是把灾害过程放在第一位。也就是说,从方法论上讲,灾害是对能够给人类社会赖以生存的环境造成破坏性影响的任何事件的总称。广义上,这种事件包括自然事件和社会事件,前者称为自然灾害,后者称为人为灾害或者社会灾害。因此,在提及和研究灾害时,我们观察和思考的方法论,不得不让我们立即涉及一门基本学科,即灾害社会学。

灾害社会学(Sociology of disasters),是一个社会学用语,是指探究灾害与社会发展之间相互影响、相互作用的基本过程、基本特征和一般规律的科学。站在灾害社会学角度,对灾害的分析有两个层次。一是灾害与人的关系。人是灾害研究以及社会发展的直接承担者,作为前者,人为"承灾体";而作为后者,人为"减灾体"。二是灾害与社会的关系。社会是由人群即人的集合体构成的,有其自身的组成要素、结构功能及运行规律。在分析人与灾害关系时,要着重分析灾害与社会的关系,也要从灾害对社会发展(即人和社会)的影响(正面的和反面的),以及社会发展对灾害的影响两方面进行分析。① 由灾害社会学上的"灾害"定义可以看出灾害与人和社会的模型构成。(见图1.1)

---

① 人类面临着以气候变暖为特征的严峻的气候变化问题。从气象与社会运行、协调发展的紧密关系出发,气象社会学的构建具有较强的现实意义。本书提出气象社会学是一门关于气象与社会良性运行与协调发展的条件和机制之间相互作用相互影响的应用分支社会学这一概念,社会学理论、气象学理论和科学发展观构成了气象社会学的理论基础。参见:彭黎明. 论气象社会学的构建及研究展望[J]. 前沿,2010(22):86.

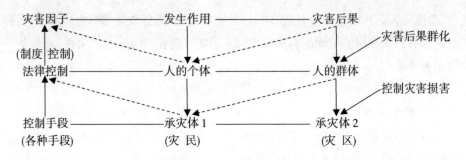

图1.1　灾害因子与人的个体关系模式图

图1.1中,灾害因子的聚集与合成,对孕灾环境发挥作用后产生灾害后果。其中,人的个体是致灾因子发挥作用的主要对象,属于灾民范畴。到了人的群体层面,则是灾害后果的群体化,全体灾民构成了灾区。于是,灾区政府控制灾害损害的手段之一,便是法律控制即制度控制。这时,人的行为或者人的致灾性行为,也是被控制的灾害因子之一。由此可见,图1.1可以揭示灾害与人、灾害与社会的关系的两种方向:一是灾害因子作用于人的个体和群体,是正作用方向;二是人类社会对灾害采取各种控制手段包括法律控制手段,是社会以制度力量作用于灾害,是反作用方向,目的是为了控制、制约和减轻灾害损失。这表明,在灾害面前,人类社会并不只是消极的、被动的和单纯承受灾害蹂躏的对象。

三、灾害与自然灾害

面对灾害,如果就灾害因子或者致灾因子进行分析时,会发现:纯粹的自然因素或者主要是自然界的致灾因子集合而成的灾害,为自然灾害。在这里,所谓灾害因子(Disaster factor),即导致灾害发生的因素或者因子。其中,因子的基本含义为"元素、因素、成分"等。这说明,灾害因子就是引致灾害发生的元素、因素等,是灾害发生的基础元素或者因素。

比如,汶川大地震灾害中,地震致灾因子分为6个。(1)震级和震源深度。即震级越大,释放的能量也越大,可能造成的灾害当然也越大。而当震级相同,震源深度越浅,震中烈度越高,破坏也就越重。(2)场地条件。主要包括汶川地处山区,其土质松软、覆盖土层厚、地下水位高、地形起伏大、有断裂带通过,就使得地震灾害损害加重。(3)人口密度与经济发展度。地震如果发生在荒无人烟的高山、沙漠或海底,即使震级再大,也不会造成人员伤亡或经济损失。相反,汶川大地震发生在人口稠密、经济发达、社会财富集中的汶川县城、北川县城和其他城镇地区,必然造成巨大的灾害。(4)发生时间。唐山大地震伤亡惨重的原因之一,正是由于地震发生在深夜 03:42,绝大多数人还在室内熟睡。但是,汶川大地震发生在 14:28,是人们都在上班、上学和工作、生产的时间段,伤亡人数肯定也多。(5)建筑物质量。地震时房屋等建筑物的倒塌和严重破坏,是造成人员伤亡和财产损失最重要的直接原因之一。事实上,北川县的房屋等建筑物的质量较差、抗震性能低下,导致整个县城被震毁,足以证明北川县城建筑物抗震设防不到位。(6)地震防御状况。破坏性地震发生之前,人们对地震有没有防御,防御工作做得好与否将会大大影响到经济损失的大小和人员伤亡的多少。防御工作做得好,就可以有效地减轻地震的灾害损失。这一点,可以通过北川县建筑物抗震性能低下导致整个县城被毁的实际事例,直接加以说明。

在前述 6 个灾害因子中,前 4 个为纯粹客观性灾害因子,而后 2 个,则为人为灾害因子。当我们判断灾害是否属于自然灾害时,应主要依据灾害因子中多少属于纯粹的客观因子来判定。而所谓致灾因子。是自然或人为环境中,能够对人类生命、财产或各种活动产生不利影响,并达到造成灾害程度的客观事件。如暴雨洪涝、干旱、热带气旋、风暴潮、霜冻、低温、冰雹、海啸、地震、滑坡、泥石流等均为致灾因子。致灾因子与灾害因子相比,更多强调的是导致灾害的发生原因。在这里,致灾因子是由孕灾环境产生的各种异动因子。广义上,这种异动因子的类型比较多,包括:(1)自然异动(如暴雨、雷电、台风、地震等);(2)人为异动(如各种设备操作失误、人为破坏等);(3)技术异动(如机械故障、技术失误等);(4)经济异动(如能源危机、金融危机,以及中美贸易冲突等);(5)政治异动(如美国退出巴黎协定、各种恐怖事件等)等产生的自然灾害和人为灾难等。

在致灾因子中除自然异动之外,更多的是与人的要素相关的异动。于是,致灾因子和孕灾环境、受灾体结合在一起互相作用的结果,决定了自然灾害或者人为灾难的灾情大小。应当说,不论是灾害因子还是致灾因子,都是站在承灾体的角度,分析其对作为承灾体之一的人类社会,究竟带来什么损害或者危害。由此而言,当致灾因子作用于人类社会并造成损害时,这类致灾因子被称为"危害因子""致害因子"或者"灾害因子""灾变因子"。但是,当它不作用于人类社会或作用于人类社会,或带来的益处远远大于害处时,如发生在无人区的地震和山洪,主要会起到缓解旱情作用的暴雨等,这些致灾因子只被称为自然变异而已。所以,灾害作为大概念,当然涵盖了致灾因子如果不包含人为因素的自然灾害,包含人为因素的人为灾害,以及各种人为灾难事件,等等。

四、事故灾难的灾害属性

所谓事故(Accident),一般是指造成死亡、疾病、伤害、损坏或者其他损失的意外情况。其中,安全事故,是指生产经营单位在生产经营活动(包括与生产经营有关的活动)中突然发生的,伤害人身安全和健康,或者损坏设备设施,或者造成经济损失的,导致原生产经营活动(包括与生产经营活动有关的活动)暂时中止或永远终止的意外事件。伯克霍夫(Berckhoff)认为,事故是人(个体人或集体)在为实现某种意图而进行的活动过程中,突然发生的、违反人的意志的、迫使活动暂时或永久停止,或迫使之前存续的状态发生暂时或永久性改变的事件。

理论上,事故的含义包括3个方面。

(1)一种发生在人类生产、生活活动中的特殊事件,人类的任何生产、生活活动过程中都可能发生这种事故。(2)一种突然发生的、出乎人们意料的意外事件。由于导致事故发生的原因非常复杂,往往包括许多偶然因素,因而事故的发生具有随机性质。在一起事故发生之前,人们无法准确地预测什么时候、什么地方、发生什么样的事故。(3)一种迫使进行着的生产、生活活动暂时或永久停止的事件。事故中断、终止人们正常活动的进行,必然给人们的生产、生活带来某种形式的影响。因此,从性质上看,事故是一种违背人们意志的事件,是人们不希望发生的事件。与此同时,事故也是一种动态事件,它开始于危险的激化,或者一系列危险因素的组合,并以一系列原因事件按一定的逻辑顺序"流经"系统而造成损失。即事故是指造成人员伤害、死亡、职业病或设备设施等财产损失和其他损失的意外事件。

事故在分类时,有生产事故和伤亡事故之分。生产事故是指生产经营活动(包括与生产经营有关的活动)过程中,突然发生的伤害人身安全和健康或者损坏设备、设施或者造成经济损失,导致原活动暂时中止或永远终止的意外事件。而伤亡事故,则是指企业职工在生产劳动过程中,发生的人身伤害、急性中毒等情形。由起因物(导致事故发生的物体、物质)、致害物(直接引起伤害及中毒的物体或物质)、伤害方式(致害物与人体发生接触的方式)、不安全状态(导致事故发生的物质条件)和不安全行为(造成事故的人为错误)等因子构成。可见,事故与灾害尤其是自然灾害的发生一样,有多种事故因子的组合。事故灾难按照其性质、严重程度、可控性和影响范围等因素,一般分为四级:Ⅰ级(特别重大)、Ⅱ级(重大)Ⅲ级(较大)和Ⅳ级(一般)。按照事故的具体原因,可以分为物体打击事故、车辆伤害事故、机械伤害事故、起重伤害事故、触电事故、火灾事故、灼烫事故、淹溺事故、高处坠落事故、坍塌事故、冒顶片帮事故、透水事故、放炮事故、火药爆炸事故、瓦斯爆炸事故、锅炉爆炸事故、容器爆炸事故、其他爆炸事故、中毒和窒息事故、其他伤害事故20种。

根据《生产安全事故报告和调查处理条例》第三条的规定,以生产安全事故造成的人员伤亡或者直接经济损失多少,将事故分为:(1)特别重大事故,即造成30人以上死亡,或者100人以上重伤,或者1亿元以上直接经济损失的事故;(2)重大事故,即造成10人以上30人以下死亡,或者50人以上100人以下重伤,或者5000万元以上1亿元以下直接经济损失的事故;(3)较大事故,即造成3人以上10人以下死亡,或者10人以上50人以下重伤,或者1000万元以上5000万元以下直接经济损失的事故;(4)一般事故,即造成3人以下死亡,或10人以下重伤,或者1000万元以下直接经济损失的事故,等等。

事故的发生,必然带有灾难性,即当然会造成人员伤害、死亡、职业病或设备设施等财产损失和其他损失的灾难性后果,或者类似于灾害的灾果。从这个层面看,事故灾难具有社会属性,即危害事故中的受害者和社会组织,同时,也有法律属性,即事故单位和相关责任人必须承担事故后果,分担事故损失,而少有自然属性。例如,2018年7月12日18:30左右,宜宾江安县阳春工业园区内宜宾恒达科技有限公司发生爆炸,火势一直延烧到12日23:25才扑灭,这起爆炸造成19人死亡,12人受伤。此次事故的初步原因,是二车间内生产的产品与安全审查时申报的产品不同,存在多种违规操作。[1] 显然,这起重大事故的后果,导致31人伤亡,就是名副其实的事故灾难。

第二节　灾害的属性与"三链"现象

一、灾害、自然灾害与人为灾害的关系

如果说,把自然灾害、人为灾害、人为自然灾害和自然人为灾害等归结为"灾害",然后,以"灾害预防""灾害应对"或者"灾害应急",以及"灾后重建"等来进行"应急管理部"的职能定位时,"灾害三期"或"灾害四期"都与其密切相关,其名

---

① 王姝鹏程. 宜宾爆炸企业存违规,车间产品与申报不符[N]. 新京报,2018－07－18
(A10).

称实际上应该是"灾害管理部"才对。那么,为什么不叫"灾害管理部"呢? 这大抵是国人不喜欢"灾害"两个字,与"讳疾忌医"文化有直接的关系。那就是,不喜欢就回避,就换个说法。所以,这里的"应急管理部"名称中的"应急",核心含义应当是"灾害"应对的说法。

这方面,国人最典型的实例莫过于对"死"这种现象的表述。除了"死"这种最直白的表述之外,还有"亡、故、卒、弱、逝、殁、殪、毙、殉、殂、徂、殒、殇、薨、死亡、丧亡、亡故、身故、物故、物化、去世、逝世、弃世、过世、下世、就世、谢世、凋谢、死灭、毙命、毕命、殒命、陨灭、捐背、捐馆、殂落、徂落、殂谢、徂谢、迁化、恒化、疾终、长逝、永诀、永别、永眠、长眠、就木、故去、溘逝、溘死、断气、咽气、合眼、闭眼、没了、挺腿、完蛋、呜呼、仙逝、仙游、千古、作古、归西、归天、大故、大行、不在、过去、见背、弃养、夭折、夭亡、短折、早世、早逝、早死、中殇、牺牲、舍身、献身、就义、捐躯、捐生、殉职、殉国、殉难、殉节、效死、效命、授命、阵亡、成仁、不禄、不讳、不可讳、回老家、玩儿完、翘辫子、上西天、见阎王、登鬼录、填沟壑、粉身碎骨、见马克思、与世长辞、溘然长逝、寿终正寝、命赴黄泉、呜呼哀哉、一命呜呼、天夺其魄、驾鹤西游、千秋之后、百年之和、三长两短、千秋万岁、兰摧玉折、玉楼赴召、玉楼修记、地下修文、葬玉埋香、玉殒香消、香消玉殒、借女离魂、山高水低、杀身成仁、舍生取义、以身许国、马革裹尸、肝胆涂地"等 131 种甚至于几百种说法。"死"只是其中之一,而且最直观最不具"文气",[1]前述 131 个词语中,只有 5 个(占 4.27%)带有"死"字即"死亡""死灭""溘死""早死""效死"等。可见,中国文化中,对于"死"这种自然现象的忌讳。所以,民间一般都用"去了""去世""逝世""没了""走了""亡故""永别""千古"等,甚至还有把"死"说成去"去苏联读书"[2]的例子。

自然灾害(Natural disasters),又称天灾[3],带有"老天爷带来的灾害"的意思。理论上,给其定义可以归纳为:以自然变异为主因产生的,并表现为自然态的灾害;[4]或指发生在生态系统中的自然过程,是可导致社会系统失去稳定和平衡的

---

[1] 所以,《礼记·曲礼下》云:"天子死曰崩,诸侯曰薨,大夫曰卒,士曰不禄,庶人曰死。"就是"死",也分成 5 等说法。
[2] 去读书就是去学习,"去苏联读书"就像去西天取经一样。当年,去苏联就是去无产阶级中心,就是跟着列宁、斯大林去了。现在,苏联早就不存在了,说某人"去苏联读书"就是说"死了"的意思。
[3] 辞海,上海辞书出版社,1979:2802.
[4] 马宗晋.自然灾害与减灾 600 问答[M].北京:地震出版社,1990:3.

非常事件,或者可能导致社会破坏和损失的自然现象。① 自然灾害,是指自然界中所发生的异常现象,这种异常现象给周围的生物造成悲剧性的后果,相对于人类社会而言即构成灾难。世界气象组织②表示,所有的天灾有90%跟天气、水和气候事件有关。由此而言,自然灾害分为地质灾害、气象灾害、气候灾害、水文灾害、生态灾害和天文灾害等。我国官方没有给自然灾害下过正式的法律定义,在相关官方文件中,自然灾害主要包括干旱、洪涝灾害,台风、风雹、低温冷冻、雪、沙尘暴等气象灾害,火山、地震灾害,山体崩塌、滑坡、泥石流等地质灾害,风暴潮、海啸等海洋灾害,森林草原火灾等。③ 这些概念,大多是从灾异的角度,揭示了自然灾害的最基本的特性:它是一种自然现象。即一般而言,人们对于自然灾害这种灾变的自然过程后果,只能消极地加以承受而无法逃避。

可见,从人们对自然、人类与自然之间的相互关系上看,"自然灾害"一词,似乎要表达的是自然界的变异或者灾变,都是自然界的因素或者原因,与人类的各种社会活动应当无关联。这种观点或者认识,在古代或者科学技术不发达的时代,似乎有道理。但是,在今天,以灾害法学的观点分析,这种对自然灾害的认识,是不正确的。

理由是,自然界的运动,固然可能是一种变异或者灾变,但是,在人类与自然、

---

① 谢礼立. 自然灾害学报发刊词[J]. 自然灾害学报,1992(1):2.
② 世界气象组织(World Meteorological Organization,WMO)是联合国的专门机构之一,是联合国系统有关地球大气现状和特性,它与海洋的相互作用,它产生的气候及由此形成的水资源的分布方面的权威机构。其前身为"国际气象组织(International Meteorological Organization,IMO)",是1872年和1873年分别在莱比锡和维也纳召开的两次国际会议后于1878年正式成立的非官方性机构。1947年9月在华盛顿召开的各国气象局长会议,通过《世界气象组织公约》,1950年3月23日该公约生效,国际气象组织改名为"世界气象组织"。1951年3月19日在巴黎举行世界气象组织第一届大会,正式建立机构。同年12月,成为联合国的一个专门机构。1960年6月,世界气象组织通过决议,把每年3月23日定为"世界气象日(World Meteorological Day)"。每年世界气象日,世界气象组织和国际气象界都围绕一个相关主题,举行宣传活动。例如,2009年世界气象日的主题为"天气、气候和我们呼吸的空气",而2016年世界气象日主题为"直面更热、更旱、更涝的未来"。世界气象组织根据气象、水文业务性质,将技术委员会发分为两组8个委员会:A基本委员会,包括基本系统委员会(CBS)、大气科学委员会(CAS)、仪器和观测方法委员会(CIMO)和水文学委员会(CHY);B应用委员会,包括气候学委员会(CCL)、农业气象学委员会(CAGM)、航空气象学委员会(CAEM)、世界气象组织/政府间海洋委员会海洋和海洋气象联合委员会(JCOMM)。中国是1947年世界气象组织公约签字国之一,在1972年2月24日世界气象组织会员大会上,加入世界气象组织。中国香港、中国澳门是WMO地区会员。自1973年起,中国一直是该组织执行理事会成员。
③ 国家自然灾害救助应急预案(2016 - 03 - 10修订)[R]. 第8.1条.

自然与人类、人类与人类这三个层面即代表着三个层面,不同作用方向的相互作用关系的方向来看,由于人类依赖自然环境、资源生存和发展,于是,人类对于自然环境、资源利用的过度,破坏力加大,必然导致自然变异增加和强化。所以,在纯粹的自然灾害之外,就有了自然人为灾害、人为自然灾害和人为灾害等新型的灾害类型。我国官方的"自然灾害、事故灾难、公共卫生事件和社会安全事件"突发事件的分类中,实际上是把自然灾害当成纯粹的自然灾害,而其他三种作为人为灾害来看待的。

由此而言,笔者要强调,对"自然灾害"一词的理解,要分成几个层面。(1)绝对无人为因素的自然灾害,或者纯粹的自然因素引发的灾害。比如,地震灾害大多数属于此类。(2)有一定人为因素的自然灾害,比如,泥石流灾害在已经探明滑坡和地质结构被破坏,又大量降水的情况下,不进行有效治理和避让性人员迁移和财产转移而导致严重的泥石流或者滑坡灾害的,就是这类灾害的典型。(3)有明显人为因素的自然灾害。比如,华北地区冬春季节多发的雾霾灾害,就是以气候因素为基础,而以人类的生产活动(包括大气排污型生产和扬尘型作业)、生活活动(冬春季采暖、餐饮加工和各种烧烤)、大量机动车出行等社会性活动,成为大气环境中,空气中的气溶胶、灰尘、硫酸、硝酸、有机碳氢化合物等粒子,在大气相对湿度出现饱和趋势下,产生的一种大气污染灾害。这种灾害虽然也可以称之为自然灾害,但是,更多的是因为人类活动产生了过量的大气环境污染,超出了大气环境质量标准也就是大气清洁和适宜于人类健康呼吸的最低容量,而导致的一种大气灾害。所以,雾霾天气作为一种大气污染状态,是对大气中各种悬浮颗粒物,尤其是 PM2.5(空气动力学当量直径小于等于 2.5 微米的颗粒物)含量超标的笼统表述。由此可见,人类的活动与雾霾灾害之间,存在着必然的内在联系。那么,雾霾灾害应当属于人为灾害而不是自然灾害。

灾害法学的发轫,在于笔者在研究过程中,把人类社会和单个人的个体身上的这种引发和导致自然灾害的属性,定义为"人的致灾性",并区分为"人的致灾性与人的微致灾性""人的个体致灾性、人的群体致灾性和人的整体致灾性""人的生产行为致灾性与人的生活行为致灾性"等,并由"人的致灾性"控制,寻找灾害法学创设的路径,即解决灾害法学的路径发现问题。应当说,在我们的生活中,自然灾害在法律上,往往只是作为一种不可抗力事件进行制度设计的,这原本没有错误。但是,把自然灾害与"无能为力""任其自然""无所作为"和"不可避免"等字眼连在一起,然后,什么都不做,任由自然危险生成、发生、作用于承灾体,乃至成为致灾因子或者孕灾环境而发生危害,消极地等待或者被蹂躏、侵害、损害等,从而显现出人类社会的脆弱性,则肯定不是正确的选择。

二、灾害的法律特征

灾害包括事故灾难,对于人类社会而言,具有的法律特征主要是从后果层面评价的。那就是,从灾害与人的关系切入之后,我们会发现:在灾害社会学上,这二者之间存在相互影响的关系,即灾害影响着人,人也影响着灾害,既有积极的一面,也有消极的一面。积极影响方面:灾害对人的影响,会对人造成灾害,但也能客观上锻炼人,使人在灾害面前成熟起来。在消极影响方面:灾害最直接的社会后果是对人的伤害。历史上,对灾害的记载多限于灾害发生的时间、波及区域范围及伤亡人数,当今社会在法律上同样将灾害导致的伤亡作为灾情这一基本事实,是一种可以归咎于灾害损失依法免除或者减轻责任,或者灾害损失后果即灾果如何分配、转嫁与承担的事由层面。

从社会学角度考察,灾害对人的伤害是多重的,一个完整意义上的人应由生理因素、心理因素和思想因素构成,这 3 个方面都可能受到灾害的伤害而变成灾果。(1)生理伤害。包括灾害本身所带有的实体性物件或环境气象因素直接对人体致伤,灾害不能直接作用于人体而是通过中介物对人造成伤害。如地震使房屋倒塌致人被压伤亡,或由两种情况交叉作用对人产生伤害,在同一种灾害中既有直接伤害又有间接伤害,如火灾中可以直接将人烧死烧伤,也能因火引起房屋倒塌致人伤亡。(2)心理伤害。人的心理是内心的一种体验,很少直接被灾害中的实体物件所伤害。但是,人在灾害中受到生理伤害或某种威胁时,危及生命或身体健康时,心理伤害就会产生。例如,地震对心理伤害的表现有极度的痛苦感,强烈的情绪变异(悲痛、恐惧、愤恨、心慌意乱、发火生怒、痛不欲生等)和心理行为严重失常。(3)思想伤害。思想是人的大脑对客观事件的反映,属于理性认识范畴,是人的意识中较稳定的部分。灾害一般不会伤及人的思想。但是,当灾情特别严重,巨死巨伤,人的生存和生活条件遭受毁灭性破坏,加上救灾不及时等,人的思想也会受到伤害,如活不下去、悲观失望,就是对人的思想和意志的伤害。应当说,这些特征让人成为名副其实的承灾体,即灾害的承受者、受害者等。

同时,从人对灾害的影响角度看,由于人的需要和不当行为,即人具有的致灾性而加剧灾害的发生和产生灾损影响。也就是说,人的无节制的开发和掠夺资源行为,破坏了自然界内部的结构,以及人与自然原有的平衡状态,从而导致自然变异或者灾变。比如,从 2013 年 1 月起,我国华北地区连续 7 年出现大范围的大气静稳情形即逆温层新现象,就是各种大气污染物的持续排放和气候变化叠加,不断产生新的雾霾灾害,并导致霾灾呈现越演越烈。由此,笔者在分析灾害的法律属性时,出现了一个新的属性归纳,即在人与灾害的关系中,人的致灾性属性是第二个属性。这个属性的归纳,是强调灾害从致灾因子、孕灾环境到灾害后果的出现,或部分或全部与人的因素有关,这种关联性即人的致灾性。

事实上,在人与灾害的关系中,人类社会并不是消极被动的,而是想方设法积极应对灾害,减轻灾害损失。比如,灾前的灾害预防,临灾时的灾害救援和自救,临时安置和过渡安置,以及灾后的努力恢复和积极消除灾害后果,尽快进行灾后重建,等等。可见,"灾害三期"当中,人类社会都是可以有所作为的。从一定意义上看,人类社会在遭受灾害的打击或者承受了灾果损失之后,以顽强的生存尤其是维持生存发展的能力,包括应对能力、适应能力、恢复能力和组织能力、协调能力、忍耐能力等,构成以灾害法律为基础的防灾减灾救灾综合性制度抵御与应对能力。这种能力,既是一种与灾害抗御和克服困难相关的能力,也是一种人类社会动用一切手段,包括技术手段、社会手段和法律手段等,与灾害做斗争的能力。并且,会形成防御、应对和控制灾害的社会对策能力。从灾害法学的角度看,灾害的法律特征之三,也是防灾减灾活动的目的,就是充分利用现有的科技成就和法律手段,提高政府、社会各层次和公民个体的防抗救减各种灾害的能力,减轻灾害造成的生命和财产损失。

理论上,防灾减灾救灾过程分为3个阶段。(1)防灾阶段。这个阶段包括灾害监测预报和防御,防灾指灾前的备灾和应急准备,广义上包括各种防灾工程,比如天气预报、三北防护林工程和三峡工程等。(2)临灾阶段。这个阶段主要是抗灾救灾,尽可能保护生命和财产,减少损失,体现出人与灾害进行的直接、面对面的斗争与较量。(3)灾后阶段。这个阶段主要任务是:消除灾害后果和进行灾后恢复重建,在日本称之为灾害"复兴"。其目的在于保证灾区的人们继续生存,灾区政府和非灾区政府要给予物质、人力、资金和精神等方面的大力支援,以使灾区能顺利转嫁灾害损失、恢复生机,以及谋求新的发展。因此,灾害的法律特征,可以归纳为灾害损失、人的致灾性和应对行动的法律性等三个方面。

三、事故链、灾害链与应对链

事故致因理论种类繁多,说法各异,它主要阐明事故为什么会发生,事故是怎样发生的,以及如何防止事故发生的理论。事故致因的本质是基础原因,事故链理论是事故预防工作中应用最多的理论,其目的并不是追究谁应当对事故负责。事故致因链可以描述为:事故的直接原因是"物"的不安全状态和"人"的不安全行为;"物"的不安全状态和"人"的不安全行为来自事故的共性间接原因,即员工安全知识、安全意识和安全习惯的缺欠;共性间接原因的根源是组织(如行政区域、企事业单位、社会团体等)的事故预防方案。根据这个事故致因链,开发、改善组织的事故预防方案是事故预防的根本途径。海因里希(Hayne)认为,人的不安全行为、物的不安全状态是事故的直接原因,企业事故预防工作的中心就是消除人的不安全行为和物的不安全状态。事故致因理论中,一个十分重要的问题是对人、物和管理等因素在事故致因中所处地位、作用和功能的认识,涉及如何采取措施防止事故发生,以及谁应该对事故的发生承担责任等重要的安全理念,从最早的单因素理论,发展到不断增多的复杂因素系统理论。

　　早在 1919 年格林伍德(Greenwood)、1926 年纽伯尔德(E. M. Newbold)曾认为事故在人群中并非随机地分布,某些人比其他人更易发生事故。1936 年,海因里希提出用多米诺骨牌原理,研究人身受到伤害的五个顺序过程,即伤亡事故顺序五因素。1953 年,巴尔(Barer)将骨牌原理发展为"事件链"理论,认为事故的前级诸致因因素是一系列事件的链锁,一环生一环,一环套一环,这个链的末端便是事件后果:事故和损失。近年来学者一致认为,事故的直接原因不外乎人的不安全行为(或失误)和物的不安全状态(或故障)两大因素作用的结果,人与物两系列运动轨迹的交叉点就是发生事故的"时空",于是,"轨迹交叉论型事故链"应运而生。事故致因的事故链理论,强调的是事故发生的原因是多重的。

　　例如,2011 年 7 月 23 日 20:30:05,甬温线浙江省温州市境内,北京南站开往福州站的 D301 次列车与杭州站开往福州南站的 D3115 次列车发生动车组追尾事故,导致 40 人死亡、172 人受伤,中断行车 32 小时 35 分,直接经济损失 19371.65 万元的特大责任事故。这是一起多因素造成的重大责任事故,包括:(1)LKD2 - T1 列控中心设备存在严重设计缺陷;(2)铁道部 LKD2 - T1 列控中心设备上道使用审查报关不严;(3)雷击导致电路设备发生故障;(4)设备故障后上海铁路局应急处置不力等。[①] 可见,列控中心设备缺陷(基础原因)——上道把关不严(管理原因)——雷击电路故障(物的不安全)——应急处置不力(人的不安全)便是 7·23 动车追尾事故的事故链,在 7 月 23 日 20:30:05 在甬温线浙江省温州市境内交叉后,成为导致严重灾难性后果的动车追尾事故。其中,基础原因即列控中心设备缺陷以及管理原因即上道把关不严,属于社会因素和管理缺陷,而物的不安全

---

① 国务院"7·23"甬温线特别重大铁路交通事故调查组."7·23"甬温线特别重大铁路交通事故调查报告[R].2011 - 12 - 25,四、事故原因和性质.

即雷击电路故障以及人的不安全即应急处置不力,则构成直接原因。

相比之下,许多自然灾害发生之后,常常会诱发一连串的次生灾害,这种现象就称为灾害的连发性或灾害链。当然,灾害链中各种灾害相继发生,从外表看是一种客观存在的现象,而其内在原因还值得进一步研究和探讨。但可初步认为,能量守恒、能量转化传递与再分配是认识它的重要线索和依据。1987 年,我国地震学家郭增建首次提出灾害链的理论概念:"灾害链就是一系列灾害相继发生的现象。"随后,文传甲又把灾害链定义为"一种灾害启动另一种灾害的现象",即前一种灾害为启动灾环,后一事件为被动灾环,更突出强调了事件发生之间的关联性。肖盛燮等人从系统灾变角度将其定义为"灾害链是将宇宙间自然或人为等因素导致的各类灾害,抽象为具有载体共性反映特征,以描绘单一或多灾种的形成、渗透、干涉、转化、分解、合成、耦合等相关的物化流信息过程,直至灾害发生给人类社会造成损坏和破坏等各种链锁关系的总称"。史培军将灾害链定义为:由某一种致灾因子或生态环境变化引发的一系列灾害现象,并将其划分为串发性灾害链与并发性灾害链两种"。

一般可以归纳出 5 种灾害链情形。(1)因果型灾害链。指灾害链中相继发生的自然灾害之间有成因上的联系。例如,大震之后引起瘟疫、旱灾之后引起森林火灾等。(2)同源型灾害链。指形成链的各灾害的相继发生是由共同的某一因素引起或触发的情形。例如,太阳活动高峰年,因磁暴或其他因素,心脏病人死亡多、地震也相对多、气候有时也有重大波动,这三种灾情都与太阳活动这个共同因素相关。(3)重现型灾害链。指同一种灾害二次或多次重现的情形。台风的二次冲击、大地震后的强余震都是灾害重现的例子。(4)互斥型灾害链。指某一种灾害发生后另一灾害就不再出现或者减弱的情形。民间谚语"一雷打九台"就包含了互斥型灾害链的意义。历史上曾有所谓"大雨截震"的记载,这也是互斥型灾害链的例子。(5)偶排型灾害链。指一些灾害偶然在相隔不长的时间在靠近的地区发生的现象。例如,大旱与大震、大水与地震、风暴潮与地震等就属于这类灾害链。

如果把生态灾害纳入整个生态环境恶化过程中加以分析,则生态灾害的不同灾种之间,往往不是孤立的,而是形成了灾害网络或者灾害链。主要灾害发生后,不仅会对生态环境加速恶化产生深刻影响,构成生境恶化曲线中的突变点或拐点;而且,还会因先发灾害造成自然条件和自然因素的改变或转化,成为后发灾害孕育的温床和触发契机。这种因环境恶化,在时间和空间上相继发生的一系列具有内在成因和诱导联系的灾害现象,称为"生态灾害链"。各灾害链之间灾害的同期重叠、相互影响、交互出现,必然增加灾害破坏强度,造成灾情升级。生态灾害是突发性自然灾害灾情加重的一个重要因素,从我国突发性自然灾害灾情分布规律可以看出,我国三大生态环境区之间的过渡地带,既是生态灾害频发带,又是突发性灾害灾情严重地区,这反映出区域生态环境恶化的事实。

　　既然,事故的发生有事故致因或者事故链,而且,灾害发生后,也会发生灾害链,那么,应对事故和灾害当然可以采取"应对链"措施了。所谓应对链,是指针对事故链、灾害链而言的,采取的防灾减灾战略、规划和具体措施,临灾期的应急与安置,灾后期的恢复重建等具体应对措施构成的"链条"。在目前,这个链条的构建职责由应急管理部来承担。(见图1.2)

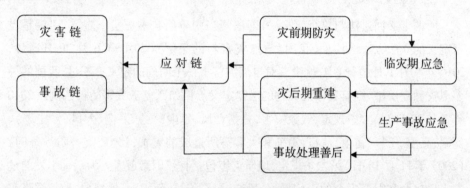

图1.2　应对链构成表

　　图1.2中,对国家应急管理部而言,其职责主要是三大板块,即防灾减灾综合职能、应急职能和安全生产监督职能。其中,防灾减灾职能是一项社会系统工程,需要应急管理部本着应急链的构造,从灾前期防灾、临灾期应急、生产事故应急、灾后期重建、事故处理善后等5个方面认真构建其职责。

　　事实上,安全生产的事故预防,与灾前期防灾一样,同属于备灾和工程防灾、防灾投入和防灾能力养成阶段,只不过灾前期防灾解决的是人的个体、群体(即组织)和整体(政府与全社会)防灾能力养成问题,而事故预防则主要解决物的安全与人的安全问题,事实上是异曲同工,都要解决安全风险的控制问题。相比之下,事故的防范或者预防,因为与生产者的生产行为密切相关,是生产活动的重要组成部分,也是生产成本的核心构成之一,而生产者防范生产安全事故的积极性、主动性和自觉性,要远远高于灾前期防灾活动。从这个角度看,应对链的核心部分,首先是防灾减灾和应急管理问题,其次才是安全生产问题。在应急管理部的网站主页其职能排列中,"防灾减灾"列第一,"应急救援"为第二,而"安全生产"列第三,就是这个道理。

第三节　灾害的类型与分类标准

一、自然灾害的法律定义方法

在我国,关于自然灾害的立法中,直接规定自然灾害定义的国家立法,没有找到先例。在我国地方立法中,对自然灾害的定义,采取了4种立法处理方法。

(一)定义回避法与单行定义法

所谓定义回避法与单行定义法,即法规当中不给自然灾害下定义,也就是没有定义的立法方法。比如,我国《自然灾害救助条例》(2010年6月30日通过,2010年9月1日施行)中,就没有对自然灾害下一个明确的定义。不过,我国的许多单灾种立法中,则有具体的灾种的法律定义。例如,《气象灾害防御条例》(2010年1月20日)第二条规定,气象灾害,是指台风、暴雨(雪)、寒潮、大风(沙尘暴)、低温、高温、干旱、雷电、冰雹、霜冻和大雾等所造成的灾害;《地质灾害防治条例》(2003年11月19日)第二条规定,地质灾害包括自然因素或者人为活动引发的危害人民生命和财产安全的山体崩塌、滑坡、泥石流、地面塌陷、地裂缝、地面沉降等与地质作用有关的灾害。①

(二)灾害损失定义法

这种定义法,如《贵州省自然灾害救助款物管理办法》(2007年9月24日)第三条规定"自然灾害是指因干旱、洪涝、风雹、地震、低温冷冻、雪灾、病虫害、滑坡、泥石流等造成的损害"。这个定义,从"自然致灾因子""致灾因子类型"和"造成损害"三个角度,揭示了自然灾害的核心内涵是:自然变异作为自然灾害的基本要素,是以致灾因子的面目出现的。由此而言,致灾因子的多类型化,意味着自然灾害的多种类化,以及所造成灾害损失的复杂化和法律属性的综合性。

---

① 《陕西省防御与减轻滑坡灾害管理办法》(2000 - 06 - 15)第二条规定,滑坡灾害是指山坡、黄土塬、梁、峁边缘斜坡及人工边坡因自然或人为因素而产生滑动(含崩塌)所造成的灾害。《江西省雷电灾害防御办法》(2011 - 12 - 26)第二条规定,雷电灾害是指因直击雷、雷电电磁脉冲等所造成的灾害。《昆明市雷电灾害防御条例》(2012 - 10 - 31)第二条规定,雷电灾害防御是指防御和减轻雷电灾害的活动,包括对雷电灾害的监测预警、调查研究、评估鉴定和防雷活动的组织管理、风险评估、科普宣传、雷电防护工程的专业设计、施工监督、验收以及雷电防护装置检测与维护等。

（三）致灾因子列举法

所谓致灾因子列举法，即自然灾害是指暴雨洪涝、干旱、台风、风雹、大雪等气象灾害，风暴潮、海啸等海洋灾害，山体崩塌、滑坡、泥石流等地质灾害，地震灾害，森林草原火灾和重大生物灾害等。[1] 这是地方立法中常采用的定义，尽管采取了列举主义的方法，但是，仍然没有揭示出自然灾害的基本内涵。例如，《云南省自然灾害救助规定》（2012 年 12 月 7 日）第二条规定，自然灾害主要包括干旱、洪涝灾害，风雹（含狂风、暴雨、冰雹、雷电）、低温冷冻、雪等气象灾害，地震灾害，山体崩塌、滑坡、泥石流等地质灾害，森林草原火灾和重大生物灾害等。自然灾害的等级，按照国家和云南省规定的分级标准，分为特别重大、重大、较大和一般四级。

（四）自然灾害救助定义法

在我国的自然灾害救助立法时，往往也对自然灾害的直接法律定义，采取了回避的态度，转让采取了"自然灾害救助"的方法。例如，《湖北省自然灾害救助办法》（2016 年 1 月 4 日）第二条规定，自然灾害救助，是指对因自然灾害造成或者可能造成人身伤亡、财产损失，生产生活受到影响的人员，依法及时提供必要的生活救助，保障其食品、饮用水、衣被、取暖、安全住所、医疗防疫等基本生活需要。《广东省自然灾害救济工作规定》（2002 年 6 月 24 日）第二条则规定，自然灾害救济是指各级人民政府对具有本省常住户口、在本行政区域内遭受自然灾害，无法维持基本生活的人员给予的救助。

应当说，我国立法上关于自然灾害定义的不明晰态度，直接影响到了我国的防灾减灾事业。比如，在《国家自然灾害救助应急预案》（2016 年 3 月 10 日修订）第 8.1 条"术语解释"中规定，自然灾害主要包括干旱、洪涝灾害，台风、风雹、低温冷冻、雪、沙尘暴等气象灾害，火山、地震灾害，山体崩塌、滑坡、泥石流等地质灾害，风暴潮、海啸等海洋灾害，森林草原火灾等。仍然采取的是自然灾害类型列举定义法，这是非常不科学的做法。而在《自然灾害管理基本术语》（GB/T 26376 - 2010，简称《自然灾害术语》）第 2.1 条规定，自然灾害（natural disaster）是由自然

---

[1] 《江苏省自然灾害救助办法》（2016 - 09 - 27）第二条。《安徽省自然灾害救助办法》（2015 - 04 - 02）自然灾害包括：洪涝、干旱、台风、风雹、雷电、大雪、高温热浪、低温冷冻等气象灾害，山体崩塌、滑坡、泥石流等地质灾害，地震灾害，森林火灾和重大生物灾害。《贵州省自然灾害防范与救助管理办法》（2015 - 01 - 09）第二条，自然灾害主要包括旱灾、暴雨洪涝、风雹、低温冷冻、雪灾等气象灾害，地震灾害，山体崩塌、滑坡、泥石流等地质灾害，森林火灾和重大生物灾害等。

因素造成人类生命、财产、社会功能和生态环境等损害的事件或现象,包括气象灾害、地震灾害、地质灾害、海洋灾害、生物灾害、森林或草原火灾等。这是我国官方第一次对"自然灾害"给予具有法律意义的定义。①

二、灾害的分类标准

灾害的概念中,除了强调致灾因子、孕灾环境和灾果三类因素的作用外,其内涵所揭示的灾害发生原因,无非主要有两大类,即自然变异和人为影响。由此,构成了灾害分类的基本标准,即以致灾因子、孕灾环境和灾果三类因素作用中,决定性因素是否人为影响,而区分为自然灾害和人为灾害。其中,以自然变异为主因产生且表现为自然态的灾害是自然灾害,如地震、风暴潮等;因自然变异所引起、表现为人为态的灾害,称之为自然人为灾害,如1989年7月华蓥山溪口镇大滑坡事件(滑坡应该治理而未能治理导致滑坡损害)。而以人为影响为主因产生且表现为人为态的灾害称之为人为灾害,如人为火灾和交通事故;因人为影响所产生却表现为自然态的灾害称之为人为自然灾害,②如过量排放温室气体引起酸雨、过度放牧致草原退化乃至沙化等。目前,最典型的莫过于雾霾灾害,这是一种人为自然灾害。

可见,自然灾害在分类标准确定后,广义上有四种形态:(1)自然变异→自然态的灾害,为自然灾害;(2)自然变异→人为态的灾害,即自然人为灾害;(3)人为影响→自然态的灾害,即人为自然灾害;(4)人为影响→人为态的灾害,即人为灾害。例如,各种安全生产事故,要么属于人为自然灾害,要么属于人为灾害。前文提到的"7·23"动车追尾事故就是人为自然灾害。其中,雷击或者动车线路上的雷暴天气,是很小的致灾因子;而前文提到的四川宜宾恒达科技公司发生的"7·12"生产车间爆炸事件,就是多种违规违法行为导致的人为灾害即人为灾难事故。灾害的四种构成形态,显示出灾害的全方位构成要素。(见图1.3)

图1.3中,灾害概念所涵盖的,当然应当包括生产事故或者事故灾难。与此同时,因为灾害发生的自然变异或者人为影响,而将灾害概念与自然灾害等同,并将生产事故或事故灾难从灾害概念中抽出,似乎颇为有理,但事实上,恰恰是因为致灾因子层面的区别,而在整个社会应对上非常重视安全生产。比如,截至2018

---

① 《自然灾害管理基本术语》(GB/T 26376-2010)由民政部提出,由全国减灾救灾标准化技术委员会归口,由民政部救灾司、民政部国家减灾中心起草,2011年1月14日由国家质量监督检验检疫总局、国家标准化管理委员会发布,2011年6月1日实施,共5部分58条。

② 马宗晋.自然灾害与减灾600问答[M].北京:地震出版社,1990:2-3.

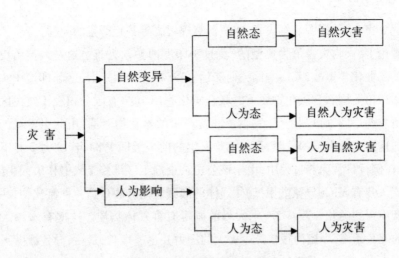

图1.3 灾害的分类标准图

年7月31日公开的应急管理部机构设置中,国务院安全生产委员会办公室、中国地震局、消防局、国家煤矿安全监察局、中纪委驻应急管理部纪检组、国家安全生产应急救援指挥中心、中国地震应急搜救中心等位列其中,给人的印象是安全生产部和防震减灾部,而不是防灾减灾、应急救援和安全生产的共同职责组合成国家部委了。好在,应急管理部的设立目标是:提高国家应急管理能力和水平,提高防灾减灾救灾能力。所以,灾害概念的科学界定,尤其是应急管理部在防灾减灾、灾害应对和灾后重建职能上的明晰化,将对我国灾害概念的科学化,灾害分类标准的出台,奠定良好的基础。

三、人为灾害与自然灾害

人为灾害,是指主要由人为因素作为致灾因子,从而人为影响导致或引发的灾害。这种灾害的种类很多,主要包括人为因素导致森林资源和物种资源衰竭的灾害、环境污染灾害、火灾、交通灾害、核灾害和人为工业事故或者安全生产事故等。其中,森林的大面积丧失,使生物圈初级生产生物产量大大降低,次级生产产量也随之降低,从而大大削弱了人类生存和发展的物质基础。包括森林大面积丧失使气候恶化,干旱、洪涝加剧,水土流失和土地沙漠化更趋严重。① 而物种资源衰竭,会产生严重的后果,主要是破坏生态平衡,沙漠化灾害、水土流失灾害、土壤

---

① 生态学家指出:一个国家,如果它的森林覆盖率达到30%左右,就很少发生重大的自然灾害;如果能达到40%,就有一个比较好的生态环境;如果达到60%,那么这个国家将成为一个风调雨顺、美丽富饶的花园国家。

盐碱化灾害、土地资源衰竭灾害、水资源衰竭灾害等日趋严重的问题。

理论上,人为灾害最为典型的,莫过于印度博帕尔灾难。这是人类历史上最严重的工业化学事故,其影响巨大而深远。1984 年 12 月 3 日凌晨,印度中央邦首府博帕尔市美国联合碳化物属下的联合碳化物(印度)有限公司设于贫民区附近的一所农药厂即杀虫剂工厂,发生了非常严重的氰化物泄漏,由此引发了严重的后果。这次人为灾害的危险,是在灾难发生的前一天即 1984 年 12 月 2 日下午产生的:在例行日常保养过程中,由于该公司杀虫剂工厂维修工人操作失误,导致水突然流入装有 MIC(异氰酸甲酯)①气体的储藏罐内。MIC 是一种氰化物,一旦遇水会产生强烈的化学反应,产生大量的剧毒有害气体物质。这次有水渗入载有 MIC 的储藏罐内,令罐内很快产生极大的压力并迅速增长,最后,导致罐壁无法抵受巨大压力,罐内的化学物质泄漏以剧毒气体泄露至博帕尔市的大气中,结果造成 2.5 万人直接致死、55 万人间接致死、20 多万人永久残废。迄今为止,博帕尔市居民的患癌率及儿童夭折率,仍然因这场人为灾难而远远高于印度其他城市。由于博帕尔事件,世界各国化学集团改变了拒绝与社区通报情况的态度,加强了生产安全措施。这次事件,也导致环保人士及民众强烈反对将化工厂设于邻近民居的地区。②

应当说,人为灾害与自然灾害相比,有时候,其损失并不见得低于一次严重的自然灾害。比如,这次博帕尔市毒气泄漏事件,与 2008 年"5·12"汶川大地震相比,就死亡人数而言,远远高于汶川大地震。但是,就其造成的灾害损失而言,汶川大地震则远远重于博帕尔毒气泄漏事件。(见表 1.1)

---

① 异氰酸甲酯 MIC(Methyl Isocyanate 化学式 C2H3NO),为一易燃、易爆且具挥发性之剧毒性液体;也是一种无色有刺鼻臭味、催泪瓦斯味的液体,常作为有机合成原料,用作农药西维因的中间体。异氰酸甲酯为易燃性之剧毒性液体,当发生紧急事件时,易燃(闪点 7℃,)、易爆性(受热之容器易起剧烈之反应,沸点 37～39℃)、禁水性(溶解性即与水反应,绝对禁水)与毒性(本身剧毒且会产生剧毒的氢氰酸气体及其他刺激性及毒性气体)将为救灾之主要考量因素。异氰酸甲酯可经由呼吸、皮肤或误食而使人体中毒,与之接触可使皮肤及眼睛灼伤。大量吸入、食入或由皮肤进入均可致命。

② 印度中央调查局在灾害发生后,曾对 12 名相关人士提出指控,包括美国联合碳化物(印度)有限公司时任首席执行官沃伦·安德森和公司的 8 名印度籍高管,以及公司本身和旗下的两家小公司。有 12 名法官审理这一案件,法官听取 178 名目击者证词,审查超过 3000 份文件后,于 2010 年 6 月 7 日(时隔 25 年之后)做出判决:时任主席沃伦·安德森和公司的 8 名涉案人员犯"玩忽职守罪",判处两年有期徒刑,而美方投资人早已回到美国,并没有受到印度方面的直接出庭审判。1989 年时,美国联合碳化物公司向印度政府支付了 4.7 亿美元赔偿金,印度总理辛格在毒气泄漏事件 25 周年纪念活动中,称这起博帕尔市毒气泄漏悲剧"一直折磨着所有印度人的良心"。

表 1.1　人为灾害与自然灾害比较表

比较因素	人为灾害	自然灾害
致灾因子	物的安全＋人的安全	灾前防灾＋应急响应
灾害过程	可能很短可能持续很长时间	可能很短可能持续很长时间
灾害结果	损失可大可小取决于应急效率	损失可大可小取决于应急效率
应急反应	事故应急常常比较缓慢	灾害应急往往比较高效
灾后重建	重建快慢取决于责任人的能力	政府支持则重建效率高
责任追究	必然要追究	可能追究可能不追究
损失特点	点状或者面状损失	主要是面状损失
承 灾 体	人员、财物和社会秩序	人员、财物和社会秩序
法律特性	安全责任事故	不可抗力事件

表 1.1 中,可比较的因素主要是:(1)致灾因子方面,前者是"物的安全＋人的安全",而后者是"灾前防灾＋应急响应",虽然在应急方面可能会相同;(2)应急反应层面,一般而言,事故应急的反应常常比较缓慢,但是,对于灾害的应急反应,往往比较高效和迅速;(3)灾后重建方面,事故后的重建快慢,取决于事故责任人的经济能力,政府往往不给予补偿或者救助,相反,灾害的灾后重建,往往有政府的支持,重建的效率高;(4)责任追究层面,对于安全事故必然要追究事故发生者和相关者的党纪、行政和法律责任,但是,对于自然灾害而言,至少在我国,目前可能追究可能不追究党纪、行政和法律责任;(5)损失特点方面,安全事故的损失呈现点状或者面状损失,相比较而言,自然灾害的损失往往主要呈现面状损失;(6)法律特性方面,安全事故属于责任事故范畴,而自然灾害在法律上,构成"不可抗力事件"。在表 1.1 中,人为灾害与自然灾害相同的方面,只是在灾害过程、灾害结果和承灾体 3 个方面,即灾害过程可能很短可能持续很长时间,灾害结果即灾害损失可大可小取决于应急效率,而承灾体都是人员、财物和社会秩序。不过,即或人为灾害与自然灾害有明显的区别或差异,仍然不能改变它们都属于灾害的基本属性。

第二章

灾害的类型化及法律属性

灾害的类型化，是一种研究方法。

这种研究方法的切入点，是立足于致灾因子、致灾后果的一致或者统一，而不是把灾害单纯划分为自然灾害，并把事故灾难、公共卫生事件和社会安全事件等人为灾害，从灾害概念中剔除出去。虽然事故灾难、公共卫生事件和社会安全事件都具有灾难的基本特性，但是自然灾害的灾难特性似乎更明显一些。而且，从灾害风险管理与灾害应急角度看，2018 年 3 月的国务院机构改革中，把安全生产事故、自然灾害应急和突发事件应对等国家面临防灾减灾救灾和人为灾害的应急职能，整合到应急管理部，在笔者看来，就是自然灾害、事故灾难、公共卫生事件和社会安全事件等人为灾害类"突发事件"概念，逐渐开始走向"灾害"概念的开始。

按照中共中央、国务院《关于推进防灾减灾救灾体制机制改革的意见》(简称《灾害体制意见》)指导思想，就是要紧紧围绕统筹推进"五位一体"总体布局和协调推进"四个全面"战略布局，牢固树立和落实新发展理念，坚持以人民为中心的发展思想，正确处理人和自然的关系，正确处理防灾减灾救灾和经济社会发展的关系，坚持以防为主、防抗救相结合，坚持常态减灾和非常态救灾相统一，努力实现从注重灾后救助向注重灾前预防转变，从应对单一灾种向综合减灾转变，从减少灾害损失向减轻灾害风险转变，落实责任、完善体系、整合资源、统筹力量，切实提高防灾减灾救灾工作法治化、规范化、现代化水平，全面提升全社会抵御自然灾害的综合防范能力。并通过对外人道主义紧急援助部际工作机制，统筹资源，加强协调，提升我国政府应对严重人道主义灾难的能力和作用。注重对我国周边国家、毗邻地区、"一带一路"沿线国家和地区等发生重特大自然灾害时，提供必要支持和帮助，推动我国高端防灾减灾救灾装备和产品走出去。由此，笔者认为，把灾害分为城市灾害、环境灾害和生态灾害，是有积极意义的。

第一节　城市灾害与环境灾害

一、城市灾害的定义及法律特征

所谓城市灾害,是指发生在城市区域的灾害,即自然、人为因素或两者共同引发的对城市居民生活或城市社会发展造成暂时或长期不良影响的灾害。而城市,也叫城市聚落,是指以非农业产业和非农业人口集聚形成的较大居民点。人口较稠密的地区称为城市,一般包括住宅区、工业区和商业区,并且具备行政管辖功能。城市的行政管辖功能,可能涉及较其本身更广泛的区域,其中有居民区、街道、医院、学校、公共绿地、写字楼、商业卖场、广场、公园等公共设施。

城市是"城"与"市"的组合词。"城"是指主要为了防卫,并且用城墙等围起来的地域。《管子·度地》说"内为之城,城外为之郭"。"市"则是指进行交易的场所,"日中为市"。这两者都是城市最原始的形态,但严格地说都不是真正意义上的城市。一个区域作为城市必须有质的规范性。

学术界关于城市的起源有3种说法。(1)防御说。即建城郭的目的是为了不受外敌侵犯。(2)集市说。认为随着社会生产发展,人们手里有了多余的农产品、畜产品,需要有个集市进行交换。进行交换的地方逐渐固定了,聚集的人多了,就有了"市",后来就建起了"城"。(3)社会分工说。认为随着社会生产力不断发展,一个民族内部出现了一部分人专门从事手工业、商业,一部分专门从事农业。从事手工业、商业的人需要有个地方集中起来,进行生产、交换。所以,才有了城市的产生和发展。

城市灾害,与城市化有很大关系。

各国城市化的历史表明,当城市化率达到70%～75%左右时,城市化的进程将放缓。城市化率的增长往往会呈现一个拉长的S形曲线,即经过第一个拐点后城市化率加速上升,而经过第二个拐点后城市化率增速将明显放缓。根据日本和德国模式的经验,中国城市化进程或在达到65%～70%的水平后增速放缓。以最近几年的城市化速度推算,意味着当前我们距离中国城市化进程的边际拐点还有

10年左右。① 这也意味着,我国的城市灾害不是越来越少,而可能会越来越多。

根据不同的标准,可以对城市灾害进行不同的分类,如根据其发生原因,可分为自然灾害与人为灾害两大类;而根据其发生时序,又可分为主灾和次生灾害,等等。笔者在研究中,根据城市灾害发生的具体因素,将其界分为:(1)城市火灾(常规灾害之一);(2)城市水灾(例外灾害);(3)城市交通拥堵灾害(交通资源利用不当的灾害);(4)城市垃圾灾害(固体废弃物灾害之一);(5)城市雾霾灾害(大气污染的城市致灾性);(6)城市光污染灾害(光源灾害);(7)城市地震灾害(城市生命线工程灾害);(8)城市疫病灾害;(9)城市踩踏灾害(人群聚集灾害);(10)城市生物灾害(植物与动物引入灾害);(11)城市化学与危险品灾害;(12)核灾害;(13)城市地质灾害(城市滑坡与地面沉降);(14)城市恐怖袭击灾害;(15)地下交通与管线灾害,等等。总而言之,这些灾害都带有城市功能异化和大城市病特征,北京市的非首都功能疏解和雄安新区的建设,试图缓解北京市的城市雾霾灾害、城市交通拥堵灾害和城市垃圾灾害等,就是值得称道的。

二、环境灾害的界定

所谓环境灾害,是指因为人类活动引起环境质量恶化所导致的灾害,这是除自然变异因素之外的另一重要致灾原因引起的包含人的致灾性因素的灾害。包括:(1)气象灾害;(2)地质灾害。其中,气象灾害主要有洪涝、酸雨、干旱、霜冻、雪灾、沙尘暴、风暴潮、海水入侵等。而地质灾害包括地震、崩塌、雪崩、滑坡、泥石流、地下水漏斗、地面沉降等。资料显示,全世界110个国家(共10亿以上人口)耕地的肥沃程度在降低。在非洲、亚洲和拉丁美洲,由于森林植被的消失,耕地的过分开发和牧场的过度放牧,土壤剥蚀情况十分严重。裸露的土地变得脆弱了,无法长期抵御风雨的剥蚀。在有些地方,土壤的年流失量可达每公顷100吨。化肥和农药过多使用,与空气污染有关的有毒尘埃降落,泥浆到处喷洒,危险废料到处抛弃,对土地构成不可逆转的污染,带来灾难性的环境灾害后果。

环境灾害的具体原因,主要包括四个方面。

(1)气候变化。即温室效应严重威胁地球上的人类生存环境。温室效应导致海平面升高,许多人口稠密的地区(如孟加拉国、中国沿海地区以及太平洋、印度洋上的多数岛屿)将被海水淹没。同时,气温升高也对农业,以及生态系统带来严

---

① 李超. 震撼发布:中国现阶段城市化率,相当于近百年前的美国?! [EB/OL]. (2017 - 10 - 12)[2017 - 12 - 19]. http://www.sohu.com/a/197703684_465495.

重影响。

（2）空气污染。多数大城市的空气含有许多取暖、运输和工厂生产带来的污染物。这些污染物威胁着数千万市民的健康，导致许多人生病甚至于失去生命。还有化学污染，工业生产带来数百万种化合物，存在于空气、土壤、水、植物、动物和人体中。即使作为地球上最后的大型天然生态系统的冰盖也受到严重污染。这些有机化合物、重金属、有毒产物等，都集中存在于整个食物链中，并最终将威胁到动植物的健康，引起癌症，成为导致土壤肥力减弱的环境灾害因子。而气候变化和空气污染，又导致臭氧层空洞。尽管人类社会已签署《蒙特利尔协定书》①，但每年春天，在地球两极上空仍再次形成臭氧层空洞，北极的臭氧层损失20%～30%，南极的臭氧层损失50%以上。

（3）过度开发及利用资源。其导致的结果之一是森林面积急剧减少，即使有"世界森林日"②也没有多大效用。最近几十年以来，热带地区国家森林面积减少的情况也十分严重。从1980—1990年十年间，世界上有1.5亿公顷森林消失。虽然从1990年至2000年的10年间，人工林年均增加了310万公顷，但热带和非热带天然林却年均减少1250万公顷。森林面积减少受诸多因素的影响，比如人口增加、当地环境因素、政府发展农业开发土地的政策等，此外，森林火灾损失也不可低估。不过，导致世界上森林面积减少最主要的因素，则是开发森林生产木材及林产品。还有，由于过度捕捞，海洋的渔业资源正在以令人可怕的速度减少。许多靠摄取海产品蛋白质为生的穷人，面临饥饿的威胁。而集中存在于鱼肉中的重金属和有机磷化合物等物质，在海洋受到污染的背景下，有可能给食鱼者的健

---

① 全称为《关于消耗臭氧层的蒙特利尔议定书》，它是为实施《保护臭氧层维也纳公约》，对消耗臭氧层的物质进行具体控制的全球性协定。1987年9月16日在加拿大的蒙特利尔通过，向各国开放签字，于1989年1月1日生效。《蒙特利尔议定书》由序言、20个条款和一个附件组成。其宗旨是：采取控制消耗臭氧层物质全球排放总量的预防措施，以保护臭氧层不被破坏，并根据科学技术的发展，顾及经济和技术的可行性，最终彻底消除消耗臭氧层物质的排放。按照议定书的规定，各缔约国必须分阶段减少氯氟烃的生产和消费，在1990年使生产量和消费量维持在1986年的水平；到1993年，生产和消费量要比1986年减少20%；到1998年，保证使氯氟烃的年生产量和消费量减少到1986年的50%。

② "世界森林日"，又被译为"世界林业节"，英文是"World Forest Day"。这个纪念日是于1971年，在欧洲农业联盟的特内里弗岛大会上，由西班牙提出倡议并得到一致通过的。1971年11月，联合国粮农组织（FAO）正式予以确认而成为世界性纪念日。"世界森林日"以期引起各国对人类的绿色保护神——森林资源的重视，通过协调人类与森林的关系，实现森林资源的可持续利用。善待并擅待森林，无异于善待人类自己。相信没有人愿意看到"森→林→木→十"的结局。

康带来严重的问题。沿海地区受到了巨大的人口压力,全世界有60%的人口挤在离大海不到100千米的地方。这种人口拥挤状态,使常常生态很脆弱的这些地方的生态系统失去平衡,引发物种多样性危机。由于城市化、农业发展、森林减少和环境污染,自然区域变得越来越小,导致数以千计物种的灭绝。一些物种的绝迹,会导致许多可被用于制造新药品的分子归于消失,还会导致许多有助于农作物战胜恶劣气候的基因归于消失,甚至引起新型的瘟疫。

(4)混乱的城市化。① 应当说,大城市的生活条件在不能有效地进行功能科学化设计时,将进一步恶化人居环境,比如拥挤、水污染、卫生条件差和无安全感等。如果加上一些大城市无序扩大,损害到各类自然区域,如湿地、自然保护区或者各种生态保护区域等,则必然会导致各种城市灾害的发生或者加重。因此,无序或者没有科学功能设计疏解的城市化,被看作是城市文明的一种新弊端。比如,城市化后,城市区域的雨水径流以排为主设计的后果,是雨水混入污水被排放,城市的水文循环通道被破坏,形成"到城市看海"等严重的城市洪涝灾害,以及交通拥堵和严重的雾霾灾害等恶性循环难以摆脱等情况,这便是城市环境灾害产生的必然恶果之一。

三、2016 年我国城市灾害与环境灾害

2017 年 6 月 5 日"世界环境日"时,环境保护部发布《2016 中国环境状况公报》,作者以此作为研究我国城市灾害与环境灾害的基础数据和事实,固定在此。我们可以依据生态环境部发布的以后各年度的"中国环境状况公报"进行对照分析。2016 年资料显示,② 全国 338 个地级及以上城市中,有 84 个城市环境空气质量达标,占全部城市数的 24.9%;254 个城市环境空气质量超标,占 75.1%。338

---

① 资料显示:2016 年,中国城市化率达到 57.35%。诺奖得主约瑟夫·斯蒂格利茨说过,21 世纪影响人类发展两件大事,一是美国的高科技发展,一是中国的城市化。根据国家统计局公布的数据,截至 2016 年末,中国城市数量达到 657 个,城市化率已经达到 57.35%。英国(1851 年)、德国(1905 年)、美国(1930 年)是最早启动城市化进程的国家,随后法国(1955 年)、意大利(1955 年)、日本(1955 年)等"老牌资本主义国家"均在 1960 年之前就达到了中国当前的城市化水平。苏联(1965 年)、巴西(1970 年)、南非(2000 年)分别先后达到中国当前的城市化水平。参见:李超. 震撼发布:中国现阶段城市化率,相当于近百年前的美国?! [EB/OL]. (2017－10－12)[2017－12－19]. http://www.sohu.com/a/197703684_465495.

② 环境保护部. 2016 中国环境状况公报[R/OL]. (2017－06－05)[2017－12－19]. http://www.gov.cn/xinwen/2017－06/06/content_5200281.htm.

个地级及以上城市平均优良天数比例为78.8%,比2015年上升2.1个百分点;平均超标天数比例为21.2%。新环境空气质量标准第一阶段实施监测的74个城市平均优良天数比例为74.2%,比2015年上升3.0个百分点;平均超标天数比例为25.8%;细颗粒物(PM2.5)平均浓度比2015年下降9.1%。474个城市(区、县)开展了降水监测,降水pH年均值低于5.6的酸雨城市比例为19.8%,酸雨频率平均为12.7%,酸雨类型总体仍为硫酸型,酸雨污染主要分布在长江以南——云贵高原以东地区。

2016年,全国地表水1940个评价、考核、排名断面中,Ⅰ类、Ⅱ类、Ⅲ类、Ⅳ类、Ⅴ类和劣Ⅴ类水质断面分别占2.4%、37.5%、27.9%、16.8%、6.9%和8.6%。以地下水含水系统为单元,潜水为主的浅层地下水和承压水为主的中深层地下水为对象的6124个地下水水质监测点中,水质为优良级、良好级、较好级、较差级和极差级的监测点分别占10.1%、25.4%、4.4%、45.4%和14.7%。338个地级及以上城市897个在用集中式生活饮用水水源监测断面(点位)中,有811个全年均达标,占90.4%。春季和夏季,符合第一类海水水质标准的海域面积均占中国管辖海域面积的95%。近岸海域417个点位中,一类、二类、三类、四类和劣四类分别占32.4%、41.0%、10.3%、3.1%和13.2%。

与此同时,2016年全国2591个县域中,生态环境质量为"优""良""一般""较差"和"差"的县域分别有548个、1057个、702个、267个和17个。"优"和"良"的县域占国土面积的44.9%,主要分布在秦岭淮河以南、东北大小兴安岭和长白山地区。而其他区域的县域数量和地区分布,则以"一般""较差"和"差"为主,占55.1%。

2016年,全国森林面积2.08亿公顷,森林覆盖率21.63%;草原面积近4亿公顷,约占国土面积的41.7%。全国共建立各种类型、不同级别的自然保护区2750个,其中陆地面积约占全国陆地面积的14.88%;国家级自然保护区446个,约占全国陆地面积的9.97%。同时,2016年,322个进行昼间区域声环境监测的地级及以上城市,区域声环境等效声级平均值为54.0分贝;320个进行昼间道路交通声环境监测的地级及以上城市,道路交通等效声级平均值为66.8分贝;309个开展功能区声环境监测的地级及以上城市,昼间监测点次达标率为92.2%,夜间监测点次达标率为74.0%。此外,2016年,全国环境电离辐射水平处于本底涨落范围内,环境电磁辐射水平低于国家规定的相应限值。

需要强调的是,2016年全年共出现46次区域性暴雨过程,为1961年以来第四多,全国有3/4的县市出现暴雨,暴雨日数为1961年以来最多;强降水导致26个省(区、市)近百城市发生内涝;与2000年以来均值相比,农作物受灾面积、受灾人口、死亡人口、倒塌房屋分别少 14%、27%、49%、57%,直接经济损失偏多 150%。全国没有出现大范围、持续时间长的严重干旱,旱情较常年偏轻;与 2000 年以来均值相比,作物受旱面积、受灾面积、人饮困难数量分别少 31%、51% 和 80%。

此外,2016 年,全国机动车排放污染物初步核算为 4472.5 万吨,比 2015 年削减 1.3%。其中,一氧化碳(CO)3419.3 万吨,碳氢化合物(HC)422.0 万吨,氮氧化物(NOx)577.8 万吨,颗粒物(PM)53.4 万吨。汽车是污染物排放总量的主要贡献者,其排放的 CO 和 HC 超过 80%,NOx 和 PM 超过 90%。按车型分类,全国货车排放的 NOx 和 PM 明显高于客车,其中重型货车是主要贡献者;而客车 CO 和 HC 排放量则明显高于货车。按燃料分类,全国柴油车排放的 NOx 接近汽车排放总量的 70%,PM 超过 90%;而汽油车 CO 和 HC 排放量则较高,CO 超过汽车排放总量的 80%,HC 超过 70%。按排放标准分类,国二及以前汽车保有量占 12.8%,但 CO、HC、NOx、PM 排放占比分别达到 60.7%、60.6%、43.6%、67.1%。[①] 可见,城市作为机动车的主要集散地,2016 年我国的城市灾害并没有绝对减少或者减轻,因此,城市灾害的法律控制,必然任重道远。[②]

第二节　生态灾害

一、生态灾害的概念

所谓生态灾害(ecological disaster),是指生态系统平衡被破坏而给社会、给人类所带来的灾难性后果的情形。生态灾害强调人类社会活动作为一种特殊干扰因子长期作用的结果,必然引起生态性结构损毁与功能丧失,进而造成对相关生

---

① 环境保护部. 2016 中国环境状况公报[R/OL]. (2017 – 06 – 05)[2017 – 12 – 19]. http://www. gov. cn/xinwen/2017 – 06/06/content_5200281. htm.

② 2016 年,进入冬季以后全国空气质量不升反降,11 月、12 月份优良天数比例同比下降 7.5 个百分点、6.3 个百分点,PM2.5 浓度分别上升 7.4、5.4 个百分点。同时,11 – 12 月京津冀区域发生 6 次影响范围广、持续时间长的重污染过程,PM2.5 浓度同比上升 6.4%。特别是 12 月中下旬,全国出现大范围、长时间重污染天气,京津冀及周边的北京等 35 个城市启动红色预警,石家庄等多地 AQI 爆表。冬季重污染天气频发较大幅度拉升了全年PM2.5 平均浓度,一定程度上抵消了全年空气质量的改善效果,影响了公众对全年空气质量改善的感受,成为现阶段大气污染治理的焦点和难点。参见:郗建荣. 我国二氧化硫等排放量在全球仍居于高位[N/OL]. 法制日报,2017 – 01 – 18. http://news. eastday. com/eastday/13news/auto/news/china/20170118/u7ai6416642. html.

命的伤害、冲击与灭亡等灾难性的后果。如因无节制地开垦土地、无节制地滥伐森林而使土地荒漠化。荒漠化给社会、给人类带来的灾难,便是生态灾难。

生态灾害的发生原因,主要是破坏生态平衡的因素,包括自然因素和人为因素两大类。其中,自然因素主要是水灾、旱灾、地震、台风、山崩、海啸等由自然因素引起的生态平衡破坏,被称为第一环境问题。而由人为因素引起的生态平衡破坏被称为第二环境问题。

学者认为,人为因素是造成生态平衡失调的主要原因。

(1)使环境因素发生改变的活动与行为。如人类生产和生活活动产生大量的废气、废水、垃圾等,不断排放到环境中;人类对自然资源不合理利用或掠夺性利用,如盲目开荒、滥砍森林、水面过围、草原超载等,都会使环境质量恶化,产生近期或远期效应,使生态平衡失调。

(2)使生物种类发生改变的资源利用。在生态系统中,盲目增加一个物种,有可能使生态平衡遭受破坏。例如,美国1929年开凿韦兰运河,把内陆水系与海洋沟通,导致八目鳗进入内陆水系,使鳟鱼年产量由2000万公斤减至5000公斤,严重破坏了内陆水产资源。在一个生态系统减少一个物种也有可能使生态平衡遭到破坏。20世纪50年代我国大量捕杀麻雀,致使一些地区虫害严重。而1859年有农民从英格兰带了25只野兔到澳大利亚,由于野兔没有天敌造成澳大利亚生态系统严重破坏。1906年美国亚利桑那州卡巴森林为保护鹿群,捕杀肉食动物,导致鹿群大量繁殖最后没有食物,濒临灭绝等。

(3)对生物信息系统的破坏活动。生物与生物之间彼此靠信息联系才能保持其集群性和正常的繁衍。人为地向环境中施放某种物质,干扰或破坏了生物间的信息联系,有可能使生态平衡失调或遭到破坏。例如,自然界中有许多昆虫靠分泌释放性外激素引诱同种雄性成虫交尾,如果人们向大气中排放的污染物能与之发生化学反应,则雌虫的性外激素就失去了引诱雄虫的生理活性,结果影响昆虫交尾和繁殖,最后导致种群数量下降甚至消失。

二、生态灾害的类型

在我国,生态灾害的宏观类型主要包括,全球气候变暖,冰川消融,海平面相应升高,沿海低地受到海水淹没的威胁4种。从陆地生态系统而言,我国生态灾害主要有4个方面。

(1)水土流失。据不完全统计,20世纪50年代初,我国水土流失面积约为150万平方千米,经过30多年治理到20世纪90年代减少约46万平方千米。21

世纪第二个10年,我国水土流失面积仍有约130万平方千米,占全国国土面积13.5%。年土壤侵蚀量50亿吨,氮、磷、钾流失量每年达4000万吨。黄河和长江是我国经济发展的命脉,其流域内水土流失和土壤侵蚀程度异常惊人。以内蒙古黄河流域为例,各级水土流失(土壤水力侵蚀)面积达5.8万平方千米。由于严重的水土流失,使黄河流域中上游成为全国最为贫困的地区之一,下游则潜藏着悬河危险。而长江流域土壤侵蚀面积也在扩大,从20世纪50年代土壤侵蚀面积约36万平方千米,扩展到56万平方千米。

(2)土地沙化与流沙扩展。土地沙化与流沙扩展,是我国北方半干旱、干旱地区最为严重的生态灾害。我国沙漠化土地自20世纪50年代以来,平均每年以1560平方千米速度扩展。据统计,我国北方沙漠面积149万平方千米,其中由各种因素引起的沙漠化土地面积达33.4万平方千米,分别占全国国土面积和北方国土面积的15.9%和10.3%。加上我国部分南方山地和沿海地区130万平方千米土地沙化面积,占到国土面积29%比例。在我国,沙漠化威胁最严重的是内蒙古、新疆、青海三省区。从风力侵蚀角度分析,强烈的风蚀可使风蚀地区土壤肥力降低,作物减产,甚至变成一片废地。

(3)森林、草原退化。世界上每年草地沙化、退化和盐渍化的面积占世界草地总面积的1‰;我国草原退化面积高于此值,现已约达7亿亩。我国曾经历过1958年、1968年和1978年每隔10年1次大规模掠夺性开发,森林面积和森林质量大幅度下降。为此,1978年11月3日,国家计划委员会以计〔1978〕808号文批准国家林业局实施三北防护林工程。① 学者研究发现,与1982年相比,2010年"三北"

---

① "三北"防护林工程,是指在中国三北地区(西北、华北和东北)建设的大型人工林业生态工程。防护林体系东起黑龙江宾县,西至新疆的乌孜别里山口,北抵北部边境,南沿海河、永定河、汾河、渭河、洮河下游、喀喇昆仑山,包括新疆、青海、甘肃、宁夏、陕西、山西、河北、辽宁、吉林、黑龙江、北京、天津等13个省、市、自治区的551个县(旗、区、市),总面积406.9万平方千米,占中国陆地面积的42.4%。从1978年到2050年,分三个阶段、八期工程进行,规划造林5.34亿亩。到2050年,三北地区的森林覆盖率将由1977年的5.05%提高到14.95%。三北工程东西横跨近4500千米,担负着北拒八大沙漠、四大沙地,内保黄土高原、华北平原,南护北京、天津等要地的重要任务,在防沙治沙、保护农田、保持水土、发展生态经济等方面取得明显成效。三北防护林的建设规模之大、速度之快、效益之高,均超过美国的"罗斯福大草原林业工程"、苏联的"斯大林改善大自然计划"和北非五国的"绿色坝工程",在国际上被誉为"中国的绿色长城""世界生态工程之最"。1987年,作为这项生态工程主管单位的国家林业局三北防护林建设局,被联合国环境规划署授予"全球环境保护先进单位"奖章。1989年,邓小平同志为三北防护林体系工程亲笔书写了"绿色长城"的题词。

防护林工程对 PM2.5 的吸附和清除能力增加了 30%。自 1999 年到 2010 年间,该工程清除了我国北方约 3000 万吨的 PM2.5,其中清除最多的地区是华北片,清除量达到 PM2.5 总量的 0.9%。① 只是,三北防护林体系的这种清除量,远远赶不上我国经济社会快速发展过程中 PM2.5 的产出量。

(4)环境污染。近年来,我国环境污染状况非常严重,环境污染治理力度也前所未有。从 2012 年 11 月到 2018 年 5 月,华北地区连续数年的雾霾天气减少不明显。2013 年 9 月国务院发布《大气十条》,中央政府和各级地方政府加大大气污染的治理,2013—2018 年间仅中央财政在大气污染治理方面,就投入 633 亿元。从 2012 年到 2017 年 6 年下来,我国 5 大目标全部实现。全国 338 个城市 PM10 下降了 22.7%,京津冀 PM2.5 下降了 39.6%,长三角下降了 34.3%,珠三角下降了 27.7%。尤其是珠三角作为一个重点区域,整体达标,且连续 3 年低于 35 微克/立方米。北京市 PM2.5 达到 58 微克/立方米,是具有标志性意义的。② 可见,环境污染治理的成本之高昂和其中的难度之大。

生态灾害表现在海洋方面,我国环渤海区域经济快速发展、人口日益密集,渤海饱受陆源污染之困,出现生态系统恶化的发展趋势。资料显示,1995 年时,渤海即已有 56% 面积被污染,比 10 年前扩大了 1 倍,而且还在扩大。2017 年 3 月 22 日,《2016 年中国海洋环境状况公报》等文件发布,2016 年我国海洋生态环境状况基本稳定,海水质量总体较好,符合第一类海水水质标准的海域面积约占我国管辖海域面积的 95%;生物多样性保持稳定,海洋浮游生物、底栖生物、海草、红树植物、造礁珊瑚的主要优势类群及自然分布格局未发生明显变化;海洋保护区保护对象和水质基本保持稳定,海洋功能区环境基本满足使用要求,部分区域环境质量稳中趋好。但是,陆源入海污染压力仍然巨大,近岸局部海域污染严重,典型海洋生态系统"健康状况不佳",海洋环境风险依然突出。

《2016 年中国海洋灾害公报》显示,2016 年我国各类海洋灾害共造成直接经济损失 50 亿元,死亡(含失踪)60 人。各类海洋灾害中,造成直接经济损失最严重的是风暴潮灾害,造成直接经济损失 45.94 亿元,占总直接经济损失的 92%;海浪灾害造成直接经济损失 0.37 亿元,人员死亡(含失踪)全部由海浪灾害造成;海冰灾害造成直接经济损失 0.2 亿元,海岸侵蚀灾害造成直接经济损失 3.49 亿元。

---

① 张文静. "三北"防护林被证明可吸附清除 PM2.5[EB/OL].(2017 - 01 - 03)[2018 - 03 - 17].http://news.sina.com.cn/c/nd/2017 - 01 -03/doc - ifxzczfc6687140.shtml.

② 佚名. 环保部就"打好污染防治攻坚战"相关问题答问(实录)[EB/OL].(2018 - 03 - 17)[2018 - 03 - 17].http://china.newssc.org/system/20180317/000863136_3.html.

海洋灾害直接经济损失较重的省是福建省、广东省和河北省。①

需要强调的是,从 2008 年 1 月中旬开始,持续 1 个多月的低温雨雪冰冻天气席卷我国南方大部分地区,不少地方的森林生态系统及野生动植物遭受了极大破坏,造成了一场生态灾难。所以,生态灾难需要慎重管理,不仅要事后恢复,更是要事先预防。首先,国家需要生态安全的保障,因为许多生态灾难都是渐进形成的,这需要国家的监测与因应。其次,个人需要生活方式的调整,太多生态灾难都是无知制造的,这需要个人的警觉与认知。面临这么多的生态危机,所剩的时间不会太多,人类必须尽快在拯救和毁灭之间做个正确选择。

三、生态灾害的法律特性分析

在灾害学上,生态灾害的基本特征如下。

(1)重灾迟滞性。这是指生态环境破坏或恶化之后,经过一个明显的时间间隔,才出现灾情明显加重的现象,也就是说,在生态破坏时与重灾发生时之间,存在着较大的可度量的时间差。灾害的发生与发展本身,就是一个由渐变到突变或由量变到质变的过程。这个时间差的实质就是重灾潜育期,时间差的大小,表明重灾潜育时段的长短。实地调查发现,即使是在人为活动干预下,生态环境遭到空前破坏而出现多种重发性自然灾害的重灾区,重灾迟滞特征表现亦很明显。比如,贵州草海流域森林草场过度采伐放牧,始于 20 世纪 50 年代末,到 70 年代末达到高峰,破坏最为严重;而草海排干涸田于 1972 年,草海生态环境发生空前规模的破坏,进入恶化发展时期。20 世纪 70 年代中、后期,各种自然灾害才开始出现,并与日俱增。20 世纪 80 年代中期(1983—1986 年)是草海洪涝灾害最为猖獗、水土流失最为严重、经济损失最大的重灾时期,由此判断,草海的重大灾害至少迟滞了数年之久。

理论上,自然生态系统都具有自调节功能,当破坏力未达到或超过环境自调节阈值临界水平时,环境单因子遭受破坏导致的灾害程度通常是较弱的,相关因子的环境调节作用抑制了灾害的恶性发展。但是,当破坏力达到或超过环境自调节临界值时,一旦环境多因子同遭破坏,必然引起生态系统发生结构性功能障碍,环境系统解体并急剧恶化,各种灾害陡增,进入重灾期。因此,重大生态灾害的出

---

① 方正飞,等. 国家海洋局发布《2016 年中国海洋灾害公报》《2016 年中国海平面公报》和《2016 年中国海洋环境状况公报》[EB/OL]. (2017 – 03 – 22)[2017 – 12 – 19]. http://www. soa. gov. cn/xw/hyyw_90/201703/t20170322_55311. html.

现,是生态系统恶化的重要标志。重灾迟滞性在时间上的长短差异,与生态系统遭损方式,致使生态系统恶性逆转的破坏力的强度和系统破坏突破口控制下的首发灾害类型,均有密切的关系。在生态环境脆弱区,因环境系统阈值狭窄,自身调节功能弱,生态系统平衡易遭破坏,重灾迟滞时段相应较短。此外,由于生态灾害重灾迟滞性的存在,人们在生态环境超负荷开发中,往往忽视本已存在却被掩盖的灾难性后果。

(2)重复递增性。生态灾害的持续发展过程,是一个环境恶性循环的灾害增长过程。如果随着生态系统破坏程度的不断加剧,生态灾害出现在程度上愈演愈烈,在规模上愈来愈大,在范围上不断扩展,在频率上不断增大,在灾情上,则不断加重的特征称为生态灾害的"重复递增性"。由于生态灾害过程中,存在着综合激发的多种灾害类型重叠致害的机制,生态环境破坏积累导致灾害能量积累和灾害效应积累,并且,在阶段积累和总积累上都存在着随时间延伸而递增的现象,即往往后一灾害频发期的危害,大于前一灾害频发期。但是,这并不意味着某单一灾种也表现出随时间的递增特征,单一灾种与其他自然灾害类似,呈现出随时间变化,灾害强度出现跳跃、涨落的不确定性,仅存在着增强趋势性。

生态灾害重复递增性本身蕴含着灾害积累和扩展释放两个紧密相关的阶段。生态灾害的积累释放过程与生态环境破坏过程相联系。在生态系统破坏初期,各生态环境因子功能开始削弱,各因子间的维系联结力也开始减弱。这时,因单因子或少量相关因子破坏所产生的灾害能便开始积聚,即使出现灾害,也仅仅是些局部或瞬间的单发性灾害。若生态系统破坏加剧,失调因子不断增加的同时,系统机能会迅速衰退。当破坏积累达到高峰时,环境系统中若干主导因子恶化而发生综合激发反应,系统结构瓦解,成灾条件成熟,大规模多发性的生态灾害不可避免。一旦致灾诱发因子出现,重灾便随即发生,在恶性循环中灾害事件与日俱增,受灾程度不断加重,灾害种类日益增多,受灾区域向外漫延,孤立灾区扩展成片,多种灾型迭发致害,危害更加严重。

(3)生态灾害链。若把生态灾害纳入整个生态环境恶化过程中加以解析,我们会注意到,生态灾害的不同灾种之间往往不是孤立的,尤其是形成了灾害网络。主要灾害(特别是重灾害)的发生,不仅会对生态环境加速恶化产生深刻影响,构成生态环境恶化曲线中的突变点或拐点;而且,还会因先发灾害造成自然条件和自然因素的改变或转化,成为后发灾害孕育的温床和触发契机。这种因环境恶化,在时间和空间上相继发生的一系列具有内在成因和诱导联系的灾害现象,称为"生态灾害链"。

在我国,盲目超量开发行为所造成的森林(草原)退化→水土流失→洪灾暴虐→毁坏耕地的现象,并非罕见,后种灾害多与前种灾害之间,存在着因果或时序联系。如果生态灾害的发生,是由多因子破坏所致,那么,在整个致灾过程中,就会存在多个致灾点,就有可能发展为同时并存的多个灾害链。各灾害链之间灾害的同期重叠,相互影响,交互出现,必然增加灾害破坏强度,造成灾情升级。

此外,生态灾害是突发性自然灾害灾情加重的一个重要因素。从我国突发性自然灾害灾情分布规律可以看出,我国三大生态环境区之间的过渡地带,既是生态灾害频发带,又是突发性灾害灾情严重地区,这反映出区域生态环境的恶化,使抗御突发性自然灾害的能力下降,因而出现同等的灾害程度,造成不同灾情的后果。

站在灾害法学角度,生态灾害的法律特征如下。

(1)国际法性。即在地球环境或者全球生态灾害的宏观角度,在国际上,国家之间要遵守国际大气、河流和海洋公约。比如,《莱茵河保护公约》《国际重要湿地公约》《南太平洋地区自然资源和环境保护公约》《国际海洋公约》《斯德哥尔摩公约》(《关于持久性有机污染物的斯德哥尔摩公约》,又称 POPs 公约)①,以及《核安全公约》《乏燃料管理安全和放射性废物管理安全联合公约》《控制危险废物越境转移及其处置的巴塞尔公约》等,控制国际环境污染和生态破坏,任何一个公约成员国都应当承担其国际义务。

(2)《巴黎协定》履行合作性。国际合作性在气候变化即国家减排义务上,进行国家间的全面合作的表现,就是按照《巴黎协定》的要求,全面履行自己的减排义务。可惜的是,当美国退出这个国际公约后,作为全球第二大温室气体排放国,不仅将对《巴黎协定》履约前景产生重大影响,重创国际气候合作信心,深刻影响

---

① 持久性有机污染物(Persistent Organic Pollutants ,POPs)受到人们重视后,《关于持久性有机污染物的斯德哥尔摩公约》(2001 年 5 月 22 至 23 日,瑞典斯德哥尔摩全权代表大会通过)即《POPs 公约》是国际社会鉴于 POPs 对全人类可能造成的严重危害,为淘汰和削减 POPs 的生成和排放、保护环境和人类免受 POPs 的危害而共同签署的一项重要国际环境公约。公约的目的是,消除 12 种(类)最危险的 POPs,协同致力于没有 POPs 的未来。公约于 2004 年 5 月 17 日在全球正式生效。我国是于 2001 年 5 月 23 日首批签署公约的国家。2004 年 11 月 11 日,公约正式对我国生效。

美欧关系。① 而且,退出《巴黎协定》,美国将不用兑现减排目标,也将免除为应对气候变化付出的资金和科研投入。由此,美国将在发展环境友好型技术、推动可再生能源产业上,失去领导世界的机会。

(3)国内政府合作性。即国内的中央与地方政府、地方与地方政府的全面合作与协调,以履行生态功能区规划带给地方的生态安全义务,从而,让生态产品成为生态功能区可交换的产品,让地方政府明确生态合作,实际上就是对于生态产品提供一方,给予相应的生态补偿,使得横向生态补偿与纵向生态补偿政策共同构成生态安全的国家政策屏障。

(4)责任分散性。生态灾害的发生,具有重灾迟滞性、重复递增性和生态灾害链等特性,从而导致生态灾害法律责任的承担与追究,因为责任人和责任构成的时间空间的结构性分散,而成为一种被分散开来的责任。这种责任便无法追究和确定具体的责任人,于是,对于生态灾害导致的损失,只有通过其他路径,进行转嫁和分散。比如,武汉为何逢雨必涝? 填湖作城市用地或为原因,大抵上解释了2016 年 7 月 8 日一场暴雨导致汤逊湖水猛涨,被称为武汉最奢华的超豪华私人住宅区,完全被泡在洪水中。事后,武汉东湖高新区政府、江夏区政府、庙山办事处、洪山区政府等相关部门,对打电话者回复“该片地区不在我们的管辖范围”,无人进行有效救助和担责,②便是一个典型实例。

第三节　灾害与事故的法律属性构成

一、灾害法律属性的责任弱化现象

1978 年 11 月 3 日开始建设的“三北防护林”的杨树林,才 30 余年就出现大量死亡,这是一种树苗幼化技术缺乏导致的现象。对于三北防护林工程的杨树死亡

---

① 长期以来,欧盟一直积极推动气候变化规则制定,谋求在气候变化议题上发挥领导作用。欧洲领导人也不断劝告特朗普不要退出《巴黎协定》。特朗普退出《巴黎协定》的态度,显然伤了欧洲盟友的心。就在特朗普宣布退出《巴黎协定》之后的 1 个小时之内,法国、意大利、德国发表联合声明,表达对这一决定的反对。声明表示,《巴黎协定》对全球社会和经济发展至关重要,是不能违背、没有协商空间的。

② 俞琴,周小飓. 武汉:填湖之灾[N/OL]. (2016 - 07 - 21)[2017 - 12 - 2]. https://www. jiemian. com/article/751332. html? _t_t_t = 0. 7704976124223322.

原因,媒体公开报道说法是干旱造成的死亡,"三北防护林"建设规程里,也写着杨树30来年就会死亡。

学者认为,"三北防护林"杨树成批死亡,根本原因是繁殖材料未经幼化处理。也就是说,不仅"三北防护林"大量使用老化苗木造林,我国普遍存在使用老化苗现象,包括城市绿化造林就是如此,导致我国出现太多的"小老头树"。1910年,美国植物学家迈耶在我国拍摄了大量三北地区杨树、榆树等树木的照片。这些图片恰好说明:三北地区杨树的寿命,并非只有三四十年,而是至少三四百年。同是杨树,为什么寿命如此悬殊? 原因就在于,当年的杨树是实生树,而三北防护林的杨树林,是扦插繁殖的杨树。按照林木无性繁殖中的幼化理论,实生起源的树木的生长寿命最长、活力也最强。假设1株实生树木的寿命为300年,而扦插、嫁接的苗木,无一例外地都会继承母体的年龄信息,继承多少年龄,新树的寿命就会折损多少年。所以,这种苗木的自身年龄加上隐性年龄,就使得树木的寿命大为缩短。目前,三北地区看到的杨树,确实只剩下理论寿命三四十年。

事实上,使用这样的苗木营造短周期的工业原料林,比如要求杨树10来年采伐,那么扦插繁殖的杨树树龄过短的问题就显现不出来。但是,用以营造长周期的防护林、城市森林或者其他的景观林等,这个扦插繁殖杨树树龄过短的缺陷,必然会显现出来。"三北防护林"中的杨树林,刚刚营造30余年就开始大面积死亡,根本原因就在这里。过去造林是种子直播,现在多采用扦插繁殖,尤其是容器扦插,育苗和成林是快多了,但是却带来了成林后的森林老化和窝根等弊端。也就是说,在三北防护林营造中使用的杨树苗,一般都是从母株采条扦插,生根后栽植,也有用干直插的,等等。不管怎样,繁殖材料都携带了母体的年龄密码,而母体的母体携带了更上世代的年龄。所以,今天用的扦插苗,虽然幼嫩,但它一定是携带了先前世代的年龄总和,以至于留给它自己的寿命就只剩下三四十年了。[①] 现在看来,这个杨树扦插繁殖的树龄超短问题,作为杨树成为三北防护林的主要树种,在技术层面的严肃问题之后,却无法成为追究责任的制度设计问题。

也就是说,在灾害与事故灾难发生的原因上,我们常常会感受到法律责任弱化的现象存在。即三北防护林树种选择,以及讲究效率和成本等原因,再加

---

① 北京中林联林业规划设计研究院侯元兆先生提出的这个观点,笔者深感认同。参见:侯元兆. 深度:三北防护林之殇,三十年死亡之谜[EB/OL]. (2018 – 02 – 05)[2018 – 07 – 20]. http://www.sohu.com/a/220964596_750320.

上扦插繁殖的杨树树龄过短带来的大面积死亡,其损失不可谓不重。但是,却不可能追究任何一个决策者、技术执行者和具体实施者的法律责任,这便是残酷的法律责任弱化甚至于消失的现象。这个现象,在"5·12"汶川大地震之后,也因为导致建筑物和各种设施的质量问题、防震标准落实问题,以及政府监管的责任边界问题等,最后,变成了法律责任被极度弱化的问题,而难以追究和具体承担法律责任。

二、地方防灾立法的效用考证:以武汉为例

"百湖之市"的武汉市,按照"锁定岸线、全面截污、还湖于民、一湖一景、江湖连通"20字湖泊保护总体思路,强调湖泊是全体武汉人的共同财富,一方面在花巨资治湖,一方面湖泊却在继续遭到侵蚀与破坏。官方公布的数据显示,武汉城区的湖泊从新中国成立初的127个,已经锐减到38个,平均每两年消失3个湖泊。武汉湖泊数量减少、面积锐减,既有特殊历史背景下围湖造地、围湖养鱼的"历史之殇",也有因城市建设需要而填湖占湖的"发展之殇",更有屡禁不止的违法填湖的"现实之殇"。①

1999年,武汉市政府颁布《武汉市自然山体湖泊保护办法》,但其实际效力非常有限。在武汉,长期以来,很多湖泊和湖岔被人为分割成鱼塘,养鱼养几年后,再慢慢变成藕塘,养藕几年后就没有水了,于是,理所当然地就进行房地产的开发。这是武汉城市快速扩张过程中,湖泊被迫为城市建设让路的一个缩影。

2012年6月5日至12日,武汉执法机构对中心城区40个湖泊进行督察暗访时,发现不少填湖行为,以汤逊湖最为严重:江夏区大桥新区柏木岭村(大花岭砖瓦厂东南面)填湖面积1400平方米以上;红旗村桃花岛1500平方米以上;洪山区三环线与文化大道东交会处填湖近10亩;沿文化大道东侧已填水域长500米、宽30米左右。20世纪80年代以来,武汉的湖泊面积减少了约34万亩;21世纪第二个10年,武汉的湖泊面积减少了大约1万亩。其中,取得有关部门合法审批手续填湖的占53.3%,非法填湖者占46.7%,而填湖后主要用途为房地产项目开发。也就是说,人们的"湖景房"或者"看湖景"的欲望,实际上成为湖泊大量消失的内在动力。

"湖长制"是武汉的原创,即湖泊保护行政首长负责制。湖长制诞生后,很快

---

① 王阳.武汉城区建国后湖泊锐减89个,法规难止违规填湖[N/OL].法治周末,2015 - 03 - 18. http://news. sina. com. cn/c/2015 - 03 - 18/010431616906. shtml.

有媒体为之大声叫好,说这"既是一座城市的觉醒,也是顺应民意的重要作为"。武汉市在建立湖长制的同时,不仅将细化行政首长的工作责任,而且将湖泊保护纳入各区的绩效考核体系。据媒体公示的信息,武汉 166 个湖泊个个都有湖长,其中中心城区的 40 个湖泊为辖区区长担任总湖长。《武汉市湖泊保护条例》第四条规定,湖泊保护实行政府行政首长负责制。市政府对本市湖泊保护工作负总责。区政府是辖区内湖泊保护的责任主体,负责辖区湖泊保护、生态修复和整治等工作。乡(镇)政府、街道办事处应当对辖区内的湖泊组织巡查,及时发现、制止填占、污染等侵害湖泊的违法行为,及时向有关部门报告涉湖突发事件。同时,规定"严禁任何单位和个人填湖""确保湖泊生态环境不受破坏""违法填占湖泊",或者在湖泊水域范围内"违法建设建筑物、构筑物的",责令停止违法行为,限期恢复原状,情节严重的,处以 10 万元～50 万元以下罚款。①

早在 2005 年,武汉市就提出,为中心城区的 40 个湖泊划定保护水域"蓝线",沿湖设立界桩。2012 年 5 月 28 日,武汉市政府常务会通过《武汉市中心城区湖泊"三线一路"保护规划》,为中心城区 40 个湖泊划定"保护圈",所谓"三线"中的蓝线指的是水域控制线、绿线指的是绿化控制线、灰线指的是建筑控制线。"一路"指的是环湖道路。"三线"划定后,蓝线、绿线内不得任意开发,灰线内的建设项目要与滨水环境相协调,限制无序开发。2013 年 10 月 27 日,为了改变过去执法力量分散、执法主体不明等状况,武汉组建成立"湖泊管理局",作为武汉市水务局所属正处级事业单位,与武汉市水务执法总队是"一套班子,两块牌子",专门负责保护湖泊、实施湖泊执法。2013 年,武汉市出炉全国首份湖泊地图——《武汉市湖泊分布图》,166 个湖泊首次在地图上全部就位,被永久锁定。这是一张摸清家底的工作地图,一张接受市民监督、不留退路的保护地图,一张让市民了解百湖之市的知识普及地图。2014 年 4 月,武汉市政府确定:除了中心城区 40 个湖泊划定"三线一路"外,新城区 126 个湖泊也要实施"三线一路"保护规划。目前新城区首批23 个湖泊"三线一路"已划定。166 个湖泊蓝线共锁定全市湖泊面积 867 平方千米,相比 2005 年全市水资源普查确定的 779 平方千米,增加了 88 平方千米,约相当于 3 个东湖的面积。②

2015 年 1 月 9 日,武汉市人大常委会通过修订的《武汉市湖泊保护条例》。由

---

① 《武汉市湖泊保护条例》,第 11 条、第 15 条和第 29 条。
② 王阳. 武汉城区建国后湖泊锐减 89 个,法规难止违规填湖[N/OL]. 法治周末,2015 – 03 – 18. http://news. sina. com. cn/c/2015 – 03 – 18/010431616906. shtml.

于这次修订是该条例 3 次修订中范围最广、力度最大的一次,因此该条例被誉为"最严湖泊保护条例"。可见,武汉的湖泊保护法规之多,体系之全,加上设立的"湖泊管理局",可以说对湖泊的保护与管理,应当是冠绝全国的。然而,武汉一方面花巨资治理湖泊,强化湖泊管理,试图切实有效地保护湖泊生态不受危害。比如,武汉市根据基本生态控制线对城市生态进行保护。所谓基本生态控制线,是指为维护武汉市生态框架完整,确保生态安全,依照法定程序划定的生态保护范围界线,[1]即依据《武汉市湖泊保护条例实施细则》划定的生态保护范围界线。所称生态保护范围,是指位于城市增长边界之外,具有保护城市生态要素、维护城市总体生态框架完整、确保城市生态安全等功能,需要进行保护的区域,包括生态底线区和生态发展区。[2] 另一方面,湖泊却在继续遭到不断的侵蚀与破坏。尽管武汉市立法规定,对擅自吹填、打桩、筑埂等侵害湖泊的行为,按照《武汉市湖泊保护条例》第十九条的规定,由有关行政主管部门按照有关法律、法规和查处违法建设的有关规定予以处理;构成犯罪的,依法追究刑事责任。[3] 但是,作者没有看到依据这些地方法规和规章,武汉市对填湖之灾有追究法律责任尤其是刑事责任的实例。

对此,一位环境法专家说:"当初制定湖泊保护措施走在全国前列,但破坏也走在全国前列,湖泊的锐减恐怕在全国也是史无前例的。"这是武汉陷入毁湖护湖怪圈的描述。资料显示,当《武汉市湖泊保护条例》修订通过不到 20 天的 2015 年1 月 28 日,武汉被指耗资近亿元,借清淤之名"填湖为开发商修路"。华中师大教授谭邦和说:"湖泊是武汉人的心头肉,现在成了开发商的盘中餐,不良企业的排污池。在武汉,如果没有能力把湖泊管好,就不要在武汉做官。"[4]从灾害学角度看,湖泊被填成为城市道路、被填成为机关单位大院,或者被填成为湖景房等之后,也就失去了湖泊原有的蓄水、分洪功能。在雨季或强降雨季节,城市湖区附近常常成为洪水的重灾区,这些没有流出路径或者泄洪通道的积水,就成为致灾的洪水。根据武汉市防办的通报,仅在 2016 年 7 月 7 日,汤逊湖及南湖周边区域就

---

① 《武汉市基本生态控制线管理条例》(2016 – 05 – 26),第 2 条。

② 《武汉市基本生态控制线管理规定》(2012 – 03 – 16),第 2 条。

③ 《武汉市湖泊保护条例实施细则》(2012 – 04 – 12),第 24 条。

④ 王阳. 武汉城区建国后湖泊锐减 89 个,法规难止违规填湖 [N/OL]. 法治周末,2015 –
03 – 18. http://news. sina. com. cn/c/2015 – 03 – 18/010431616906. shtml.

有 8 处渍水路面,即为例证,根据《武汉市防洪管理规定》①无条款规定对汤逊湖灾害承担责任。于是,填湖之灾必然重演。

三、事故灾害的法律责任强化现象

我国《安全生产法》于 2002 年 6 月 29 日通过,2009 年 8 月 27 日第一次修正,2014 年 8 月 31 日第二次修正,共 114 条。事故灾害中的法律责任强化理念或者立法价值取向,非常明显而且突出。这一点,是我国任何一部中央单灾种灾害立法或者地方单灾种立法都无法做到的。例如,我国《安全生产法》第五章"生产安全事故的应急救援与调查处理"(第七十五条—第八十六条,共 12 条,占 10.53%)中规定,事故调查处理应当按照科学严谨、依法依规、实事求是、注重实效的原则,及时、准确地查清事故原因,查明事故性质和责任,总结事故教训,提出整改措施,并对事故责任者提出处理意见。事故调查报告应当依法及时向社会公布。生产经营单位发生生产安全事故,经调查确定为责任事故的,除了应当查明事故单位的责任并依法予以追究外,还应当查明对安全生产的有关事项负有审查批准和监督职责的行政部门的责任,对有失职、渎职行为的,依照我国《安全生产法》第八十七条的规定追究法律责任。于是,我国《安全生产法》第六章法律责任(第八十七条—第一百一十一条)共有 25 条,占整部法律条款的 21.93%。纵观这部保障安全生产的法律,本着"防止和减少生产安全事故,保障人民群众生命和财产安全,促进经济社会持续健康发展"立法宗旨,其法律责任的安排是刑事责任主体众多,行政处罚标准量化和民事责任承担保障措施有力。

(1)刑事责任。涉及负有安全生产监管职责部门工作人员,承担安全评价、认证、检测、检验工作机构,生产经营单位的决策机构、主要负责人或者个人经营的投资人,生产经营单位的安全生产管理人员,生产经营单位,生产经营单位的从业人员,有关地方人民政府、负有安全生产监督管理职责的部门等,主体非常广泛。

(2)行政责任。行政处罚的类型多,责任范围广,处罚本身较重,即主要包括:生产经营单位责令限期改正,处以罚款;逾期未改正的,责令停产停业整顿,并处罚款,对直接负责主管人员和其他直接责任人员处以罚款;经停产停业整顿仍

---

① 《武汉市防洪管理规定》于 2000 年 11 月 30 日由武汉人大常委会通过,2017 年 11 月 22 日武汉人大常委会修正,2018 年 3 月 30 日湖北省人大常委会批准。

不具备安全生产条件的,予以关闭;有关部门应当依法吊销其有关证照;未采取措施消除事故隐患的,责令立即消除或者限期消除;违法所得10万元以上的,并处违法所得2倍以上5倍以下的罚款。而生产经营单位主要负责人未履行法定安全生产管理职责,导致发生生产安全事故的,由安全生产监督管理部门处以罚款(第九十二条):①发生一般事故的,处上1年年收入30%罚款;②发生较大事故的,处上1年年收入40%罚款;③发生重大事故的,处上1年年收入60%罚款;④发生特别重大事故的,处上1年年收入80%罚款。而发生生产安全事故,对负有责任的生产经营单位除要求其依法承担相应赔偿等责任外,由安全生产监督管理部门处以罚款(第一百零九条):①发生一般事故的,处20万元以上50万元以下罚款;②发生较大事故的,处50万元以上100万元以下罚款;③发生重大事故的,处100万元以上500万元以下罚款;④发生特别重大事故的,处500万元以上1000万元以下罚款;情节特别严重的,处1000万元以上2000万元以下罚款。

(3)民事赔偿。导致发生生产安全事故给他人造成损害的,与承包方、承租方承担连带赔偿责任。与此同时,生产经营单位与从业人员订立协议,免除或者减轻其对从业人员因生产安全事故伤亡依法应承担的责任的,该协议无效;对生产经营单位主要负责人、个人经营的投资人,处以罚款。生产者发生生产安全事故造成人员伤亡、他人财产损失的,应当依法承担赔偿责任;拒不承担的,由法院依法强制执行。责任人未依法承担赔偿责任,经法院依法采取执行措施后,仍不能对受害人给予足额赔偿的,应当继续履行赔偿义务;受害人发现责任人有其他财产的,可以随时请求法院执行(第一百一十一条)等。

除此之外,还有《国务院关于特大安全事故行政责任追究的规定》(2001年4月21日,共24条)、《国务院关于预防煤矿生产安全事故的特别规定》(2005年8月31日,共28条)和《生产安全事故报告和调查处理条例》(2007年3月28日,共六章46条)等,与我国《安全生产法》共同构成事故灾害发生后处理的法律规范体系,解决了从程序到实体内容方方面面的问题。在这一点上,我国相关城市灾害、环境灾害和生态灾害的中央、地方立法,是值得认真学习的。

四、党政同责与"一岗双责"引入灾害法学

武汉市在发展过程中,以大东湖、武湖、府河、后官湖、青菱湖、汤逊湖为生态绿楔的核心。为此,早在1999年,武汉市政府即颁布《武汉市自然山体湖泊保护办法》。这一政府规章出台,源于武汉市1998年8月的特大洪水,当时武汉城区

一片汪洋。遭此劫后,武汉市人大代表、政协委员不约而同地写议案、提案,振臂疾呼:要全力保护湖泊。2001 年 11 月 30 日,《武汉市湖泊保护条例》出台,2002 年 3 月 1 日施行。这是国内第一个城市为保护湖泊制定的地方法规。依据《武汉市湖泊保护条例》第 8 条,武汉所辖所有湖泊应当全部列入保护名录,严禁围湖建设、填湖开发等行为。此后,武汉相继出台《湿地自然保护区条例》《湖泊保护条例实施细则》《中心城区湖泊保护规划》《湖泊执法巡查制度》等 20 多个与保护湖泊相关的地方性法规,包括《武汉市中心城区湖泊"三线一路"保护规划》(简称《武汉湖泊规划》)。

《武汉湖泊规划》于 2012 年 5 月 28 日由武汉市政府通过,目的是为武汉中心城区 40 个湖泊划定"保护圈"。其中,"三线"分别指水域控制线、绿化控制线和建筑控制线,而"一路"是指环湖道路。"三线"划定后,水域控制线、绿化控制线内不得任意开发,建筑控制线内的建设要与滨水环境相协调,限制无序开发。然而,从武汉近来发生的填湖案例看,武汉湖泊的减少正在继"向湖要粮""向湖要钱""向湖要房"后进入第四个阶段"政府填湖",即重点项目、市政工程成了政府填湖的理由和借口。所以,学者认为,填湖事件频发,主要责任在于当地政府,按照政府规划,划了规划的红线,还会出现填湖案例? 就是政府执法与行政监管的问题了。①

应当说,武汉当前面临粗放式空间扩张难以为继,生态环境压力持续加大,城市交通拥堵日趋严重,公共设施和市政基础设施缺口持续增多等问题,"大城市病""新城病"问题交织,基本生态控制线的落地实施亟待破题。也就是说,武汉的生态要素保护边界界线,主要包括水体保护线、生态保护红线、永久性基本农田线和基本生态永久性保护边界等"三线一界"。在形成基本生态永久性保护边界后,其划定方案为:在生态保护红线、永久基本农田线的基础上,依据《湖泊三线一路保护规划》《山体保护规划》等专项规划,进一步增加划定水体周边保护范围、山体周边保护范围、风景名胜区缓冲区及协调区,以及全市生态框架确定的生态廊道等结构性控制区等,确定基本生态永久性保护边界面积约为 1814 平方千米之后,迫切需要以切实的法律责任和强有力的行政职责约束,寻求破解路径。②

---

① 俞琴,周小飚. 武汉:填湖之灾[N/OL]. 界面新闻,2016 - 07 - 21. https://www. jiemi-an. com/article/751332. html?_t_t_t = 0. 7704976124223322.

② 武汉市土地利用和空间布局"十三五"规划(2018 - 01 - 31)[R]. 二、现状评估和成效问题。

武汉市建设现代化、国际化、生态化的大武汉,为复兴大武汉打下坚实基础。为此,加强生态资源保护,保障城市生态安全,严格控制城市山水资源不受破坏,兼顾统筹生态保护和功能建设,构建全市"蓝绿网络",形成"江穿城、城镶山、山拥绿、绿映景"的生态空间体系,提升武汉市环境品质。继而,落实城市"六线四界"永久固化,划定水体保护线、绿地系统线、基础设施控制线、历史文化保护线、永久基本农田线、生态保护红线、主城永久性增长边界、城区永久性开发边界、基本生态永久性保护边界、城市历史文化永久性保护边界 10 大空间政策界线。其目的就是为了彰显滨江滨湖生态特色,通过"大江湖与小水系互通、大绿楔与小绿道互联、大公园与小绿地互补",构建"江河湖水网、绿脉公园网"相融合的、独具武汉地域特色的"蓝绿网络",城乡公园织网工程;以防洪水、排涝水、治污水、保供水为重点,大力推进"四水共治",实现系统、科学、依法治水,治理水环境,保障水安全,做好水文章。同步推进设施网络完善和重点工程建设,进一步大幅提升供给配给标准水平,补齐环卫系统历史欠账,全面提升防灾安全水平,建设形成功能齐全、高效安全、节能环保的现代化基础设施系统,全面支撑和保障城市可持续发展。与此同时,在海绵城市建设工程方面,完成汉阳四新、武昌青山 2 个试点片和二七滨江商务区、王家墩中央商务区等 7 处集中建设区的海绵城市建设,海绵区面积达 120 平方千米。① 在笔者看来,目标既然已确定,也有了相关的地方立法,那么,就应当将党政同责与"一岗双责"引入灾害法学,让法律责任和行政职责硬约束,成为管住"政府填湖"的制度之手。②

五、灾害终结报告制度的缘起

2010 年上海世博会的主题"城市,让生活更美好",应当成为每个城市未来发展的方向。未来城市应倡导低碳、节能、便利;倡导人际关系、人与自然关系的和

---

① 武汉市土地利用和空间布局"十三五"规划[R]. 2018-01-31。
② 截至 2016 年 7 月 12 日,武汉梁子湖水位 21.48 米,超保证水位 0.12 米,超历史最高水位 0.05 米。于是,7 月 12 日晚,武汉市防汛抗旱指挥部紧急会议决定,从长远来看,牛山湖退垸还湖、退渔还湖有利于武汉,有利于更好保护梁子湖生态环境,因此,决定炸掉梁子湖与牛山湖之间的大堤。7 月 14 日 07:00,随着 25 吨炸药发出巨大爆炸声,梁子湖与牛山湖间的隔堤被炸开,湖面激起数重巨浪,高出牛山湖水 1 米多的梁子湖水急速流过被炸开的隔堤,淹没了梁子湖畔的荷塘、鱼塘和部分房屋,两湖重新连为一体。

谐;使每位市民、每位来访者都充分享有现代文明带来的丰硕成果。① 然而,在我国,城市在聚集人力、物力和财力的同时,也在进行人的致灾性的聚集,这种聚集,让城市变得更加具有孕灾环境的特色。所以,城市如果要说"城市让生活更美好"的话,其实是在说:要更加注意城市致灾性的控制,克服城市孕灾环境中的各种人为因素,包括对于致害物的致害功能的释放、放大和强化,增加城市的韧性和抗逆性。

比如,我国海绵城市的建设中,从 2015 年起,城市新区要全面落实海绵城市建设要求;老城区要结合棚户区和城乡危房改造、老旧小区有机更新等,以解决城市内涝、雨水收集利用、黑臭水体治理为突破口,推进区域整体治理,逐步实现小雨不积水、大雨不内涝、水体不黑臭、热岛有缓解。建立工程项目储备制度,避免

---

① 上海世博会闭幕式上,发布了《上海宣言》。《上海宣言》倡议将 10 月 31 日上海世博会闭幕之日,定为"世界城市日"(2013 年 12 月 28 日,第 68 届联合国大会通过决议,决定自 2014 年起,将每年的 10 月 31 日设立为"世界城市日"。上海为首个"世界城市日"系列纪念活动的主场城市),同时,建议认真总结本届世博会的思想成果,在全球范围内进行推广,与广大民众共同交流,为城市管理者提供城市建设和管理经验。《上海宣言》七项倡议内容如下。(1)创造面向未来的生态文明。城市应尊重自然,优化生态环境,加强综合治理,促进发展方式转变;推广可再生能源利用,建设低碳的生态城市;大力倡导资源节约、环境友好的生产和生活方式,共同创造人与环境和谐相处的生态文明。(2)追求包容协调的增长方式。城市应统筹经济和社会的均衡发展,注重公平与效率的良性互动,创造权利共享、机会均等和公平竞争的制度环境,努力缩小收入差距,使每个居民都能分享城市经济发展成果,充分实现个体成长。(3)坚持科技创新的发展道路。城市应加强科学研究和技术创新,建立和完善科技创新和应用体系;加快科技成果转化,提高民众生活质量,创造新的产业和就业岗位;通过科学研究和技术创新,增强城市的防灾减灾能力;加强科技交流与合作,实行开放与互利共赢的原则,促进全球城市的共同发展。(4)建设智能便捷的信息社会。城市应进一步加大对信息基础设施的投入,通过信息化来加强诸多领域的服务,促进信息与知识的有效传播;构建以信息网络为基础的城市神经系统,自我完善和调整城市的运行效能;加强信息化教育,缩小数字鸿沟,让居民接触与获取更多的信息。(5)培育开放共享的多元文化。城市应积极保护物质和非物质文化遗产,鼓励多元文化繁荣发展;倡导海纳百川的开放精神,积极开展文化间交流与互动,在尊重文化传统和保护文化多样性的基础上进行文化创新,为城市和人类发展提供持久动力。(6)构筑亲睦友善的宜居社区。城市应构建和谐友好的社会环境,通过合理规划,营造文明、安全、宜居的城市社区,在就业、医疗、教育、住房、社会保障等方面提供平等和高质量的公共服务;鼓励公众参与城市规划与管理,关注城市移民的物质需求与精神需求,消除社会隔阂与冲突。(7)促进均衡协调的城乡关系。城市应兼顾与乡村的协调发展,推动区域结构的调整和优化;特别注重推动欠发达地区的发展,加强城市功能向农村的辐射,努力缩小城乡差距,关注弱势群体利益;积极引导城乡对话,实现城乡和谐互动。

大拆大建;①就是我国城市灾害防御的重要举措。也就是说,城市的发展教会人们学会如何与城市灾害、环境灾害以及生态灾害做斗争。尤其是在前文提及的三北防护林大量杨树死亡、武汉市填湖致灾的实例中,既需要引入"湖长制""林长制"一类制度,关键是党政同责与"一岗双责"引入灾害法学的同时,探讨在我国建立灾害终结报告制度的可行性。

所谓灾害终结报告制度,即在灾后重建完成之后,对灾前期防灾、临灾期应急、临时安置和过渡安置,以及灾后重建等的投入和物质性、非物质性耗费等,进行单项结算并汇总,然后进行原因分析、法律责任归责和追究的国家报告制度。其报告责任人是灾害发生地的应急管理厅局,或者授权的法定职责部门。其内容除了按照灾前期防灾、临灾期应急、临时安置和过渡安置、灾后重建分阶段归纳之外,应当包括灾害原因(致灾因子归纳)、灾害过程(灾变经过)和灾果(灾害损失)等,尤其是要将相关的非物质消耗,进行物质性折算,然后,对相关职责、职能和义务、责任等,进行逐项清理和清算,列表公示。从而,为党纪责任、行政责任和法律责任的划分奠定基础,为相关责任的追究,提供具体直接和细致的依据。

---

① 国务院办公厅. 关于推进海绵城市建设的指导意见(2015 - 10 - 16)[R]. 三、统筹有序建设;(六)统筹推进新老城区海绵城市建设.

第三章

承灾体:灾害概念的反向塑造

自然界的变异发生时,其巨大的破坏性能量的瞬间释放,强有力地改变着自然环境以及人类的生活条件。由此而言,自然灾害在本质上表现的是自然界与人类的一种互相之间的作用与反作用,或者能量与自然资源之间的利用与转换关系。这当中,古人"灾"的概念中,原指自然发生的火灾。① 那么,自然灾害所具有的本质属性便是其自然属性。其自然属性有三个层面的考量:(1)自然变异——强大的自然力,比人类的力量要有力得多;(2)自然规律——发生规律不受制于人,人类社会只能采取防灾及防御措施,才可能有效;(3)承灾体表现——人员伤亡致残、财产毁损灭失和社会秩序陷入混乱,具有必然性。

不过,人类在自然界的变异面前,也不是消极地或者只是被动地接受自然变异带来的危害,而是积极寻求将自然变异过程中的破坏力,通过人类社会的法律制度实施和组织机构的有效运行等,加以转化。比如,理论上的"灾害三期"与"备灾制度",以及灾前期的防灾措施、临灾期的抢险救灾、临时安置和过渡安置,还有灾后期的恢复重建制度等,都是把自然灾害的自然属性,导向人类社会的社会属性的一种表现。

在法律属性上,灾害的"承灾体制度"意味着,人类社会必须重视社会脆弱性或者城市韧性的建设。对于人而言,克服人性的脆弱性就是首先不能对自然灾害一味地"怕"。总觉得自然灾害太可怕了,老想着躲。其实,自然灾害作为一种自然变异现象,躲是躲不过的。那么,唯一正确的态度就是面对、应对,积极地提升自己的防灾减灾救灾能力,通过自救、他救和参加各种应急活动,克服自然变异带来的负面影响。同时,为了保护人们生存、生产和生活的物质财富和各种设施、人工构造物和建筑物,应该早些采取防灾抗灾设计和加固,增强这些物质财富和设施、人工构造物与建筑物的韧性,避免凡灾必毁、遇灾必坏和有灾易损的情况

---

① 辞海[M].上海:上海辞书出版社,1979:2802.

出现。

尤其是对人们进行防灾减灾救灾能力的培养,让人们在遇到任何类型的灾害,包括自然灾害和人为灾害,特别是各种事故灾难包括人为的恐怖袭击时,都要积极应对,或学会紧急避险或发挥自救、他救和互救能力的效用,或保持社会秩序不出现大的混乱,从而为秩序稳定背景下的减灾救灾效率,提供公众参与和救灾志愿者层面的帮助与协助。从这个层面看,任何人虽然都是自然灾害和事故灾难的承灾体,但同时也是抗灾体和减灾体,任何时候,任何地方的任何人,都不能只做消极的承灾体,必须同时做积极的减灾体。

第一节 承灾体界定及特征

一、承灾体的定义:灾害社会性的表现

所谓承灾体,是指自然灾害和事故灾难发生时,承接其强大的损害、损失和危害能量,继而发生的人员伤亡、财物损毁和社会秩序失序的灾害作用对象灭失的一种现象。在这里,"承灾体"一词,说明自然灾害和事故灾难作为"主动""积极"和"加害"的一方,而人员、财物和社会秩序作为"被动""消极"和"受害"的另一方,是承受强大的灾害能量释放和作用的对象,是灾害能量的作用方。所以,人员、财物和社会秩序作为"承""灾"的"主体",是被灾害模型所定义的,而不是自己主动要当这个"角色"的。在法律上,灾害法学的首要原理就是告诉人们:人员、财物和社会秩序之所以是"承灾体",是因为这些因素本身相对于自然灾害和事故灾难而言,是处于消极被动和易受害地位,也即表现的是社会的易损性或者脆弱性,而非抗灾性或者韧性。灾害法学本身,就是强调作为自然灾害和事故灾难的反作用力另一方,人类社会(整体)、政府和组织(群体)及社会公众(个体)具有的反作用力,便是社会制度包括法律制度、工程抗灾和社会公众的自救、他救与互救能力,可以让人们在自然灾害中顺利逃生,继而生存,并维护社会秩序不大乱或者不完全失去控制。于是,当人类社会、政府和组织及社会公众对自然灾害和事故灾难的反作用力小于、等于和大于其作用力时,自然灾害和事故灾难发生后的"表现结果"肯定会完全不同。

也就是说,自然灾害是自然与人类之间物质资源与能量等方面矛盾的一种外在表现形式,具有自然性和社会性这两重属性。在这里,自然灾害的双重属性是

强调自然灾害首先带有自然属性,即自然灾害是自然界自然变异或者自然运行规律的一种表现形式,这种表现,站在自然界的角度观察,人类社会似乎是无言以对,而只能消极被动地全面接受的。不过,需要特别注意的是,当人类社会为自然灾害的各种致灾因子提供作用的时间和空间的时候,人类社会不但成为承灾体,而且成为孕灾环境的重要组成部分。

自然灾害的自然属性本身,又脱离不开人类社会的社会属性。没有了人类社会这个承灾体,那么,自然界的自然变异层面上的致灾因子和孕灾环境,便没有了任何价值和意义。所以,在自然灾害和环境破坏之间,存在着复杂而又交叉的相互联系。这种联系就让纯粹的自然灾害灾前期的备灾、临灾期的应急和灾后期的重建,都具有了社会性。这种社会性,便是自然灾害第一致灾因子即自然界变异能量,在人类社会的基本构成要素,即人员、财物和社会秩序等介质上的直观表现。于是,自然灾害的自然性便向其社会性发生转变,这种转变,是具有必然性的。有了这种必然性的观察与考察,那么,自然界的自然变异,借助于人类社会的脆弱性、易损性或者危损性,才得以变成或者表彰为一种自然灾害。自然灾害除了第一致灾因子之外,必须依赖人类社会脆弱性这个第二致灾因子。于是,自然灾害中,自然变异的第一致灾因子的"作用发挥"(致灾性),必须借助人类社会脆弱性(受害性)的"伴随"或者"相生"而产生。

人类社会从地理科学、灾害学、灾害社会学和灾害法学等意义上,逐步认识到自然灾害的发生、发展,以及以法律机制抵御和控制自然灾害的危害性,即克服和控制人类社会的脆弱性、易损性或危损性,并尽可能减轻各种自然灾害所造成的损失,是任何一个国家或者任何一级政府,都应当充分意识到的社会韧性建设的基本任务。在经历了 1990 年—1999 年的联合国"国际减灾十年活动"之后,国际社会达成的一个基本共识是:人类社会的脆弱性、易损性或危损性,通过人类社会的积极应对活动,是可以有效减轻的,防灾减灾力量在借助法律制度和公民、社会组织以及政府、国家减灾能力不断提升的背景下,是可以不断强化的。由此而言,承灾体中的人员、财物和社会秩序,对于自然界的自然变异,完全可以通过人类的积极应对和制度力量等构成的抵御能力,得到一定程度的防范、应对和消解。

二、承灾体、受灾体和受害对象:承灾体的法律特征

自然灾害或者"灾害"在我国古代文献中的记载,一般是指地震、旱、涝、虫、雹等造成的祸害,与今天社会公众对"自然灾害"一词的理解并无太大的出入或者差别。不过,在学术层面,自然灾害并不是指地震、洪水、火山爆发、森林火灾等极端自然现象本身,而是指这些自然现象对人类社会所造成的危害。理由是,这些自然现象如果不直接或者间接对人类社会产生危害,就不会被称为"灾害"或者"自然灾害"。① 例如,2016 年 12 月 28 日 16:14,新疆克孜勒苏州阿克陶县发生 3.1 级地震,②因为震级小,并没有造成多大危害,也就是说,地震发生地的阿克陶县的人员、财物和社会秩序等承灾体等,都没有承受到这次地震带来的危害性,从而也就没有表现出易损性或者损失性。

可见,任何自然灾害的发生,都会以"自然变异—能量释放—承灾体受损—灾害损失"这样一个模式表现出来。这个模式,笔者在《减轻自然灾害的法律问题研究》一书③中,以建立这样的机制,是自然灾害社会属性的法律表现。见表 3.1。

表 3.1 自然灾害的法律属性

灾害损失	人员伤亡	财产毁损灭失	社会秩序混乱
法律属性	主体消灭	客体消灭	紧急状态
	主体能力受损	客体不能	异常状态

表 3.1 中,没有表现或列出加害源即自然变异,而只表现出灾害损失及其法律属性。其实,这个表可以变成表 3.2。

表 3.2 自然变异与承灾体的关系

自然变异	地震、洪水、火山爆发、森林火灾,等等		
灾害损失 (承灾体)	人员伤亡	财产毁损灭失	社会秩序混乱
法律属性	主体消灭	客体消灭	紧急状态
	主体能力受损	客体不能	异常状态

应当说,从表 3.1 演化成表 3.2,只是在图表中加入自然变异这样一个变量而已,相比之下,承灾体的后果型表现,是没有多大变化的。理论上,各种自然现象或者自然变异过程,比如地震、洪水、火山爆发、森林火灾等自然现象,被看作是一种自然危险(natural hazard),而不是自然灾害(natural disaster)。作为自然灾害必

---

① 梁茂春. 灾害社会学[M]. 广州:暨南大学出版社,2012:28.

② 佚名. 12 月 28 日 16 时 14 分新疆克孜勒苏州阿克陶县发生 3.1 级地震[EB/OL]. (2016 – 12 – 28)[2017 – 12 – 19]. http://news.xinhuanet.com/politics/2016 – 12/28/c_129423877.htm.

③ 王建平. 减轻自然灾害的法律问题研究(修订版)[M]. 北京:法律出版社,2008:19.

须是这种自然危险对人类社会所造成的危害,即人类社会以承灾体、受灾体或者受害对象的面目出现。其中,"承灾体"强调人类社会对自然危险等危害后果的主动型、被动型的承受;而"受灾体"则侧重于强调人类社会对自然危险的被动承受,至于"受害对象"之说,则强调人类社会与自然危险之间,自然危险是加害源,是主动因素即致灾因子中的第一因素,而人类社会因为其脆弱性、易损性或者危损性而成为受害者,是被动因素即致灾因子中的第二因素。

于是,有了自然危险并不必然有灾害发生。自然灾害的发生,不但因为有加害源即自然变异这种自然危险,而且因为有"受害者"——人类社会(以人类社会的脆弱性、易损性或者危损性来表现)。自然危险和人类社会在加害—受害这一点上的结合,便有了"自然灾害"现象——自然危险借助人类社会的脆弱性、易损性或者危损性,必然演变成为人类社会的损失、损害或者危害等。可见,承灾体的法律特征是:(1)从承灾体、受灾体到受害对象的可变性在于自然危险对人类社会造成危害,即自然危险必须凭借人员、财物和社会秩序受损,才变成了自然灾害;(2)人类社会"三性"即脆弱性、易损性或者危损性,借助"加害—受害模式"的可转化性;(3)灾害后果免责的条件性,即不是任何自然灾害或事故灾难带来的灾害后果,都是可以免责的;(4)灾害后果的层次性,即主体消灭与主体能力受损、客体消灭与客体不能,以及灾害紧急状态和灾害异常状态转换的必然性,都是要在法律层面认真研究和解决的。

三、承灾体的发现、固定、选择和路径依赖

为什么自然灾害中的承灾体是人类社会,而不是其他?

"承灾体"一词,表达的是对于自然危险转化成自然灾害后果的消极承担、被动承受和不可避免、不能克服或者不能预见①的情况。一方面,可以表现自然危险是自然界发生自然变异时,其释放的能量和相关致灾因子,往往是人力不能抗拒的,人类社会千百年的建设成果——城市和各种物质财富、物质文明的表征物,可能都无法抵御或者抗拒自然变异的强大或者超强的作用力或者能量释放力;另一方面,人类社会不强化自己对于自然危险的抵御、防范和控制能力的话,则人类社会必然取得对于自然危险的脆弱性、易损性或者危损性。换句话说,人类社会对于自然危险的脆弱性、易损性或者危损性,本身就一直存在着和延续着,只是从

---

① 我国《民法通则》第一百五十三条使用"不可抗力是指不能预见、不能避免并不能克服的客观情况",来涵盖包括自然灾害在内的不可抗力事由。

54

人类社会的角度看,需要借助防灾减灾的国内活动和国际合作,督促和促进人类社会意识到——人类社会这个人为的或者人力建设的社会,并不必然对于自然危险具有可对抗性或者对自然危险的防范控制性。

西方学者在建立灾害研究中心,并形成制度化灾害研究体系的数十年之后,却得出了一个备受争议的"一致观点"。他们认为,所有的灾害都可以看作是"人为的"(human-made),即正是因为人类缺乏有效的灾害防范措施,才使各种危险包括自然危险变成了灾害。例如,地震只是一种自然危险,这种危险本身极少能够直接导致人畜的伤亡、致残等,地震之所以称为灾害,往往是在人类建造的房屋或者各种设施无法承受地震波的能量作用而倒塌时,才会产生灾难性的危害后果。① 事实上,全世界每年要发生 500 万次地震,而 5 级以上的地震仅占 0.2‰。1949 年—1989 年 40 年间,青海发生过 12 次 4.6~5.9 级地震,内蒙古发生过 11 次,均无 1 人伤亡。而在 1990 年 2 月江苏常熟发生的 5.1 级地震中,却造成了直接经济损失 1.3 亿元,伤亡 26 人的严重后果。可见,严格地讲,像常熟这样的地震——特定的地域、特定的空间里发生的地震,才构成地震灾害。② 可见,"承灾体"现象的发现,首先需要对致灾因子与自然灾害的关系,基本上要理清和梳理明白,不能把致灾因子等同于自然灾害。

自然危险的致灾过程要发生作用,需要站在灾害学的角度上,将致灾过程和致灾条件即致灾因子分解为加害源(灾害源或者致灾源)和承灾体,或者致灾源—载体—承灾体(受灾体或者受害体)。它们之间是相互关联、相辅相成,缺一不可的。在旷无人烟的地区,无论自然条件多么复杂多变,各种自然变异或者自然危险是多么剧烈,其释放的能量是多么巨大,也都不过是一种自然现象,而很少构成自然灾害。③ 所以,发现承灾体之后,要做的事情便是将这些"承灾体"加以选择和固定,继而,形成加害源与承灾体之间关系的固定模型。进一步讲,形成相应的"承灾体"路径依赖,将各种致灾因子与承灾体相结合,同时,将某一种具体的自然灾害的致灾因子进行有效的排列和整合,对承灾体的脆弱性、易损性和危损性加以梳理,从而制定具有适用性和效用性的防灾减灾政策和措施,形成有效的法律机制。

承灾体在灾害法学上的分类,包括人员、财物和社会秩序等,其分类标准为人

---

① 梁茂春. 灾害社会学[M]. 广州:暨南大学出版社,2012:30-31.
② 王锋. 要重视承灾体的考察研究[J]. 灾害学,1991(3):87.
③ 王锋. 要重视承灾体的考察研究[J]. 灾害学,1991(3):86.

类社会是一个总体性的承灾体,即宏观承灾体,而人员、财物和社会秩序等,则被区分为类承灾体,可以视为中观层面的承灾体类型划分;至于具体的灾民层面或者某个灾区层面,则属于微观层面的承灾体。这种区分的灾害法学意义,在于灾前期防灾、临灾期应急、临时安置和过渡安置、灾后重建时,必须从宏观到中观再到微观,都必须考虑齐全。与此同时,各种应急预案、临灾处置和应对方案,还有灾后重建规划与实施方案等,都必须考虑到不同层次的不同利益需求和应对措施。

第二节　第一承灾体:人命与健康

一、自然灾害中的人:逃生本能与自甘冒险

自然危险中,"危险"一词首先是针对人而言的"不安全""受到威胁"或者"可能造成人员伤害"等。在这里,人,可以从生物、精神与文化等各个层面来定义,或者是这些层面定义的结合体。生物学上,人被分类为人科人属人种,是一种高级动物;精神层面上,人被描述为能够使用各种灵魂的概念;在宗教中,这些灵魂被认为与神圣的力量或存在有关;文化人类学上,人被定义为能够使用语言、具有复杂的社会组织与科技发展的生物。尤其是能够建立团体与机构来达到互相支持与协助的目的。我国古代对"人"的定义是:有历史典籍,能把历史典籍当作镜子以自省的动物。那些没有历史典籍的部族,虽有语言,能使用工具劳动,都只能算野蛮动物,其邦族称号在汉字中都从"犬"旁。

人在广义上,等同于人类(human),是人的总称。人类是地球出现最高级动物与智慧的结晶,目前处于所有物种统治者的地位。正是因为有了这种地位,使得人类以为取得了对自然界"呼风唤雨""纵横天下"或者"肆意妄为"的特权——人类是主宰、是主体,而人类之外的一切,皆是被主宰、是客体,等等。从行为学上来看,人类的特征主要是:(1)懂得使用语言;(2)具有多种复杂的互助性社会组织;(3)喜欢发展复杂的科技;(4)群居动物,衍生出各文化不同的信仰、传说、仪式、价值观、社会规范等。

教育学对"人"的理解如下。(1)人是一种存在的可能性。人的本质是在人自身的活动中不断生成的,是一种"自我规定"。(2)人具有自主性和创造性。人不但会学习,而且会发问,会探索,会创新。(3)人具有发展的本质。人的实践本

性决定了人可以通过有意识、有目的的自主创造性活动不断地进行自我否定、自我超越、自我实现，即人具有发展的本质。（4）人具有历史性和现实性。其两层意思分别强调：一是人的自我本质是在不断发展的历史和现实生活中逐渐生成的，人总是生活在具体的历史与现实空间中；二是人的自我本质的生成与发展，要受到一定历史和现实条件的制约。（5）人具有多样性和差异性。一方面，人作为一种存在的可能性，本身就蕴含着丰富性和多样性；另一方面，个体生命具有独特性、不可替代性，以及个体间的差异性。

当然，关于"人"也有这样的定义：能制造精致的工具，并能熟练使用工具进行劳动，有丰富的思维能力，有判断跟实际情况没有冲突和跟实际情况有冲突的能力，有呵护、爱护地球的能力，有创造能力和控制修复能力。人也是自觉解放自我的生命体。人的基本属性，是自觉的自我解放，基本物质基础自然生命下的生理系统与思维系统。前者构成人类与自然界的能量与物质的不断交换，这当中，人也成为自然界的一部分；后者则构成人的基本内在的矛盾，此一矛盾外在的运动的表现，便是人的自觉的自我的解放属性。人的基本属性，就是人性——人是"社会"①的载体，是社会组成的最基本的"单元"。社会性是人性的发展，人性通过社会关系表现为社会性。社会性是个体人与其他人类个体结成的关系，同时，社会性也反作用于个体人的人格。

于是，当自然危险发生时，人会选择逃跑或者躲避，这种逃避或者躲避，便是

---

① "社会"犹"会社"，在汉语中，本意指人与人之间互相联系而结成的组织，如结社、集会等。《汉语词典》（商务印书馆，1936 年版）对"社会"一词的解释有两种。（1）各个人之集合体，其组合之分子具有一定关系者；通常亦泛指人群。（2）旧日里社逢节日之集会行赛。现代通常意义上，"社会"一词来自日本，相当于"society"一词，近代学者严复曾译为"群"，日本人译为"社会"。清末值洋务运动，时兴师夷，大量学者通过转译日文翻译著作来学习西方，而双音节词又比单音节词更为适合当时的汉语口语，故而并不太严谨的"社会"一词反而击败了更为准确的"群"，牢牢地扎根于汉语中，流传至今。社会学上，"社会"就是由许多个体汇集而成的，有组织有规则或纪律的相互合作的生存关系的群体。没有分工与合作关系的个体所聚集成的群体不成为社会。社会是在特定环境下，共同生活的同一物种不同个体长久形成的彼此相依的一种存在状态。在微观上，"社会"强调同伴的意味，并且延伸到了为了共同利益而形成联盟。而宏观上，社会是由长期合作的社会成员，通过发展组织关系形成团体，在人类社会中进而形成机构、国家等组织形式。所以，"社会"是共同生活的个体通过各种各样社会关系联合起来的集合。以人类社会为例，形成社会的最主要的社会关系包括家庭关系、共同文化以及传统习俗。社会关系包括：个体之间的关系、个体与集体的关系、个体与国家的关系。一般还包括群体与群体之间的关系、群体与国家之间的关系。

人的"逃生本能"或"求生本能"。这种本能,与"自甘冒险"①完全相反。在这里,"逃生本能"也被称为"求生本能"。求生本能源自比现在更多风险的远古时代,而且延续至今一个更安全的现代世界。"逃生本能"的表现,是人在无预警的状况下,面对自然危险出现的生死关头之时,人类的求生本能可让人们有能力逃过任何劫难或者致灾因子的加害或者致害。比如,当洪水突然来到人们的身边或者人们被滔天洪水包围时,自然而然的第一反应就是拼命去抓"救命稻草"②,这种逃生本能本身,说不定真能让某人获得生存的机会。所以,自然灾害中的人,是一个具有逃生潜在能力的人,尽管这种逃生可能仅仅是一种本能而已。

二、人命第一承灾体:以死亡或伤残来表现

人命(human life),指人的生命、人的性命或者指人的寿命,也可以指人的命运。在我国民法上,"人"主要是指自然人,人命就是自然人活着的"有命""活命"或者"存命"等状态。人作为地球上的高等动物,人命是其生活能力的表现形式。所以,人命也可以用"生命""寿命"等词语来表达。

所谓生命,即人活着或者以有生命形式或者状态存在的一种状态。生命在指称或者表现生物的生命性时,强调"生存""生活"或者"生力(即生命力)"等状态或者情形,即"人的性命存在的一种状态"。所以,"性命"在先秦古文中,皆作"生"字。而人的生命,在其长度宽度和高度的"生命三维向度理论"中,则分解为生命的长度——寿命;生命的宽度——生存的贡献即社会影响度;生命的高度——生活的品质和人的修养的"阳春白雪度"。因此,所谓"寿命",是指人从出生经过发育、成长、成熟、老化以至死亡前机体生存的时间段,通常以年龄即周岁作为衡量人的寿命长短的尺度。由于人与人之间的寿命有一定的差别,在比较某个时期、某个地区或某个社会的人类寿命时,通常采用平均寿命。"平均寿命"常用来反映一个国家或一个社会的医学发展水平,以及经济、文化的发达状况。世界卫生组织的研究结果表明:个人的健康和寿命60%取决于自己,15%取决于遗

① 自甘冒险,是指在明知危险存在的情况下,某人主动同意自行承担某种危险行为可能引起的伤害或者受害后果的情形。
② 传说中"救命稻草"故事:一次海难之后,一群人当中只有一个人漂到了一个荒岛上,后来这个人获救了,他是这次海难中唯一活下来的人。据说,这个人一直看见他眼前有一根稻草,他一直想去抓到这根稻草,于是拼命去抓,一直在海上漂,就一直抓啊抓啊。最后飘到了荒岛上,也许这个人看见的稻草是幻觉,但是,就是这种幻觉的信念,一直支撑着他从海上漂到荒岛上。这种精神力量的支撑和信念的坚守,就成为这个"救命稻草"的典故。现在,"救命稻草"成为一个具有贬义的成语了。

传,10%取决于社会因素,8%取决于医疗条件,7%取决于气候的影响。在此基础上,生命的宽度取决于某个人的社会贡献和对社会的影响程度;而生命的高度,则是个人修养和个人对待包括自然危险在内的各种生活压力、危机和矛盾、冲突等,给个体生命带来的生命质量的体会与感受。

人命在许多自然灾害发生时,往往是第一承灾体,其具体表现便是人成为自然灾害中的罹难者。① 据《中国民政词典》中国灾荒大事记的记载,从公元前2598年到公元1983年的几千年间,对有史料记载,且详细载明灾中死亡人数的灾害的粗略统计,我国因灾死亡百人以上的自然灾害有124次,死亡492.8万人。其中,死亡万人以上的自然灾害共有49次,死亡483.2万人;死亡10万人以上的自然灾害有13次,死亡425.2万人。② 相比之下,一次唐山大地震,死亡人数就达到了24.28万人之多。可见,人命是任何一次自然灾害中的首要承灾体,也因此,任何一次重大自然灾害中,政府发出的抢险救灾的命令本身,都是"救人、救人、再救人"。

例如,2007年7月29日,河南省陕县支建煤矿发生洪水淹井事件,69名矿工被困井下,生命极度危险。党中央、国务院对此次生产事故极为重视,要求全力施救,国家安监总局以及河南省委、省政府的主要领导亲临现场,靠前指挥。与之邻近的义马煤业集团主动承担社会责任,不惜牺牲自身的利益,成建制抽调抢险人员,成批次调动救灾物资。经过76个小时艰苦卓绝的努力,69位矿工无一损伤地全部生还,创造了中国乃至世界煤矿救援史上的奇迹,演绎了万众一心、众志成城拯救生命的壮举,受到了社会各界的广泛赞誉。后来,由义马煤业集团与河南影视集团投资千万元,历时近1年时间,联合拍摄制作的电影《人命如天》,就是取材于这次煤矿淹井事件真实故事,以电影化的手法,全景式、艺术化、细节性地展现成功救援的全过程。这部由著名导演孙铁执导、郑小宁、张晗领衔主演的电影被国家广播电视总局确定为向新中国成立60周年30部献礼的重点影片之一。

"人命是第一承灾体"的判断表明:人命在自然危险中具有易损性。也就是说,人命对自然灾害的易损性,不论是原始性的,即人在自然灾害中立即死亡,还是继发性的,即人在灾害中未立即死亡,而是因灾缺食、少衣或缺乏其他保障慢慢

---

① "罹难",多指人在自然危险发生时,遭受某种肉体或者精神损伤,从而造成生命丧失的情形。"罹难"即遇灾、遇险而死,或者"被害"的意思。而"罹难者",指在自然灾害中遇到危险而死亡的人。

② 资料中只提到"死人"、灾害"杀人"者不计人数,对以"死者甚众""死者无算"等计量者,均以百人以上计,且不包括受灾人数。

死去,都说明自然危险对人的生命具有非常的"摧残性"或者毁灭性。人命的易损性,既来源于人体的肉体结构,也来源于各种建筑物、设施和社会保障措施的缺陷,是无法避免的。人命易损性的无法避免与自然灾害摧残性的结合,使千百万人的生命在一场自然灾害面前显得异常脆弱。①

三、人命第二承灾体:健康与身体灾害中受伤

健康,是指一个人在身体、精神和社会等方面都处于良好的状态。传统的健康观是"无病即健康",现代人的健康观是人的整体健康。根据世界卫生组织给出的解释:健康不仅指一个人身体有没有出现疾病或虚弱现象,还指一个人生理上、心理上和社会关系上的完好状态。现代人的健康内容包括:躯体健康、心理健康、心灵健康、社会健康、智力健康、道德健康、环境健康等。健康是一个人的基本权利,也是人生的第一财富。从健康和人命之间的关系看,健康是一种人"生活的心态"即"没有危险"或"不受威胁"的心理或者心理状态。对于自然危险而言,人的健康作为第二承灾体理解时,是指人的躯体健康、环境健康等,因为自然危险这一第一致灾因子的作用,而受到严重损害或者威胁。比如,在自然危险发生时,灾区的人们因受伤、致残或者亲友死亡等,而成为灾民。尤其是灾民本身受伤和致残,本身不仅仅是人的肢体健康问题,而且也会通过身体的病痛,成为其心理健康、心灵健康、智力健康等方面受到创伤的核心表现。

对于一个人而言,幸福的首要条件在于健康[柯蒂斯(Curtis)语]。那么,在自然危险作为致灾因子导致灾害发生时,灾民的身体健康受到损害乃至因灾致残,他的人生幸福感就可能丧失净尽。虽然人要想在重大的自然灾害中保全性命和保护人体健康非常困难,但是,防灾减灾本身就是通过人类的社会制度和减灾能力,构建以人类社会的共同力量抵御和抗衡、消减自然危险演化成灾害损失的可能性。从这个意义上说,防灾减灾的本质就是保障各种自然危险成为致灾因子的时候,以各种各样的方法、措施和制度,维护自然危险构成的孕灾环境中灾民的人身安全、生命安全和人身健康不受损害或者少受损害。弗洛姆(Erich Fromm)认为,尊重生命,尊重他人,也尊重自己的生命,是生命进程中的伴随物,也是心理健康的一个条件。那么,对于任何一个人而言,尊重生命的这种"心理健康"的要求,要达到"标准"就必须积极参与防灾减灾,以公众参与的原则,积极投身到各种各样的防灾减灾活动中去。

---

① 王建平. 减轻自然灾害的法律问题研究(修订版)[M]. 北京:法律出版社,2008:49 - 51.

需要说明的是,健康是人命第二承灾体强调人命与健康实质上具有相同的特性,即对于自然危险的脆弱性、易损性和危损性。这大抵不仅仅是因为人的健康与人命密切相关,关键是人在自然灾害中受伤和致残,是典型的健康权益受到伤害,这个时候,如果得不到及时的伤病救治,那么,受伤的灾民可能会因此而死亡。从这个意义上看,对于因为自然危险作为第一致灾因子而死亡的罹难者而言,死亡是一瞬间的恐惧、痛苦和伤害,而受伤和致残则是长时间甚至于终生的恐惧、痛苦和伤害。因此,当自然危险发生时,抢险救灾中的"救人第一"当中,当然包含对于伤病员的及时救助,以及从各种自然危险状态中将伤病员抢救出危险境地或者危险状态的基本要求。

例如,汶川大地震抢险救灾应急中,2008 年 5 月 18 日卫生部早先发出通知,要求四川周边的重庆等 4 省市卫生厅局组织接收、救治部分从四川转出的伤员。通知要求,重庆、贵州、云南、陕西 4 省市卫生厅局要立即开展接收伤员的床位预留工作并准备接收伤员。重庆预留 5000 张,贵州、云南、陕西先期各预留 1000 张。预留床位主要由三级医院提供,不足部分可由二级医院补充;重症伤员要首先转入三级医院。但是,由于伤病员太多,三省一市接收能力不足,卫生部与四川省和有关省份制定了新的伤病员转运方案,计划到 5 月底向 20 个省区市转送伤员8000 人。于是,2008 年 5 月 28 日 18:30,载着 91 名灾区伤员的救 26 次专列到达北京西站。5 月 23 日 14:00,救 12 次列车从绵阳出发,载着 265 名伤员,行驶 1322千米,到达湖北汉口车站。截至 5 月 30 日,已经有 8668 名四川灾区伤员转运到重庆、江苏、浙江等 20 个省区市治疗,[①]有效地保证了这些地震伤病员的身体健康,更有效防止了灾伤致残情况的大量发生。可见,人身健康是人命第二承灾体,是名副其实的。

四、人命第三承灾体:心理应激障碍与灾害致残问题

自然灾害发生后,对人类自身的直接影响和负面性危害的表现,是灾民的强心理刺激和应激障碍的现象发生,可能导致大量的创伤后压力心理障碍症患者。这在汶川大地震中,曾经大量出现过,是人这种承灾体在自然危险这种第一致灾因子作用时,在其精神感受和心理体验层面,产生的一种内在伤害。

---

① 林红梅,万一. 承运生命的希望——转运汶川大地震伤员出川记[EB/OL]. (2008 - 05 -
30)[2017 - 12 - 19]. http://news. xinhuanet. com/newscenter/2008 - 05/30/content _
8285005. htm.

所谓创伤后压力心理障碍症(Post - Traumatic Stress Disorder, PTSD),又叫延迟性心因性反应,是指人在遭遇自然危险或者对抗重大压力后,对创伤等严重应激因素的一种异常的精神反应。它是一种延迟性、持续性的心身疾病,是由于受到异乎寻常的自然灾害或者其他事件、事故等威胁性、灾难性的心理创伤,导致延迟出现和长期持续的一种心理障碍或者心理失衡与失调的后遗症。简言之,PTSD是一种人在遭受创伤后,心理失去平衡的一种状态,包括生命遭到威胁、严重物理性伤害、身体或心灵上的胁迫。有时候,也被称之为创伤后压力反应(Post - Rraumatic Stress Reaction, PTSR),以强调这个现象,是经验创伤后所产生的合理结果,而非病患心理状态原本就有问题。也可以译为"创伤后压力症""创伤后压力综合征""创伤后精神紧张性障碍""重大打击后遗症"等。

自然灾害发生后,除了可以让受灾者成为罹难者、受伤者之外,也会因为灾害流量的快速释放,而引起受灾者压力、焦虑、压抑,以及其他负面情绪和知觉方面的问题。而这种影响的时间,以及为什么有些人不能尽快适应,在理论上仍然是未知数。比如,在地震、洪水、龙卷风、飓风及其他自然灾害过后,受害者表现出的恶念、焦虑、压抑和其他负面情绪问题就是例证。这是一种对于受灾者的承灾而言极度的灾难感受或者体验的持续效果,如果不能适应或者转化、消解,便成为"创伤后应激障碍",即对受灾者来说,便显出经历创伤后持续的、不必要的、无法控制的无关事件的负面念头——强烈地避免提及事件的愿望,睡眠障碍,社会交往退缩,以及强烈警觉的焦虑障碍,等等。

对于不同类型的自然灾害,可将其划分为突发性灾害和渐进性灾害、突发性灾害,包括地震、火山喷发、海啸、台风、水灾等在短时期内造成重大损害的自然灾害;渐进性灾害也就是缓发型灾害,包括旱灾、荒漠化灾害和虫灾引起的饥荒等。比较而言,前一种灾害中,受灾者容易发生 PTSD,这就需要进行临灾期和灾后期的持续性心理救援。而后一类灾害,由于没有对人类基本生活条件形成突然冲击,对受灾者相对而言不容易发生 PTSD,防灾减灾工作的重心往往不在心理救援方面。不过,学者研究表明:社会支持水平是 PTSD 的保护性因子,社会支持中的主观支持和支持利用度与 PTSD 负相关程度更明显。① 这就意味着,人和自然危险演化成自然灾害后,对于灾民的心理抚慰和精神安抚,是极其重要的。

比如,汶川大地震发生后 3 个月到数年,是灾民心理问题高发期,在经历了早

① 邹晓艳,周娟,等. 5·12 地震后 PTSD 症状严重性和社会支持之间的相关性研究[J]. 神经损伤与功能重建,2010(4):285.

期的迷惘期和"人道期"(众多救援人员形成的心理支持期)后,灾民开始进入"低潮期",会感到孤独、无奈、幻灭,甚至于出现自杀现象。汶川大地震中的创伤性事件中,创伤受害者分为三种:(1)受害者本人,如亲历灾害现场的人;(2)灾害目睹者,如参加营救的军人、武警、医护人员和志愿者等;(3)间接受灾难影响的人,如受难者的亲属。这些都是地震灾后心理救援的关注对象。灾难所导致的心理伤害,患者自己不一定能够感受到。也就是说,自然危险对人类心灵和精神的负面性影响,可以是爆发性的,也可以是渐进性的。各国的防灾减灾的经验表明,心理危机干预是抗震救灾的一个主要方面,为此,发达国家大多建立起比较完善的心理援助系统。① 我国政府意识到了心理危机干预的必要性和重要性,所以在《汶川地震灾后恢复重建总体规划》第12章规定,精神家园的恢复重建,要重点做好灾区群众心理疏导;实施心理康复工程,采取多种心理干预措施,医治灾区群众心灵创伤,提高自我调节能力,促进身心健康。

事实上,汶川地震之后,有74.6%的灾民希望得到心理帮助。但是,仅有34.1%实际得到过心理帮助,大部分受灾群众对心理社会支持服务的需求得不到满足。在心理帮助过程中,灾民认为最有用的心理帮助依次为交谈(27.7%)、提供心理支持(23.4%)、了解关心的问题和需要(17.0%)。从汶川大地震发生以后的9个月和2011年3月份,灾民报告对其心理造成影响的前4位的问题,分别为:(1)住房问题;(2)失去亲人;(3)生活经济来源;(4)就业问题。② 另一方面,汶川大地震灾后心理救援过程中,出现了专业心理救援人员严重缺乏、心理救援工作呈现无序状态、对心理救援对象的认定有局限、对灾区群众心理救援缺乏系统和长期规划、媒体宣传带来心理伤害、心理救援带有盲目性等问题。③

在汶川大地震之后,地震幸存者遭遇到身体疼痛和亲友伤亡、恐怖经历等心理创伤,尤其是老年人的震后丧子、丧亲之痛更难以表达。学者在汶川大地震后8

---

① 廖晓明,李小溪,等. 创伤后应激障碍(PTSD)与汶川地震后心理救援[J]. 中国现代医生,2009(8):61.

② 管丽丽,向虎,等. 汶川地震后部分极重灾区人群对心理社会支持的需求[J]. 中国心理卫生杂志,2011(2):107.

③ 陈华,杨兴鹏. 对5.12汶川大地震后心理救援工作的思考[J]. 西南交通大学学报(社会科学版),2008(4):5.

个月,运用中国心理健康量表(老年版)和社会支持①评定表,访谈四川茂县235名羌族老年人。结果是,这次大地震对客观支持和对支持的利用度的影响大于主观支持。其中,有无亲友死亡、是否受伤、是否被困差异明显。汶川大地震对社会支持的各个方面的影响不同,社会支持与灾后老年人的心理健康水平密切相关。② 而有学者的研究表明,汶川大地震后6个月,灾区老年人PTSD总的发生率为32.9%,其中,极重灾区为56.3%、重灾区为25.6,而一般灾区为26.6%,可见,震后6个月老年人PTSD发生率较高,对社会支持的心理需求更多、更重要,从而,极重灾区老年人尤其需要灾后心理干预工作的关注。③

汶川大地震发生1年后,北川县干部在生理、心理及环境领域方面受到严重影响,尤其是女性、羌族、年长、丧失明显和心理创伤症状突出的干部生存质量更差。学者分析显示,北川干部的社会关系领域得分(14.31±2.59)高于国内常模(P<0.01),但是,生存质量各维度得分[生理领域得分(14.16±2.43)、心理领域得分(13.79±2.59)、环境领域得分(11.20±2.74)]均低于常模,差异有统计学意义(P均<0.01);需要持续的心理服务和其他措施更应关注这些干部群体。④ 与此同时,有学者在汶川大地震后1年,于2009年5月12日—5月18日期间,对绵竹、德阳、什邡、成都、绵阳、彭州、梓潼、安县等8市县参与地震救援的500名医务人员,采用PTSD-17项筛查问卷(PCL-C)、焦虑自评量表(SAS)、抑郁自评量表(SDS)进行调查。并对回收有效问卷(481份,有效率96.2%)按照地区分为灾区组(绵竹、什邡、绵阳、彭州、安县等)和非灾区组(德阳、成都、梓潼等),结果表明:汶川大地震1年后,前述参与医疗救援的医务人员中,共筛查出PTSD患者112例(23.3%),焦虑240例(21.6%),抑郁104例(49.9%),焦虑合并抑郁94例(19.54%)。这些数据说明:经历汶川大地震1年后,灾区参与救援的医务人员中的PTSD、焦虑、抑郁发生率仍较高,且严重程度比非灾区参与救援医的务人员更

① 社会支持,是指一个人通过社会互动关系获得的能够减轻心理应激反应、缓解精神紧张状况、提高社会适应能力的支持和帮助。分为客观支持(指物质上的直接援助和社会网络如家庭、婚姻、朋友、同事和组织、团体等的存在和参与)、主观支持(指个体受到社会的尊重、被支持、被理解的情绪体验和满意程度)和对支持的利用度3个方面。

② 王绪梅,王婷,等. 地震后茂县羌族老年人的社会支持与心理健康状况[J]. 中国老年学杂志,2009(11):1406.

③ 黄河清,杨惠琴,等. 汶川地震后不同灾情地区老年人创伤后应激障碍发生率及影响因素[J]. 中国老年学杂志,2009(10):1275.

④ 黄国平,吴俊林. 汶川大地震后1年北川干部生存质量状况调查[J]. 中国循证医学杂志,2012(4):393.

重。为此,应当制定相应的心理干预与康复方案,提高医务人员,尤其是灾区救援医务人员的应对危机的能力。① 由此而言,人的心理感受和应激障碍,是名副其实的人命第三承灾体。

第三节　第二承灾体:财物和各种建筑物

一、财物和各种建筑物成为第二承灾体

如果说人在自然危险当中,因为致灾因子的作用而当然具有易损性,即人对于自然危险的脆弱性,但是,人在自然危险演化成自然灾害中,还可以逃命或者逃生方式谋求生存的话,那么,财物以及各种有体建筑物,作为人所支配的法律关系的客体,却连这一点基本的属性都没有。也就是说,作为自然灾害的第二承灾体,财物或者各种有体建筑物,只能任凭自然危险的致害、加害或者损害等加以蹂躏,从而出现玉石俱焚的情形。

从这个意义以上看,财物或者各种有体建筑物具有自然危险损毁的难免性。这种难免性,本质上是财物或者各种有体建筑物,对于自然危险的脆弱性、易损性或者危损性只能消极承受。所谓脆弱性,是指"不喜欢波动"的财物或者有体建筑物不能更好应对波动性、随机性、压力等而出现的一种损害性变化的属性。在这里,财物或者有体建筑物往往也不喜欢波动性、随机性、压力等带来的损害的"不可预测的"即不确定性后果。应该说,脆弱性是自然界、动植物及其群体、社会、国家及其制度等等众多属性中,不能抵御波动性、随机性、压力等带来损害的属性集合,表示某种事物比如财物或者有体建筑物应对波动脆弱的,否则,就是强韧的,即前文提到的韧性。也就是说,如果某种事物应对波动表现出更大的适应性或者能获得益处,则表示该事物应对波动是具有"反脆弱性的"。可见,脆弱性中的"脆弱",是东西易碎易折经受不起挫折,因而容易破碎或者毁损等情形;指物时,强调该物的"不坚强""不结实"和"缺乏抗压力性"。所以,脆弱性不是自然危险本身,而是作为第二承灾体的财物或者各种有体建筑物本身具有的物质属性,就是怕击打、掩埋、撞击和水淹、火烧、砸压等,是财物或者各种有体建筑物不能承受自然危

① 李喆,李进,等. 汶川地震后1年参与灾区医疗救援医务人员的心理健康状况调查[J].
中国循证医学杂志,2009(11):1151.

险的结果或者产物。

所谓易损性,是指财物或者各种有体建筑物本身的无抗灾性,或称为对于自然危险等致灾因子的容易毁损灭失的属性。这意味着财物尤其是建筑物、构筑物或者各种有形体的建筑设施,对各种自然危险方面的致灾因子,缺乏全面的抗御性或者抗压性。例如,按抵御9度地震设计的建筑物,可以防震抗震,但不一定能防洪、防火。相反,符合防火设计要求或者标准的各种建筑物或者设施,能防火或者符合消防要求,却不一定能防地震,抵御大风或洪水等致灾因子带来的损害。在这里,财物或者各种有体建筑物的易损性,并不是说凡财物或者各种有体建筑物,都不能经受任何自然灾害的考验,而是说一般情况下,财物或者各种有体建筑物在自然灾害中容易遭受不同程度的损毁、灭失,乃至完全毁坏,抑或是经过专门的防灾、抗灾设计处理的工程、设施或建筑物。比如,各种保险柜、保险性或者保险系数非常高的仓库,也不能说就能抗御所有的自然危险的致灾性的危害或者负面影响。至于财物或者各种有体建筑物的危损性,是强调财物或者各种有体建筑物在各种自然危险作为致灾因子已经开始发生作用,从而导致财物或者各种有体建筑物产生实际、严重的损失、损害或者致害的属性。这种提法,是强调财物或者各种有体建筑物易损性已经发生实际损失或者损害的属性。

财物或者各种有体建筑物的易损性,可能通过财物或者各种有体建筑物本身的缺陷表现出来,也可能通过财物或者各种有体建筑物的无抗灾性表现出来。前者如未经抗震设计、加固的房屋易在震灾中倒塌;后者如江河决堤于广阔的平原使大片的农田易受水害。所以,财物或者各种有体建筑物的易损性,从法律上讲往往是人们不遵守防灾抗灾规则,导致的自然危险作为致灾因子的危害性在财物上,尤其是各种建筑物、构筑物和各种有形体的设施上的直观表现。例如,1992年1月21日,川西北电网因"污闪"大面积跳闸,给电力部门造成70多万元的损失,而四川化工总厂的经济损失在1000万元以上,宝成线全线停运20多个小时。造成这次"污闪"的主要原因,是川西北电网线路绝缘瓷瓶上的碳酸钙尘垢在浓雾中形成电解液,使高压线路短路跳闸。其中,对川西北电网的输电线路的清扫工作,远远未达到线路的要求则是直接原因。① 据说这样的"污闪"事故,在京津唐地区也多次发生过,也是出于同样的原因。可见,在电网"污闪"中,电网的易损性被清扫工作这些防灾措施未严格落实表现了出来。

---

① 对川西北电网因这次"污闪"大面积跳闸事件的报道,参见:中国减灾报,1992 - 06 - 23 (1)。这份国际减灾十年活动中创刊的中国报纸,仅仅办了几年就停刊了。

二、财物和各种有体建筑物的无躲避性

财物或者各种有体建筑物无主动逃避自然危险的特性,它们只能迎受自然危险作为致灾因子的危害、加害或者损害,在自然灾害当中被毁损或者灭失。在这一点上,财物或者各种有体建筑物与人不同,人可以利用自己逃生的主动性、积极躲避自然危险造成的危害,而财物或者各种有体建筑物则完全不具有这种基本属性。

财物或者各种有体建筑物不具有自然危险的避灾性,可以通过我国《物权法》对物的分类来说明。在我国,《物权法》上将物分为不动产和动产。如果从不动产角度看,房屋、设备和各种建筑物、构筑物等,往往被固定于某一地点、某种介质或者某个空间里。比如,我国的高铁线路,就被固定在铁路线上,一旦发生自然危险,如地震或者洪水等,则这些高铁线路的铁轨、道岔和线路设施等都是不可移动的,连最一般或者最基本的被动躲避性都没有,只有在原地等待人力来保护。而一旦人力保护有所不及,则必然受到自然危险的加害、损害或者危害。至于各种动产,因为其可移动,往往可以由人的主动躲避性即被人移动、搬动和转移,而产生出被动的躲避性来,在某些情况下,还可产生免于遭受损毁的特性来。比如,1985年6月12日长江西陵峡新滩镇发生了大滑坡,滑坡区内家园、田园皆毁于一旦,新滩成了长江中的险滩①,人们的家园永远被毁灭了。当滑坡来临时,人们对滑区内的房屋、田地莫之奈何,只能眼睁睁地看着它们滑入长江之中。不过,当人们撤离时,带走了可以搬走的财产即动产,从而使这些动产免于在这次滑坡灾害中悉数被损毁灭失。

不过,客观地讲,绝大多数情况下,即或是动产具有可携带的特性,也不是任何动产在自然危险来临时都会被人们以积极转移的方式或者方法,让其免于致灾因子的危害、加害或者侵害。比如,汶川大地震中,地震发生让人猝不及防,尽管地震是在下午14:28发生的,而且,持续时间长达90秒左右,但是,绝大多数灾区的人们,根本就没有时间或者能力携带或者抢带任何值钱或者保命的动产出来,甚至于有些人连鞋子都没有来得及穿,便逃生出来,这就是例证。可见,无躲避性是由财物或者各种有体建筑物本身的特性决定的,与人的逃生行为并无直接的关联性。人们在灾前以各种方法加固建筑物、构筑物和各种设施,并修建抗灾工程

---

① 长江西陵峡新滩镇大滑坡事件的报道,参见:中国减灾报,1992-09-08(2)。这是笔者曾订阅过的已经停刊很久了的小报,很怀念这份蓝色报头的特色小报。

等来保护财物或者各种有体建筑物不受自然危险的危害、加害和损害,保护其不至于被自然危险所损毁。可以肯定,这种做法是非常有用的,但是,灾前期的防灾加固和修建抗灾工程,只是强化了财物或者各种有体建筑物的抗损性、抗逆性或者减弱了其脆弱性,而于其无躲避性并无任何助益。

三、财物和各种有体建筑物维护的有限性

虽然人们在灾前期尽一切可能,增强财物或者各种有体建筑物的抗损性、抗逆性,减弱了其脆弱性,努力保护财物不遭受损毁灭失,但是,当自然危险一旦演化成自然灾害时,人们却无法保证灾害损失不发生或者灾害损失无限扩大。政府命令军队开展抢险救灾,要求灾区各级政府开展各种灾害应急,并号召志愿者、NGO 和无国界医生参与,以及灾民广泛参与,等等,都只能努力使灾害损失不致扩大或者快速加重,而不可能完全禁止或者绝对限制财物或者各种有体建筑物的脆弱性转化成灾害损失。例如,1987 年 5 月 6 日我国大兴安岭发生森林大火后,5 万军民奋战了 25 个昼夜,才将大火扑灭。其间,从全国各地调运各种灭火器材和物资,甚至动用飞机进行人工降雨作业,也未能使火灾损失不发生,而只是尽人力所能尽可能地防止火灾损失发生和扩大而已。

这说明,人力维护财物或者各种有体建筑物的安全,既有财力上有限的限制,又有维护措施和维护效果上的限制。例如,天津市自 1985 年以来,施行两期控制地面沉降的计划,虽然使外环线以内的沉降速率由过去的每年 80 毫米以上,降至目前每年 10 毫米以内,但天津市仍在下沉。① 所以,人力在财物或者各种有体建筑物的安全的保障上的有限,就使财物或者各种有体建筑物只能处在自然危险的危害范围之内。不过,通过减灾立法,使人们自觉地、有意识地维护财物在灾害状态下的安全,增强抗灾能力,使安全保障有限性的范围不断扩大,则是可以尽可能做到不断扩大财物或者各种有体建筑物的抗损性或者抗逆性,并不断限制其脆弱性的。

在自然灾害当中,财物或者各种有体建筑物损毁的难免性,是财物或者各种有体建筑物安全维护有限性的另一种表述。从法律角度理解,这种难免性就是法律关系客体因灾害必然产生的受毁损性。在这里,"难免"之说,主要是从自然危险作为致灾因子的破坏性角度分析的,并不是说人们对这种难免性就可以放任不管。例如,汶川大地震中,灾区的房屋大面积倒塌,倒塌房屋 778.91 万间,损坏房

---

① 谢觉民. 围墙因何坼裂?[N]. 中国减灾报,1993 - 03 - 17(3).

屋 2459 万间,其中,北川县城、汶川映秀等一些城镇几乎夷为平地;与此同时,基础设施严重损毁,震中地区周围的 16 条国道省道干线公路和宝成线等 6 条铁路受损中断,电力、通信、供水等系统大面积瘫痪;再加上次生灾害多发,如山体崩塌、滑坡、泥石流频发,阻塞江河形成较大堰塞湖 35 处,2473 座水库一度出现不同程度险情;还有正常生产生活秩序受到严重影响,6443 个规模以上工业企业一度停工停产,其中四川有 5610 个企业停产,机关、学校、医院等严重受损,部分农田和农业设施被毁,因灾损失畜禽达 4462 万头(只)。所以,2013 年 4 月 20 日芦山地震发生前,芦山县人民医院大楼地基部分采用"弹簧缓冲",按照建筑术语,这样的构造属于隔震建筑,从而使得它安然度过了"4·20"芦山大地震致灾因子的危害。这便是针对财物或者各种有体建筑物损毁难免性,采取的积极措施。

四、日本大暴雨致灾的第二承灾体

从 2018 年 7 月 5 日开始,日本许多地方遭遇暴雨袭击,日本西部暴雨重灾区是冈山县和广岛县等地。7 月 6 日暴雨倾盆的夜晚,冈山县仓敷市真备町被决堤的洪水吞噬近半,上千居民没有按照"警示"撤离。这在政府方面看来是民众很不"积极",但是居民有什么疏散的交通手段呢?在日本,灾害中居民疏散只能靠自己的车辆,没有车的就只能用两条腿走。那么,在大雨如注中是趟着泥水走进黑暗,还是选择躲在家里,对于诸多灾民而言,确实是个两难的选择。7 月 8 日,冈山县仓敷市官方推特发了 1 条消息:许多个人送来的救援物资,堵塞了救援队伍的道路。可见,政府组织救援的力量不到位。

2018 年 7 月 10 日,日本在对已经确定的死者死因进行分析时,发现泥石流、滑坡致死占 60.5%,河水泛滥致死占 26.6%。此后遇难人数不断上升,但这一比例依然占了大多数。根据日本国土交通省统计的数据,冈山县等 7 个地点发生溃坝,日本中央政府管理的 36 条河流、道府县管理的 83 条河流,都发生了漫坝或是溢流。冈山县仓敷市真备町小田川有 2 处堤坝决堤,奔涌的河水毫无约束地席卷大地,夺走数十人的生命。虽然日本国土交通省曾经制定了设想 200 年一遇、100年一遇暴雨的应对方针,但可惜的是,至今还没有一条河流完成应对工程。伤亡惨重的真备町,早在 2016 年就曾绘制"洪水泥石流灾害风险地图",而这次被洪水淹没的区域,与"风险地图"中预测的几乎完全一致。在日本,被中央政府和都道府县的河川管理者指定为高风险的河流所流经的各市町村,会基于《水防法》绘制灾害风险地图。内容包括将室内避难难以确保安全的地区,划定为必须尽早进行撤离避难的区域,以及分析地区的水灾特性。日本国土交通省水防企划室呼吁民众"以此次暴雨为契机,确认自己所在市区町村的风险地图,并将地图活用于灾时避难"。

日本总务省消防厅称,截至 2018 年 7 月 13 日 20:00,16 府县约有 5900 人依然过着疏散在外的生活。日本警察厅数据显示,灾区死亡人数中,广岛为 100 人,冈山 59 人,爱媛 26 人等。7 月 14 日,日本警察厅表示,灾区死亡人数为 14 个府县共 209 人;同日,日本政府内阁会议把西日本暴雨指定为"特定紧急灾害"。日本共同社报道称,各地政府合计向大约 600 万居民发出"避难通知",只是,避难通知不具强制性,不少人没有放在心上。这场被称为"平成三十年 7 月豪雨"引发的洪水,成为日本平成年代以来遭受损失最严重的暴雨灾害。日本因为防灾预警机制完善细致、民众防灾意识强,素来被人们称为"世界最先进"防灾强国。可为什么这场大暴雨,在早已预测将会形成洪灾的情况下,还造成这么多人遇难?①

资料显示,年迈的老人和年久失修的堤坝,是此次"平成三十年 7 月豪雨"导致惨重损失的核心原因。尤其是灾难来临时,日本政府的主要任务只是向民众报告灾情,进行"告知",而居民要用自己的"积极行动"去应对灾难,靠自身的力量去避难。虽然日本有相当严密的灾害预警措施,但在灾难袭来的时候,政府主要的任务,就是向民众报告灾情、发出警报,然后,居民基本要靠自身和自治组织的力量去避难。至于能不能撤出去、怎么撤这些问题,更多还是靠自己想办法。②有个源于日本网络的流行词"中二病",主要指那些自我意识过盛、狂妄,又觉得不被理解,认为所有的事情都是别人的问题的人,尤其是那些"成形的价值观与尚未脱离的幼稚想法互相混杂"的成年人。纵然日本有号称全世界"最先进"的防灾系

---

① 唐僧牛仔. 日本豪雨致 200 人遇难,"世界最先进"防灾强国的光环去哪了? [EB/OL].(2018 – 07 – 15)[2018 – 07 – 16]. https://mini. eastday. com/a/180715025854159 – 7. html.

② 在日本,被指定为"特定紧急灾害"的特大灾害,只有阪神大地震、东日本大地震等 4 起震灾,而适用于暴雨灾害的,"平成 30 年 7 月豪雨"则是首次。安倍晋三在官邸召开的紧急灾害对策总部会议上表示:确定此次水灾为"特定紧急灾害",是"为保护灾民的权利而进行指定"。日本中央政府也在推进对地方政府灾后重建项目提高国家补助率的"极其严重灾害"的指定手续,计划尽早完善对灾区的支援态势。此外,为了能迅速发行在入住临时安置房和领取灾民生活重建支援金时所必需的受灾证明书,中央政府已表示将加强向受灾地方政府派遣支援人员。在日本,"特定紧急灾害"基于特定紧急灾害特别措施法,可设置驾照有效期延长等特例。目的在于通过尽量避免过着疏散生活的居民为办理行政手续前往办事窗口,以及政府人员忙于处理窗口业务的状况,从而能够集中精力开展生活重振、灾后恢复和重建工作。对象地区以适用灾害救助法的地方政府为中心,考虑受灾情况,由中央政府选定。成为对象的手续将由各主管省厅在今后敲定。除了驾照,设想的情况还包括延长餐饮店经营许可、延长临时安置房居住期限等。

统,面对集体患上"中二病"的社会,坑苦的只能是水深火热中煎熬的灾民。也就是说,在日本,"预言"精准的水灾地图和播完了事的灾害撤离警示之后,政府竟然可以没有接续的应急救援行为,这就使得重大自然灾害中的第二承灾体,增加了"应急的老年人 + 到处溃决的堤坝 + 政府精准的警示 + 政府没有后续救援 = 惨重损失"这样一个准"财物和各种有体建筑物"类型,让人感觉到,"到处溃决的堤坝 + 精准的洪水地图",如果不能与政府强有力的应急能力相结合,是无法形成物质型抗灾能力的。于是,必然而然地,一场死伤惨重的大洪水,居然可以冲刷掉这个国家"世界最先进"防灾强国的光环![①]

第四节 第三承灾体:社会秩序

一、对社会环境的破坏性:灾害改变社会关系结构

易损性(vulnerability)作为自然灾害研究中的一个专用概念,既指财物或者各种有体建筑物的物质易损性,也指社会的易损性。一般而言,物质易损性的研究,提高了人们对自然危险多发地区即灾害危险地区防灾减灾的重视。但事实上,易损性本质上是一个基于自然危险(致灾因子)与承灾体相互关系的概念,是以还原论思想为基础的理论,因此,易损性在多灾种防灾与应急方面的理论解释,还存在着天然的缺陷。相比之下,对社会易损性的研究,则强调人类社会对自然危险演变成致灾因子时的回应能力,也就是减灾能力在社会环境中的积极作用。在这里,"社会环境"是指包括社会心理在内的社会物质环境、社会秩序,以及社会文化环境等。

自然灾害发生后,或物是人非,或人是物非,或人物皆非,整个灾区的社会环境亦在劫难逃。即自然灾害中人员的伤残死亡、财物的毁损灭失、人与人之间的原来依赖其身份、财物等存在的社会关系的平衡局面,或者已经形成的"网络"结构被打破。由此,必然导致往昔的社会秩序、社会生产、生活和生存环境遭受严重的破坏,即失序状态出现。与此同时,灾民的心理和心灵因为受到强烈的震撼性刺激,会发生严重的 PTSD,或者灾民的精神状态因为遭受深重创伤,乃至发生连

---

① 唐僧牛仔. 日本豪雨致 200 人遇难,"世界最先进"防灾强国的光环去哪了? [EB/OL].
(2018 – 07 – 15)[2018 – 07 – 16]. https://mini. eastday. com/a/180715025854159 – 7. html.

续性的不断损伤,导致灾民的心理氛围失序。一旦不及时进行救助,就有可能导致严重的不良后果。

事实上,灾前期灾害发生区域的社会秩序井井有条,人们安居乐业,市场兴旺,社会的物质环境、人文环境都按常规运作。然而,一旦自然危险演化成自然灾害这种外界的强有力的干扰因素,则社会环境的有序状态顿时消失,而转化成失序或者混乱状态。于是,人与人、人与财产、人与社会等方面的关系,瞬间或被强行快速改变,或受到强烈的震撼或遭到强力的毁灭,以往在这些关系方面的规范、法律禁令和行为约束,顷刻之间,便失去了惯性作用的轨道。接着,随着人员伤亡致残事实的出现,尤其是伤亡人数的成千上万增长,社会秩序混乱必须出现。比如,唐山大地震当中,死亡、受伤和致残人数竟然达到令人恐惧的 40 万人以上数字时,任何人都不可能对此无动于衷。如果财物或者各种有体建筑物的毁损灭失情形也在不断快速增加,那么整个社会环境因为这两大基本要素,或者各种有体建筑物的大量的结构性缺失,必然陷于混乱之中。在这里,"混乱"不单单是失去往日的原有秩序,这只是表面上的一种混乱,而社会环境因为人员大量伤亡、致残和/或者各种有体建筑物毁损灭失,导致的社会关系的结构性急速改变意义上的失调性方面的混乱,才是内在的混乱。

例如,当某人在灾害中死亡其财产却未受损失,或某人虽然未死亡或者受伤但是其财产却全毁,或某人人死财毁,以及其他类似组合情形的出现,都是一种社会关系结构上的改变。而这种改变,在正常情况下,因是社会个别成员或者在法律法令等规则监督下的改变,所以,其改变是处在一种有序状态之下,是可以被社会平静接受并且和平消解的。而若成为社会大部分或全部成员或无法律法令等规则监督的重大结构性改变,或者大批量的快速改变,那么,社会关系变更的规则与社会适应度就出了问题,因为规则正是社会关系结构的重要组成部分。因而在原有社会关系结构失却的社会环境中,人们根本不可能正常生产生活,法律也失去了发挥其原有作用的空间。只有那些紧急状态法或类似条款,才能开始调整此时的社会关系。而这个时候,社会则进入灾害紧急状态了。

二、灾害第三承灾体:社会秩序的混乱与社会物质环境的损坏

社会物质环境,是以人的物质实体为基本因素的生产资料、生活资料等物质性财产环境。前文已经提及灾区人员的大量伤亡致残,如果单纯从死者个人角度来讲,似乎还无法把人与社会物质环境直接有效地挂起钩来。实际上,灾民在灾害中死亡,不单是死者本人的不幸,也是社会的不幸。因为大批灾民的伤亡致残意味着社会人力资源(也是一种很珍贵的物质财富)的非正常过量快速消耗。且不说灾区政府为安葬死者要花人力、物力和财力,仅是死者的创造力丧失,就是社会物质财富的巨大损失。一旦出现灾害毁城或人员的大批死亡,而又超过其人力再生能力,则灾后的重建遇到的第一个困难,便是人力不足。

理论上,社会易损性是潜在的自然灾害可能对人类社会造成的毁损程度,涉及人们的生命财产、健康状况、生存条件以及社会物质财富、社会生产能力、社会结构和秩序、资源和生态环境等方面的损失,这种损失既是社会个体的损失,也是社会整体的损失。在这一过程中,造成社会秩序的混乱,社会功能暂时或局部的缺失,社会财富和价值的损失。社会易损性的问题涉及区域人口、社会结构和社会文化等方面的问题,是一个复杂的多种因素相互影响的整体①性问题。也就是说,自然灾害通过渗透、转化、分解、合成、耦合等过程,呈现出链条式的复杂行为过程,这便形成了所谓的灾害链风险。② 社会物质环境的易损性,在学者看来,也是社会脆弱性的表现。在这里,社会脆弱性是指人、复杂的社会系统对自然危险等致灾因子冲击的应对能力和恢复力。研究表明,穷人、女性、儿童和老人等易受灾群体在受自然灾害冲击后恢复力存在着脆弱性方面的机制——恢复力限制。而一个社会,在自然灾害即将发生、区域发展差异和灾后恢复重建普遍受到关注时,社会脆弱性最为明显。③

例如,公元62年2月8日,一次强烈的地震袭击了意大利庞贝地区,造成了许多建筑物的毁塌。地震过后,庞贝人又重建城市,而且更追求奢侈豪华。13年后的公元79年8月24日这一天,维苏威火山又突然爆发。这一次,厚约五六米的火山灰毫不留情地将庞贝城从地球上抹掉了。庞贝被摧毁之时,全城至少有2万人口。④ 再如,1976年7月28日唐山地震以后,国家组织大批建设者奔赴唐山进行

---

① 郭跃,朱芳,等. 自然灾害社会易损性评价指标体系框架的构建[J]. 灾害学,2010(4):68.

② 巫丽芸,何东进,等. 自然灾害风险评估与灾害易损性研究进展[J]. 灾害学,2014(4):133.

③ 周扬,李宁,等. 自然灾害社会脆弱性研究进展[J]. 灾害学,2014(2):130.

④ 庞贝城是亚平宁半岛西南角坎佩尼亚地区一座历史悠久的古城,西北离罗马约240千米,位于意大利南部那不勒斯附近,维苏威火山西南脚下10千米处,西距风光绮丽的那不勒斯湾约20千米,是一座背山面海的避暑胜地。始建于公元前6世纪,公元79年毁于维苏威火山大爆发。但由于被火山灰掩埋,街道房屋保存比较完整,从1748年起考古发掘持续至今,为了解古罗马社会生活和文化艺术提供了重要资料。2016年6月,庞贝古城被评为世界十大古墓稀世珍宝之一。

支援,就是对灾中死亡人员人力超量损失的一种补充形式。历史上,各种自然灾害往往发生人力的超常消耗,如1939年河南、安徽、江苏等省44县因黄河洪水,死亡89万人,导致灾区田园荒芜、灾民外逃,千里无人烟。而生产资料、生活资料等设施、建筑等物质财富,在灾害中被毁损或灭失,不但是社会物质环境的表象损失,而且,还应包括社会物质环境在恢复重建时支付的代价,以及某些设施、建筑无法恢复的损失等。

在我国,学者研究认为,我国中西部地区自然灾害社会易损性综合评价,把中西部地区分为三类即:山西、河南、湖北、湖南、贵州、广西和宁夏为第一类,自然灾害社会综合易损度最高;陕西、甘肃、西藏、云南、内蒙古、新疆、青海为第二类,自然灾害社会综合易损度较高;江西、安徽、重庆、四川为第三类,自然灾害社会综合易损度较低。① 在这里,不同层次的社会易损性表现的空间特征不同,从总体空间分布看,易损性相对较低的区域大部分位于沿海地区,较高的位于西部地区,经济易损性占主导地位;人口易损性与人口密度紧密相关;中部地区易损性高,东北部易损性较低,南部易损性越低;社会结构易损性的空间格局表现出两边高中间低的结构,表明经济发达地区社会保障并没有完全匹配。造成灾害危险性易损性较大的原因主要是自然条件,第二个主要是人为因素;而从空间关联的角度看,我国自然灾害社会易损性存在显著的自相关现象和集聚效应,②这是需要改进的。

三、社会人文环境的损伤:PTSD的产生

所谓社会人文环境,可以从两方面理解,一是灾民个人的心理与精神状态,另一个是灾区的文化遗产及其受保护的状态。前者既包括古时人们对自然灾害的"灾异"观认识,也包括现代人们对自然灾害的社会脆弱性认识,是自然灾害在人们的精神和心理层面脆弱性、易损性或者损伤性的一种折射。即或到了现代社会,人们对自然灾害有了进一步的科学与正确认识的时候,往往也要被巨型、大型自然灾害的灾象所震撼,从而产生严重的心理应激症候群,即出现大批的PTSD患者。其实,PTSD患者在社会支持环境比较理想的情况下,可以得到很快的改观。但是,对心理素质或者灾害应急障碍抵抗能力较低的人,必然要造成太多太重的心理问题,甚至要导致致命的精神伤害。这正是有的灾民陷入灾害的惊恐中难以

---

① 闫绪娴.中西部地区自然灾害社会易损性空间特征分析[J].经济地理,2014(5):34.
② 唐玲,刘怡君.自然灾害社会易损性评价指标体系语空间格局分析[J].电子科技大学学报(社科版),2012(3):53.

自拔,因灾精神失常或者因为亲友伤亡、妻离子散、财物俱毁失去生活勇气,乃至于自杀的人文环境方面的根源之所在。

如果自然灾害中个人或社会的精神状态普遍发生慌乱、失智或者人文失序的情形,那么,灾民失常的、过激的甚或违法犯罪行为,如趁火打劫、烧杀抢掠等衍生灾害的发生,也自然就在所难免了。所以,2008 年"5·12"汶川大地震后,各种抢险救灾医疗队,以及心理专业志愿者,大规模地及时开展灾民的心理干预和心理辅导,有效避免了灾民精神疾患的发生或者蔓延与加重现象。然而,2008 年 10 月 3 日,北川前农办主任董玉飞自缢身亡;2010 年 4 月 20 日,北川前县委宣传部副部长冯翔自缢身亡;2010 年 5 月 21 日,北川农业局干部魏宏在病中跳楼自尽。对地震之后连续 3 名干部自杀的事件,时任北川县长经大忠说:"他有自己的情感,有自己的逻辑。"但经大忠还是无法接受这 3 位自杀者的选择:"应该有勇气去克服困难,去战胜一些比较为难的事情,包括心理上、情感上的一些事情。""每当有干部有这种选择,或者感觉有这种想法,我都会觉得伤心。"①

可见,自然灾害发生之后,社会人文环境损伤的严重后果,不仅仅限于此,当人们陷于惊恐状态时,其抗灾、救灾和减灾的能力便受到约束。而法律规范、禁令发生有效作用的基础,便是社会人文环境的稳定,失去了它,不但再有效的法律措施也难以落实,还有可能加剧社会秩序环境、物质环境的混乱。因此,从法律角度看,自然灾害造成的后果,实质就是法律生效的人的条件、物的条件和社会心理条件(主要是人文环境)因灾出现严重损坏而充满了困难和障碍。所以,灾后人员的大量伤亡致残,既是法律关系主体资格的消灭或者瑕疵、受限,也是法律适用对象的缺乏或者重大变化;而财物或者各种有体建筑物的损毁,既是法律关系客体的灭失,也是法律保护对象的丧失。继而,社会心理因灾带来的障碍,则是对法律效力释放或者效力发挥的阻滞剂。所以,在灾区或者灾民应急的背景下,完善法制就不能不考虑"法制之毛"对社会环境之皮的强烈依附性,防御自然灾害的脆弱性、易损性或者危损性,就是要防止在自然危险成为致灾因子时的"皮""毛"俱毁。

还需要指出的是,羌族作为我国最古老的民族之一,素有民族活化石之称,拥有悠久的历史和灿烂的文化。民族文化是一个民族的根脉所系,文化重建与灾区经济重建具有同等重要的意义。但从民族优秀传统文化的不可替代性与其濒危

---

① 吴楚瞳. 四川北川县长:干部自杀最伤感情最伤心[J/OL]. (2011-05-09)[2017-12-19]. http://www.chinanews.com/gn/2011/05-09/3025263.shtml.

性而言,民族文化重建更具有抢救的性质。① 由于汶川大地震中,羌族文化受到灾难性的破坏,②于是采取有效的抢救和保护措施,促进古老的羌族文化健康、持续的发展,便成为一项非常紧迫和重要的灾后重建工作。③ 而政府是否参与具体的实践活动,包括对羌族的羌年这样的国家级非物质文化遗产(同时为联合国首批急需保护的非物质文化遗产)的保护,在客观上将对非物质文化遗产的传承与保护产生重大影响。④ 现在看来,北川的灾后对口支援,在很大程度上解决了前文所提到的羌族文化或者人文环境损伤的灾后重建问题。

自然灾害是自然危险成为致灾因子之后,带来的承灾体损害结果,也是第三承灾体即社会秩序的脆弱性、易损性或者危损性的一种表现。这种属性,一言以蔽之,是自然危险本身的破坏性演变出来的对社会秩序的危害性。因此,对自然灾害进行致灾性评价时,应当把立足点放在人这个第一承灾体、财物或者各种有体建筑物的第二承灾体和社会秩序这个第三承灾体的基础之上。在这里,社会秩序之所以是第三承灾体,是因为社会是由人构成的,财物或者各种有体建筑物是为人服务的,而社会秩序则是人和财物或者各种有体建筑物这两种法律关系的主体因素和客体因素之外,名副其实的第三因素,是法律关系尤其是民事法律关系的重要组成因素。

自然危险成为自然灾害,如同人之生与死皆属自然规律一样,是不可避免的。但是,在自然危险演化成自然灾害的社会属性中,必然要萌发出社会存在的重要力量,即法制对于自然危险演绎成自然灾害的脆弱性、易损性和危损性的遏制力量。这种遏制力量有三个方面:(1)人类社会对自然灾害属性的人为评价,任何一次自然灾害的发生,均包含一定的人为性;(2)科学界对自然灾害机理的充分认识和防灾减灾常识的普及,以及决策者的科学决策意识和公众防灾减灾义务意识的

---

① 李绍明. 汶川大地震后羌族文化重建问题[J]. 西南民族大学学报(人文社科版),2008(9):1 – 2.

② 汶川大地震造成大量羌族人口的伤亡,对羌族人口从数量、质量、结构和分布等方面,造成重大的负面影响。不少羌族传统文化传承人在地震中死亡,还有羌族文化依存的生态环境受到破坏,以及大量羌族文物和文史资料遗失和毁坏,许多著名的历史文化遗迹在地震中受到不同程度的损毁。比如,北川在"5·12"汶川大地震中,被埋的国家二级文物有2件、三级文物121件,一般文物280余件,以及大量的文字、图片和音像资料。

③ 喇明英. 汶川地震后对羌族文化的发展性保护研究[J]. 西南民族大学学报(人文社科版),2008(7):63.

④ 任萍. 羌族非物质文化遗产传承保护中的政府参与——以"5.12汶川大地震"后的羌年实践为例[J]. 民族学刊,2011(6):47.

形成;(3)防灾减灾立法构成社会抵御自然灾害的制度力量。在这个意义上,自然灾害法律性的归纳,是把自然危险的危害性与人们的减灾性统一起来,以谋求人类社会生存环境的制度与文化安全。正因为如此,社会秩序作为第三承灾体,建立起了人们认识自然灾害和法制之间、自然灾害与人类社会之间关系①的新路径。

四、第三承灾体变形:次生灾害与衍生灾害

许多自然灾害,特别是等级高、强度大的自然灾害发生后,常常诱发出一连串的其他灾害,这种现象在灾害学上叫灾害链。灾害链中,最早发生的灾害称为原生灾害,由原生灾害所诱导出来的灾害,称为次生灾害。自然灾害发生后,破坏了人类生存的现有条件或者社会结构,由此还可以诱导出一系列其他灾害,这些灾害被泛称为"衍生灾害"。例如,大旱灾之后,地表与浅部淡水极度匮缺,迫使人们饮用深层含氟量较高的地下水,从而导致了"氟病",这就是其中一种衍生灾害。而对于气象灾害而言,大暴雨或者大气污染引发的山体滑坡、泥石流、风暴潮、森林火灾、酸雨、空气污染等灾害,属于次生灾害,这是由原生灾害诱导出来的灾害。

所谓衍生灾害,是指由于人们缺乏对原生灾害的了解,或受某些社会因素和心理影响等,造成的盲目避灾损失,以及人心浮动等一系列社会问题引起的灾害。自然灾害形成的过程有长有短,有缓有急。有些自然灾害,当致灾因子变化超过一定强度时,就会在几天、几小时甚至几分、几秒钟内表现为灾害行为,像火山爆发,地震、洪水、飓风、风暴潮等,这类灾害称为突发性自然灾害。旱灾、农作物和森林的病虫害等,虽然一般要在几个月的时间内成灾,但是,灾害形成和结束仍然比较快速、明显,所以也属于突发性自然灾害。例如,地震次生灾害,是指强烈地震使山体崩塌,形成滑坡、泥石流,水库堤坝决口,造成水灾,震后流行瘟疫,地震诱发易燃易爆物引燃造成火灾、爆炸,或由于管道破坏造成毒气泄漏,以及细菌和放射性物质扩散对人畜生命造成威胁,等等。

广义上,因为地震而停产,包括文化、教育事业停止运行或者停滞、生命线工程被破坏(通信、交通、供水、供电等停止运行),像1923年9月1日日本关东8.2级大地震发生后,水管破坏,大火持续三天两夜,东京被烧掉2/3就是典型的地震

---

① 基于自然灾害与人类社会的基本关系,自然灾害的危害性与人的抗灾性互相砥砺,让自然灾害的分类包含了人类社会的因素之后,必然被分成自然灾害与人为灾害、自然人为灾害、人为自然灾害、自然灾害的规律性与人的防御性等层面的关系。

次生灾害。而《一九四二》电影中,大旱灾之后的大饥荒,导致灾民四处逃荒,最后被抢劫、被卖掉和死掉等,则是典型的衍生灾害。我国是一个多山脉的国家,山地、高原和丘陵占国土面积69%。当暴雨在山区发生时,易导致泥石流、山体崩塌和滑坡等次生地质灾害,导致严重的承灾体损失。例如,2010 年 8 月 7 日,甘肃省舟曲县因强降雨引发滑坡泥石流,堵塞嘉陵江上游支流白龙江,形成堰塞湖,造成 1400 多人死亡,舟曲县内 2/3 区域被水淹没,就是典型的暴雨次生灾害。

在人类历史上,能够直观表现衍生灾害的实例,莫过于纽约大停电之后的大抢劫。1977 年 7 月 13 日 20:37 左右,一道惊雷从天而降,击向大地,在夜空中,留下了巨大弧光惊雷,击中了哈德逊河附近的 1 个变电站。这座变电站因为疏于维护,很多设备都出现老化现象。接着,第二道雷击又击坏了 1 条 345kV 的输电线。18 分钟后的 20:55,扬克斯郡的 Sprain Brook 变电站也被一道雷电击中。断路器跳闸导致这条主要的输电线路被切断了,于是,美国东部时间 21:27,随着位于长岛的纽约市最大发电机组 Ravenswood 3 关闭运行,整个大纽约地区陷入一片黑暗。趁着漆黑的夜色,无数贫民、流浪汉和流氓暴徒走上街头,开始一轮又一轮的打砸抢和纵火。随处可见的火光、破坏和抢劫等暴行,把那一夜的纽约变成了一个彻头彻尾的罪恶都市。受影响最为严重的社区之一是 Crown Heights 社区,那里的 5 个街区中有 75 家商店遭到了抢劫。此外,Bushwick 社区也深受灾祸影响,整个社区发生多达 25 起火灾,熊熊烈火一直烧到第二天白天。著名的百老汇大街也未能幸免,整条大街有 134 家商店遭到破坏和洗劫,其中 45 家商铺被烧成了白地,一家新开张的汽车 4S 店,被偷窃走了 50 辆车。整个停电事件中,纽约 900 万人在黑暗中生活了 25 个小时,有 550 多名警察受伤,拘捕了多达 4500 名犯罪嫌疑人,但这无异于杯水车薪。到恢复电力供应时,共计有 1616 家商店遭到抢劫和破坏,1037 处地点被纵火,其中包括 14 起严重火灾。整个停电事件的损失,总计超过 3 亿美元。①

可以想象的是,纽约是美国人口最多的城市,也是个多族裔聚居的多元化城市,拥有来自 97 个国家和地区的移民(在此使用的语言达到 800 种)。在这次大停电事故中,究竟是什么导致了大骚乱,大抢劫和大火灾? 其中,几道雷击,两个变电站和 1 条输电线,加上 550 名警察受伤,4500 名犯罪娣人被逮捕,1616 家商店被抢劫,1037 处被纵火,损失总价值 3 亿美元等数据,说明了这个世界第四大城市

---

① 大麦嘻哈. 浅谈纽约 1977 大停电对 HIPHOP 发展作用[EB/OL]. (2012 – 03 – 15)[2018 – 07 – 22]. http://blog. sina. com. cn/s/blog_9e514b5b01012c88. html.

的防灾能力不足,也就是城市生命线工程韧性太差(正因为如此,在后来的"世界韧性100工程"中,纽约被首批入选)。那么,除了这座城市的物质型韧性太差之外,人性之恶被大停电的黑暗之魔鬼诱惑的时候,必然演绎成世纪型大丑行:大雷击——大停电——大抢劫——大火灾——大损失——大丑行,人的致灾性在自然变异的致灾因子面前,成为旷世大恶行的展示。

从这个意义上看,大停电与大抢劫没有内在的从生关系,所以,不属于次生灾害。大停电只是大抢劫的诱发因子,那些参与大抢劫、大纵火者人的致灾性,才是素质因子,而纽约大停电事故①发生后,这座城市不能有效管控大抢劫事件,则是扩大因子。让一场大停电事故这样一个诱发因子,与人们趁黑抢劫的冲动结合,成为大抢劫事件的扩大因子的,是城市安全机制之下,如何有效控制人的致灾性演化成人们的实际致灾行为的法治能力问题。

---

① 2003年前,纽约基本上每隔十来年,就会有一次大停电事故发生。(1)1965年11月9日,纽约大停电导致美国东北部7个州以及加拿大部分地区陷入停电,4000多万居民生活受到影响;(2)1977年7月13日,纽约大停电,900万人在黑暗中生活了25个小时;(3)1986年5月19日,纽约停电12小时,影响4个街区;(4)1999年7月6日,3天创纪录高温,使纽约停电19个小时;(5)2003年8月,北美9300平方英里地区,包括密歇根州、俄亥俄州、纽约及加拿大部份地区失去电力,有5000万人受到影响。

中编

02

| 人的致灾性概念研究 |

第四章

人类需求与欲望超界及致灾性控制

第一节　人与自然的物质能量交换关系

一、人与自然的物质索取关系

人需要自然界。需要从自然界获取自己生命存续的物质和能量,需要自己的衣食住行用、吃喝拉撒睡、生老病死养等方方面面的物质需求,从大自然中获取。也就是说,人没有一样物质是自身体内能够制造的,除非是人体消耗物质和能量之后,产生的废物。也就是说,任何一个生命个体,除了母亲分泌乳汁和人体免疫物质通过哺乳传递给婴儿外,维持人体生存和发展的物质与能量,都只能通过自然界获得。这一点,是人与自然关系的第一层次,即人是自然界物质和能量的索取者。这种索取,也证明了人对自然界的物质依赖,以及这种依赖关系往前延伸的生存路径依赖关系。

问题是,人除了向自然界索取物质和能量之外,似乎还应当包括人对自然界的回馈关系。那就是,当人类社会从大自然无穷无尽地索取物质和能量的时候,回馈给大自然的只能是垃圾、废物和环境污染与生态破坏吗?显然,这个问题的答案应该是,人类社会必须善待大自然,敬畏大自然,敬畏以生态文明为代表的自然规律,以"两山论"即"绿水青山就是金山银山"论,来认真反思人的欲望,与自然界的自然变异的临界点之间的关系。比如,现代西方的社会文明样态中,一次性用品遍地,用了就扔成为基本生活习惯,人们为了日用品包括蔬菜水果便于运输、便于储存和便于上架销售、便于携带,大量使用塑料包装,包括塑料袋、塑料盒和纸质与塑料结合的包装袋、包装盒等。也就是说,只要便于生活使用,怎么方便和怎么快捷怎么来。其结果是,人人都方便、快捷和用了就扔的习惯,制造了巨量的生活垃圾和废物。于是,在 2017 年 7 月前,许多国家的生活垃圾和废物,通过贸易的方式,运到中国来处理,中国成为世界上为西方国家生活垃圾和废物的处理场。

2017 年 7 月 18 日,国务院办公厅《关于印发禁止洋垃圾入境推进固体废物进口管理制度改革实施方案的通知》国办发〔2017〕70 号文(简称《禁止洋垃圾方案》)发布,全面禁令从 2018 年 1 月 1 日正式实行,对于这个《禁止洋垃圾方案》,用英美垃圾回收商的话说,就是"用不到 6 个月的时间,来改变我们 20 年的垃圾处理体系"。从 2017 年 7 月《禁止洋垃圾方案》颁布起,英媒一直忧心忡忡:"几十年的回收制度受到中国进口垃圾禁令威胁。"英媒报道,原本英国以往每年会向中国海运输出 50 万吨废弃塑料,但《禁止洋垃圾方案》下来,英国将面临要在自己国家烧掉"成千上万吨有毒塑料"的命运。英国长时间依赖中国处理这些废弃物,其中包括 55% 废纸和 25% 塑料。2016 年,中国处理了 730 万吨来自欧洲、日本和美国的塑料垃圾,超过世界塑料回收量的半数。2012 年,英国向中国出口 270 万吨塑料垃圾,全球 56% 塑料垃圾运到中国处理。西方国家一边高呼环保清洁,一边却在产生着全世界绝大多数的生活垃圾。当英国不能出口大量生活垃圾到中国时,会让其出口价格一降再降,同时,其本国垃圾处理费用将一升再升。这一升一降之间,英国老百姓必然会感受到来自垃圾处理税费增加的切实压力。①

中国政府为了解决国内的环境污染问题,从 2018 年 1 月 1 日起全面禁止从国外进口 24 种"洋垃圾"的禁令,从贸易自由角度讲是无可指责的。但是,中国的《禁止洋垃圾方案》,导致欧美日等西方国家大量垃圾堆在港口,继而转向出口到越南、泰国和印度等国家。印度科学暨环境中心苏尼塔·纳瑞恩(Sunita Narain)表示:"我们不应该成为包括美国在内的世界垃圾桶,我们承担不起其代价,我们正在被空气呛死。"②中国政府禁止进口外国塑料垃圾和一次性用品、拒绝成为外国的垃圾倾倒场,导致全球数 10 亿美元的垃圾无处置放,废物处理和回收行业面临空前的巨大挑战。应当说,我国这个《禁止洋垃圾方案》令世界上很多国家警醒,逐渐重视并想办法克服之前"把垃圾出口到中国"的路径依赖。

事实上,我国进口包括废弃电子产品在内的固体废弃物,也支付了惨重的代

---

① 佚名. 怎么看待中国将从 2017 年 9 月禁止进口 24 类垃圾回收物?〔EB/OL〕.(2017 - 12 - 08)〔2018 - 08 - 07〕. https://www. zhihu. com/question/265280028.

② 企鹅号. 中国禁止进口垃圾后,部分洋垃圾转向了印度、泰国、越南和印度尼西亚〔EB/OL〕.(2018 - 06 - 12)〔2018 - 08 - 07〕. http://sa. sogou. com/sgsearch/sgs_tc_news. php? tencentdocid = 20180612A1CXNF00&req.

价。例如,2003 年号称"全球电子垃圾村"的广东贵屿镇,由于进口电子废弃物处理不当,该镇 80% 儿童血铅含量过高。所以,我国政府的《禁止洋垃圾方案》是正当的,更是符合我国的生态文明国家战略要求的。因此,面对这个《禁止洋垃圾方案》,很多国家应该意识到:其实其本身并不具有可持续发展的能力,多年来只是奢侈性生活产生的垃圾转移,现在面临的困难肯定会越来越大。① 例如,根据澳大利亚政府委托咨询企业所做的调查,我国《禁止洋垃圾方案》出台后,澳大利亚大约 125 万吨垃圾受影响。澳大利亚环境和能源部长弗赖登伯格就表示,为解决澳国的垃圾危机,拟投资兴建垃圾焚烧厂,计划到 2025 年实现包装材料 100% 可回收利用。也就是说,我国的《禁止洋垃圾方案》新政策是一个风向标,将倒逼垃圾出口国提升自身的垃圾处理能力,加快资源再生技术的研发和利用。②

由以上的分析可以看出,在全球视野下,我国的《禁止洋垃圾方案》,会引发全球性的生活垃圾处理产业的大调整。不言而喻,全世界的人与自然的物质索取关系的模式是一致的。且不说这种索求关系的漫无止境,但是,生活垃圾的生产因为不良生活习惯——一次性用品过多,是来自西方生活方式中的用了就扔,或者从生产、流通、运输、买卖、储藏等环节上,只考虑如何方便、快捷和高效,而不考虑环境成本与代价。某种意义上看,塑料的发明作为一项了不起的科技成果,却也是现代社会生活当中,利弊相生的人类向自然界无尽索取资源后,被丢弃、废弃和需要集中处理的必然产物。

二、人与自然的能量交换关系证成

在人类社会与自然界之间,人类社会每一天的生产、生活和社会运行的结果,都是大量的衣食住行用、吃喝拉撒睡、生老病死养等方面的商品、服务被生产或者供应出来。就一个个体而言,每一天的基本生存性物质需求主要是:正常成人一般热量摄入要在 2100~2300 千卡,每日吃肉 200 克左右,淀粉类食物 300 克左右;而碳水化合物、蛋白质、脂肪比例在 5:3:2 左右。具体参照《中国居民膳食指南2016》。中国人体所需的营养素分为 5 大类:蛋白质、脂肪、碳水化合物、维生素和

---

① 佚名. 2018 年中国"禁止进口洋垃圾"正式全面施行,不再是全球垃圾场![EB/OL].
  (2018-01-01)[2018-08-07]. http://www.360doc.com/content/18/0101/18/20099600
  _718178314. shtml.

② 姚凯红. 中国禁止洋垃圾进口,又一个国家快"吃不消了"[EB/OL]. (2018-04-30)
  [2018-08-07]. http://www.360doc.com/content/18/0430/09/1141630_749833826.sht-
  ml.

矿物质(也有加上膳食纤维和水,称7大营养素的)。这5类营养素都是人体所需要的,它们有着构成人体组织(蛋白质、脂肪、碳水化合物、矿物质),为人体提供能量(蛋白质、脂肪、碳水化合物)、预防疾病(蛋白质、维生素)、抗氧化(维生素、矿物质)等许多功能。缺少任何一种营养素,达到一定的程度,人体都会进入亚健康甚至是疾病状态。那么,这些营养需要的量是多少呢? 对于营养的摄取并不是说只要有摄入就够了,我们每天摄入的各种营养素,都有一个限定的量的范围。只有在这个范围之内,我们摄入的营养才能够得到最好的吸收与利用。

《中国居民膳食指南 2016》中对人体所需的一些营养素规定了推荐摄入量。(1)营养素每日推荐摄入量:蛋白质75g;脂类50g;碳水化合物占每日摄入总能量55%~65%;维生素 A800μgRE;维生素 D10μg;维生素 E14mg;维生素 C100mg;维生素 B1 男 1.4mg、女 1.3mg;维生素 B2 男 1.4mg、女 1.2mg;维生素 PP 男 14mg、女 13mg;钙 800mg;镁 350mg;磷 700mg;钾 2000mg;钠 2200mg;铁:男 15mg、女 20mg;碘 150μg;锌 15.5mg;硒 50μg。(2)人体每日所需要 5 大营养素在食物中都可以得到补充,即:谷薯类、豆类、蔬菜、水果、肉类、海产品、乳类。这些食物中包含着人体需要的所有营养素,它们中的有些含有丰富的能量,比如谷类、肉类;有些含有丰富的微量营养素,比如蔬菜、水果。只要我们每日保证合理膳食,就能够获取足够的营养以供身体利用。(3)人体每日合理膳食结构。①食物多样,谷类为主。每日膳食应包括谷薯类、蔬菜水果类、畜禽鱼蛋奶类、大豆坚果类等食物。平均每天摄入 12 种以上食物,每周 25 种以上。每日摄入谷薯类食物 250g~400g,其中全谷物和杂豆类 50g~150g,薯类 50g~100g。食物多样、谷类为主是平衡膳食模式的重要特征。②吃动平衡,健康体重。各年龄段人群都应天天运动、保持健康体重。食不过量,控制总能量摄入,保持能量平衡。坚持日常身体活动,每周至少进行 5 天中等强度身体活动,累计 150 分钟以上;主动身体活动最好每天 6000 步。减少久坐时间,每小时起来动一动。③多吃果蔬、奶类、大豆。餐餐有蔬菜,保证每天摄入 300g~500g 蔬菜,深色蔬菜应占 1/2。天天吃水果,保证每天摄入 200g~350g 新鲜水果,果汁不能代替鲜果。吃各种各样的奶制品,相当于每天液态奶 300g。经常吃豆制品,适量吃坚果。④适量吃鱼、禽、蛋、瘦肉。每周吃鱼 280g~525g,畜禽肉 280g~525g,蛋类 280g~350g,平均每日摄入总量 120g~200g。优先选择鱼和禽;吃鸡蛋不弃蛋黄;少吃肥肉、烟熏和腌制肉制品。⑤少盐少油,控糖限酒。培养清淡饮食习惯,少吃高盐和油炸食品。成人每天食盐不超过 6g,每天烹调油 25g~30g。控制添加糖的摄入量,每天摄入不超过 50g,最好控制在 25g 以下。每日反式脂肪酸摄入量不超过 2g。足量饮水,成年人每天 7~8 杯(1500ml~

1700ml），提倡饮用白开水和茶水；不喝或少喝含糖饮料。儿童少年、孕妇、乳母不应饮酒。成人如饮酒，男性 1 天饮用酒的酒精量不超过 25g，女性不超过 15g。[①] 应当说，对于每一个国人而言，每日的生活需求得到满足，就可以推定是按照《中国居民膳食指南 2016》的要求去做的，这样一来，在中国，人与自然的能量交换关系证成过程也就完成了。

需要强调的是，每个人每日的日常生活中所需要的物质和能量，有些是可以再生和转换的，而有些不是。比如，水和食物摄入人体后通过人体的消化功能，转化成人体需要的营养素和能量，而后，会以汗液、尿液、粪便等废物形式排出体外。而有些微量元素类营养或者能量物质，则留在人体内，是否已经转化成人体需要的能量，则笼统的判断是，但是，具体而详细的判断，则在人体进行体检或者生病之后的专门检查中，才能知晓。一般而言，人体只要没生病或者其功能完全正常，则人与自然的能量交换证成是已经实现了的。也就是说，人的个体生存是离不开与自然界的能量交换的。

三、人的欲望无限与自然的供给有限

所谓欲望（Desire），是指由人的本性产生的，想达到某种目的的心理要求或者愿望。欲望无善恶之分，关键在于如何控制。世界上所有动物最原始的、最基本的一种本能，就是欲望。从人类社会的个体角度讲，欲望是个体人心理到身体的一种渴望或者满足，是一切动物存在必不可少的需求。一切动物最基本的欲望就是生存与存在。在这里，之所以会以"欲望"这个词来表达人类社会与自然界的关系，是因为人的需求层次中，不论是物质层面的需求，还是精神层面的需求，或者其他层面的需求，都会以欲望的形式表现出来。比如衣食住行用、吃喝拉撒睡、生老病死养等方面的需求，就主要以物质需要的形态表现出来。在灾害法学层面上，人的欲望恰恰是人的致灾性的根源所在，也就是说，当人的欲望超过了自然生态的阈值（临界值）的时候，人的个体欲望就会带有负面的效用。在这一点上，西方国家大量使用一次性用品来满足人们的便捷、效率欲望便是直接的事例。

人类的欲望，是由人的本性产生的想达到某种目的的要求或者愿望。所以，这些欲望是多样的，生存需要、享受需要、发展需要等构成一个复杂的需要结构，

[①] 《中国居民膳食指南 2016》还有 6 点"杜绝浪费，兴新食尚"的建议：(1)珍惜食物，按需备餐，提倡分餐不浪费；(2)选择新鲜卫生的食物和适宜的烹调方式；(3)食物制备生熟分开，熟食二次加热要热透；(4)学会阅读食品标签，合理选择食品；(5)多回家吃饭，享受食物和亲情；(6)传承优良文化，兴饮食文明新风。

并随着人们的生活的社会环境和社会历史条件的变化而不断变化。比如,现代城市,为了满足机动车的通行效率的需要,架设许多立交桥和高架桥,或者人行天桥,进行交通流的静态控制,也就是车行道和人行道、非机动车道的空间分隔。这种做确实起到了有效管理的作用,问题是,现在许多城市人口在超速增长的同时,机动车也在超速增长,而使用机动车的欲望比道路和交通设施的增长更旺盛。于是,人的欲望问题,就再一次地与城市交通流控制的管理需求,发生了严重冲突。虽然这种冲突可以用大力发展公共交通,城市机动车尾号限行等措施加以调控,但是,冲突缓解和矛盾减少依然差强人意。于是,这就应了人类的欲望是无限的,而有关资源是有限的判断。在人的无限欲望与有效资源发生冲突的时候,究竟该如何协调和处理,美国心理学家马斯洛的科学行为理论,即马斯洛的需求分层理论似乎成了灵丹妙药。假如一个人同时缺乏食物、安全、爱和尊重,通常对食物的需求量是最强烈的,其他需要则显得不那么重要。此时,人的意识几乎全被饥饿所占据,所有能量都被用来获取食物。在这种极端情况下,人生的全部意义就是吃东西,其他什么都不重要。只有当人从生理需要的控制下解放出来时,才可能出现更高级的、社会化程度更高的需要如安全的需要、尊重的需求和自我实现的需求等。当人吃饱了食物之后,安全的需求、爱的需求、尊重的需求和自我实现的需求等便以欲望的需求表现了出来。于是,人总是在其5种欲望之间来回穿行,成为个体欲望实现的"工具"。

事实上,人类社会似一个永远不会干涸的欲望海洋,似乎随时都可能掀起"波涛和巨浪"。且不说中美两国之间的贸易冲突,就是人的个体层面,欲望是人类产生、发展和开展各种活动的一切动力。世间一切人类的活动,无论是政治、经济、商业或者战争,还是文化、宗教、艺术、教育等,都是人类欲望驱动后的结果。所以,有人说:人类有一个最大的敌人,就是人的欲望。试问,为什么那么多人生活得异常痛苦,或者缺乏幸福感?不是由于缺钱,而是被各种无休止的欲望或者过度膨胀而未能顺利实现所"折磨"的结果。① 问题是,个体人的欲望无边界,或者某些人群的欲望无边界,甚至于某些国家的整体人民的欲望无边界。例如,西方国家的生活垃圾就必须出口到别的国家去处理,成本的算计或者环境保护的考量,便把处理生活垃圾的消极成本转嫁给中国等东方垃圾接收国家。

然而,欲望无边界遇到的自然界提供的资源有效,就成为欲望与自然界本质

---

① 佚名. 欲望[EB/OL]. (2018 - 07 - 27)[2018 - 08 - 08]. https://baike. sogou. com/v99976375. htm? fromTitle = 欲望.

矛盾和冲突的根源。比如,在"世界防治荒漠化与干旱日"框架下,智利专家指出,智利降水量少、土壤保护政策不足,沙漠正以每年大约3千米的速度向南推进。虽然智利目前的荒漠化问题主要源于气候变化,但是也包含人为因素,如不受控的城市化发展、砍伐森林或火灾等。智利大学森林科学院水文学家、国际侵蚀控制协会(IECA)科学顾问巴勃罗·加西亚表示:"一个破坏水土的国家,其实是在破坏自己。不幸的是,他们并没有及时意识到这一点。"智利大学农业科学院教授宝琳娜·阿尔杜森认为,智利自2009年起遭遇的干旱气候,是荒漠化形势加剧的主要原因之一。他说:"这是最严重的(干旱)记录。研究表明,25%的严重荒漠化问题是由气候变化引起的,这不仅极大地影响了人类水资源供应,也对依赖水源生存的动植物造成了影响。"智利国家环境委员会高校代表、生物学家马蒂尔德·洛佩斯警告说,因"全球气候变化和采矿作业中对水的大量提取"导致阿塔卡玛盐湖和高安第斯湿地(南美洲火烈鸟的栖息地)的水资源短缺,情况不容乐观。① 由此可见,对于智利整个国家而言,荒漠化的严峻局面,便是土壤保护政策不足、不受控的城市化发展、砍伐森林或火灾,以及采矿业中对水的大量提取等,都是荒漠化与人类社会的欲望无度且不受有效制约,同自然界的水资源供给非常有限之间的矛盾关系的体现。

第二节　人类需求与欲望的超限性

一、人的需求超出自然的供给量

应当说前文提到的智利荒漠化的发展,就是人需求的综合远远超出大自然的供给量,从而导致的一种必然结果。对于自然界而言,自然哲学带给人类社会的,主要是思考人类社会对于自然界的哲学问题,包括自然界和人类社会的相互关系、人造自然和原生自然的关系、自然界脱离人类社会所发生的基本规律等。客观地说,自然哲学的基本逻辑告诉人类社会,作为自然界的一部分或者生态圈的组成部分,人类社会的需求以生命、生活和生物属性存在的时候,应当符合自然规律。否则,违背了自然规律,超越了自然界的哲学逻辑,人类社会的生活,必然陷

---

① 佚名. 受气候变化和人类活动影响,智利荒漠化形势严峻[EB/OL]. (2018 - 06 - 25) [2018 - 08 - 08]. http://www.yfcnn.com/news/world/20180625/6000710.html.

入环境污染、生态破坏和生态灾难等恶性事件当中。

例如,"赤潮"即水华现象,是指伴随着浮游生物的骤然大量增殖,而直接或间接引发海水或者淡水的水面发生环境恶化变色的情况或者现象。这样的现象甚多,包括(1)厄水(海水变绿褐色);(2)苦潮(即水华现象中的海水变赤色);(3)青潮(海水变蓝色);(4)淡水中的水华等,都是同样性质的水华现象。构成水华现象的浮游生物种类很多,像鞭毛种类、硅藻类等。当发生水华现象时,浮游生物密度一般达到 102~106 细胞/毫升。在日本近海淡水流入的内湾,自春至秋在东京湾、濑户内海、有明海等水华现象频繁发生。"赤潮"现象是一种自然现象,也是人为因素引起的,已成为一种世界性的公害,在美国、日本、中国、加拿大、法国、瑞典、挪威、菲律宾、印度、印度尼西亚、马来西亚、韩国、香港等 30 多个国家和地区发生得很频繁。水华现象会危害海洋资源安全和生态平衡,必然给人类社会带来各种各样的具体危害。

资料显示,2007 年 5 月 29 日,无锡太湖蓝绿藻水华引起市民抢购纯净水事件,进一步凸现我国湖泊富营养化的严峻局面和蓝绿藻水华频发的现状。研究表明,太湖富营养化之所以如此严重而且治理起来异常艰难,主要是由于太湖发育于长江中下游洪泛平原,营养本底高;由于水浅和沉水植被的退化使得频繁的风浪扰动造成内源营养盐负荷维持在一个非常高的水平;而流域内社会经济的高速发展,进一步加剧了太湖富营养化进程。[①] 我国太湖水体中的氮、磷等营养物质,自从改革开放之后便急速增加。1981 年总无机氮浓度比 1960 年增加 18 倍,1998 年总磷则较 1988 年上升 2.7 倍;1960 年以来,太湖共有 23 种水生维管植物从湖水里消失,蓝藻属于原核生物,没有叶绿体,但是有能进行光合作用的类囊体。它是地球上最早的光合自养生物,出现在距今 35~33 亿年前,据说对地球表面从无氧大气环境变为有氧环境起到了巨大的作用。蓝藻喜欢高温、强光照射偏碱性和营养物质高的环境,在这样的环境下它会快速繁殖,每年 6—9 月,太湖北部和西部湖区就成为蓝藻的乐园。蓝藻死亡后,其尸体随着降解会消耗水体中的溶解氧,导致鱼虾、水草等水生生物因缺氧而死亡,其残体腐烂又进一步消耗溶解氧,并释放出营养物质。另外,部分蓝藻还能进行生物固氮,即把分子氮还原成可供植物利用的氮素化合物。这些固氮蓝藻死亡后,会释放出大量的氨态氮,加重湖水的富营养化,蓝藻大量繁殖在水面,还会形成一层蓝绿色有恶臭味的浮沫,称为

---

① 秦伯强,王小冬,等. 太湖富营养化与蓝藻水华引起的饮用水危机——原因与对策[J]. 地球科学进展,2007(9):896.

"水华"。发生蓝藻水华的水体不但闻着臭,喝着还有毒,因为蓝藻细胞的破裂会释放藻毒素,接触可导致皮肤过敏,饮用可引起肝中毒,甚至危及生命。从太湖周边人口的增加,工厂、高楼的大量建设,大气、水体污染物过量排放,渔业养殖大发展,水生植物、鱼类大死亡到蓝藻大爆发,再到"黑水团"大面积增加,①这一切甚至在 20 ～ 30 年前就已命中注定其必然结果,也就是所有这一切形成了一个恶性循环。② 水华现象发生与海水或者淡水富营养化、水文气象和海水理化因子的变化,以及海水养殖的自身污染等环境因素密切相关。要有效治理,必须解决水体的富营养化、蓝绿藻控制技术等问题,③本质上就是解决人的需求超出大自然物质或能量的供给量不足的根本矛盾与冲突问题。

二、生命、生活与生物"向大自然索取超界"

对于人类社会中的个体而言,生命是一个出生、维持、保护、衰老和死亡的过程。在这个过程开始到终结的过程,是一个与生活、生物等密切相关的活动过程,也是向大自然索取超界物质和能量的过程。这个过程的证明与论证,试图说明:人类社会与自然界之间的物质与能量交换过程的限制性条件,那就是:生命不能

---

① "黑水团"现象,是指太湖中的大面积"暗黑色水团",在黑水团区溶氧可降为零,氨氮和硫化物浓度超级高,气味的酸臭,连蓝藻也不能在其中生存。因为几十年间,蓝藻年年爆发的影响,太湖的底泥也受到严重影响,大量未碳化的有机质的沉降,导致底泥有机质含量非常高,再加上金属元素的增加,在底泥的厌氧环境中反应,产生挥化性硫化物、二甲基三硫等硫醚类物质。这些挥发性硫化物与底泥中的重金属化合而形成了各种致黑物质,在吸附凝聚过程中,受湖泊风浪及水动力条件的影响,悬浮而成了所谓"黑水团"。黑水团正是在蓝藻大量死亡、高有机质底泥和温度高风力小的天气条件三者均满足后,必然会形成的。太湖西北部湖区发生的这种"黑水团"现象,也叫"湖泛"现象。参见:李玲玲. 天灾还是人祸? 太湖水危机,你真的了解吗? [EB/OL]. (2017 - 07 - 21)[2018 - 08 - 08]. http://tech. gmw. cn/2017 - 07/21/content_25152037. htm.

② 李玲玲. 天灾还是人祸? 太湖水危机,你真的了解吗? [EB/OL]. (2017 - 07 - 21)[2018 - 08 - 08]. http://tech. gmw. cn/2017 - 07/21/content_25152037. htm.

③ 太湖蓝绿藻水华爆发,一方面,与蓝绿藻本身的生理特征有关,如固碳、伪空泡、光吸收及营养盐利用的能力;另一方面,则与系统内物理、化学、生物环境有关,如我国太湖独特的浅水湖泊水下光场结构和低下的捕食压力。所以,太湖富营养化治理需遵循控源截污、湖泊生态修复和流域管理的原则,具体措施包括前置库和人工湿地的面源污染物控制技术;物理机械和生物去除内源营养盐削减技术;沉水植被恢复的湖泊生态修复技术。而蓝绿藻水华的控制技术,则包括围隔拦截和导流的物理工程方法、絮凝沉降和抑藻物添加的化学工程方法,以及生态浮床和生物操纵的生态工程方法等。参见:秦伯强,王小冬,等. 太湖富营养化与蓝藻水华引起的饮用水危机——原因与对策[J]. 地球科学进展,2007(9):896.

成为向大自然索取超界的常态,否则,生命的存在将会因为改变自然规律,而被自然界所惩罚。在这一点上,2004 年 12 月 26 日的印度洋海啸灾难,使人们再次确认人类生命的价值。虽然反人类中心主义的"物种平等"观念,已经有着相当广泛的影响,然而,谁能设想动物生命的失去或者无生命物的破坏,能够让人如此不安?

其实,并非每一场风暴、每一场地震或每一场海啸都是灾难,如果这些自然变异并不伴随人类社会中人的大规模伤亡,那就不构成灾难。突如其来的灾难,使人们陷入惊愕之中。印度洋海啸最初的灾难消息飞出,人们更多地关心印度洋海滨的游客,然而最深重的海啸创痛,发生在印度尼西亚和斯里兰卡,那是人们目光难及的所在,那里没有游客,没有先进的通信工具向外发布消息,只有处于贫困和动荡之中的人民。灾难在贫困地区,总是要夺走更多人的生命,这个定理再次得到了验证。印度洋海啸灾难的时间极为短暂,十数万生命消失在一次只能以分钟计时的海水与地质变化之中,那一瞬间的地球,不再像养育安泰那样使人感觉踏实。地球一次不经意的痉挛,人类社会无数生命无由继续,无数家园彻底被毁。与任何人为因素无关的灾难,比人类活动所造成的灾难更加干脆地警示人类:尽管人类可以上天入地,甚至可以造出人自身,但人类并非上帝,在赖以存身的星球面前,人类是脆弱的,地球环境哪怕一点微小的突然变化,足以让我们人类遭遇灭顶之灾,而且,灾难一旦形成,人类即使竭尽全力也无法阻挡。灾难警示人类社会在自然面前应保持必要的谦卑与敬畏,而不是把大自然作为一个随便予取予求的对象,或者一个可以任意"战胜"的对手。①

生命泛指一类具有稳定的物质和能量代谢现象并且能回应刺激、能进行自我复制(繁殖)的半开放物质系统。简单来说,也就是具有生命机制的物体。生命个体一定会经历出生、成长、衰老和死亡。生命种群则在一代代个体的更替中经过自然选择发生进化以适应环境。生物学则是以研究生命为中心的科学。生命的

---

① 刘洪波. 人类面对自然和自己的态度 [N/OL]. 南方周末,2005 - 01 - 07. http://
tech. sina. com. cn/d/2005 - 01 - 20/0906509527. shtml.

最小单位是生物,生物是由一个或多个细胞组成,能够新陈代谢,①维持恒定性,可以成长,回应刺激,可以繁殖甚至演化,以适应外界环境,继续繁殖并产生后代。② 生命没有公认定义,不同的科学家曾提出过各种定义。传统定义为,科学家经常认为只有生物体会展现以下全部现象。(1)体内平衡。能够调节体内环境以维持身体处于一个相对恒定的状态,例如,恒温动物能发汗来降低过热的体温,也能靠发抖来产生额外的热量以保持体温。(2)组织性。由一个或以上的生物基本单位即细胞所组成。(3)新陈代谢。能够转换非生物为细胞成分(组成代谢)以及分解有机物(分解代谢)来获取和转化能量。生物体需要能量来维持体内平衡及产生其他生命现象。(4)生长。使组成代谢的速率高于分解代谢的速率,来让细胞体积增大,并在细胞分裂后使细胞成长。一个生长中的有机体增加其细胞的数量和体积,而不只是将得到的物质积存起来。某些物种的个体,可以长得巨大,例如蓝鲸。(5)适应。对环境变化做出反应的能力,与生物当前的身体构造、生活习性及遗传有关。这种能力对生存是很重要的。生物可以通过进化适应环境。(6)对刺激做出反应。反应可以以很多方式进行,从单细胞变形虫被触碰时的收缩到高等生物在不同情况下的复杂反射。最常见的反应是运动,例如,植物的叶片转向太阳以及动物追捕其猎物。(7)繁殖。能够产生新的个体。包括只需一个亲本的无性生殖和需要至少两个亲本的有性生殖。大部分科学家称这样的

① 所谓新陈代谢,是指生物体与外界环境之间物质和能量的交换,以及生物体内物质和能量的转变过程。在新陈代谢过程中,生物体把从外界环境中摄取的营养物质转变成自身的组成物质,并储存能量,这叫作同化作用(即合成代谢);而生物体把组成自身的一部分物质加以分解,释放出其中的能量,并把代谢的最终产物排出体外,这叫作异化作用(即分解代谢)。比如,人吃进胃里的食物、水分和各种营养物质,经过胃液分解、肠道吸收后,转化成人体内的各种营养物质,属于合成代谢;然后,随着肠道的蠕动,最后以汗液、尿液和粪便排出体外的废物,便是分解代谢。

② 在地球的生物圈内可以找到许多不同的生物,在这些生物中(包括植物、动物、真菌、原生生物、古菌及细菌),都有共同的特征,都是以碳和水为基础的细胞构成,有其组织以及可以遗传的基因资讯。地球约在45.4亿年前形成。最早的生命至少约在35亿年产生。当时是始太古代,冥古宙熔化的地壳已经固化。地球上最早的生物证据是在西格陵兰发现的37亿年前变质岩中的生物物质石墨,以及西澳洲34.8亿年前砂岩中的远古生物化石。不过很多研究推测地球在更早之前就已有生命。根据其中一种研究,可能在42.5亿年前就已有生命,另一个研究则认为是44亿年前。目前仍不确定地球上产生生命的机制,不过已有许多的生命起源假说。生命形成后,变成许多不同的形式,生物学家则将其分类成许多分类单元的体系。生命可以在许多不同的条件下生存。另外,新陈代谢和自我复制的能力有时被视判断生命的根本条件,称之为生命现象。病毒在有寄主可寄生的时候,会表现出生命现象;但在没有寄主可寄生的时候,不会表现生命现象,所以,病毒是介于生命与非生命之间的一种奇妙的有机物。

现象为生命的表现方式。通常必须具备全部七个特征才能被视作生命。① 几乎所有的生命都倚赖其他物种提供食物,并且,归根结底需要地球上某些细胞的特殊化学作用来提供能量源,如光合作用和海底热泉细菌的硫化作用。生命的终结,即生命体之死亡阶段或状态。以人类为例,一般以呼吸及心脏跳动停止和脑部完全停止活动(非暂时性的停止)为判定死亡的标准。生命体的死亡,可以是因为细胞分裂的次数达到极限而衰亡,也可以是被毒素、自然灾害或其他生物杀死。②

　　生命的内涵,是指在宇宙发展变化过程中自然出现的存在一定的自我生长、繁衍、感觉、意识、意志、进化、互动等丰富可能的一类现象。其外延可以包括生化反应产生的,能够自我复制的氨基酸结构,以及真菌、细菌、植物、动物(人类)等。就目前的生命定义而言,已知的自然演化而成的生命具有较为显著的分形特征,这一特征在目前界定的非生命自然现象中普遍存在,因此,虽然不能说所有的分形结构都是生命,但是,所有的生命结构都是分形的,是一句广泛适用的重要衡量标准。生命的诞生、维持、保护、衰老和死亡的过程,便是生存过程。在人类社会叫生活过程。生活,是指人类生存过程中的各项活动的总和,其范畴较广。生活包括人类在社会中与自己息息相关的所有日常活动,广义上,是指人的各种活动,包括日常生活行动、学习、工作、休闲、社交、娱乐等职业生活、个人生活、家庭生活和社会生活,以及娱乐生活等。人类社会中个体人为了生存和发展,往往把生活变成了奋斗、获得、享受和成功等价值观评价在内的一种活动。生活中,人作为生态系统中的生物体,必然消耗各种物质和能量,而这些物质与能量只能从大自然中不断获取。

　　所谓生物(Biology,又称生命体、有机体),是指具有动能的生命体,也是一个

---

①　这个定义也有局限性。例如,有些生物体不能繁殖,因为它们是正常物种中自然形成的。这些生物体仍是生命。有些人说生命的特性是可遗传的。因此,这些不能繁殖的有机体也还是有生命的,它们仍可以通过亲属选择等机理来产生新个体。有些人认为病毒和朊病毒(能够进行自我复制的蛋白质)是可以自行复制的毒素而不是生命体,因为它们不能在没有其他细胞的情况下表现出生命现象。但是,立克次体和衣原体等有类似细菌的细胞结构的生物也不能独立执行很多重要的生物过程,它们也要进入真核生物宿主细胞的细胞质内进行生长和自我复制。

②　任何一个个体的死亡并不会威胁物种的存在,反而是维持物种延续的重要环节。如果年老的个体永远不死,新的个体会失去生存空间和生存必需的资源。但个体大量死亡至难以维持繁殖时,物种就可能灭绝。已经死亡的细胞不能重建生命活动。已经死亡的生物个体不能复活。这是生命的基本特征之一。

物体的集合,而个体生物指的是生物体,与非生物相对。其元素包括:在自然条件下,通过化学反应生成的具有生存能力和繁殖能力的有生命的物体,以及由它们通过繁殖产生的有生命的后代,能对外界的刺激做出相应反应,能与外界的环境相互依赖、相互促进。并且,能够排出体内无用的物质,具有遗传与变异的特性。作为具有生命的个体,生物最重要和基本的特征在于:进行新陈代谢(又称分泌物)及遗传,其中,新陈代谢具备合成代谢以及分解代谢,这是互相相反的两个过程,并且可以繁殖下去, 这是生命现象的基础。自然界是由生物和非生物的物质和能量组成的,人类及其他生物共同居住在生物圈中。人类社会的文明发展到今天,人类在自然界面前不再仅仅是自然的产物,而且,能够有意识或无意识地作为一种新的物质力量,参与自然界的作用,对大自然进行物质和能量的超界索取。

人类社会这种"超界索取"的标志是人们过度奢侈浪费的生活习惯,不知道节约和保护生态环境的生存态度,也就意味着每个个体生命对于大自然负面影响,即物质和能量索取的阈值,在目前的中国是"两山论"即绿水青山就是金山银山论。人类社会集合而成的这种"超界索取"的不良习性,也是下文要探讨的人的致灾性问题。这个概念在灾害法学上,首先由笔者在 1999 年 8 月的中国法学会环境资源法学研究会创设大会暨国际环境资源法学研讨会上,第一次提出来的。

三、填湖造地与人的致灾性案例:武汉长岛—汤逊湖别墅水灾教训

从某种意义上说,长江成就了武汉,武汉也在改变着长江,在人的致灾性聚集成城市的致灾性的同时,城市的每一步发展,便成为与洪水灾害斗争胜利的象征。

史料记载,距今 1 万年到 2000 年以前,长江出三峡、汉江出丹江口后,在江汉平原一带奔涌交汇。而江汉平原地势低洼,当时是荒无人烟的沼泽湿地,被称为"云梦大泽"。云梦泽南连长江,北通汉水,连绵不断的湖泊和沼泽,大泽若干,总面积 2 万多平方千米,是长江中游区域一处江、河、湖完全沟通融合,水流进出自如的水域汇聚场所。每年的汛期,长江、汉水暴戾忽现,到处洪水漫流,整个云梦泽江湖不分,呈现出一大片一大片水天相连的浩渺状态。在这里,江水携带的大量泥沙被带来,随着水流流速的减缓,泥沙淤积下来。先淤出小的洲滩,再逐渐淤出大的洲滩,云梦泽不断被分割、解体和缩小,慢慢地形成江汉内陆三角洲。洪水退去后的这些洲滩上土沃草丰,人们在此围垦、修防设立城池,汉阳、武昌的雏形就是在此基础上慢慢形成的。1465 年至 1487 年明朝成化年间,汉水发生了一次

大改道,塑造了汉口,于是,汉阳和汉口由此被清晰地划分出来,为武汉三镇①的形成奠定了地理基础,这是武汉市域的孕灾环境之中的诱发因子和素质因子。

例如,1931年6月,大洪水又将武汉三镇全部淹没,损失极其惨重。由于政府救援不及时,被淹死加上病死的人口众多。而1954年5—7月,3个月降雨1634.7毫米,7月中旬山洪暴涨,水位高达30.17米,京汉铁路中断100多天,荆江3次分洪,淹倒房屋8341栋,其中143户、4251间片瓦无存,受灾耕地86.4%。至1998年,连续3个月的雨情造成洪水一泻千里,几乎全流域泛滥,加上东北的松花江、嫩江泛滥,江西、湖南、湖北、黑龙江等29个省、市、自治区都遭受灾害,受灾人数上亿,近500万间房屋倒塌,2000多万公顷土地被淹,经济损失达1600多亿元。②应当说,一座城市里怀抱着100多个湖泊,中国唯一,世界少见。因此,武汉也有了"江城""百湖之市""梦里水乡"等美誉。曾几何时,武汉的大小湖泊星罗棋布,是这座城市的骄傲。连许多地名,都有一个"湖"字,如杨春湖、金银湖、南太子湖……而今天,武汉人在为日新月异的城市建设而欣喜时,也为率先成为全国首个被戏言"看海"的城市而忧心。沙湖被填、官桥湖污染、南湖翻塘、东湖水华……各种和湖泊相关的负面新闻或者人的致灾性信息,屡屡见诸报端。官方公布的数据显示,武汉城区的湖泊从新中国成立初的127个,已经锐减到38个,平均每两年消失3个湖泊。武汉人认为,湖泊之于武汉,既是城市呼吸之肺,也是城市文化灵魂的根基,更是武汉得以与外界乃至全世界对话的使者。但是,当武汉人在享受湖泊文化的美誉时,也因为与湖泊的自然物质和能量的"人—湖较量",而毁誉参半。

早在1999年,武汉市政府即颁布《武汉市自然山体湖泊保护办法》,这个条例在一定程度上遏制了填湖行为,但因为政府自身行为裹于其中而效力有限。2001年11月30日,《武汉市湖泊保护条例》(简称《武汉湖泊条例》)出台,这是国内第一个城市为保护湖泊制定的地方法规。据此,武汉所有湖泊全部列入保护名录,严禁围湖建设、填湖开发等行为。此后,武汉又相继出台《湿地自然保护区条例》《湖泊保护条例实施细则》《中心城区湖泊保护规划》《湖泊执法巡查制度》等20多个与保护湖泊相关的地方性法规。应当说,法规之多、体系之全,可以说冠绝全

---

① 武汉三镇之中,地势最低的是汉口。汉口的街市都是沿长江而建,前面是港口码头,后面是湖泊洼地。受长江流域副热带高压的影响,武汉每年6、7月份都会迎来梅雨季节,长江水丰,汉口便汪洋肆虐,陆地行舟,这使得汉口一直人口稀少发展缓慢。

② 许仙. 武汉特大洪水:一座城与长江洪水逃不脱的"劫数"[EB/OL]. (2016 – 07 – 06)[2018 – 08 – 17]. http://www. wukongshuo. com/news/20160706/68557. html.

国。笔者可以假设的是,如果这些地方法规全部得到严格执行,那么,长江大水的洪水异变,想必可以必然被大大限制与缩小,乃至消失,然而,实际情况并非如此。

于是,2012 年 5 月 28 日,武汉市政府常务会通过《武汉市中心城区湖泊"三线一路"保护规划》,为中心城区 40 个湖泊划定"保护圈"。2013 年 10 月 27 日,为改变执法力量分散、执法主体不明等状况,武汉市再专门组建成立"湖泊管理局",作为武汉市水务局所属正处级事业单位,与武汉市水务执法总队"一套班子,两块牌子",专门负责保护湖泊、实施湖泊执法。到了 2015 年 1 月 9 日,武汉市人大常委会通过了新修订的《武汉市湖泊保护条例》。这次修订,是该条例 3 次修订中范围最广、力度最大的一次,因此,《武汉湖泊条例》被誉为"最严湖泊保护条例"。

《武汉湖泊条例》明确规定,严禁任何单位和个人填湖。在湖泊水域范围内,禁止建设除防洪、改善修复水环境、生态保护、道路交通等公共设施之外的建筑物、构筑物(第十一条);在湖泊水域范围内建设防洪、改善修复水环境、生态保护、道路交通等公共设施的,应当进行环境影响评价;建设单位在申请建设用地规划许可证之前应当向市水行政主管部门提出申请,经市水行政主管部门审查后,报市人民政府批准;涉及生态底线区调整的,应当事先报市人大常委会审议。市水行政主管部门在对占用湖泊水域申请进行审查时,应当组织听证,听取湖泊周边居(村)民和有关专家的意见。在报市人民政府批准前,应当将有关事项向社会公示。市人民政府做出占用湖泊水域的行政许可决定,应当向社会公布。经批准占用湖泊的,在等量等效还补占用的面积之后,方可按照批准中设定的范围和要求占用湖泊(第 12 条)。尽管有法可依,但武汉的违规填湖现象并未止步。①

2016 年 7 月中旬,武汉市政府发布消息称,2016 年是厄尔尼诺年,且武汉市降水量超出往年,2016 年武汉市发生洪水的概率高达 80%。荆楚网新浪官方微博 2016 年 7 月 14 日 18:00 发布"关于应对下一轮强降雨的相关情况通报"称,依据气象预报,7 月 14 日至 19 日将发生 300 毫米以上强降雨。根据预测,武汉市中心城区除汤逊湖周边以外,汉口地区、汉阳地区、武昌东沙地区(即蛇山以北地区),局部主次干道(如四新北路、21 号公路等),将出现短时渍水。全市绝大部分渍水预计将会在 24 小时内消退,总体形势可控。但是,汤逊湖、南湖地区将可能会有严重的渍情和灾情,届时南湖水位将大大超过周边道路和小区,东湖高新、洪

---

① 王阳. 武汉城区建国后湖泊锐减 89 个,法规难止违规填湖[N/OL]. 法治周末,(2015 - 03 - 18)[2018 - 08 - 17]. http://news. sina. com. cn/c/2015 - 03 - 18/010431616906. sht-ml.

山局部地区渍水深度将超过上轮降雨,局部可能达到50～150厘米,区域内书城路、珞狮南路、雄楚大街等交通将受严重影响,渍水严重区域会有南湖临湖的低洼社区、南湖联通渠以北社区、巡司河以东社区、白沙洲大道沿线社区、武南社区、板桥社区、青菱河以南渔业、青菱等社区、野芷湖以北等低洼社区。汤逊湖水位上涨也将对光谷金融港、汤逊湖大道沿线地区产生影响。汤逊湖、南湖地区出现严重渍情灾情的原因在于,上一轮强降雨已导致该地区的抽排及调蓄能力发挥极致,汤逊湖、南湖等湖泊调蓄空间严重饱和。虽然水系内主要出口汤逊湖泵站一直处于满负荷状态,职能部门为缓解南湖周边渍水,临时开辟的汤逊湖至牛山湖分流、海口泵站分流等超常规措施,在持续发挥作用,但仍难以在短时间内排除渍水。①受外排能力限制,退水时间会较长,局部彻底退水时间可能会达到半个月。面对这种状况,职能部门将尽一切可能确保泵站安全运行,全力进行抽排。同时,各渍水主次干道提前驻守,全力确保社会公众生命财产安全。②

事实上,汤逊湖边的"武汉长岛"别墅项目在2016年7月6日开始的水灾,在笔者看来,纯粹是城市发展冲动与城市蓝线守护发生冲突的产物。武汉长岛别墅区位于汤逊湖东北岸,小岛东西窄南北长,由一条象征私家领地的800米长堤连接江夏大道,同时拥有千亩私家内湖。长岛别墅区2011年建成入住,为独栋、联排别墅物业,主力户型为别墅350～600平方米;开发商是湖北广运地产置业有限公司,由世邦魏理仕物业管理服务有限公司进行物业管理,物业费为每月每平方米4.20元;每套8000万元起价,被武汉市民称为最奢华的别墅区。

从2016年7月4日开始,武汉市域遭受暴雨,汤逊湖水位猛涨,武汉长岛别墅区被洪水围困,与外界唯一连通的道路被淹没,让这里犹如一座孤岛无法出行。③可以说,这个武汉长岛项目在满足了141位业主"最奢华的别墅"欲望的同时,恐怕每一位都曾遇到这次汤逊湖水灾的无情"洗礼"。可想而知,当这些业主的地下

---

① 陈勇,赵融.渍水消退缓慢,武汉汤逊湖大桥被淹没[EB/OL].(2016 – 07 – 08)[2018 – 08 – 17].http://photo.cnhubei.com/2016/0708/317796.shtml.消息称,2016年7月6日,暴雨袭击武汉,中心城区162处区域严重渍水。汤逊湖周边雨量大,抽排能力和湖泊调蓄能力严重超负荷,造成渍水消退缓慢。7月7日,雨后天晴,江夏大道汤逊湖大桥依然被湖水淹没,交通完全中断,大小车辆和行人都无法通行。

② 佚名.武汉汤逊湖、南湖或出现严重渍水灾情:调蓄空间已严重饱和[EB/OL].(2016 – 07 – 14)[2018 – 08 – 17].http://news.163.com/16/0714/21/BRVCHMHO00014SEH.html.

③ 聂辉.武汉暴雨汤逊湖水猛涨,奢华别墅区被洪水围困成孤岛[N].京华时报,2016 – 07 – 09.http://gz.fzg360.com/archive.php?aid=542335&z=.

室或者别墅的一楼被洪水填满时,是否有人想过要对项目开发商、运营商和消费者的"长岛别墅正处于汤逊湖东北岸,山水环抱,整个形状如同古代钱币状原生罕见独岛,东西窄南北长,东面由一条象征私家领地的800米长堤连接江夏大道,同时拥有千亩私家内湖。在保留原生态植物的基础上,聘请专业园林设计师进行设计,使岛屿、湖景、园林与别墅完美地结合在一起,打造全武汉最漂亮的私家园林",以及"星级酒店,水上高尔夫,游艇俱乐部,商务停机坪,让您拥有国王般的权利,自由地驾驭独属自己的奢华世界"美丽梦想的描述,在一片汪洋之中,其损失该由谁来负责呢? 开发商还是消费者,保险公司还是大自然?

可以强调的是,当地政府允许填湖造地与人的致灾性造就了一个典型案例,即武汉长岛—汤逊湖别墅水灾的教训,便是当汤逊湖还是一个洪水的蓄纳场所的时候,侵犯它的蓝色底线便是开发商的致灾性、政府决策的致灾性和消费者的致灾性,甚至于保险公司的致灾性的时空竞合,又在滔天洪水之中,成为致灾因子中的扩大因子竞合在一起了。

这个刻骨铭心的教训,江城武汉会记住吗?

第三节 应急管理部与人的致灾性部门控制

一、应急管理部本质上是灾害管理部

可以说,严重的自然变异带来的自然灾害,以及常常失之于监管不力的人为事故灾难,让党中央、国务院设想着借助应急管理部的设立,整合防灾减灾救灾职能于一体之后,我国的灾害应急与灾难应急事业能够顺利"统一指挥,专常兼备,反应灵敏,上下联动,平战结合","坚持以防为主、防抗救相结合,坚持常态减灾和非常态救灾相统一,努力实现从注重灾后救助向注重灾前预防转变,从应对单一灾种向综合减灾转变,从减少灾害损失向减轻灾害风险转变,树立安全发展理念,弘扬生命至上、安全第一的思想,健全公共安全体系,完善安全生产责任制,坚决遏制重特大安全事故,提升防灾减灾救灾能力(习近平语)"①的目标。

2018年3月17日,国务院机构改革,组建"中华人民共和国应急管理部"(简

---

① 这是应急管理部主页面(http://www.chinasafety.gov.cn/)上,习近平总书记的题词型目标要求,也是应急管理部职能的主要描述性语言。

称"应急管理部")。2018年4月16日,应急管理部正式挂牌。2018年7月30日,"应急管理部三定方案"即《应急管理部职能配置、内设机构和人员编制规定》(共9条,简称《应急部三定规定》)出台,意味着应急管理部的职能转变与改革,进入了新的阶段。

应急管理部的设立,其目标是为了提高国家应急管理能力和水平,提高防灾减灾救灾能力,确保人民群众生命财产安全和社会稳定,是中国共产党治国理政的一项重大任务。为防范化解重特大安全风险,健全公共安全体系,整合优化应急力量和资源,推动形成统一指挥、专常兼备、反应灵敏、上下联动、平战结合的具有中国特色的应急管理体制,将国家安全生产监督管理总局的职责,国务院办公厅(即国务院应急办)的应急管理职责,公安部的消防管理职责,民政部的救灾职责,国土资源部的地质灾害防治、水利部的水旱灾害防治、农业部的草原防火、国家林业局的森林防火相关职责,中国地震局的震灾应急救援职责,以及国家防汛抗旱总指挥部、国家减灾委员会、国务院抗震救灾指挥部、国家森林防火指挥部的职责整合,组建应急管理部,作为国务院组成部门。这种改革,体现的是一个部门全盘管理灾害应急和安全事故应急工作,这实际上是把灾害应急职能整合的表现。亦即把社会安全、公民安全和国家安全的要求,统一到了灾害应急管理工作层面上来。

2018年4月16日,应急管理部正式挂牌,王玉普任部长。应急管理部的职能初设为:组织编制国家应急总体预案和规划,指导各地区各部门应对突发事件工作,推动应急预案体系建设和预案演练。建立灾情报告系统并统一发布灾情,统筹应急力量建设和物资储备并在救灾时统一调度,组织灾害救助体系建设,指导安全生产类、自然灾害类应急救援,承担国家应对特别重大灾害指挥部工作。指导火灾、水旱灾害、地质灾害等防治。负责安全生产综合监督管理和工矿商贸行业安全生产监督管理等。公安消防部队、武警森林部队转制后,与安全生产等应急救援队伍一并作为综合性常备应急骨干力量,由应急管理部管理,实行专门管理和政策保障,采取符合其自身特点的职务职级序列和管理办法,提高职业荣誉感,保持有生力量和战斗力。应急管理部要处理好防灾和救灾的关系,明确与相关部门和地方各自职责分工,建立协调配合机制。中国地震局、国家煤矿安全监察局由应急管理部管理。不再保留国家安全生产监督管理总局。在笔者看来,应急管理部的组建,一方面是国家重视防灾减灾救灾工作的表现,把应急管理部的外部职能衔接,与内部职能分工等梳理清楚,并以法治能力落实到位;另一方面,作为我国防灾减灾救灾综合体制机制改革的标志,应急管理部的职能整合完成后,则要完成各级地方政府复杂的防灾救灾减灾职能的整合,从而把地方的灾害管理工作,从目前的中央政府为主,转化为地方政府管理的"属地管理为主",切实加强地方政府的灾害应急管理中的防灾责任。

二、《应急部三定规定》与"三大职能目标"

《应急部三定规定》第三条规定,应急管理部贯彻落实党中央关于应急工作的方针政策和决策部署,在履行职责过程中坚持和加强党对应急工作的集中统一领导。具体职责有 20 项,前 18 项是基本职能。(1)负责应急管理工作,指导各地区各部门应对安全生产类、自然灾害类等突发事件和综合防灾减灾工作。负责安全生产综合监督管理和工矿商贸行业安全生产监督管理工作。(2)拟定应急管理、安全生产等方针政策,组织编制国家应急体系建设、安全生产和综合防灾减灾规划,起草相关法律法规草案,组织制定部门规章、规程和标准并监督实施。(3)指导应急预案体系建设,建立完善事故灾难和自然灾害分级应对制度,组织编制国家总体应急预案和安全生产类、自然灾害类专项预案,综合协调应急预案衔接工作,组织开展预案演练,推动应急避难设施建设。(4)牵头建立统一的应急管理信息系统,负责信息传输渠道的规划和布局,建立监测预警和灾情报告制度,健全自然灾害信息资源获取和共享机制。统一发布灾情。(5)组织指导协调安全生产类、自然灾害类等突发事件应急救援,承担国家应对特别重大灾害指挥部工作,综合研判突发事件发展态势并提出应对建议,协助党中央、国务院指定的负责同志组织特别重大灾害应急处置工作。(6)统一协调指挥各类应急专业队伍,建立应急协调联动机制,推进指挥平台对接,衔接解放军和武警部队参与应急救援工作。(7)统筹应急救援力量建设,负责消防、森林和草原火灾扑救、抗洪抢险、地震和地质灾害救援、生产安全事故救援等专业应急救援力量建设,管理国家综合性应急救援队伍,指导地方及社会应急救援力量建设。(8)负责消防工作,指导地方消防监督、火灾预防、火灾扑救等工作。(9)指导协调森林和草原火灾、水旱灾害、地震和地质灾害等防治工作,负责自然灾害综合监测预警工作,指导开展自然灾害综合风险评估工作。(10)组织协调灾害救助工作,组织指导灾情核查、损失评估、救灾捐赠工作,管理、分配中央救灾款物并监督使用。(11)依法行使国家安全生产综合监督管理职权,指导协调、监督检查国务院有关部门和各省(自治区、直辖市)政府安全生产工作,组织开展安全生产巡查、考核工作。(12)按照分级、属地原则,依法监督检查工矿商贸生产经营单位贯彻执行安全生产法律法规情况及其安全生产条件和有关设备(特种设备除外)、材料、劳动防护用品的安全生产管理工作。负责监督管理工矿商贸行业中央企业安全生产工作。依法组织并指导监督实施安全生产准入制度。负责危险化学品安全监督管理综合工作和烟花爆竹安全生产监督管理工作。(13)依法组织指导生产安全事故调查处理,监督事故查处和责任追究落实情况。组织开展自然灾害类突发事件的调查评估工作。(14)开展应急管理方面的国际交流与合作,组织参与安全生产类、自然灾害类等突发事件的国际救援工作。(15)制定应急物质储备和应急救援装备规划并组织实施,会同国家粮食和物资储备局等部门建立健全应急物资信息平台和调拨制度,在救灾时统一调度。(16)负责应急管理、安全生产宣传教育和培训工作,组织指导应急管理、安全生产的科学技术研究、推广应用和信息化建设工作。(17)管理中国地震局、国家煤矿安全监察局。(18)完成党中央、国务院交办的其他任务。

另外,第(20)项有关职责分工。主要是与两大类部、局之间的职能分工。

第一,与自然资源部、水利部、国家林业和草原局等部门在自然灾害防救方面的职责分工。

(1)应急管理部负责组织编制国家总体应急预案和安全生产类、自然灾害类专项预案,综合协调应急预案衔接工作,组织开展预案演练。按照分级负责的原则,指导自然灾害类应急救援;组织协调重大灾害应急救援工作,并按权限做出决定;承担国家应对特别重大灾害指挥部工作,协助党中央、国务院制定的负责同志组织特别重大灾害应急处置工作。组织编制综合防灾减灾计划,指导协调相关部门森林和草原火灾、水旱灾害、地址和地质灾害等防治工作;会同自然资源部、水利部、中国气象局、国家林业和草原局等有关部门建立统一的应急管理信息平台,建立监测预警和灾情报告制度,健全自然灾害信息资源获取和共享机制,依法统一发布灾情,开展多灾种和灾害链综合监测预警,指导开展自然灾害综合风险评估。负责森林和草原火情预测预警工作,发布森林和草原火险、火灾信息。

(2)自然资源部负责落实综合防灾减灾规划相关要求,组织编制地质灾害防治规划和防护标准并指导实施;组织指导协调和监督地质灾害调查评价及隐患的普查、详查、排查;指导开展群测群访、专业监测和预报预警等工作,指导开展地质灾害工程治理工作;承担地质灾害应急救援的技术支撑工作。

(3)水利部负责落实综合防灾减灾规划相关要求,组织编制洪水干旱灾害防治规划和防护标准并指导实施;承担水情旱情监测预警工作;组织编制重要江河湖泊和重要水利工程的防御洪水抗御旱灾调度和应急水量调度方案,按程序报批并组织实施;承担防御洪水应急抢险的技术支撑工作;承担台风防御期间重要水工程调度工作。

（4）各流域防汛抗旱指挥机构负责落实国家应急指挥机构以及水利部防汛抗旱的有关要求，执行国家应急指挥机构指令。

（5）国家林业和草原局负责落实综合防灾减灾规划相关要求，组织编制森林和草原火灾防治规划和防护标准并指导实施；指导开展防火巡防、火源管理、防火设施建设等工作；组织指导国有林场林区和草原开展防火宣传教育、监测预警、督促检查等工作。

（6）必要时，自然资源部、水利部、国家林业和草原局等部门可以提请应急管理部，以国家应急指挥机构名义部署相关防治工作。

第二，与国家粮食和物资储备局在中央救灾物资储备方面的职责分工。

（1）应急管理部负责提出中央救灾物资的储备需求和动用决策，组织编制中央救助物资储备规划，品种目录和标准，会同国家粮食和物资储备局等部门确定年度购置计划，根据需要下达动用指令。

（2）国家粮食和物质储备局根据中央救助物资储备规划、品种目录和标准、年度购置计划，负责中央救助物资的收储、轮换和日常管理，根据应急管理部的动用指令按程序组织调出。

《应急部三定规定》第四条规定，应急管理部设立的内设机构有 23 个。其中，前 20 个是内设职能机构，后 3 个是内设服务机构。20 个内设职能机构如下。（1）办公厅（党委办公室）。负责机关日常运转，承担信息、安全、保密、信访、政务公开、重要文稿起草等工作。（2）应急指挥中心。承担应急值守、政务值班等工作，拟订事故灾难和自然灾难分级应对制度，发布预警和灾情信息，衔接解放军和武警部队参与应急救援工作。（3）人事司（党委组织部）。负责机关和直属单位干部人事、机构编制、劳动工资等工作，指导应急管理系统思想政治建设和干部队伍建设工作。（4）教育训练司（党委宣传部）。负责应急管理系统干部教育培训工作，指导应急救援队伍教育训练，负责所属院校、培训基地建设和管理工作，组织指导应急管理社会动员工作。（5）风险监测和综合减灾司。建立重大安全生产风险监测预警和评估论证机制，承担自然灾害综合监测预警工作，组织开展自然灾害综合风险与减灾能力调查评估。（6）救灾协调和预案管理局。统筹应急预案体系建设，组织编制国家总体应急预案和安全生产类、自然灾害类专项预案并负责各类应急预案衔接协调，承担预案演练的组织实施和指导监督工作，承担国家应对特别重大灾害指挥部的现场协调保障工作，指导地方及社会应急救援力量建设。（7）火灾防治管理司。组织拟订消防法规和技术标准并监督实施，指导城镇、农村、森林、草原消防工作规范编制并推进落实，指导消防监督、火灾预防、火灾扑救工作,拟订国家综合性应急救援队伍管理保障办法并组织实施。(8)防汛抗旱司。组织协调水旱灾害应急救援工作,协调指导重要江河湖泊和重要水工程实施防御洪水抗御旱灾调度和应急水量调度工作,组织协调台风防御工作。(9)地震和地质灾害救援司。组织协调地震应急救援工作,指导协调地质灾害防治相关工作,组织重大地质灾害应急救援。(10)危险化学品安全监督管理司。负责化工(含石油化工)、医药、危险化学品和烟花爆竹安全生产监督管理工作,依法监督检查相关行业生产经营单位贯彻落实安全生产法律法规和标准情况,承担危险化学品安全监督管理综合工作,组织指导危险化学品目录编制和国内危险化学品登记,指导非药品类易制毒化学品生产经营监督管理工作。(11)安全生产基础司(海洋石油安全生产监督管理办公室)。负责非煤矿山(含地质勘探)、石油(炼化、成品油管道除外)、冶金、有色、建材、机械、轻工、纺织、烟草、商贸等工矿商贸行业安全生产基础工作,拟订相关行业安全生产规程、标准,指导监督相关行业企业安全生产标准化、安全预防控制体系建设等工作,承担海洋石油安全生产综合监督管理工作。(12)安全生产执法局。承担非煤矿山(含地质勘探)、石油(炼化、成品油管道除外)、冶金、有色、建材、机械、轻工、纺织、烟草、商贸等工矿商贸行业安全生产执法工作,依法监督检查相关行业生产经营单位贯彻落实安全生产法律法规和标准情况,负责安全生产执法综合性工作,指导执法计划编制、执法队伍建设和执法规范化建设工作。(13)安全生产综合协调司。依法依规指导协调和监督有专门安全生产主管部门的行业和领域安全生产监督管理工作,组织协调全国性安全生产检查以及专项督查、专项整治等工作,组织实施安全生产巡查、考核工作。(14)救灾和物资保障司。承担灾情核查、损失评估、救灾捐赠等灾害救助工作,拟定应急物资储备规划和需求计划,组织建立应急物资共用共享和协调机制,组织协调重要应急物资的储备、调拨和紧急配送,承担中央救灾款物的管理、分配和监督使用工作,会同有关方面协调紧急转移安置受灾群众、因灾毁损房屋恢复重建补助和受灾群众生活救助。(15)政策法规司。组织起草相关法律法规草案和规章,承担重大政策研究工作,承担规范性文件的合法性审查和行政复议、行政应诉等工作。(16)国际合作和救援司。开展应急管理方面的国际合作与交流,履行相关国际条约和合作协议,组织参与国际应急救援。(17)规划财务司。编制国家应急体系建设、安全生产和综合防灾减灾规划并组织实施,研究提出相关经济政策建议,推动应急重点工程和避难设施建设,负责部门预决算、财务、装备和资产管理、内部审计工作。(18)调查评估和统计司。依法承担生产安全事故调查处理工作,监督事故查处和责任追究情况,组织开展自然灾害类突发事件的调查评估工作,负责应急管理统计分析工作。(19)新闻宣传司。承担应急管理和安全生产新闻宣传、舆情应对、文化建设等工作,开展公众知识普及工作。(20)科技和信息化司。承担应急管理、安全生产的科技和信息化管理工作,规范信息传输渠道、健全自然灾害信息获取和共享机制,拟定有关科技规划、计划并组织实施。

3 个内设服务机构如下。(1)政治部。协助开展党的建设、思想政治建设和干部队伍建设工作。政治部日常工作由人事司、教育训练司等承担。(2)机关党委。负责机关和在京直属单位的党群工作。(3)离退休干部局。负责机关离退休干部工作,指导应急管理系统离退休干部工作。

《应急部三定规定》还规定,应急管理部机关行政编制 546 名(含两委人员编制 2 名、救援机动编制 2 名、离退休干部工作人员编制 46 名)。设部长 1 名,副部长 4 名,政治部主任(副部级)1 名,司局级领导职数 96 名(含总工程师 3 名、安全生产监察专员 8 名、应急指挥专员 7 名、机关党委专职副书记 1 名,离退休干部局领导职数 4 名)(第五条)。应急管理部负责管理消防救援队伍、森林消防队伍两支国家综合性应急救援队伍,承担相关火灾防范、火灾扑救、抢险救援等工作,设立消防救援局、森林消防局,分别作为消防救援队伍、森林消防队伍的领导指挥机关。具体机构设置、职责和编制等事项另行规定(第六条)。应急管理部所属事业单位的设置、职责和编制事项另行规定(第七条)。《应急部三定规定》由中央机构编制委员会办公室负责解释,其调整由中央机构编制委员会办公室按规定程序办理(第八条)。《应急部三定规定》自 2018 年 7 月 30 日起施行(第九条)。①

需要强调的是,《应急部三定规定》第三条第(19)项是职能转变的规定,也是"三大职能目标"要求,即应急管理部应加强、优化、统筹国家应急能力建设,构建统一领导、责权一致、权威高效的国家应急能力体系,推动形成统一指挥、专常兼备、反应灵敏、上下联动、平战结合的中国特色应急管理体制。(1)坚持以防为主、防抗救结合,坚持常态减灾和非常态救灾相统一,努力实现从注重灾后救助向注重灾前预防转变,从应对单一灾种向综合减灾转变,从减少灾害损失向减轻灾害风险转变,提高国家应急管理水平和防灾减灾救灾能力,防范化解重特大安全风险。(2)坚持以人为本,把确保人民群众生命安全放在首位,确保受灾群众基本生

① 中共中央办公厅 国务院办公厅关于印发《应急管理部职能配置、内设机构和人员编制规定》的通知[R/OL]. 中共中央办公厅秘书局 2018 年 7 月 30 日印发. 文件出处:http://www.ytsafe.com/Article/zhonggongzhongyangba.html.

活,加强应急预案演练,增强全民防灾减灾意识,提升公众知识普及和自救互救技能,切实减少人员伤亡和财产损失。(3)树立安全发展理念,坚持生命至上、安全第一,完善安全生产责任制,坚决遏制重特大安全事故。由此而言,当所有职责完全落实到位时,这个"三大职能目标"要求肯定能够实现。

三、应急管理部的"三加一职能"与人的致灾性控制

笔者认为,应急管理部的职能,从灾害法学的角度看,实际上是"三加一职能"。(1)防灾职能。这是对人的致灾性预防型控制的一种职能,其工作项目多,任务繁杂。(2)应急职能。这是对人的致灾性的灾害应急职能即灾中控制职能,在保证应急职能顺利履行的情况下,严密防范和控制各种次生灾害、衍生灾害的发生。(3)灾后重建职能。这是对人的致灾性,通过灾后重建活动加以有效控制的职能。当然,这个职能的实现,新组建的应急管理部还没有灾后重建的实战经验,但是,这种经验在我国这样一个灾害发生的大国,恐怕不难实现。(4)应急部队建设功能。这是应急管理部的中国特色应急部队建设的问题,这个问题,第三条的第(6)项、第(7)项的规定是:统一协调指挥各类应急专业队伍,建立应急协调联动机制,推进指挥平台对接,衔接解放军和武警部队参与应急救援工作。并明确要求:统筹应急救援力量建设,负责消防、森林和草原火灾扑救、抗洪抢险、地震和地质灾害救援、生产安全事故救援等专业应急救援力量建设,管理国家综合性应急救援队伍,指导地方及社会应急救援力量建设。

根据《应急部三定规定》,"三加一职能"分工到灾害三期即灾前期、临灾期和灾后期应急管理部的职能划分,具体如下。

(一)灾前期防灾职能

根据《应急部三定规定》第三条规定:(1)负责应急管理工作,指导各地区各部门应对安全生产类、自然灾害类等突发事件和综合防灾减灾工作。负责安全生产综合监督管理和工矿商贸行业安全生产监督管理工作。(2)拟定应急管理、安全生产等方针政策,组织编制国家应急体系建设、安全生产和综合防灾减灾规划,起草相关法律法规草案,组织制定部门规章、规程和标准并监督实施。(3)指导应急预案体系建设,建立完善事故灾难和自然灾害分级应对制度,组织编制国家总体应急预案和安全生产类、自然灾害类专项预案,综合协调应急预案衔接工作,组织开展预案演练,推动应急避难设施建设。(4)牵头建立统一的应急管理信息系统,负责信息传输渠道的规划和布局,建立监测预警和灾情报告制度,健全自然灾

害信息资源获取和共享机制,依法统一发布灾情。(5)依法行使国家安全生产综合监督管理职权,指导协调、监督检查国务院有关部门和各省(自治区、直辖市)政府安全生产工作,组织开展安全生产巡查、考核工作[即第(11)项职能]。(6)按照分级、属地原则,依法监督检查工矿商贸生产经营单位贯彻执行安全生产法律法规情况及其安全生产条件和有关设备(特种设备除外)、材料、劳动防护用品的安全生产管理工作。负责监督管理工矿商贸行业中央企业安全生产工作。依法组织并指导监督实施安全生产准入制度。负责危险化学品安全监督管理综合工作和烟花爆竹安全生产监督管理工作[即第(12)项职能]。(7)开展应急管理方面的国际交流与合作,组织参与安全生产类、自然灾害类等突发事件的国际救援工作[即第(14)项职能]。(8)制定应急物质储备和应急救援装备规划并组织实施,会同国家粮食和物资储备局等部门建立健全应急物资信息平台和调拨制度,在救灾时统一调度[即第(15)项职能]。(9)负责应急管理、安全生产宣传教育和培训工作,组织指导应急管理、安全生产的科学技术研究、推广应用和信息化建设工作[即第(16)项职能]。应该说,这9项职能从理论层面可以全方位解决人的致灾性控制问题。不过,究竟是否会达到作者的这种判断,尚有待实践的检验,给出答案。

(二)临灾期应急职能

根据《应急部三定规定》第三条规定:(1)组织指导协调安全生产类、自然灾害类等突发事件应急救援,承担国家应对特别重大灾害指挥部工作,综合研判突发事件发展态势并提出应对建议,协助党中央、国务院指定的负责同志组织特别重大灾害应急处置工作[即第(5)项职能]。(2)负责消防工作,指导地方消防监督、火灾预防、火灾扑救等工作[即第(8)项职能]。(3)指导协调森林和草原火灾、水旱灾害、地震和地质灾害等防治工作,负责自然灾害综合监测预警工作,指导开展自然灾害综合风险评估工作[即第(9)项职能]。(4)组织协调灾害救助工作,组织指导灾情核查、损失评估、救灾捐赠工作,管理、分配中央救灾款物并监督使用[即第(10)项职能]。(5)依法组织指导生产安全事故调查处理,监督事故查处和责任追究落实情况。组织开展自然灾害类突发事件的调查评估工作[即第(13)项职能]。显然,这种应急管理层面的职能,至少在数量上要少于灾前期的职能,应当说,将应急管理部的职能重心前移,本身就是防灾减灾救灾综合机制体制改革的目标要求,这次的《应急部三定规定》看来初步给出了比较令人满意的答案。

（三）协调职能

根据《应急部三定规定》第三条规定：

（1）与自然资源部、水利部、国家林业和草原局等部门在自然灾害防救方面的职责协调分工。

①应急管理部负责组织编制国家总体应急预案和安全生产类、自然灾害类专项预案，综合协调应急预案衔接工作，组织开展预案演练。按照分级负责的原则，指导自然灾害类应急救援；组织协调重大灾害应急救援工作，并按权限做出决定；承担国家应对特别重大灾害指挥部工作，协助党中央、国务院制定的负责同志组织特别重大灾害应急处置工作。组织编制综合防灾减灾计划，指导协调相关部门森林和草原火灾、水旱灾害、地震和地质灾害等防治工作；会同自然资源部、水利部、中国气象局、国家林业和草原局等有关部门建立统一的应急管理信息平台，建立监测预警和灾情报告制度，健全自然灾害信息资源获取和共享机制，依法统一发布灾情，开展多灾种和灾害链综合监测预警，指导开展自然灾害综合风险评估。负责森林和草原火情预测预警工作，发布森林和草原火险、火灾信息。

②自然资源部负责落实综合防灾减灾规划相关要求，组织编制地质灾害防治规划和防护标准并指导实施；组织指导协调和监督地质灾害调查评价及隐患的普查、详查、排查；指导开展群测群访、专业监测和预报预警等工作，指导开展地质灾害工程治理工作；承担地质灾害应急救援的技术支撑工作。

③水利部负责落实综合防灾减灾规划相关要求，组织编制洪水干旱灾害防治规划和防护标准并指导实施；承担水情旱情监测预警工作；组织编制重要江河湖泊和重要水利工程的防御洪水抗御旱灾调度和应急水量调度方案，按程序报批并组织实施；承担防御洪水应急抢险的技术支撑工作；承担台风防御期间重要水工程调度工作。

④各流域防汛抗旱指挥机构负责落实国家应急指挥机构以及水利部防汛抗旱的有关要求，执行国家应急指挥机构指令。

⑤国家林业和草原局负责落实综合防灾减灾规划相关要求，组织编制森林和草原火灾防治规划和防护标准并指导实施；指导开展防火巡防、火源管理、防火设施建设等工作；组织指导国有林场林区和草原开展防火宣传教育、监测预警、督促检查等工作。

⑥必要时，自然资源部、水利部、国家林业和草原局等部门可以提请应急管理部，以国家应急指挥机构名义部署相关防治工作。

(2)与国家粮食和物资储备局在中央救灾物资储备方面的职责分工。①应急管理部负责提出中央救灾物资的储备需求和动用决策,组织编制中央救助物资储备规划,品种目录和标准,会同国家粮食和物资储备局等部门确定年度购置计划,根据需要下达动用指令。②国家粮食和物质储备局根据中央救助物资储备规划、品种目录和标准、年度购置计划,负责中央救助物资的收储、轮换和日常管理,根据应急管理部的动用指令按程序组织调出。

(3)管理中国地震局、国家煤矿安全监察局[即第(17)项职能]。

(4)完成党中央、国务院交办的其他任务[即第(18)项职能]。

应当说,表面上为4项协调职能,实际上仍然涉及六七个部门部、委、局或者工作机构,其协调的任务依然比较繁重。还有,自然资源部、水利部、国家林业和草原局等部门可以提请应急管理部,以国家应急指挥机构名义部署相关防治工作,这是一种联合工作机制,也需要很强的协调能力,才能有效实现其相应的职能。

按照《应急部三定规定》第四条的规定,应急管理部设立内设机构中,前20个是内设职能机构,后3个是内设服务机构。为了分析的方便,作者将其分成三类,即应急管理部运行机构、职能机构和职能保障机构等。其中,应急管理部运行机构(即党委管理的机构)有3个。(1)办公厅(党委办公室)。负责机关日常运转,承担信息、安全、保密、信访、政务公开、重要文稿起草等工作。(2)人事司(党委组织部)。负责机关和直属单位干部人事、机构编制、劳动工资等工作,指导应急管理系统思想政治建设和干部队伍建设工作。(3)教育训练司(党委宣传部)。负责应急管理系统干部教育培训工作,指导应急救援队伍教育训练,负责所属院校、培训基地建设和管理工作,组织指导应急管理社会动员工作。

相比之下,应急管理部职能机构最多,有11个。(1)应急指挥中心。承担应急值守、政务值班等工作,拟订事故灾难和自然灾难分级应对制度,发布预警和灾情信息,衔接解放军和武警部队参与应急救援工作。(2)风险监测和综合减灾司。建立重大安全生产风险监测预警和评估论证机制,承担自然灾害综合监测预警工作,组织开展自然灾害综合风险与减灾能力调查评估。(3)救灾协调和预案管理局。统筹应急预案体系建设,组织编制国家总体应急预案和安全生产类、自然灾害类专项预案并负责各类应急预案衔接协调,承担预案演练的组织实施和指导监督工作,承担国家应对特别重大灾害指挥部的现场协调保障工作,指导地方及社会应急救援力量建设。(4)火灾防治管理司。组织拟订消防法规和技术标准并监督实施,指导城镇、农村、森林、草原消防工作规范编制并推进落实,指导消防监督、火灾预防、火灾扑救工作,拟订国际综合性应急救援队伍管理保障办法并组织实施。(5)防汛抗旱司。组织协调水旱灾害应急救援工作,协调指导重要江河湖泊和重要水工程实施防御洪水抗御旱灾调度和应急水量调度工作,组织协调台风防御工作。(6)地震和地质灾害救援司。组织协调地震应急救援工作,指导协调地质灾害防治相关工作,组织重大地质灾害应急救援。(7)危险化学品安全监督管理司。负责化工(含石油化工)、医药、危险化学品和烟花爆竹安全生产监督管理工作,依法监督检查相关行业生产经营单位贯彻落实安全生产法律法规和标准情况,承担危险化学品安全监督管理综合工作,组织指导危险化学品目录编制和国内危险化学品登记,指导非药品类易制毒化学品生产经营监督管理工作。(8)安全生产基础司(海洋石油安全生产监督管理办公室)。负责非煤矿山(含地质勘探)、石油(炼化、成品油管道除外)、冶金、有色、建材、机械、轻工、纺织、烟草、商贸等工矿商贸行业安全生产基础工作,拟订相关行业安全生产规程、标准,指导监督相关行业企业安全生产标准化、安全预防控制体系建设等工作,承担海洋石油安全生产综合监督管理工作。(9)安全生产执法局。承担非煤矿山(含地质勘探)、石油(炼化、成品油管道除外)、冶金、有色、建材、机械、轻工、纺织、烟草、商贸等工矿商贸行业安全生产执法工作,依法监督检查相关行业生产经营单位贯彻落实安全生产法律法规和标准情况,负责安全生产执法综合性工作,指导执法计划编制、执法队伍建设和执法规范化建设工作。(10)安全生产综合协调司。依法依规指导协调和监督有专门安全生产主管部门的行业和领域安全生产监督管理工作,组织协调全国性安全生产检查以及专项督查、专项整治等工作,组织实施安全生产巡查、考核工作。(11)救灾和物资保障司。承担灾情核查、损失评估、救灾捐赠等灾害救助工作,拟定应急物资储备规划和需求计划,组织建立应急物资共用共享和协调机制,组织协调重要应急物资的储备、调拨和紧急配送,承担中央救灾款物的管理、分配和监督使用工作,会同有关方面协调紧急转移安置受灾群众、因灾毁损房屋恢复重建补助和受灾群众生活救助。

应急管理部职能保障机构有6个。(1)政策法规司。组织起草相关法律法规草案和规章,承担重大政策研究工作,承担规范性文件的合法性审查和行政复议、行政应诉等工作。(2)国际合作和救援司。开展应急管理方面的国际合作与交流,履行相关国际条约和合作协议,组织参与国际应急救援。(3)规划财务司。编制国家应急体系建设、安全生产和综合防灾减灾规划并组织实施,研究提出相关经济政策建议,推动应急重点工程和避难设施建设,负责部门预决算、财务、装备和资产管理、内部审计工作。(4)调查评估和统计司。依法承担生产安全事故调查处理工作,监督事故查处和责任追究情况,组织开展自然灾害类突发事件的调查评估工作,负责应急管理统计分析工作。(5)新闻宣传司。承担应急管理和安全生产新闻宣传、舆情应对、文化建设等工作,开展公众知识普及工作。(6)科技和信息化司。承担应急管理、安全生产的科技和信息化管理工作,规范信息传输渠道、健全自然灾害信息获取和共享机制,拟定有关科技规划、计划并组织实施。

只是,需要明确的是,有关灾后期即灾后重建阶段的职能,提及很少。看来这部分工作职能要变成其他部委局办的职能了。对此,笔者认为,这是我国进行机构改革的决策者,对应急管理部的职能定位出现的必然偏差。也就是说,我国的应急管理部看来只能叫"防灾减灾救灾部"了,其减灾的关键环节灾后恢复重建的职能,如果不是被有意疏忽,就是需要相关部委局办来实际承担的职能了。应当说,从灾害法学的角度看,笔者对此是不持赞成态度的。

第五章

人的致灾性概念提出及界定

2016 年 10 月 13 日国际减灾日,联合国国际减灾战略署发布《贫穷与死亡:
1996 至 2015 灾害死亡率》报告显示,过去 20 年中,全球约 135 万人死于自然灾
害。其中,地震与海啸造成的死亡人数占全球总死亡人数的 56%。自然灾害导致
的死亡人数与收入和发展水平直接相关;过去 20 年中,中低收入国家死于自然灾
害的人数为 122 万,占全球总比例的 90%。从绝对死亡人数来看,近年来饱受地
震、干旱、飓风等困扰的海地成为受自然灾害摧残最为严重的国家,1996 年至
2015 年,海地共有近 23 万民众在自然灾害中不幸丧生。排在其后的依次为印度
尼西亚(18.2 万)、缅甸(13.9 万)、中国(12.3 万)和印度(9.7 万)。2016 年 10 月
初,加勒比海地区超强飓风"马修"袭击海地,造成至少数百人死亡。联合国国际
减灾战略署发言人丹尼斯·麦克莱恩在日内瓦说:"对飓风'马修'这种已做出完
善预报的灾害来说,造成数以百计的死亡人数完全不可接受。发出预警及撤离都
有足够多的时间,但现在必须要问,在海地地震发生 6 年后,充分的多危险警报系
统为何未能就位、确保最大程度减少损失?"①答案是人的致灾性通过防灾救灾能
力过低或者过弱,确确实实表现出来了。

我国改革开放以来,随着经济和社会的快速发展,重大自然灾害和各种重大
生产事故,也如影随形地发生。与此同时,伴随工业化进程的加速,我国城镇化取
得了巨大成就,城市数量和规模都有了明显增长。于是,2014 年 10 月 29 日,国务
院《关于调整城市规模划分标准的通知》以城区常住人口将城市划分为 5 类 7 档,
即(1)小城市(50 万以下),又分为:I 型小城市(20 万~50 万以下)和 II 型小城市
(20 万以下);(2)中等城市(50 万~100 万以下);(3)大城市(100 万~500 万以
下),又分为:I 型大城市(300 万~500 万以下)和 II 型大城市(100 万~300 万以

---

① 张淼. 联合国报告:过去 20 年全球 135 万人死于自然灾害[EB/OL].(2016 - 10 - 13)
[2017 - 12 - 19]. http://www.jianzai.gov.cn//DRpublish/gjjz/0000000000020447.html.

下）；（4）特大城市（500万~1000万以下）；（5）超大城市（1000万以上）。问题是，城市化与城市的发展，带来了城市灾害和环境灾害同步增加，也是一个不容忽视的可持续发展的重大问题，尤其是人的致灾性研究的重大课题。

第一节　人的致灾性定义与界定

一、人的致灾性定义

所谓人的致灾性，是指人的致灾诱发因子，是自然灾害或者人为事故灾害的素质因子或者扩大因子，从而，导致自然灾害或者人为事故灾难发生、损失扩大或者应急响应，广义上包括临时安置、过渡安置和灾后重建效果不理想等情形的综合属性。这个定义，是作者继承《人的致灾性和减灾性与可持续环境资源区域立法》论文（1998年）、《减轻自然灾害的法律问题研究》专著（2008年）和《"人的致灾性"及其界定》（2015年）论文中的观点20年间反复琢磨、研究和分析、论证后，提出的一个灾害法学基本概念。

这个概念提出的逻辑前提是，人类社会与自然、自然与人，以及人与人之间3个层面的关系中，人的因素是自然灾害诱发、加重或者人为灾害事故灾难发生的基本因素或者致灾因子。任何一次自然灾害或者人为事故灾难的发生，如果要与人为因素完全脱离干系，人类社会除非能做到：（1）灾前期的完全、有效和积极的防灾，从而，任何一次自然灾害的发生纯属自然变异，没有任何人为的诱发因子和素质因子（比如地震、火山爆发和大暴雨等）；（2）临灾期应急中，应急响应和临时安置、过渡安置等所有环节都无懈可击，没有任何差错与不足之处（应当说，这几乎是不可能的）；（3）灾后重建期，做得非常完美从而没有留下任何问题或者人为的致灾因子（素质因子或者扩大因子）等。那么，对于人为事故灾难而言，本身的诱发因子就是人为因素，所以，其应急处置和灾后恢复重建过程中，如果还有素质因子或者扩大因子扩大损失，那可以说人为因素必然非同小可了。所以，"人的致灾性"放在灾害法学中，作为其一个基本范畴时，主要强调的是任何时候都不能以自然灾害是自然变异为诱发因子为由，为全社会、人的群体或者人的个体身上带有"人的致灾性"因子的基本属性开脱。

在这里，"人的致灾性"一词，属于作者"人的致灾性"概念提出后的第四个版本，其中加进了"诱发因子、素质因子和扩大因子"，还有"人为事故灾难"等这样的修正因素。这种做有三个原因。(1)笔者在"灾害法学"的学科建构中,"灾害"一词的概念范围,是涵盖了"人为事故灾难"的。这一点符合党和国家机构改革过程中,将应急管理部单设并新组建的要求。(2)应急管理部的"应急管理"职能中,包括了安全生产即国务院原安监总局的"安全事故应急"职能,也包括了防灾职能、减灾职能和灾后重建职能,以及应急部队或应急队伍管理、动用和建设、完善的职能等。由此,"应急管理"实际上就是"灾害管理",而非只是针对灾害发生后的临灾应急。(3)"两山论"与"五位一体"总体布局与"人的致灾性"的融通路径已经被发现,应该被确定、固定,并形成相应的路径依赖。即"两山论"的绿水青山就是金山银山论,实际上强调的就是"人的致灾性"控制,人类社会在生产、生活和社会活动中,不能"超界索取"自然界的物质和能量,只有这样,才能在保护环境,履行生态安全义务的基础上,换得生态文明层面上的绿水青山就是金山银山的论断。

事实上,"五位一体"总体布局与"人的致灾性"的路径融通,主要是:

(1)主要矛盾与发展理念层面。在现阶段,我国社会的主要矛盾是人民日益增长的美好生活需要和不平衡不充分的发展之间的矛盾。所以,必须坚持以人民为中心的发展思想,坚持创新、协调、绿色、开放、共享的发展理念。必须按照中国特色社会主义事业"五位一体"总体布局和"四个全面"战略布局,统筹推进经济建设、政治建设、文化建设、社会建设、生态文明建设,协调推进全面建成小康社会、全面深化改革、全面依法治国、全面从严治党。在新世纪新时代,经济和社会发展的战略目标是,到建党一百年即2021年时,全面建成小康社会;到新中国成立一百年时,全面建成社会主义现代化强国。应当说,在我国现阶段的主要矛盾,包括绿色的发展理念,"五位一体"中的生态文明建设,以及"四个全面"中的全面深化改革就包括人与自然和谐发展的生态环境资源体制改革,认真贯彻生态环境保护法,在新中国成立一百年即2049年时,建成生态文明的社会主义强国。①

(2)可持续发展战略。可持续发展战略是实施科教兴国战略、人才强国战略、创新驱动发展战略、乡村振兴战略、区域协调发展战略、可持续发展战略、军民融合发展战略等"七大战略"中的第六个国家重要战略,可持续发展战略的核心便是资源节约型、环境友好型的"两型社会"建设和发展过程中,因为资源的节约以及人与环境"友好关系"模型的建立,从而使得我国各种自然资源的消耗,不至于快

① 《中国共产党章程》(2017-10-24),总纲第10段。

速耗竭,因为节约而使得我国的山青水绿大气清新的目标,能够很快实现。①

(3)生态文化自信。在国家改革发展的过程中,要坚定道路自信、理论自信、制度自信、文化自信的"四个自信",贯彻党的基本理论、基本路线、基本方略,为实现推进现代化建设、完成祖国统一、维护世界和平与促进共同发展这三大历史任务,实现"两个一百年"奋斗目标、实现中华民族伟大复兴的中国梦而奋斗。② 在这里,把"四个自信"中的生态文明自信即确信生态文明或者生态文明文化,是社会主义先进文化的重要组成部分,因此,在推进现代化中国建设中,把生态文明建设放到重要地位来抓、来巩固和来发展。尤其是"三大历史任务"中的"中华民族伟大复兴的中国梦"当中,就有生态文明的梦想。既然在西部开发支持下的美国梦,也遇到过"黑风暴"③、1943年以洛杉矶多诺拉烟雾事件肇始—1970年加州光化学烟雾事件等,但是,通过立法和法律实施的干预,即1955年美国制定第一部联邦大气污染控制的《空气污染控制法》,之后出台《1960年空气污染控制法》《1963年清洁空气法》《1965年机动车空气污染控制法》《1967年空气质量法》,1970年再出台具有重大意义《清洁空气法》(1977年、1990年两次修正),那么,我国也一定能实现大气污染的法治依赖,根治我国的大气污染物"超界排放"的顽症。

(4)生态文明与"三生道路"。统筹城乡发展、区域发展、经济社会发展、人与自然和谐发展、国内发展和对外开放"五个统筹",调整经济结构,转变经济发展方式,推进供给侧结构性改革。中国共产党领导人民建设社会主义生态文明。树立尊重自然、顺应自然、保护自然的生态文明理念,增强绿水青山就是金山银山的意

---

① 《中国共产党章程》(2017 - 10 - 24),总纲第12段。
② 《中国共产党章程》(2017 - 10 - 24),总纲第9段。
③ 北美黑风暴是20世纪十大自然灾害之一 。1934年5月11日凌晨,美国西部草原地区发生了一场人类历史上空前未有的黑色风暴。风暴整整刮了三天三夜,形成一个东西长2400千米,南北宽1440千米,高3400米的迅速移动的巨大黑色风暴带。风暴所经之处,溪水断流,水井干涸,田地龟裂,庄稼枯萎,牲畜渴死,千万人流离失所。这次黑风暴,造就了一场后人听了都后怕的"北美黑风暴"。这是大自然对人类文明的一次历史性惩罚。由于开发者对土地资源的不断开垦,森林的不断砍伐,致使土壤风蚀严重,连续不断的干旱,更加大了土地沙化现象。在高空气流的作用下,尘粒沙土被卷起,股股尘埃升入高空,形成了巨大的灰黑色风暴带。美国《纽约时报》在当天头版头条位置刊登了专题报道。黑风暴的袭击给美国的农牧业生产带来了严重的影响,使原已遭受旱灾的小麦大片枯萎而死,以致引起当时美国谷物市场的波动,冲击经济的发展。同时,黑色风暴一路洗劫,将肥沃的土壤表层刮走,露出贫瘠的沙质土层,使受害之地的土壤结构发生变化,严重制约灾区日后农业生产的发展。

识,坚持节约资源和保护环境的基本国策,坚持节约优先、保护优先、自然恢复为主的方针,坚持生产发展、生活富裕、生态良好的文明发展道路。着力建设资源节约型、环境友好型社会,实行最严格的生态环境保护制度,形成节约资源和保护环境的空间格局、产业结构、生产方式、生活方式,为人民创造良好生产生活环境,实现中华民族永续发展。① 生态文明的核心无疑是人与自然和谐发展,要建立尊重自然、顺应自然、保护自然和爱护自然的生态文明理念,在"两山论"意识指引下,认真实现"两型社会"的基本国策,把节约优先、保护优先的"两优先"和"自然恢复"为主的方针坚持到底,让"生产发展、生活富裕、生态良好"的"三生道路"成为生产要发展,生活要富裕、生态要良好的文明发展、永续发展的道路。

二、人的致灾性的法律特征

分析人的致灾性的法律特征,不仅是要把其本质属性归纳和揭示出来,而且,要对人的致灾性根源和形成过程进行分析和说明。在本书的定义之前,笔者对"人的致灾性"的定义如下。

(1)人的致灾性是各种灾害中人的行为不当诱发、引发或者加重、聚集灾害因子,带来灾害损失的属性。这种属性具有主体性、必然性、可控性和义务性等特征,其发生原因是市场失灵、政策失效与生态环境的外部性,加上许多时候社会公众个体"人的致灾性"过于微弱或弱小,被学界当成不具有观察价值的致灾体,以及人利用自然资源行为的过度性。人的致灾性可以通过各种灾害的具体分析和研究加以证明。人的致灾性是灾害法学上一个非常重要的概念和基础范畴。②

(2)人的致灾性是指在自然人为灾害、人为自然灾害或者人为灾害中,人的因素即人对自然资源、自然环境的破坏性利用,或者人的不当行为,导致或者诱发自然灾害发生的属性。这种属性,是人类对于经济发展速度的过度追求,对于奢侈浪费的无度宣传和放纵,导致的竭泽而渔、挥霍无度等不良人性释放的表现。有时,也是人类利用自然资源时,对于生态规律、自然规律认识不足导致的破坏性利用,在自然灾害发生时,给人们造成严重的人员伤亡、财产损毁的情形。比如,2008 年的"5·12"汶川大地震,就导致四川省北川县县城的完全毁灭,就是人类没有认识到北川县城建在龙门山地震带上这一规律,带来的灾难性后果。③

---

① 《中国共产党章程》(2017 – 10 – 24),总纲第 15 段、第 19 段。
② 这是笔者的论文《"人的致灾性"及其界定》[政法论丛 2015(6):3 – 11]中的定义。
③ 这是笔者的专著《减灾自然灾害的法律问题研究》中第 23 页归纳的"人的致灾性"的定义。

（3）人的致灾性，是人类利用自然资源过程中，违反客观规律的必然产物，致灾性的客观表现，便是自然灾害发生，它与灾害有着内在的必然联系。如秦岭—大巴山地区属堆积层地质，修建宝成铁路时，强行开挖坡脚，使通车以来沿线的滑坡、崩塌年年发生，给铁路正常运营带来危害。① 而那些人类掠夺、破坏式的利用自然资源的活动，引发的自然灾害与环境灾害，更能证明人的致灾性的危害。② 笔者在1999年8月中国法学会环境资源法学研究会国际学术研讨会上发表的《人的致灾性和减灾性与可持续环境资源区域立法》论文，就是采用这个定义（该论文会后获得由国家环保总局、国土资源部、中国法学会主办的这次会议的优秀论文奖）的。

应当说，"人的致灾性"的法律特征，是放在灾害法学的视野下观察和分析的，包括以下几点。

（1）人因素性。所谓人因素性，是指人的因素是"人的致灾性"这个概念的界定基础，分为3个层次，即人的诱发因子、人的素质因子和人的扩大因子，是自然灾害或者人为事故灾害中，包含的"人因素"形态的描述。所谓人的诱发因子，是指各种灾害都可能因为人的原因，包括专业技术能力原因、岗位职责履行原因、守法意识和恶意违法等，导致自然灾害或者人为事故发生的情形。而所谓人的素质因子，是指人的因素是自然灾害或者人为事故灾难的必然组成部分，如果没有这个人为因素就不会发生灾害的情形。所谓人的扩大因子，是指灾害已经发生，因为人为应急不当或者处置不力，而导致灾害损失或者范围扩大的情形。在这方面，最典型的莫过于2003年4月上旬我国非典灾害当中，最初因为人为处置不当的原因导致非典疫情演化成全国、全球的疫病灾害。这个层面的特征是说，任何灾害中，都可能包含"人因素"，即灾害中"人因素"的不可或缺性。

（2）形态多样性。"人因素"可以称之为人的因素、元素、成分等，也可以称之为人的"致灾因子"。其形态笔者将其分解成诱发因子、素质因子和扩大因子等。其中，诱发因子即诱发因素、元素或者成分；素质因子即灾害发生必须包括的基本因素、元素或者成分；扩大因子即灾害发生后，次生灾害、衍生灾害等扩大灾害损失的因素、元素或者成分等。"人因素"所占比重的大小、多少和作用如何，以灾害

---

① 马宗晋. 自然灾害与减灾600问答[M]. 北京：地震出版社，1990：316.

② 事实上，2008年"5·12"汶川大地震中，各种救援力量在第一时间不能很快进入汶川县城抢险救灾，就与汶川县在沿途的龙门山和岷江河谷，修建的各种道路、桥梁和涵洞时，不科学规划和尊重自然规律，进行只图省事的建设，将已经趋于稳定的山坡在人为破坏性开挖后，变成稳定性极差的地质状况，有很大关系。

三期、自然灾害或人为事故灾难等背景,可以分析出其具体形态,是比较复杂的。当灾害发生后,临灾期的应急、临时安置和过渡安置时的损失扩大,广义上包括临时安置、过渡安置和灾后重建效果不理想等情形的综合,其组合形态是非常复杂的。见表5.1。

表5.1 灾害中"人因素"的组合形态表

灾害类型 \ 自然变异 \ 人为影响		灾害三期 Z 自然因素;R 人因素 / 有√;无×		
		灾前期	临灾期	灾后期
自然灾害	纯自然灾害	$ZV_{全}$;$R×_{无}$	$RV_{全}$;$RV_{大}+ZV_{小}$	$RV_{全}$
	自然人为灾害	$ZV_{大}+RV_{小}$	$RV_{全}$;$RV_{大}+ZV_{小}$	$RV_{全}$
	人为自然灾害	$RV_{大}+ZV_{小}$	$RV_{全}$;$RV_{大}+ZV_{小}$	$RV_{全}$
复合灾害	自然 + 人为灾害	$ZV_{X}+RV_{X}$	$RV_{全}$;$RV_{大}+ZV_{小}$	$RV_{全}$
人为事故	人为灾害	$RV_{全}$;$Z×_{无}$	$RV_{全}$;$ZV_{小-大}$	$RV_{全}$

在表5.1中,灾前期的因素中,自然灾害没有人为因素,用$ZV_{全}$、$R×_{无}$表示,但是,临灾期应急应该是全部人为因素。如果人为因素大,还有自然因素在发挥作用,则会引发次生灾害或者衍生灾害。用$RV_{全}$、$RV_{大}+ZV_{小}$表示(其组合形态,暂不考虑)。与此同时,自然人为灾害本身,就说明自然因素大,而人为因素小用$ZV_{大}$、$RV_{小}$表示。问题是,临灾期应急时,如果自然因素仍在发挥作用,也会引发次生灾害或者衍生灾害,用$RV_{全}$;$RV_{大}+ZV_{小}$表示。而人为自然灾害发生时,证明人为因素大,自然因素小,用$RV_{大}+ZV_{小}$表示。如果临灾期应急时,如果自然因素没有受到有效制约,仍然在发挥作用,那么,次生灾害或者衍生灾害也会发生,用$RV_{全}$;$RV_{大}+ZV_{小}$表示。至于复合灾害就是前两种灾害的一种综合叫法,其人为因素的大小是个不确定的量,用$ZV_{X}+RV_{X}$表示,其中 X 表示量的不确定性。到了人为事故灾难时,发生原因纯粹因为"人因素",用$RV_{全}$;$Z×_{无}$表示。如果对该事故救助或者阻止不力,必然会扩大事故损失,这个时候人因素就成为扩大因子了。至于人为事故与自然因素在临灾期结合后,处于作用小而扩展到大的时候,比如,日本福岛核电站事故的初期应急就是如此,肯定会扩大损失,用$RV_{全}$;$ZV_{小-大}$表示。对于灾后重建而言,肯定会全力以赴,不论是那种灾害都是如此,用$RV_{全}$表示。当然,也会遇到灾后重建不力或者种种原因重建受阻遇到困难的情况,但是至少在我国这种情形似乎并没有出现过。

(3)个体人因素的聚合性。个体人致灾因子的聚合性,是强调任何一个个体人在向自然界索取物质或能量,超出自然界的限度时,比如,大气、水、土地这三大环境要素中,向大气排放各种大气污染物,向水体排放各种污染物,或者疯狂掠夺地力或者污染土壤或者改变地质地貌导致土地荒漠化、水土流失等,都不见得是一个人的行为,或者一个人能够完成的。但是,多个人的行为群体人的行为或者整体人的行为的聚集,则会发生聚合性效果。其特征形成见图5.1。

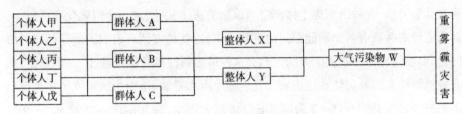

图 5.1　个体人因素的聚合模型图

图 5.1 中,个体人甲、个体人乙、个体人丙、个体人丁和个体人戊的大气污染物的排放量聚集,会形成某种比如群体人 A、群体人 B 或群体人 C 中的某一群,然后这些群体人 A、群体人 B、群体人 C 中的聚合,会成为整体人 X 或者整体人 Y,再由整体人 X、整体人 Y 等聚集其大气污染物的排放量。于是,整体人 X 或者整体人 Y 的大气污染物的聚集成一种"重雾霾灾害"的人为致灾因子群,不论是诱发因子、素质因子还是扩大因子,都会成为某次"重雾霾灾害"发生的直接原因。这一点,1934 年北美黑风暴,与我国华北地区 2013 年 1 月开始反复出现的雾霾灾害,就是这个方面典型事例的反复证明。

(4)导致灾害发生扩大性。人的致灾性本身,与人的欲望或者需求有关,当人的欲望无限或者需求不断的时候,一旦超出自然界的许可范围,就会引发灾害。有研究认为,我国海洋微塑料污染总体上处于中低水平。而北冰洋冰块内含过量微塑料,可能会破坏海洋生态。所谓微塑料,是指粒径很小的塑料颗粒以及纺织纤维,通常认为直径小于 5 毫米,主要来源于直接排放到环境中的小塑料颗粒以及大块塑料垃圾降解产生的塑料碎片。微塑料由于是污染载体,又被称为"海洋里的 PM2.5"。微塑料体积小,肉眼不易观察到,吸附污染物的能力却非常强。受人类活动影响,近海环境中已存在大量持久性有机污染物,这些有机污染物不易溶解在水中,一旦微塑料和这些污染物相遇,就会聚集形成一个有机污染球体。

并且,微塑料会随洋流漂浮到各地,进一步扩大污染范围。① 针对微塑料污染这一问题,生态环境部拟采取如下措施:①开展海洋微塑料监测评价试点;②开展海洋微塑料的专项研究;③积极参与海洋微塑料防治的国际合作交流②,以防止微塑料污染的扩大。

(5)可控制性与不易控制性。所谓可控制性,即人的致灾性的可控制属性,是指在防灾减灾法律体系之下,通过减灾义务的体系化配置,把灾区政府、非灾区政府和社会公众、各种组织等主体所应当承担的法律义务,进一步明确化和措施化,继而通过灾区政府各个职能部门的有效合作,也就是灾区政府职能部门的职责协同化,形成强有力的减灾能力的情形。这种可控制性本身就是通过"一案三制"来有效地制约人的致灾性转化成灾害发生的原因和根源,从而为减轻灾害损失做出不懈努力。当1991年6—7月间的长江流域大洪水,在几年之后1998年5—9月重来的时候,又一次成为全流域型特大洪水,其水位之高、次数之多和高水位持续时间之长,都是空前的。这次大洪灾中,溃决洲滩民垸1975座、淹没耕地358.6万亩、受灾人口231.6万人,因灾死亡1562人。洪灾过后,中央政府终于激发出采取天然林禁伐和"退耕还林还草"国家政策的强制力。应当说这些国家政策的发布和实施,就是针对长江流域中上游,尤其是上游的生态安全义务而言的,是人的致灾性可控的表现。

当然,人的致灾性有时候在法律之下,也会变成实际灾害。例如,2015年1月2日13:00许,哈尔滨市北方南勋陶瓷大市场仓库(简称"北方市场")发生火灾,由于失火地点周边房屋密集,且地下一层、地上1~3层全部为仓库,仓库内又没有隔离墙,存放着大量易燃物品,加上消防通道不畅,灭火救灾难以到达有效位置,导致"火烧连营"持续20多个小时,造成5名消防员遇难、14人受伤(包括13名消防员和1名仓库保安)。据初步统计,此次火灾过火面积约1.1万平方米,坍塌面积3000平方米左右,紧急疏散居民549户,共2000余人,其中楼体垮塌部分涉及7个单元150户居民。关键的一点就是,失火的"北方市场",竟然是"非消防安全重点单位"。这也就意味着在"北方市场"火灾中死亡的5名消防员,③竟然

---

① 王卓伦. 微塑料——"海洋里的PM2.5"[EB/OL]. (2017 - 11 - 18)[2018 - 07 - 11]. ht-tp://www. xinhuanet. com/tech/2017 - 11/18/c_1121976493. htm.

② 佚名. 我国海洋微塑料污染处于中低水平[N]. 中国环境报,2018 - 06 - 01(1).

③ 张玥,王建. 哈尔滨仓库大火已造成5死14伤,现场惨不忍睹[EB/OL]. (2015 - 01 - 03) [2018 - 07 - 17]. http://www. dzwww. com/xinwen/guoneixinwen/201501/t20150103 _11657805. htm.

成为我国《消防法》等法律法规,以及《黑龙江省消防安全重点单位界定标准》等技术规范运行和调整下的法律法规效用受限的牺牲品!

资料显示,1950年之后,美国人开始变得浪费起来,许多东西变成了一次性用品。其中的原因是人们变富裕了,越富裕就会越浪费。社会不能阻止人们变富裕,也就是不能阻止人们浪费。与其改变人们的行为,不如改变供给的产品。让产品更容易被回收,更少生产一次性用了就扔的东西。人们的消费习惯应该改变,但是,让人们改变消费习惯会非常困难。所以,在设计产品时应该更加关注回收,设计出可以使用更久的产品才是正道。这也是人的致灾性可以控制的原理所在。

三、人的致灾性表现:生态资源利用人的致灾性行为形态

所谓生态资源利用人,即生态系统中的非生物和生物两大部分或者非生物环境、生产者、消费者和分解者四种基本成分的分类①中,企业、公民和政府作为生态资源的直接支配者或者处置者的情形,或实际使用自然资源或者生态资源从事生产、生活的企业或者公民个体的总和。比如,对于大气资源的利用人,就是所有的能够自主呼吸的公民这种自然人,而水资源的利用人,则在水资源被分为工业应用、农业应用和景观应用、生活应用等层面上,其使用水资源进行工业生产、农业生产、美化环境和生活中的饮用等企业、农业生产者、政府和公民个人等。这些人,不论是基于法律的规定而承担环境保护与生态安全的社会责任,还是基于道德中的公共道德——公众爱护环境和保护生态资源的道德义务,都应当是生态资源的主要维护人。从这个意义上说,维护生态资源本身,就是维护企业和公民生产、生活所需要的自然资源或者生态资源的永续利用,或者可持续利用。

所谓生态资源利用人的致灾行为,是指生态资源利用的公民个体、企业个体和当地政府等主体,在利用生态资源的过程中,因为利用不当、过度利用或者聚集性利用行为等产生的危害生态系统效果,并引发自然灾害、自然人为灾害、人为自然灾害或者人为灾害,或者灾害的酿灾潜势已经形成的行为。这种行为,显然是不符合生态规律的,是应当受到约束和控制的危害生态系统的行为。因为我国生态系统保护存在严重的"双失灵效应"激发问题,导致了这种致灾行为的发生,不但量多面广,而且成为一种不良生态文化的重要组成部分。在"人定胜天"观念的

---

① 曲向荣. 环境生态学[M]. 北京:清华大学出版社,2012:105.

误导下,人们总认为向大自然、向生态和向物质世界的无穷尽的攫取,都是被允许和被接纳的,都是合法的。于是,生态资源利用人的掠夺性、致害性和奢侈性的行为,必然带有当然的致灾性。这种致灾性具有普遍性、人数众多和行为类型化等法律特征。

　　生态资源利用人的致灾行为,如果根据其行为是否正当及其后果,分成利用型致灾行为、侵占型致灾行为和破坏型致灾行为 3 种。其中,所谓利用型致灾行为,即正当利用生态资源的行为,因为每个行为当中的微量、超微量的危害因子或者致害因子的聚集、聚合或者汇聚,导致其正当利用生态资源的行为,也必然带有致灾性。这就是为什么我国《环境保护法》在第二十九条、第四十四条①规定“生态保护红线”以及“环境容量制度”的根本原因。而所谓侵占型致灾行为,是指非法占有或者侵占国家、集体或者他人所有或者管理的生态资源,继而违法使用并导致使用中致灾行为的发生的情形。比如,非法盗猎藏羚羊,危及藏羚羊种群的生存;而金沙江流域大量开采各种矿产,尤其是非法盗采盗挖等采矿行为,其生产过程中的尾矿或者矿渣的排放,就成为长江金沙江段河流被污染的重要原因,等等。应当说,现实生活中,这种侵占型致灾行为并不少见。只是,这种侵占型致灾行为在被查处时,人们往往看重的是生态资源的侵占或者侵权,而对这些侵占行为下的生态资源致灾性,疏于追究。所谓破坏型致灾行为,是指生态资源利用人采取破坏型方法或者技术,损毁生态资源或者危害生态系统的资源利用行为。比如,蓬莱 19 - 3 油田,在美国康菲公司作为作业人的背景下,康菲公司就采用了破坏油田地质结构的开采方法,导致了严重的溢油灾害,即累计 5500 平方千米的海面被污染。② 虽然康菲公司赔偿了受害人 16.83 亿元的经济损失,但是康菲公司的破坏型致灾行为带来的生态危害是无法估量的。可见,这种破坏型致灾行为,

---

① 我国《环境保护法》第二十九条规定,国家在重点生态功能区、生态环境敏感区和脆弱区等区域划定生态保护红线,实行严格保护。而第四十四条又强调:国家实行重点污染物排放总量控制制度,对超过国家重点污染物排放总量控制指标或者未完成国家确定的环境质量目标的地区,省级以上政府环境保护主管部门应当暂停审批其新增重点污染物排放总量的建设项目环境影响评价文件。

② 2011 年 6 月,中海油渤海湾蓬莱 19 - 3 油田发生漏油事故,事故持续数月,该油田是中国海洋石油总公司(简称“中海油”)与美国康菲石油中国有限公司(简称“康菲公司”)的合作项目,溢油事故发生后,导致污染海洋面积 6200 平方千米,对当地养殖、旅游、生态等的影响非常严重。后来康菲公司和中海油支付了 16.83 亿元人民币的污染赔偿金。其中,康菲公司承担 10.9 亿元人民币以赔偿溢油事故对海洋生态造成的经济损失;中海油和康菲公司分别出资 4.8 亿元人民币和 1.13 亿元人民币,承担保护渤海环境的社会责任。

不论是有意识的破坏型或者掠夺性地利用生态资源,还是无意识地不当利用生态资源,所造成的生态资源的破坏,其法律后果都是同样的。那就是,都可能造成严重的生态系统危害的后果。

四、人的致灾性理论证成

人的致灾性,与个体人在日常生活中养成的方便、快捷和一次性使用,即用了就扔习惯有密切的关系。这种方便自己,不管环境保护和资源节约的行为,并不是好行为或者具有良性后果的行为。比如,2007 年 12 月 31 日,国务院办公厅印发《关于限制生产销售使用塑料购物袋的通知》国办发〔2007〕72 号文,成为落实科学发展观,建设资源节约型和环境友好型社会的重要体现,从源头上采取有力措施,督促企业生产耐用、易于回收的塑料购物袋,引导、鼓励群众合理使用塑料购物袋,促进资源综合利用,保护生态环境,进一步推进节能减排工作。并且经国务院同意,严格限制塑料购物袋的生产、销售、使用。2008 年 4 月 16 日,商务部部务会审议通过《商品零售场所塑料购物袋有偿使用管理办法》,并经国家发展改革委、国家工商总局同意,于 2008 年 5 月 15 日公布,自 2008 年 6 月 1 日起施行,我国限塑令开始实施。但是,直到今天,限塑令的实施效果,是非常有限的。"限塑令"本身并非无用,也并非"不得人心",人们真正担心的是"限塑令"过激、过快,配套措施跟不上节奏,让"环保"成了民众心中不可企及的奢望,这种现状应该引起重视。[1] 近年来,部分领域和企业过量使用塑料包装,白色污染有抬头趋势。限塑令执行以来,对商品零售场所减少塑料袋使用起到了一定积极作用,但是,存在的问题仍然很多很严重。尤其是,快递等一些新流通领域,塑料袋等使用较多,白色污染愈加凸显。[2]

虽然使用限塑令效用过低来佐证人的致灾性,似有证据不足的问题。但是我们留意观察我国改革开放 40 年的伟大成就时,就会发现:房地产市场和机动车产业的全面开放,固然带动了国民经济的全面发展,不断地加长产业链条,解决了亿万人的就业问题。但是不容回避的是,城市房地产业与城市功能区划设计的脱节,小区建设本身必带商业铺面的配套模式,在许多地方造成了严重的资源浪费,不但加剧交通拥堵和出行效率降低,而且,因为过多的机动车尾气排放和扬尘,而

---

[1] 小康."限塑令"受阻源于配套措施缺乏[EB/OL]. (2008 - 06 - 11)[2018 - 07 - 11]. http://opinion. southcn. com/southcn/content/2008 - 06/11/content_4431989. htm.

[2] 王珂,寇江泽. 事关环保大计,加快加紧治理[N]. 人民日报,2018 - 07 - 06(2).

导致我国大陆许多地方严重的雾霾灾害,便是可以说明问题的。尤其是与进口洋垃圾的资源政策联系起来,我国从 20 世纪 80 年代进口固体废物开始,让大量的洋垃圾入口国内,是国内环境污染根源之一。

所谓固体废物,是指在生产、生活和其他活动中产生的丧失原有利用价值,或者虽未丧失利用价值但被抛弃或者放弃的固态、半固态、液态和置于容器中的气态的物品、物质,以及法律、行政法规规定纳入固体废物管理的物品、物质。① 国家发改委数据显示,仅仅 2013 年我国共进口废钢铁、废有色金属、废纸、废塑料等废物原料 5514 万吨,货值 337 亿美元。在过去 30 年中,正是世界各地的废品,为中国蓬勃发展的制造业源源不断地提供了原材料。我国近 1/2 的铜、超过 1/2 的纸以及将近 30% 的铝都来自废品,其中,相当大比例的废品是进口自美国、日本等发达国家。我国是全球废品交易中重要的一环,也是最大的市场之一。从进口废品中获得便宜的原材料,给中国节省了自然资源,减少了因为开矿造成的耕地减少和污染排放,以及温室气体排放。然而,我国废品回收业门槛低,技术差,缺乏监管,污染严重,带来惨重的环境损失和代价。②

笔者提出"人的致灾性"这个概念,实际上是从人的环境影响行为的负外部性,或者人的环境影响行为当中,对于相应的政策性、法律性和道德性义务的自觉承担、履行与实现特性的假设做出说明。科斯(Ronald H. Coase)认为:如果人利用环境或者资源的交易费用为零,无论权利如何界定,都可以通过市场交易和自愿协商达到资源的最优配置;如果交易费用不为零,则制度的安排与选择,就是最重要的。也就是说,解决生态环境的外部性问题,可以用市场交易形式即自愿协商实现其正外部性的转换。

20 世纪 70 年代以后,世界性资源环境问题日益加剧,市场经济国家开始积极探索实现生态环境问题外部性的内部化具体途径。比如,在环境保护领域,排污权交易制度就是科斯定律的具体运用。科斯理论的成功实践进一步表明,"市场失灵"并不是政府干预市场的充要条件,政府干预市场也并不一定是解决"市场失灵"的唯一方法。在生态环境所代表的生态安全利益的改革调整过程中,外部性问题要解决的主要是如何在社会成员中,分配生态资源利用制度变革所带来的新增利益的两个问题。一是"搭便车"即为生态安全义务承担付出努力的主体,不能

---

① 环境保护部等 5 部委:《固体废物进口管理办法》(2011 - 04 - 08),第 2 条。
② 佚名. 一位美国人是如何看待中国进口固体废物的——客观,中肯[EB/OL]. (2015 - 07 - 21)[2018 - 08 - 10]. https://mp. weixin. qq. com/s? src = 3&timestamp = 153378 3237&ver = 1&signature.

获得相应的全部报酬,应当如何处理;二是"牺牲者"即在生态安全义务承担中,某些主体承担了别人应该承担的生态安全成本,对于这些"牺牲者"应当如何补救其利益,从而协调其中的利益关系。理由是,前一种情况即"搭便车"使生态安全义务的承担缺乏动力,而后一种情况即"牺牲者"过多的话,则可能为生态安全义务承担增加阻力。由此,解决了人的致灾性证成的逻辑:任何人包括一切资源利用人,要想不具有人的致灾性,除非其行为承担了全部生态安全义务,即为自己的资源过度利用行为支付了应有的代价。事实上,从禁塑令的执行困难,到我国房地产业和机动车产业的发展政策,再到固体废物进口给我国发展带来的促进与环境问题的同生,都说明:大到国家和国际社会,小到一个人,任何市场主体或多或少或微弱都是带有致灾性的。

第二节　人的微致灾性及其聚合

一、人的微致灾性概念

所谓人的微致灾性,是指人身上潜在的和显现的微量或者超微量的致灾属性,是人的致灾性的弱化版或者超弱化版。之所以会提到这个词,或者在人的致灾性中间加入"微弱""微小"或者"超级微弱"这样的量化含义,是试图强调:对于人的致灾性而言,人类社会不能不承认或者不重视这个人类社会与自然应力过程中,人类社会在"三生"道路下,强调生产发展、生活富裕、生态良好的文明发展,是一种可持续的发展,是人与自然的和谐,是资源节约与环境友好的两型社会建设,也是一种生态文明的道路。所以,人的微致灾性观察的角度,大抵上是从国人的文明生产、生活富裕和生态良好三者的相容、相生和相互促进的角度,研究它们之间的逻辑关系,强调生产活动、生活活动不能产生生态恶化的效果。

在这里,笔者仍然以我国城市房地产产业发展过程中,随意造城或者随便圈地建房为例。本来城市是为了实现人类社会富裕的地方,如同"城市,让生活更美好"的愿景一样。于是,任何一个城市小区的建设,或者老旧城市社区的改造,必须综合考虑城市功能的优化,包括生活质量提升、出行方便和快捷、满足人各种生活需要的功能区设计,要体现分散和集中统一、平衡的原则,而不是千篇一律、百城一面,到处都是吃喝玩乐的一个模板:许多商业用房建在住宅区,规划成与城市功能区脱节的人造小区,然后建设成功后,随便随意招商,为了实现商业用房快速脱手变现,不管什么商家,只要入场就可以销售、招租,导致到处都是银行、餐饮店、药店和各种各样的娱乐店、酒吧等。结果人们很快发现,这些遍地开花的商业场所,许多店家的经营,因为和停车场、公共洗手间,以及相关公共配套设施,比如公园、绿地、娱乐场所和城市文化设施等配套未完全匹配,导致人们的生活不方便或者低质化。人们为了提升生活品质,而又频繁出行,寻找代表生活品质或者生活质量、档次相对较高的场所消费。于是,增加了太多的出行量,又增大了交通拥堵的概率。

尤其是我国的大中小城市公共交通系统在建设时,并不是以人为本,首先考虑人的方便和出行效率第一,从而在公共交通站点、人行天桥、慢行系统和绿道建设、休闲广场和大众健身等公共设施布设当中,考虑公众需求较少,而考虑机动车、城市管理和城市公共环境的因素太多。于是,表面上繁荣的城市街区,其实是大量的生活不方便、出行不便捷和不利于人行的空间,发生了许多不该发生的因为生产理念、生活目标和生态规律不遵守而导致的城市病:交通拥堵、大气污染和生活不便问题。在北京,过多的人口必然带来过多的机动车使用,而过多的机动车使用,又带来人的微致灾性的证成,即"北京咳"的诱因争议,客观事实上说明,机动车过多与机动车过量排放大气污染物,存在内在的逻辑联系。对此,北京人认为"北京咳"侮辱了北京,而事实证明,"北京咳"并没有侮辱北京,理由是:雾霾灾害本身的形成机理,是用客观事实说话的。

2013 年 1 月的北京,连续四次持续共计 25 天遭遇雾霾天气。这种气象灾害天气的发生与持续,使"北京咳"再次成为人们热议的话题。对于这种热议,北京大学人民医院呼吸内科主任医师何权瀛称,引发咳嗽的原因很多,在没有证据之前,不能称"北京咳",这个词是对北京的极度侮辱。① 应当说,这种北京人爱北京的情结,我们当然可以理解,对何主任的看法姑且称之城市"侮辱说"。但是,这种

---

① 李静. 北京医生称"北京咳"一词"极度侮辱北京"[N/OL]. 经济参考报,2013 - 01 - 21. http://zt. rednet. cn/c/2013/01/21/2886750. htm.

通过媒体发出声音,以偏概全的方法,与"袁厉害违法收养事件"①中肯定袁厉害违法行为的人,宣称社会公众"无权说三道四说"如出一辙。后者,我们姑且称之为个人"无权说"。沿着这种思路。我们自然就会有这样一个观点:如果说"北京咳"是侮辱了北京城市形象与名声,那么,生活在北京市的几千万人,连续 1 个月25 天遭受雾霾灾害的危害,其人身权利被损害,又是被谁侮辱? 同样,说"北京咳"的人无权对"北京咳"说三道四,那么,不声不响的雾霾灾害对于几千万人的身体健康损害,难道公众"无权诉说"? 自己的人身权利,尤其是呼吸干净空气,享有的生命健康权利在雾霾灾害面前,也成了"无权说"的牺牲品了吗? 遭受不论是城市"侮辱说"还是个人"无权说",都是一种话语权层面的霸道与霸气,是一种没有理性、不讲道理和漠视人权的表现。

　　雾霾积累的问题是个长期过程,是北京人口太多,加上城市功能未能有效纾解,于是北京的机动车就太多,每辆达标排放的北京机动车排放的大气污染物,就是再小再弱甚至于"超"微到可以忽略不计,但是,一个 2000 多万人口的超大城市,每天几百万辆机动车上路行驶,其排放的大气污染物和扰动的灰尘颗粒,绝对不是一个可以忽略不计的数量。加上大气污染物的累积和地面灰尘扰动的叠加,繁忙的机场、公交车、地铁和出租车等公共交通系统,也是"北京大气污染的贡献者"。于是,每个个体人的致灾性以微致灾性的形式,聚集、聚合和汇聚之后,严重地改变了北京市域的大气结构和大气质量标准。结果,雾霾天气不期而至,雾霾灾害连连,本来是旅游注意事项提醒的"北京咳",成为一种类常态的现象。应当说,"北京咳"表现了雾霾天气大气污染物 PM2.5 的过量聚集,其严重干扰了人们的生活,对生产和社会活动等,都产生了严重的不利影响。

---

①　袁厉害收养弃婴 100 多名,不是个小数目,确实属于大义之举,但是,也确实是非法的。其大义之举与违法交织的背后,有综合性错综复杂的原因:政府管理等方面有重大失职,社会法律观、道德观和是非观颠倒等混杂在一起,政府职责部门的无作为,个别人利用袁厉害的个人能量即名气,让袁厉害从事一些违法活动,加上袁厉害收养弃婴数目的不断增加,终于导致两者尖锐地对立起来:收养弃婴 = 违法乱纪,就有了悖论。虽然,袁厉害收养弃婴在道德上来讲是一件大义之举,她做到了普通人做不到的事,做到了政府部门疏于管理的事,她用民间收养方式做着政府和社会做不到或者可以做到但疏于管理的事情。但是,社会在吸收正能量时,不要忘记什么是真正对孩子好的、对社会有益的。袁厉害因为自己的爱心收养了太多的孤儿和残疾儿童,有了一定名气,她为了养活这些孩子就在街上搭建简易窝棚出租,政府慑于她的影响力不敢强拆! 于是,出现医院花 10 万和她置换一处窝棚的咄咄怪事!

二、"北京咳"没有侮辱北京城市形象

应当说,严重的雾霾灾害当中,"北京咳"不应当是侮辱北京的说法。理由是,不是说一声"北京咳"就能加重北京的大气污染天气,也不是不说"北京咳"就能减少北京的大气污染天气。实际上,北京城市的区域过大,对于市民和客居者而言,不论是工作还是公差办事,都因为城市功能区的设计不合理,导致人们的出行过度依赖私家车或者机动车,致使大气资源、水资源极其有限的背景下,雾霾的连续发生就是必然的了。当严重的雾霾导致人体呼吸功能发生疾病性改变,并成为产生咳嗽等症状的诱发因子之一时,在北京城里的"咳嗽"或者经常听到的干咳或者"咳""咳""咳"的声音不断时,不是因为人们说了"北京咳",而是"北京咳"不管人们是不是在说或者在谈论,北京咳嗽声都此起彼伏,白天黑夜不断地响起。连我们这些不太懂医学的人,都能知道与大气质量不好有关的常识,想必那些义愤填膺地怒怼人们妄议"北京咳"的城市"侮辱论"者一定是更清楚的。

事实上,北京市和全国各地一样,在经济与社会的几十年飞速发展中,各种发展资源包括大气资源在内的过度消耗,都是持续发生的。加上北京的冬季即每年11月中旬到次年3月中旬集中供热的季节,更是向大气高浓度排放大气自净能力无法容纳的污染物的高发期,必然严重地污染本来就并不洁净的空气。应当说,我国机动车保有量已突破2亿辆的消息,站在城市大气环境污染的角度看,并不是好消息。而北京市的机动车保有量则已经突破了520万辆,资料表明,北京地区主要污染源中,机动车尾气排放所占比例最大,个别时候竟然超过了50%。所以,从大气污染的组成成分来看,有机污染物(占26%)、硝酸盐(占17%)、硫酸盐(占16%)占据PM2.5前三位。从来源来看,28%～36%来自区域传输,其他的64%～72%都是北京本地产生。而在本地来源中,机动车排放(占31.1%)、燃煤(占22.4%)、工业生产(占18.1%)的比重占据前三位。① 资料还显示,在汽油终端消费中,北京的生活消费占比是最大的,占62.6%;天津生活消费占52.5%;河北以三产消费为主,占50.2%。在柴油终端消费中,京津冀三产消费均超过50%。三地油品质量也不统一。从用油标准看,只有北京使用国 V 标准的柴油和汽油,天津和河北主要是国 V 标准。另外,京津冀柴油消费量是汽油的1.4倍,柴油油

---

① 邓琦. 北京公布 PM2.5 源解析数据:本地来源尾气最多[N/OL]. 新京报,2014 - 04 - 16. http://fashion. ifeng. com/a/20140416/40004227_0. shtml. 类似的数据和事实,在《人民网》2013 年 1 月 21 日上也有披露。

质较差,含硫标准是汽油的 2 倍左右。①

可见,导致北京市大气环境严重污染和恶化的,是一种由单个个体群体性行为即人的微致灾性的综合结果,而 2013 年 1 月 10 日起北京雾霾的严重持续与发展,诱发"北京咳"是完全有可能的。"北京咳""侮辱说"不考虑北京城市大气环境污染源、污染物的量和增加的种类等客观情况,不分析各种导致北京大气环境污染的人的因素,而只是简单地以称呼"北京咳"是一种极度侮辱来进行情绪发泄,显然是不合适的,这也是对加大环境保护力度已是一个迫在眉睫且不容回避的重要公共管理问题的一种回避态度。

资料显示,城市空气污染,源头主要来自工业气体排放与汽车尾气,污染物构成 PM2.5 的核心部分,②因此,北京出现空气重度污染的雾霾天气,不可否认的事实存在与持续影响,让"北京咳"再度成为舆论关注的热门字眼。那么,北京市增多的咳嗽病例,到底与北京空气的重度污染有没有关联?为什么北京没有相关的研究模型、结果或者实验论证?医学上现在没有的词汇,并不代表就没有这个客观事实。虽然民间命名一样东西或者事物,不可能像医学专家那样严谨、严格,但是依据什么否定它的存在呢?仅仅只是依靠人的主观好恶的表达一种科学观点,似乎不符合医学是科学的态度。既然这种病症具有"到了北京就发作,离开北京后会自然消失"的特征,足以让民间将其称为"北京咳",那么一直以来有着全国最多的科研机构的北京市,为何尚无科学研究结果证明其对错?但是,民间的感觉可以证明其有无,并不是不可以。如同哪位中国留学生在哈佛大学的毕业典礼上称赞"美国的城市空气是香甜的"一样,仅仅态度上或者主观好恶上的感觉,并不能解决看法问题。在医学界,以某个地名为某种疾病命名的如地中海贫血等的实例,是否就证明是对地中海沿岸国家的侮辱呢?

---

① 温蓓. 京津冀空气月均六成超标,北京主要源自机动车尾气[EB/OL]. (2014 – 04 – 13)
[2018 – 08 – 11]. http://news. yuduxx. com/jjgc/7976. html.

② 2013 年 1 月 12 日晚,中央电视台《新闻联播》罕见的长时间播出与 PM2.5 有关的话题,即"北京城区 PM2.5 指数全部超标",然后称"我国多地雾霾笼罩":(1)河北大部连续重度污染;(2)北京城区 PM2.5 指数全部超标;(3)中东部各地连续发布大雾预警;(4)环保部公布重点城市空气质量日报。新闻背景:PM2.5 的危害。"雾霾天气影响人们生活":(1)医院呼吸道疾病患者增多;(2)多地交通受阻。专家解读雾霾天气形成原因:(1)冷空气势力弱,易出现大雾;(2)汽车尾气、燃煤排放是主要污染源。节目的编后话:既然同呼吸,那就共责任。参见:佚名. 雾霾天气影响人们生活[EB/OL]. 中央电视台新闻联播,(2013 – 01 – 12)[2018 – 08 – 11]. http://tv. cntv. cn/video/C10437/d20dfd9d39cb4d2d90 30ec8a871eda63.

北京要发展,确实不假。但是,北京市政府有没有考虑到:把冬天集中供热温度降低几度,比如室温18℃或者再低几度到12℃如何,为何室温可以达到24℃左右? 多几度供热温度,看似无所谓,但是,这1度或者半度的集中供热温度本身,不但代表着热效率和集中供热的燃烧值的高低,关键是向大气排放大气污染物的微量、超微量的累积效应。再比如,人们出行能否少开车,或者建设工程的施工周期能否再短点? 从若干年前,北京变成被戏称的"首堵",①以及2011年、2012年城市内涝等重大突发事件来看,北京经济和社会发展中,缺少应有的对人的尊严、生态安全的考虑,导致持续性的人的微致灾性型的大气污染物排放,才是"北京咳"产生的根本原因之一。人们很遗憾地看到,我国从北方到南方,从沿海到中部再到西南地区,经常发生的持续雾霾天气,不但让飞机航班延误、高速公路关闭,也让医院呼吸系统疾病患者激增,加上各种等级大气应急预案启动后,机动车停驶或者相关应急措施的实施,导致某些活动、行为受到限制等造成的社会经济发展的间接损失,更是无从统计。

可是,很多人包括那位说"北京咳"是"极度侮辱北京"的人,只想堵上别人的嘴,只想着自己怎样超界向大自然索取,却不想有所作为,收敛自己的不当行为,恐怕是于事无补的。解决"北京咳"与雾霾灾害问题,需要一个长期的过程,需要北京市民的广泛参与,需要少开点车,少无限表达自己的生活欲望,少一些过量或者超界索取行为。与此同时,多一些作为,或许因为人的微致灾性被大大削减,从而"北京咳"也会大大减轻的同时,北京雾霾灾害数量可能大为减少。

三、北京 PM2.5 成灾原理与雾霾灾害

在北京生存,与在别的城市生存并没有太大的本质区别。虽然北京各种资讯的高度发达,从政或参政议政的机会众多,但是出于对人生幸福的"宜居"角度考虑,北京这样的超大城市,似乎不太适宜居住和生活。理由是,北京地面交通的过度拥堵,以及经常进行各种国事活动和各种重大国务活动的清城、封路和交通限行,就让人要早日规划好自己的城市出行线路。尤其是北京市的暴雨季节,城市地下的下水道无法排除过多的地表径流,于是,水灾频发。这也是在证明着人的微致灾性的错误后果,那就是,或许城市下水道或者海绵城市建设或者城市韧性

---

① 北京被戏称"首堵"始于2004年年末。有人发文认为,北京陈旧的设计理念和不合理的城市结构被"拖延"下来,首都正在变成"首堵"。参见:秦晓鹰. 首都正在变成首堵,北京能否保住首都地位[N/OL]. 中国财经报,2004 - 12 - 14. http://finance. sina. com. cn/review/20041214/07011222209. shtml.

建设考虑失策,只是城市管理者的"人的微致灾性"——根本就是没想到或者"超小的"失误,但这些管理学层面的"人的微致灾性"产生了后果的时候,我们该怎样解释呢?

按照习近平发展不充分不平衡的思想,我国不论是东西部之间,还是城乡之间,或者一个城市的内部,都存着"发展不充分不平衡"的问题。对于北京市而言,作为中国的首都,不应该聚集太多的非首都功能。比如,生产型城市功能或者工业城市功能,交通枢纽功能和医疗中心功能,还有太多的大学聚集等。这样一来,北京市的首都当然功能,即政治中心功能、经济中心、文化中心,加上生产城市功能、交通枢纽功能、医疗中心功能、高等教育功能等的过多聚集,而在整个城市1949 年 10 月 1 日新中国成立后,确定北京作为中国的首都以来,就在城市功能的定位上出现了偏差。然后经过 20 世纪 50 年代—70 年代,整整 30 年的无序发展,改革开放后,北京老城区被保护起来,但是整个首都功能疏解,依然未能有效启动。

于是,主城区聚集了太多的人口和功能,远郊区的昌平等地,从 20 世纪 90 年代到 21 世纪第一个十年,快速交通都没有发展起来。贪多的城市功能和太多的人口,让每一个在北京市需要出行的普通市民,身上人的微致灾性以依赖机动车出行得以体现。公共交通不论是地面交通、地下铁道交通等,都没有彻底缓解市民出行的便捷性、舒适性和安全性等"三性要求"转化成公共交通的必要性,即必要性的公共交通参与。应当说,太多的北京市民选择放弃公共交通的必要性,是因为公共交通不符合小轿车交通的"三性要求"。于是,小轿车符合了市民出行的"三性要求"。但是,却在通达性、效率性层面,发生了严重的问题,即北京城市很快发生了严重的交通拥堵。资料显示,2013 年末北京全市机动车拥有量 543.7 万辆,比上年末增加 23.7 万辆。民用汽车 518.9 万辆,增加 23.2 万辆;其中私人汽车 426.5 万辆,私人汽车中轿车 311 万辆,分别增加 19 万辆和 12.8 万辆。[1] 而机动车在怠速运行的情况下,废气排放更多、更高,其结果是每一位小轿车的驾驶人身上,都有非常微弱的"人的微致灾性"。

北京首都功能的发展,是应该的,包括潜藏的军事中心功能等。但是,北京的非首都功能的过度发展,或者与首都功能都发展、快发展、超索取的结果,便是每个个体人身上超微量的致灾性,必然以严重的交通拥堵,即机动车的大量的怠速行驶为条件,于是,雾霾灾害就必然发生了,这便是北京雾霾灾害的成灾原理。与

---

[1]　2013 年北京市国民经济和社会发展统计公报[R]. 2014－02－13,五、交通运输和邮电。

雾霾灾害同时发生的,还有北京市的城市水患严重,以及垃圾围城等。见表5.2。

表5.2　北京非首都功能的大气污染致灾模型表

首都功能与人口聚集效果		非首都功能与人口聚集效果	
政治中心功能	人口聚集多	交通中心功能	流动人口超多
外交中心功能	外交活动多	医疗中心功能	聚集患者及家属
经济中心功能	经济管理机构多	生产中心功能	企业聚集人员多
文化中心功能	文化活动多	教育中心功能	高校聚集学生教职人员超多
聚集人员过多,人的致灾性时空聚集;因人过多加上国事活动、政治活动需要,改变城市出行习惯和规律:交通管制多、绕行多和机动车怠速多		聚集人员超多,人的致灾性时空聚集必然发生;因出行三性要求,改变城市交通结构,公务交通、私人交通占太多数量,交通拥堵严重;机动车怠速多,交通污染极严重	

在表5.2中,北京非首都功能的超量聚集,引发了人口的超量聚集。而超量的人口聚集,引发过多的机动车,2017年末北京全市的机动车保有量已经达到590.9万辆,比2016年末增加19.2万辆。民用汽车563.8万辆,增加15.4万辆。其中,私人汽车467.2万辆,增加14.4万辆;私人汽车中轿车311.4万辆,减少4.8万辆。① 但是,当311.4万辆中的1/2上路行驶,便是156万辆私人汽车即小轿车向北京市域的大气排放各种尾气,以及扰动地面灰尘,北京市大气环境容易出现大气静稳现象,例如,2017年11月4日夜间到6日、8日夜间,再到9日、12到13日,在冷空气活动间歇期,华北中南部、黄淮等地静稳天气形势,大气扩散条件转差,雾霾天气持续,②就是明证。

在北京这样的超级特大城市,工业生产、机动车尾气、建筑施工、冬季取暖烧煤等排放的有害物质的过多聚集和难以扩散,是导致空气质量下降的重要的综合性"症结"。这些污染性气体,不会立即飘向别处,而是积聚在北京市的空域,日日积累,变成了雾霾的主要成分。所以,当寒冷的冬季来临时,北京市的上空到处是集中供热的燃煤烟囱冒着浓浓的烟尘。那么,这些饱含着二氧化硫、二氧化氮、一

---

① 北京市2017年国民经济和社会发展统计公报[R]. 2018-02-27,四、交通运输和邮电。
② 李慧思. 华北黄淮将迎雾霾天,专家:大气静稳污染物易堆积[EB/OL]. (2017-11-03)[2018-08-10]. http://finance.ifeng.com/a/20171103/15765667_0.shtml.

氧化碳、可吸入颗粒物、臭氧等废气,大量排除大气之后,北京的空气不可能是干净的。

四、人的微致灾性聚合现象及其人为控制

2012 年 12 月 18 日,由环保 NGO 绿色和平委托北京大学公共卫生学院完成的《危险的呼吸——PM2.5 的健康危害和经济损失评估研究》揭示,相关专家称,毒理学已经证实,PM2.5 可以深入机体肺泡并沉积,对机体的呼吸系统造成损伤;进而进入血液循环,可对机体造成全身性的健康危害。资料显示,2010 年北京因PM2.5 污染造成的早死人数为 2349 人,占当年总死亡人数的 1.9%,经济损失为18.6 亿元;而 2012 年北京因 PM2.5 污染分别造成早死人数达到 2589 人,经济损失为 20.6 亿元。① 研究表明,2010 年,北京、上海、广州、西安因 PM2.5 污染分别造成早死人数为 2349、2980、1715、726 人,共计 7770 人,分别占当年死亡总人数的比例为 1.9%、1.6%、2.2%、1.5%,经济损失分别为 18.6、23.7、13.6、5.8 亿元,共计 61.7 亿元。其中,上海因 PM2.5 造成的早死人数最多。值得注意的是,2010 年北京、上海两地因 PM2.5 污染致死的人数分别为 2349 人和 2980 人,而当地 2010年因交通意外死亡人数分别为 974 人和 1009 人。颗粒来源 PM2.5 产生的主要来源,是日常发电、工业生产、汽车尾气排放等过程中经过燃烧而排放的残留物,大多含有重金属等有毒物质等。一般而言,粒径 2.5 微米至 10 微米的粗颗粒物主要来自道路扬尘等;2.5 微米以下的细颗粒物(PM2.5)则主要来自化石燃料的燃烧(如机动车尾气、燃煤)、挥发性有机物等。② 考虑到北京、上海、广州和西安等城市,都发生了人口超高强度聚集级之后,机动车的使用都发生了人的微致灾性聚集问题。③ 也就是说,人的微致灾性聚合与机动车的过量使用,也与 4 个城市的

---

① 这是最早在《21 世纪经济报道》2012 年 12 月 19 日上发表的数据和事实,为了全面反映相关情况,笔者把这个报道中北京、上海、广州、西安 4 大城市的相关数据,一同列举在本书中。

② 潘小川,李国星,高婷. 危险的呼吸——PM2.5 的健康危害和经济损失评估研究[EB/OL]. (2013 – 01 – 18)[2018 – 08 – 10]. http://beijing. liebiao. com/yiliao/49025531. html.

③ 根据《北京市 2010 年国民经济和社会发展统计公报》(2011 – 02 – 21)显示,到 2010 年年末,北京市机动车拥有量 480.9 万辆;又据《2010 年上海市国民经济和社会发展统计公报》(2011 – 03 – 03)披露,到 2010 年末,上海全市拥有各类民用车辆 308.3 万辆。而到2017 年年底的情况是,北京机动车保有量为 564 万辆,列第 1,上海 359 万辆,列第 4,西安271 万辆,列第 9,广州 240 万辆,列第 15。仅这 4 个城市拥有的机动车为 1434 万辆,可以想象的是,这些机动车在带来居民出行便捷、舒适和安全的同时,又带来多少 PM2.5 气体的排放量,以及出行效率的严重降低?

早死人数的增加有必然的内在联系。

在北京生活的人都应当考虑一个简单的问题:为减少城市严重的雾霾天气,冬季能否承受室温调整到18℃或者12℃?"有车一族"能否尽量减少机动车的使用?还有,北京相关生产企业,能否为了市民有一口清洁的空气,而认真地治理大气污染,不排放超量的大气污染物?在当前,我国已经进入空气污染高发和污染面积日趋扩大的时期,末端空气污染控制已不足以解决问题,PM2.5的防治需下重拳,从源头治理,大力控制燃煤总量增速过快和机动车大量增加的趋势。同时,加大机动车尾气排放的整治力度。

中国人民大学环境政策与环境规划研究所所长宋国君则明确表示,北京市空气中PM2.5浓度过高,人体长期吸入会导致人体呼吸系统、其他器官系统和组织结构的损害,并可引起暴露人群心脑血管和呼吸系统疾病死亡率的明显增加。与此同时,PM2.5所携带的重金属、PAHs(多环芳烃)等物质增大了暴露人群罹患癌症的风险。"空气有毒"的窘状,已经生活于北京的外国人中间流传了10余年。因此,当外国人拿"北京咳"说事时,实在没有必要觉得这是对北京的"侮辱",因为,毕竟北京的空气污染甚于世界其他大城市,这是一个不争的客观事实。应当说,"北京咳"的警示意义,更值得关注。理由是,PM2.5的污染本身,悄然吞噬掉的不仅是一个城市的美誉,而更是一个城市的蓝天、一个城市的宜居,还有为数众多的公众健康和国民经济本身。

好在2012年年初,北京市政府誓言把PM2.5治理,作为"人的微致灾性"有效控制的手段,列为北京市"1号实事"。于是,从2012年6月1日开始,北京市汽柴油执行京V标准,首次规定颗粒物的排放限值。2012年12月5日环保部公布我国第一部综合性大气污染防治规划即《重点区域大气污染防治"十二五"规划》,标志着我国大气污染防治工作的目标导向,逐步由污染物总量控制向改善环境质量转变,由主要防治一次污染向既防治一次污染又注重二次污染转变。根据这个"大气污染防治规划","十二五"期间,全国重点区域PM2.5年均浓度要求下降5%,而北京则是15%。与此同时,从"车—油—路"等方面入手,采取探索调控大型城市机动车保有总量或出行量、继续提升新车排放控制水平等综合措施治理机动车排放大气污染问题。2013年9月10日,国务院发布《大气污染防治行动计划》(即"大气十条"),提出的具体指标:到2017年,全国地级及以上城市可吸入颗粒物浓度比2012年下降10%以上,优良天数逐年提高;京津冀、长三角、珠三角等区域细颗粒物浓度分别下降25%、20%、15%左右,其中北京市细颗粒物年均浓度控制在 60 微克/立方米左右。① 在我国过半的 PM2.5 超标城市中,只有北京明确提出 PM2.5 在 2030 年达到国家 2 级标准的治理时间表,可见,北京市政府是靠作为来为城市形象的清洁做着努力。② 事实上,北京市到 2017 年年底时,PM2.5 的年均量达到了 58 毫克,是有力控制大气污染物排放的典型。但是,这并不是说,北京市已经改掉了"北京咳"的基础成因和条件。北京要彻底甩掉"北京咳"的帽子,路程依然漫长。

资料显示,截至 2017 年年底,我国机动车的保有量已经达到 3.10 亿辆。其中,汽车 2.17 亿辆;机动车驾驶人达 3.85 亿人,其中,汽车驾驶人 3.42 亿人。从分布情况看,全国有 53 个城市的汽车保有量超过百万辆,24 个城市超 200 万辆,7 个城市超 300 万辆,分别是北京、成都、重庆、上海、苏州、深圳和郑州。与此同时,2017 年,全国新能源汽车保有量达 153 万辆,占汽车总量的 0.7%(比例过少)。从新的注册登记情况看,2017 年新能源汽车新注册登记 65 万辆,与 2016 年相比,增加 15.6 万辆,增长 24.02%。全国已有 107 个城市启用新能源汽车专用号牌,覆盖 31 个省(自治区、直辖市)。③ 可以说,我国人民的每一天生活里,这么多的机动车在 960 万平方千米的土地上,排放尾气和扬尘,源源不断地制造着各种大气污染物。理论上,城市的清洁形象要靠三个要素来获得,即城市的功能、城市人员的行为和相关人对城市大气的评价等。客观地说,北京市确实在治理雾霾天气和大气污染方面,付出了不断的努力和可持续的措施。但是,持续的雾霾天气、沙尘暴天气和雷暴天气导致的年年岁岁持续的雾霾灾害,以及日益严重的城市交通拥堵,还有过多的流动人口等,对于北京市快速疏散非首都功能,从而迅速改善城市大气环境的热望,何时才能变成大气质量清洁的现实,恐怕北京市政府也不敢打包票。

当在北京生活居住的人具有了人的微致灾性,导致严重雾霾灾害的成灾原理

① 国务院. 大气污染防治行动计划(2013 – 09 – 10)[R]. 具体指标。
② 事实上,北京市经过各方面的艰苦努力,在 2017 年年底时,PM2.5 达到了为 58 毫克的"60 内目标"。应该说,这是非常了不起的成绩,也证明 PM2.5 数量的减少,通过人为的控制是可以做到的。
③ 佚名. 公安部:截至 2017 年底全国机动车保有量达 3.10 亿辆[EB/OL]. (2018 – 01 – 15)[2018 – 08 – 10]. http://kuaixun. stcn. com/2018/0115/13903017. shtml. 这是一个残酷的事实:我国汽车产业的发展和发达,在持续提供机动车产品,满足市场需求时,也在投放大气污染物"人的微致灾性"聚集的工具。在人的出行舒适性、效率性欲望满足市场供给的背景下,人们的清洁空气呼吸权利被无情地干扰,这是生态规律给人类社会的直观启示。

时,笔者的心情是复杂的,如同那位对"北京咳"极度愤怒的医生一样:为什么是北京,或者北京惹谁了? 除了具有与美国首都华盛顿单一的政治中心、文化中心功能一样之外,我国首都北京增添一些外交中心功能、经济中心功能未尝不可? 但是,把交通中心、医疗中心、生产中心、教育中心功能放到首都北京,实在是没有必要的,是北京市在城市功能上有些"贪婪"的结果。这种"贪婪",让北京在急剧扩大市区面积的同时,①快速的、高度的和超量的房地产业恶性发展与膨胀,让北京的房地产业和机动车产业,成为这个超大城市的两大支柱产业。在"北漂"们"我在北京挺好的"调门中,在所谓"成功人士"的梦幻中,在"首都北京"人的虚荣中,北京"人的微致灾性"陷入了"车—油—路"发展的怪圈,北京的环路越修越堵,越堵越修,北京市的宜居、宜业等功能,受到了严重的设计型制约。面对残酷无情的客观事实,生活在北京的人应当想到如何通过自己节约资源、爱护环境的意识,有效改变自己的日常出行行为,让自己有尊严地生活和呼吸,然后才能谈及城市的清洁形象的资本。由此而言,北京焉有不成为"人的微致灾性"一个典型的证成实例的理由?

第三节 人的致灾性与环境污染、生态破坏

一、人的欲望无度转换与土壤污染的致灾性

前文已经述及,很多时候人的欲望是无度的。为此,这种无度的欲望有时会转换成一种人的致灾性。以土壤污染转换成毒地灾害为例,大抵上是典型事件之一。

所谓土壤污染,是指农业生产用地、建设用地和未利用地的土壤结构被污染物填充,导致土壤结构被破坏并释放污染物及其衍生物,危害土壤出产物、土地上建筑物和使用者人身健康和安全的一种情形。理论上,土壤污染大致分为无机物污染和有机物污染两种。前者包括酸、碱、重金属、盐类、放射性元素铯、锶的化合物、含砷、硒、氟的化合物等进入土壤导致的污染。后者则包括有机农药、酚类、氰化物、石油、

---

① 根据相关《中国环境状况公报》显示,大气中总悬浮颗粒物浓度每增加 1 倍,慢性障碍性呼吸道疾病死亡率就增加 38%。应当说,这是人类社会在经济社会文化发展与健康生存生活矛盾,在生态规律层面的必然表现。

合成洗涤剂、3,4-苯并芘,以及由城市污染水、污泥及厩肥带来的有害微生物等进入土壤导致的污染。在灾害法学领域,土壤中进入或者含有害物质过多,超出土壤自身的自净能力时,必然引起土壤的组成、结构和功能发生变化,其中的微生物活动受到抑制,有害物质或其分解物在土壤中逐渐积累,并通过"土壤—植物—人体",或通过"土壤—水—人体"间接被人体吸收等循环模式,必然发生危害人体健康的情形。所以,土壤污染在必然会危害人体、畜禽和环境资源的安全层面,是一个重大的法律问题,而非单纯的环境保护或者生态文明的一般理论问题。

土壤污染是一种土壤污染型灾害,有人称之为"毒地灾害"。对于这种危害深重的人为自然灾害,必须通过立法、执法和司法加以系统规制,形成法律的科学控制机制,并切实有效地发挥土壤污染防治法律法规对人的致灾性控制的有效性,而这恰恰是我国《环境保护法》的弱项。也就是说,我国《环境保护法》第二条把"土地"作为环境因素,从而把土地与土壤画等号的做法是不可取的。研究土壤污染灾害中人的致灾性,就是为土壤污染有责者行为控制,提供法律义务层面上的治理方法和具体规范。事实上,一般的环境介质被污染引起严重的污染事件后,马上会引起全社会的高度关注。比如,2013年1月10日以后,我国京津冀,山东省、河南省、山西北部和辽宁中部等大气污染重点区域的雾霾灾害反复发生事件中,人们对PM2.5这种可吸入颗粒物污染非常关注。但是,土壤污染引起的不良后果,因为具有隐蔽性和滞后性、累积性和地域性、不可逆转性、难治理性、治理成本高和治理周期长等特点,要经过几年、几十年甚至于上百年之后才能显现出来。所以,整个社会容易忽视对土壤污染危害的认识,对土壤污染的防范、控制和治理,在其致灾性的观察上缺乏基本的概念和常识性认识。

资料显示,2012年6月5日世界环境日时,我国有2000万公顷耕地受到重金属污染,约占耕地总面积的1/5。其中,受矿区污染耕地200万公顷,占10%;石油污染耕地约500万公顷,占25%;固体废弃物堆放污染约5万公顷,占0.25%;"工业三废"污染近1000万公顷,占50%;污灌农田达330多万公顷,占16.5%。[1] 而且,这2000万公顷被污染耕地的土壤里面,又有1300~1600万公顷,即65%~80%受到了农业生产过程中,农药的污染,属于复合型土壤污染范畴。[2] 这种毒地灾害的危害性,即复合型土壤污染的致灾性,土壤污染灾害的危害在于隐蔽性

---

[1] 李禾. 中国"毒地"占耕地两成,治理修复迫在眉睫[N/OL]. 科技日报,2012-06-05. http://www.chinanews.com/gn/2012/06-05/3939722.shtml.

[2] 李禾. 中国"毒地"占耕地两成,治理修复迫在眉睫[N/OL]. 科技日报,2012-06-05. http://www.chinanews.com/gn/2012/06-05/3939722.shtml.

和滞后性、累积性和地域性、不可逆转性、难治理性、治理成本高和周期长,其酿灾潜势是非直观的。虽然我国 2000 万公顷耕地受重金属和有机物的复合型污染,可划为微度、轻度、中度、重度和极重等五级。但是,因为资料有限笔者并不知道这 2000 万复合型污染的土壤,是如何分布的。但是,土壤污染灾害存在着三方面的致灾性是无疑的。即:土壤污染的人为致灾性与个体致灾性,法律与政策层面的土壤污染灾害公共政策致灾性,地方立法建立土壤污染灾害控制机制的不力性。这三种因素的组合,就不是土壤污染的微弱致灾性,而是我国特有的人的致灾性的组合或者竞合。当然,人的治灾性是遏制土壤污染灾害的重要力量,但是,这种土壤污染灾害的防控的制度与机制创新,需要我国全民生态安全义务的有效履行,以及"两型社会"建设意识的觉醒,更是立法者应有的立法良知之所在。①唯其如此,才能谈得上"土十条"(即土壤污染防治行动计划)的真正贯彻实施,从而有效保护我国有限的土壤资源。

二、人的生态破坏牟取非法利益行为与生态灾害治理

在人类自身发展过程中,人与自然的关系始终成为困扰人们的一个焦点问题。从"有神论"的"天定胜人"到"征服自然"的"人定胜天"。而今,我国则提出"人与自然和谐发展",这个人与自然的"和谐"理念变化发展的过程,见证了人们改造自然、正视自然,然后,敬畏自然、尊崇自然规律,不断谋求科学发展的进步历程。事实上,人们常说"人定胜天",这是从前人类社会常常鼓励自己战胜困难、走出困境而发出的"豪言壮语"。随着经济社会文化的大发展,加上科技的日新月异,人类社会似乎对于"人定胜天"这一论断,坚信不已,继而,有奉为真理的趋势。"人定胜天"突出了人或者人类社会对于自然的地位和作用,把人类看作是自然的中心或者自然界的主宰,强调人类对于自然的支配权,这当中,应当说包含了诸多夸大其词的成分。

也就是说,对于"人定胜天"给予合理的解释,就是人的主观能动性可以作用于客观规律性,让自然规律为我所用。人类是可以认识自然界的,比如,原子核裂变及原子能的和平利用等。这表明,在一定历史时期和具体的历史条件下,人类认识自然的状况,必然达到相应的广度和深度。这种认识的不断提升,以至接近自然界的本来面目。从这个意义上说,人类是可以利用自然的。选择自然界中有

---

① 王建平. 土壤污染灾害的致灾性三论——以"谁污染谁治理"原则失效为视角[J]. 社会科学,2013(7):92 – 102.

益于自身生存和发展的物质、能量,知识、科技与发明、创造,人类可以上天入地深入海洋,让自然界存在的物质和能量为己所用,这是人类的智慧所在。从历史的角度看,人类实现自身生存和发展目标的过程,就是利用自然、开发自然和界分人类社会与自然关系的漫长过程。由此而言,人类是可以改造自然的,大自然原来的沧海桑田,如今已面目全非,被人类改造成人类社会喜欢的模样,仅有的几处原始景观,已被划为世界或者国家级自然遗产供奉着,人类改造自然的手段正朝着自己都难以预料的方向迈进。"人定胜天"是人类发挥主观能动性认识、利用和改造自然的肯定与赞美,这是一方面。而另一方面,"人定胜天"代表人类进步和发展的论断,经过数度膨胀似乎成为人类发展的利器与法宝。人类社会对大自然疯狂地索取,甚至是掠夺。"征服自然""成为自然的主人"等口号充斥着人类世界,而"敬畏自然""天定胜人"则变成了"有神论"的代名词被批判。于是,从20世纪初叶开始,人类社会的每一次大的发展,都与生态破坏牟取非法利益行为,继而导致生态灾害密切相关。比如,世界范围内可耕地"沙漠化",土地荒漠化,淡水与海洋的水体污染,"厄尔尼诺"引发的暴雨、洪水、冰冻和各种气候灾害泛滥,还有极地上空的臭氧空洞,全球温室效应导致的气候变化等坏消息接踵而至,迫使人类社会开始反思自己的行为,重新审视人类与自然的关系。

当各种生态灾害频发的时候,人们开始又敬畏自然。人类是一种如此贪婪的动物,为了自己生存与发展的私欲,不惜牺牲子孙的未来,疯狂攫取、越界索取和无尽获取大自然的产物,于是,大自然也就只能以洪水、干旱、冰冻和各种各样的气候异常现象来给人类社会实施"报复"。所以,人类社会需要对大自然心存敬畏,因为人类自身就是"自然"的一部分,即人类的肉体每一个元素都来自自然,人类社会所生存的环境——各种生存的基本元素,大气、水、海洋、土地、矿藏、森林、草原、湿地、野生生物、自然遗迹、人文遗迹、自然保护区、风景名胜区、城市和乡村等被自在自然所"包围"。所以,人类社会疯狂的攫取、越界索取和无尽获取自然资源,伤害大自然,其最终也必然是伤害人类社会自己。我们一切的发展,必然要受到大自然提供的物质和能量的约束,人类社会不计后果的经济和社会发展行为,带给人类社会的不仅仅是发展受阻的问题,也必然是各种无尽的灾害与灾难,甚至是人类社会自身的毁灭。

比如,我国《水法》《水污染防治法》和《海洋环境保护法》等涉水法律,因为法律本身的效用未能最大地发挥出来,导致京津冀和山东、江苏等滨海省市严重缺水于是国家投入5000亿元启动南水北调工程。其中,南水北调东线工程,指从江苏省扬州市附近的长江干流引水,调水到江苏省北部和山东省等地的主体工程。

南水北调中线工程,指从丹江口水库引水,调水到河南省、河北省、北京市、天津市的主体工程。南水北调配套工程,指东线工程、中线工程分水口门以下,配置、调度分配给本行政区域使用的南水北调供水的工程。南水北调工程的供用水管理遵循先节水后调水、先治污后通水、先环保后用水的原则,坚持全程管理、统筹兼顾、权责明晰、严格保护,确保调度合理、水质合格、用水节约、设施安全。应当说,南水北调工程很大程度上减轻了京津冀、河南,以及山东、江苏等省市的淡水缺少带来的旱灾、地面下沉、土壤盐碱化等生态灾害。① 应当说,这就是保持人与自然的互动双赢,把对自然的利用改造保持在一定范围内,充分考虑自然的承载度,避免滥施人力引起自然界更多负面的反弹。

三、城市发展与人的宏观致灾性汇聚实例:武汉的洪水斗争

自然界的自然变异现象,在超出人类社会的承受极限时,便打乱了人类社会的生活常态,会突然变成各种自然灾害或者自然灾难。长江与黄河一样,是中国人的母亲河。但同时,长江也与黄河泥沙淤积灾害一样,以水患的形式,带给人类社会深重的洪水灾害。在长江洪水为害过程中,武汉这座城市发展中,人的致灾性与治灾性同时显现。因水而兴,因灾而成,因害兴利的城市,有着与长江水灾斗争的不朽历史。考察武汉的城市发展脉络,以及与长江水灾的关系,可以看出人的致灾性与治灾性之间转换的时空关系,以及自然逻辑。当然,更能看到在大自然面前,人类社会每一点小小的胜利同时会以支付惨重代价的形式,被大自然反向索还。在武汉,2016 年 7 月的汤逊湖别墅事件,便是笔者关注的逻辑原点所在:当填湖成为"习惯",长江洪水的去路受阻时,修成别墅群的原汤逊湖地区,洪水又"回到自己的家乡"。这一次,武汉人再次输给了长江洪水。

长江从青藏高原格拉丹东山峰的西南侧倾泻而下,奔腾 6397 千米流进太平洋。长江流过宜昌时才刚刚走完上游的 4504 千米,此段河道落差巨大,水流湍急,诗人李白就感受到"朝辞白帝彩云间,千里江陵一日还"的乘风快意。长江在宜昌一过,绕过险峻的荆江段,便到了中游江汉平原上的武汉市域,流速稍缓,江面渐宽,地质年代造就的众多湖泊相连,与此同时,西来的汉江之水也在这里汇

---

① 比如,山西省环境监测中心站监测数据显示,2016 年 1—4 月大同、吕梁、长治、忻州、晋中5 市 12 个河流断面水质恶化状况,山西省水污染防治工作领导小组集中约谈大同、吕梁、长治 3 市政府和忻州、晋中两市环保局,要求切实改善水环境质量。这 12 个河流断面水质与 2014 年相比明显恶化,且与 2016 年的水质考核目标差距明显。资料来源:乔栋. 山西 12 个河流断面水质恶化[N]. 人民日报,2016 – 06 – 06(15).

人。每年 6 月中旬过后时节,降雨量猛增,长江便进入汛期。两江交汇口的武汉市域,便要经受住这每年如期而至的洪水考验。在汉江与长江交汇处汉口龙王庙①堤坝上,立有一块石碑,上刻"江汉朝宗"。据地方志记载"江汉朝宗"②在明朝嘉靖年间,已被列为"汉阳十景"。这一段流域,在历史上因为水情险恶,也是防洪的重要地段。在离龙王庙 3 千米远的汉口江滩公园,则耸立着一块巨大的"武汉防汛纪念碑",在游览汉口"江滩十景"时,纪念碑成为最显目的景点。这些景点,在 1998 年 6—9 月洪水泛滥之前,都曾是防洪"险点"。武汉这座江城,全中国都没有一座城市像她那样,与长江的水害水利关系如此亲密无间。

在长江灌溉出来的沃土上,"湖广熟,天下足",江汉平原成为天下粮仓。100多年前,汉口借着长江的黄金水道,大兴贸易,商贾云集,风光无限,并在清末率先开埠,成为近代工业的发祥地之一,被称为"东方威尼斯"。当然,也没有一座城市像武汉这样,与长江的对抗争斗不休不止,在《武汉地方志》的记载中,"大水"几乎每 3 年就来拜访武汉 1 次,武汉市民几乎成了看天的专家。武汉历来承受水患不断,在 20 世纪近百年历史上经历了三次超大洪水的侵袭,分别是 1931 年、1954年和 1998 年,武汉几乎年年都要接受汛期的考验。1931 年入夏后,当时全国境内由南到北,淫雨数月不开,导致水祸遍及长江、淮河、黄河三大流域。地处长江中游的武汉更是险象环生,因河水暴涨,7 月 29 日,江汉关水位升至 26.94 米,丹水池首先破堤。8 月 2 日凌晨,单洞门铁路决堤,大水直奔市区,汉口全境浸没水中。随后,武昌、汉阳的堤坝被冲毁,武汉三镇在苦雨暑热中浸泡达两月之久,16 万户78 万余人受灾,待救济灾民 23 万多人。据事后统计,死于此次水灾的共有 3.36

① 龙王庙所在的地方才叫作正宗的汉口,因为汉江进入长江的关口就在这里,汉口的名字也是由此而来。龙王庙管理站汪宝利站长从 1983 年开始就在龙王庙从事防汛工作。按照汪宝利的说法:"每年武汉市的头等大事,就是防洪。这是人命关天的事。"他说:"龙王庙水位通常比武汉关水位高 8～15 厘米,设防水位比市区内地面平均高 2 米,龙王庙的设防水位为 25 米(以吴淞口为基面),当水到了这个高度时,那就要准备封闭闸口,这也预示着整个防汛工作的正式展开;警戒水位是 27.3 米,这意味着洪水对于武汉市的危险已经到来,我们要采取措施,动员防汛力量,时刻巡逻警惕;保证水位是 29.73 米,这是武汉市所能承受的最高水位,如果再过这个水位,武汉就有灭顶之灾,要采取一切措施不能让水越过堤坝,而溃堤更是不能容忍的。""汉江与长江在龙王庙这个地方,形成一个'人'字,所谓'人'就是一撇一捺've'撑'住,长江水与汉江间会形成一股拉力,不断冲刷江岸,这是武汉最险要的地段,我们这里的每一个码头都是闸口。"
② 在《水经注》中,这位北朝的地理学家郦道元写道:"洋洋河水,朝宗于海。"便是"江汉朝宗"的写照。我国境内,地势西高东低,众多河流积小成大后,融入巨川,汇入大江大河,而这些大河流最终几乎都东向入海,如同八方臣民,四方诸侯,向天子朝宗。中国历来就把人伦社会中的"朝宗"行为,比喻成江河入海。

万人。对于这场灾难,武汉人现在大多只能从祖辈口中听得。沧海桑田,这场大洪水留下的遗址,在武汉市内已很难找寻。

如今,位于江滩①的"武汉防汛纪念碑"建于1969年,是为了纪念1954年武汉人民战胜洪水而修建。据《中国水文志》记载:1954年,长江流域干流各主要站超过警戒水位达60~135天,从7月下旬起,荆江大堤进入抗洪紧张阶段。武汉关8月18日最高水位达29.73米,超29米高水位运行23天,超28.28米水位运行52天,超26.30米警戒水位运行整100天。武汉市出动30万人力,风雨兼程,夜以继日,才取得了抗洪斗争的重大胜利。毛泽东为武汉战胜洪水亲自题词,后被撰写在"武汉防汛纪念碑"上,成为武汉人民与洪水斗争的标志性纪念建筑,也成为武汉与洪水斗争的精神象征。每年,武汉市防汛期间从5月1日开始,持续到10月底结束,整整半年时间为防汛时段。现在,虽然有三峡大坝调控水量,但是,武汉市域内也不能丝毫麻痹。在水位比较高的情况下,要对堤坝进行地毯式巡查。在1998年洪水期间,虽然水位较高,但市内居民倒显得不很紧张,没有慌乱的情况,还经常有慰问团体到堤坝上看望防汛人员。但事实上当时武汉水情已经紧急万分,很多工作人员立下了"人在堤在"的生死牌。1998年洪水期间,由于江面的水位高压力大,水从防洪墙地下渗过,在市内靠近堤坝的路面上出现大面积渗水。②

大水几乎构成了这座城市的部分面貌——江汉平原从魏晋时代就开始修堤防,为抗击肆虐的洪水,1635年,修建汉口第一条长堤——袁公堤,汉口立起第1条长堤,正街形成了;1864年,地方政府又在长堤外湖荡中,修筑汉口堡以挡来水,汉口面积增加3倍;1905年,张之洞在汉口修建张公堤、在武昌修建武丰堤、武泰堤,从更大范围解除武汉水患,为大武汉的城市发展定下大格局;1954年大水后武汉开始堤防建设,于1958年建成东西湖围堤;1997年的武汉,沿江一带建好了防水墙,江堤种植了防浪林。1998年洪水过后,为了防洪在北岸的堤坝下打柱灌桩,在南岸把河道削宽,南岸嘴河岸被裁退60米,并加固护坡,铰链沉排。以前,为预防洪水的侵扰,会采取全民防汛的措施,每个工厂、社区、单位都会抽出一部分人,分辖区执管,到江边巡防。应当说,防洪大堤这些物质性防御工程,与制度性防汛措施,应该构成坚实的长江洪水的抵御力量。

然而,唐代大诗人崔颢"晴川历历汉阳树,芳草萋萋鹦鹉洲"诗句中的"鹦鹉洲"

---

① "黄四娘家花满蹊,千朵万朵压枝低。留连戏蝶时时舞,自在娇莺恰恰啼。"杜甫《江畔独步寻花》用来描写现在江滩的景色,最好不过了。

② 谢方,张萌. 大武汉:一座城与长江洪水的关系史[N/OL]. 长江商报,2015 – 06 – 22. http://www.changjiangtimes.com/2015/06/504099.html.

已经消失了。今日的鹦鹉洲已不复诗中的场景,甚至已经不再是一个江心洲了。名叫鹦鹉洲的所在地今天是繁华的居民区和街道,人们只能在依然尚存的"鹦鹉路"等地名中感受到其存在过。"鹦鹉洲"正是一个经历了消失又再次崛起的江心洲。根据《水经注》记载,崔颢诗中的古鹦鹉洲大约位于今蛇山以南、鲇鱼口以北,由南至北,洲长约四千米。相传由东汉末年祢衡在黄祖的长子黄射大会宾客时,即席挥笔写就一篇"锵锵戛金玉,句句欲飞鸣"的《鹦鹉赋》而得名。古鹦鹉洲在唐宋元时期是商业集市繁荣之地,"洲前万户人家""列肆如栉"。明朝末年,长江中游经历了一个大洪水期,水量的增大加快了狭窄河段水流的速度,使得鹦鹉洲不断下沉,到清康熙末年雍正初年完全沉没于江底。清朝乾隆年间,汉阳南纪门外江边又淤出一个新沙洲——这就是现在的汉阳鹦鹉洲。这个新的鹦鹉洲有 10 余里长的岸线,水深适宜,滩地宽阔,至嘉庆年间逐渐成为湖南、湖北商人的竹木集散地。后来由于长江水流泥沙的综合作用,鹦鹉洲逐渐靠岸,成为今天看到的居民聚居区。

又据武汉档案馆资料,武汉的天兴洲从清代同治四年开始有人居住,人烟较多时期始于约 200 年前。在丰水季节,渔民会上岸歇船晒网,慢慢这里就聚集了一些人,他们到了枯水季节就种地,因此,天兴洲上 80% 的人都是渔民的后代,靠事农和打鱼为生,进出全靠渔船,现在岛上居民大多已搬到青山居住。天兴洲至少有 800 年历史,其历史上的土庙和建筑物,绝大多数都湮没于年复一年的滔滔洪水中了。据记载,从 1954 年至今,天兴洲破堤淹水共 10 多次。1998 年大洪水的时候,洲上一片汪洋,两层的民房下面一层全泡在水里。

1954 年长江大洪水过后,天兴洲就被圈定为"防汛行洪民垸",而在 1998 年洪水过后,天兴洲再次被确定为"单退民垸":退人不退耕,即在非汛期处于空垸待蓄状态,洲上的村民仍可生活、生产。而天兴洲至今迟迟未进行开发,仍保存着原生态的原因之一,即是一旦大洪水一来,所有投入均化为乌有。更令人关注的是,近年来,天兴洲以年均 130 米以上的速度向下游漂移,且漂移速度不断加快。天兴洲为近代河流冲积物组成,受长江洪水冲刷,半个世纪前洲头开始崩退,据武汉航道部门计算,至今洲头已下移了 3 千米,最初的洲头与余家头对齐,2004 年"下移"至青山红钢城。2008 年 9 月天兴洲长江大桥完工,为确保天兴洲长江大桥主桥墩地质安全,武汉市在洲头迎水面修建起 4.3 千米长的护坡,使其不再"漂移"。但天兴洲分汊河段的分流已经发生了明显的变化。20 世纪 50 年代,天兴洲附近的江水主汊在北岸,但到 70 年代初期,南岸的冲刷扩大,分流比增至 80% 以上,北岸逐年淤浅成为支汊。一个水岸城市——武汉发展的历史,确实是与洪灾斗争的历史。但同时,也是人的宏观致灾性汇聚的真正实例。

第六章

致灾因子与孕灾环境

自然危险转换成为自然灾害,以及安全事故潜在因素,沿着事故链便成为安全生产事故,都是由致灾因子完成的。那就是,致灾因子是引发自然危险、安全事故的所有因素,包括客观性的即与人为因素无关的地震、洪水、干旱、滑坡、气候变化和各种各样的自然变异现象,以及主观性的即与人为因素直接有关的法律制度缺陷、减灾能力过弱、备灾无效,以及人的致灾性、人类社会成为承灾体等。应当说,这个意义上的致灾因子的定义或者概念确定,揭示了自然灾害的本质特征,那就是:任何自然灾害都是与人类社会的缺陷有关的;而事故灾难本身,则是物的不安全与人的不安全结合的产物。自然危险就是借助于人类社会才成为自然灾害的,那种认为或者观察自然灾害时,把人类社会抽象掉的做法,是非常错误的。

不过,在灾害法学领域,人类社会作为与自然危险互动的受害因子,往往可以因为对自然资源利用的过度与不当,而成为致害因子或者致灾因子。比如,在严重的雾霾灾害发生的 2016 年 11 月到 2018 年 3 月之间,北京市各种各样的企业生产行为(包括大量的建设工地的扬尘产生行为)中,大量排放大气污染物固然是导致霾灾频发的核心原因。然而,人们出行时大量使用机动车,还有日常生活中的巨量排放大气污染物的行为,比如,做饭和餐饮的抽油烟机使用,北方冬季取暖时的遍地燃煤,以及烧烤活动,等等,都使过量的大气污染物被排放到大气中,从而超出了大气环境的质量以及总量控制标准。于是,一波接着一波的严重雾霾成灾,表现严重的区域性大气环境恶化的外部特征。这时,人类社会寄希望于"等风来""盼风吹""求下雪"和"要下雨"等大气自然活动,岂不知人类社会的经济、社会和文化发展观,已经因为偏离大气环境运动的规律,而具有了相当的致灾性,成为名副其实的人为致灾因子。

截至 2018 年 7 月 31 日,发生于我国的重大安全生产事故中,"东方之星"沉船事故以死亡人数最多当属第一案。2015 年 6 月 1 日 21:32,重庆东方轮船公司所属"东方之星"号客轮由南京开往重庆,当航行至湖北省荆州市监利县长江大马洲水道时翻沉,造成 442 人死亡。调查组认定,"东方之星"号客轮翻沉是由突发罕见强对流天气——飑线伴有下击暴流带来的强风暴雨袭击导致的一起特别重大灾难性事件。"东方之星"轮航行至长江中游大马洲水道时,突遇飑线天气系统,该系统伴有下击暴流、短时强降雨等局地性、突发性强对流天气。受下击暴流袭击,风雨强度陡增,瞬时极大风力达 12 ~ 13 级,1 小时降雨量达 94.4 毫米。船长张顺文虽然采取了稳船抗风措施,但在强风暴雨作用下,船舶持续后退,船舶处于失控状态,船艏向右下风偏转,风舷角和风压倾侧力矩逐步增大,船舶最大风压倾侧力矩达到该客轮极限抗风能力的 2 倍以上,船舶倾斜进水并在 1 分多钟内倾覆。调查组还查明,"东方之星"号客轮抗风压倾覆能力虽符合规范要求,但不足以抵抗所遭遇的极端恶劣天气。船长张顺文及当班大副刘先禄对极端恶劣天气及其风险认知不足,在紧急状态下应对不力。可见,"东方之星"沉船事故发生地,有很强的孕灾环境色彩,而恶劣天气条件下游船禁限航措施不落实、船舶建造质量控制体制缺陷、长江航运恶劣天气风险预警能力不足、内河航运救援能力建设不够、内河船员安全技能较差,尤其是应对突发事件能力低下等,是构成此次惨重人为事故的致灾因子。

为此,调查组对水上交通管理部门和企业提出了 7 个方面的防范和整改措施建议:(1)进一步严格恶劣天气条件下,长江旅游客船禁限航措施;(2)提高船舶检验技术规范要求和完善船舶设计建造改造质量控制体制机制;(3)进一步加强长江航运恶劣天气风险预警能力建设;(4)加强内河航运安全信息化动态监管和救援能力建设;(5)深入开展长江航运安全专项整治;(6)严格落实企业主体责任,全面加强长江旅游客运公司安全管理;(7)加大内河船员安全技能培训力度,提高安全操作能力和应对突发事件的能力。① 现在看来,这些建议,无疑会成为长江航运层面,运营者防灾能力养成与提升的直接保障。

---

① 佚名."东方之星"号客轮翻沉事件调查报告公布[EB/OL]. (2015－12－30)[2018－07－31]. http://www.xinhuanet.com/politics/2015－12/30/c_1117630561.htm.

第一节 致灾因子

一、致灾因子的定义

所谓致灾因子(natural hazard),是指自然环境中,一切能够引起对人类社会的人员伤亡、财产损失及资源破坏,以及社会秩序混乱等各种自然与人文变异因素,并导致承载体受害、损失或者致害后果的因素或者加害、致害因子。例如,暴雨、洪涝、干旱、热带气旋、风暴潮、霜冻、低温、冰雹、海啸、地震、滑坡、泥石流等,均为自然危险型致灾因子。理论上,致灾因子是各种自然灾害、事故灾难发生的危险源,致灾因子和孕灾环境、承灾体结合在一起,构成了决定自然灾害是否成灾、灾情大小和灾害损失的程度等。在这里,对"致灾因子"的理解,应当分解成三个部分。

(一)因子

因子基本含义为"元素、因素、成分"等。当致灾因子形成时,这种"因子"便是导致灾害的主要因素或者核心因素。试以2016年武汉梅雨季节的大洪灾为例说明。2016年6月30日—7月4日,长江中下游降水量普遍达到100~250毫米,其中,安徽南部、湖北东部超过250毫米。过程雨量50毫米以上和100毫米以上的范围,分别为108.8万平方千米和40.1万平方千米,均为2016年以来最大;过程雨量250毫米以上范围达6.4万平方千米。国家气候中心评估后认为,此次降雨过程强度为特强,此次暴雨过程为2016年入汛以来我国最强降雨过程。

在2016年6月30日—7月4日时间段内,湖北省武汉市经历了这次强降雨,在4日之后,武汉的降雨并未停歇。从7月5日晚上起,武汉市再次出现集中强降水,截至7月6日15:00时,武汉市区域自动站共65站超过200毫米,其中,共27站超过250毫米,最大降水出现在蔡甸区的玉贤,为346.5毫米,城区挽月中学已经达到341.3毫米。在国家气象站数据中,武汉达到246.4毫米,江夏232.4毫米,蔡甸272.4毫米。降水中心主要分布在武汉城区、汉南区、东西湖区和蔡甸区,24小时区域自动站最大雨强出现在武汉东西湖柏泉,为78.7毫米,国家气象站出现在江夏为61.3毫米。结果是,武汉周降雨量更是突破历史记录最高值,6月30日20:00时至7月6日15:00时累计雨量574.1毫米,突破1991年7月5日—11日7天内降下542.8毫米的记录。此次降雨持续时间如此之长,强度如此之强,累计雨量如此之大,可以说是历史罕见。这是 2016 年 6、7 月武汉洪灾的核心致灾因子。

(二)孕灾环境

所谓孕灾环境(disaster – pregnant environment),是指由大气圈、水圈、岩石圈(包括土壤和植被)、生物圈和人类社会圈(物质文化圈)等构成的综合地球表层环境。孕灾环境不是前述要素的简单叠加或者堆积,而是体现在人类社会生存和发展过程中,各种具有耗散性的物质循环和能量流动及其信息与价值流动过程本身,会对承灾体带来什么样的影响或者作用。所以,孕灾环境是由自然危险等因子以及人类社会承灾体许多因素相互作用而形成的,一种导致自然危险成为自然灾害的外在背景性环境。这种孕灾环境有区域差异,决定了各个致灾因子的时空分布特征。人类社会的防灾减灾活动,从小处说,是控制致灾因子的结合或者形成耦合①现象,而从大处说,则是对孕灾环境的人为改善,从而有效地控制人类社会的脆弱性、易损性或者危损性,继而切实减轻自然灾害带来的损失。

根据其在致灾因子层面发挥的作用,可将孕灾环境分为两类。(1)自然环境。所谓自然环境,是脱离人类社会独立存在的大气圈、水圈、岩石圈(包括土壤和植被)、生物圈等,构成的自然界物质性环境。自然环境包括:地形、地貌、水文、气候、植被、土壤和动植物等;(2)社会环境。所谓社会环境,是指人类社会圈(物质文化圈)所构成的独立于自然界的人文环境。社会环境包括:工矿商贸、各种管线、交通系统、公共场所、人和经济市场等。在这里,自然环境与社会环境的耦合,在自然灾害领域,构成了孕灾环境。

例如,武汉市的地势整体偏低,中部被长江、汉江呈 Y 字形切割成三块,形成"武汉三镇"格局。而武汉市内本身河湖塘堰众多,水域面积较大,长江以及江河湖泊水位均已经处在高位。再加上如此程度的强降水,造成了市内众多中小河流和湖泊汛情严峻,具有较高的洪水风险。此外,历史上造成武汉洪水的气象原因多与梅雨有关。统计显示,梅雨地区全年大雨、暴雨日的 1/3 左右都出现在梅雨期。而 2016 年 6 月、7 月武汉正值梅雨季节,当时武汉的梅雨也是 2016 年以来强度最大、持续时间最长、范围最广的,所以,无论是从地形上,还是从气象上来看,武汉地区发生洪水的可能性都相对大得多。可以说,武汉市的地形因素、湖泊众

---

① 物理学上,耦合指两个或两个以上的体系或两种运动形式之间,通过各种相互作用而彼此影响,以至联系起来的现象。在此处,借用其意,是指两个或两个以上的实体相互依赖于对方的一个量度或者一种现象。

多,加上梅雨时节超量降水,以及防涝工程不足,于是,2016年的6月末到7月初的大暴雨,就成了武汉市的洪涝成灾的孕灾环境。

(三)致灾

所谓"致灾",即致灾因子的作用及其效果。这是由孕灾环境产生的各种异动因子,比如由各种自然异动(暴雨、雷电、台风、地震等)、人为异动(管理失误、操作瑕疵、人为破坏等),还有技术异动(机械故障、技术失误等),以及政治经济异动(发展观失当、能源危机、金融危机等)等互相结合,而产生的让自然危险这一类致灾因子导致了自然灾害的发生即成灾的情形。仍然以2016年武汉水灾来说明。

在我国,千湖之省的湖北,湖泊、堰塘充当重要的防洪蓄水功能,但是,因为城镇化的加速,以武汉为代表的城市地区因为大修大建以及填湖建楼,备受诟病;而在县市农村地区,大量劳动力外流,农业在地方经济中的地位降低,同时,地方财政薄弱,部分地区农村水利设施失修仍存在。"在江汉平原工作多年,淹习惯了。"江汉平原(素有"水袋子"之称)一位县委书记这样说。长江沿线的城市,因水而兴,2016年夏天,南方暴雨,暴雨持续时间之长、雨量之大,让很多长江沿线的人们始料未及。

据统计,2016年6月30日起,长江中下游沿江地区及江淮、西南东部等地出现入汛最强降雨过程。截至7月3日,全国已有26省(区、市)1192县遭受洪涝灾害,农作物受灾面积2942千公顷,受灾人口3282万人,倒塌房屋5.6万间,直接经济损失约506亿元。与2000年以来同期均值相比,受灾面积、受灾人口、倒塌房屋分别偏少6%、33%、76%,而直接经济损失却偏多51%。需要强调的是,此次大水灾中,武汉市内渍水点基本没有渍水,包括渍水很严重的老汉口,也没有因为水灾导致市内交通大堵塞;而被淹得严重的是东湖高新区和江夏区以及新洲区,是武汉近年发展较快的新城区。① 这就充分说明:2016年的武汉水灾在致灾因子上是强强降水量的大暴雨,武汉市低洼的地势,加上武汉新城区的排水工程滞后,尤其是汤逊湖地区填湖造地和围地建房等人为致灾因子(政策失误及城市排水工程瑕疵等),与梅雨期的气候因子结合,成为此次武汉市大水灾独一无二的致灾因子成灾的组合模式。

---

① 周慧. 湖北陷内涝之困基层水利投入不足,武汉新城水灾严重[N/OL]. 21世纪经济报道,2016-07-06. http://hb.sina.com.cn/news/d/2016-07-06/detail-ifxtsatm1469455.shtml.

二、致灾因子的法学表述

在灾害法学上,所谓致灾因子,即由客观性自然界各种异动因子形成后,与人类社会的人为异动因子相结合,构成耦合性致灾原因并产生致灾后果即自然灾害的情形。这当中,各种自然异动(暴雨、雷电、台风、地震等)是基础因素即内因,而人为异动(管理失误、操作瑕疵、人为破坏等)、技术异动(机械故障、技术失误等),以及政治经济异动(发展观失当、能源危机、金融危机等)等是条件因素即外因。只有内因和外因的互相结合即耦合,孕灾环境中的各种致灾因子才会共同发挥作用,才能让自然灾害产生。

在这里,各种致灾因子的耦合,就是指两个或两个以上的致灾因子相互依赖于对方的一个量度形态或者情形。比如,2016年6—7月的武汉水灾,表面上看,就是因为降雨太多、雨量太大,洪水排泄不畅,才导致城市水灾发生。问题是,只有单纯的过量降水或者是雨量太大,并不必然导致水灾发生。在武汉市,这次城市水灾的发生,在降雨太多、雨量太大这个前提性致灾因子基础上,加上武汉地形的致灾因子属性,以及武汉处于梅雨季节的致灾因子等,除此之外,剩下的则全部都是人为性质的致灾因子了。比如,人为异动的排水工程管理失误,排水系统的人为破坏等,技术异动性的海绵城市建设缓慢,以及政治经济异动性的发展观失当和城市土地利用政策失措,等等。

显然,这次大水灾当中,武汉市的人为致灾因子的作用不容小觑。于是,暴雨红色预警、排渍红色预警,武汉全城百余处被淹,交通系统瘫痪,武汉部分地区电力、通信中断,企事业单位调整上班时间……武汉等地的暴雨成灾后,一篇记录武汉大洪灾的文章《武汉:是不是这样的夜晚,你才会想起我》让人玩味再三:今夜,雷电、暴雨凶狠地砸向武汉。雨点急促,雷声轰轰。我却不合时宜地想起一首情歌——《是不是这样的夜晚,你才会这样地想起我》。上网一查,如此温柔款款的情歌,竟然是一位台湾谐星的成名曲。打开朋友圈、微信群、QQ群等互联网各款社交工具——

> 网络一下变得如此温情
> 没有了雷洋案的你争我吵
> 没有了观点之争的唇枪舌剑,你来我往
> 女士发出惊恐的表情包,好吓人! 这样下雨,怎么得了
> 有人牵挂农村的老家,老人是否安好

　　睡不着的人,在为一线救灾的朋友点赞

　　睡着的人,一觉醒来,觉得一切仍如常

　　凌晨4点,一位警界的朋友在朋友圈里为同行鼓气,"大家打起十二分精神!! 女人、孩子,都看我们呢! 别怕,怕有用,要武汉人干吗!"

　　是,似乎只有灾害来临

　　人类才渴望一个拥抱

　　温暖彼此

　　……

　　暴雨,也许是自然给人类的警报

　　雷电,也许是自然想让人类别健忘

　　灾害,是自然给人类的脸色

　　灾害,也让我们紧紧拥抱

　　这样的夜晚,这样的夜

　　你我都无眠①

　　那样的夜晚,如此的情诗,这般的煽情和肆意,可以过滤人性的喧闹,却不能解决这次大洪水中致灾因子所包含的人为异动、技术异动和政治经济异动等对武汉大水灾的"贡献效用",或者在发展观出现偏差之后的发展冲动,为了物质利益而不顾及环境与生态效果的经济繁荣的人为致灾因子的萌芽、抽穗和成长、结果的必然——自然灾害在武汉独有的孕灾环境中爆发或者酿成。据湖北省民政厅统计,截至2016年7月3日17:00时,2016年6月30日以来强降雨已造成湖北17个市(州、直管市、林区)69个县(市、区)812.15万人受灾,死亡34人失踪11人,紧急转移安置和需紧急生活救助43万人。早在2011年6月,武汉遭遇1998年以来最强暴雨袭击,导致88处地段严重渍水。自此,网络上开始流传"夏天到武汉来看海"的段子。

　　2013年4月,武汉市启动《武汉市中心城区排水设施建设三年攻坚行动计划》,计划用3年时间,总投资超过130亿元,重点治理城市排水系统。2015年1月,武汉市政府印发《武汉市中心城区排涝、治污、供水两年决战行动计划》。2015年4月,武汉正式入选国家首批"海绵城市"建设试点。2016年5月24日,李克强总理视察武汉CBD地下综合管廊施工现场时指出,地下空间不仅是城市的"里

---

　　① 攻不平. 武汉:是不是这样的夜晚,你才会想起我[EB/OL]. (2016-07-06)[2018-08-10]. http://news. cnfol. com/guoneicaijing/20160706/23024727. shtml.

子",更是巨大潜在资源,"你们要用好这一资源,拓展新空间,再造新武汉"。① 然而,时隔1个多月后的暴雨,让武汉再次因"看海"陷入尴尬。② 这种尴尬,便是致灾因子法学表达的诠注样板——人为致灾因子往往比自然界各种异动因子更具有致灾性。

三、诱发因子与素质因子

理论上,一旦提到"孕灾环境"几个字,作为一个词语,是把各种自然危险因素、安全事故中物的安全、人的安全等作为致灾因子,并以一定的结构性组合,按照自然规律或者自然界长期的运动与运行摆放,然后与人类社会这个承灾体的诸种因素相互作用与反作用而形成的一种灾害系统。在这个系统中,各种五圈层面的致灾因子的结构性构成,作为一个整体概念——孕灾环境考量时,必须分析其作为具体的成因因子的作用。比如,学者认为,在浙江省台风灾害中,主要成因因子构成在风暴潮灾、风灾和洪涝灾3种灾害类型下,是不同的。见表6.1。

表 6.1　浙江省台风灾害主要成灾因子构成③

灾害类型	诱发因子	素质因子	扩大因子(孕灾环境)
风暴潮灾	台风增水大风	江堤海塘工程质量 排水设施及能力	港湾形状 风浪 台风与天文大潮汛期相遇概率
风灾	大风及持续时间 风的旋转性变化	建筑物、树木、作物等的抗风性能 防风林的结构	地形(风口、风道) 城市电力网与行道树的布局

---

① 佚名. 媒体称武汉年年治涝年年涝,未摆脱夏天看海标签[EB/OL]. 一财网评论,(2016－07－04)[2018－08－10]. http://hb. sina. com. cn/news/b/2016－07－04/detail－ifxtsatn8024907. shtml? from = hb_cnxh.
② 中国水利水电科学研究院水资源所副所长严登华认为,武汉是一个多湖区域,在未来海绵城市设计中,应当把水与湖、江、地表联动关系合理构建起来,合理利用现有的储水空间,并构建起相应的储水空间。严登华说,在城市建成区范围,排水标准需要进一步提高,保证管网水网畅通。
③ 周子康,等. 浙江省台风灾害的成因因子与危害分析[J]. 科技通报,1994(3):160.

灾害类型	诱发因子	素质因子	扩大因子(孕灾环境)
洪涝灾	暴雨 台风过程 降水	江堤、水库工程质量 水库等蓄水、分洪削峰能力 排水设施和能力 树、作物耐涝性	地形和地势 地质因子 城市功能区的布局 森林植被的蓄水、持水能力 海潮(顶托)

在表 6.1 中,从台风灾害的诱发因子,到素质因子再到扩大因子即孕灾环境,是一个系统构成。在"风暴潮灾"时,是(1)港湾形状;(2)风浪;(3)台风与天文大潮汛期相遇概率等。在"风灾"时,则是(1)地形(风口、风道);(2)城市电力网与行道树的布局等。而在"洪涝灾"中,其孕灾环境因素包括(1)地形和地势;(2)地质因子;(3)城市功能区的布局;(4)森林植被的蓄水、持水能力;(5)海潮(顶托)等。

可见,在洪涝灾中,到扩大因子即孕灾环境的因素,是最复杂的。根据其在致灾因子层面发挥的作用,扩大因子即孕灾环境可以分成两类。(1)自然环境。所谓自然环境,是脱离人类社会独立存在的大气圈、水圈、岩石圈(包括土壤和植被)、生物圈等,构成的自然界物质性环境。这种环境包括地形、地貌、水文、气候、植被、土壤和动植物等;(2)社会环境。所谓社会环境,是指人类社会圈(物质文化圈)所构成的独立于自然界的人文环境。包括工矿商贸、各种管线、交通系统、公共场所、人和经济市场等。在这里,自然环境与社会环境的耦合,在自然灾害领域,以扩大因子的形态构成了孕灾环境。在事故灾害领域,物的不安全、人的不安全素质因子的扩大,使得事故发生地的各种因素组合而形成了孕灾环境。

四、致灾因子组合:倍增效应

从致灾因子到自然灾害,虽然有一段距离,但是,不论是学理上还是实践中,这段距离可以忽略不计。也就是说,某一次自然灾害的降临或者来临,往往是各种致灾因子在时空条件与环境条件等已经完全具备的情况下,成为一种必然性的自然灾害的。在这里,强调各种致灾因子的单独存在与合成、组合或者耦合的必然性,试图揭示一种重要的自然灾害成灾原理——自然灾害的"倍增效应"。所谓自然灾害的"倍增效应",是指由于人类社会的物质财富积累和各种人工设施的大量增加,加剧灾害的蔓延并扩展灾害损害的危害程度的情形。比如,1931 年、1998年到 2016 年,时隔几十年时间,武汉市就要陷入城市洪水灾害的泥淖。就是这种

"倍增效应"反复上演的表现形式。

资料显示,1931年8月,长江流域发生大洪水。由于当年7月份长江流域降雨量超过常年同期1倍以上,致使江湖河水盈满。8月,金沙江、岷江、嘉陵江等长江干支流均发生大洪水。当川江洪水东下时,又与中下游洪水相遇,造成全江型大洪水。受灾范围南到珠江流域,北至长城关外,东起江苏北部,西至四川盆地。这次水灾被广泛认为是有记录以来死亡人数最多的一次自然灾害,是20世纪导致最多死亡人数的自然灾害之一。当时,长江流域沿江堤防多处溃决,洪灾遍及四川、湖北、湖南、江西、安徽、江苏、河南等省,中下游淹没农田5000多万亩,淹死14.5万人,受灾人口2850万人。① 其中,湖南和湖北两湖地区灾情最重,湖北70个县中就有50个县受灾。南京、武汉两大城市均被水淹,武汉最高水位达20.20米,创1865年建站以来最高纪录,武汉市区大部分水深数尺至丈余,许多街道均可行船,限于当时救援设备落后,以及人力救助的投入不足,死于洪水、饥饿和瘟疫的有3.26万人,仅汉口城区就有8000余人被淹死。整个江汉平原一片汪洋,被洪水浸泡达3个月之久。1931年那一年,我国长江、黄河、淮河等江河的全流域性大水灾,总共导致370万人死于霍乱、伤寒、痢疾等疫病和饥荒。② 其中,救援设备落后,以及人力救助的投入不足,尤其是开闸行洪过程中,政策和措施不当,是造成死亡14.5万人的核心原因。可见,1931年雨情、水情和灾情中,人为处置不当和应急措施不力,是造成严重灾情的重要原因或者倍增性原因。

相比之下,我国长江流域发生1998年大洪水的致灾因子,主要是气候异常、暴雨过大、河湖调蓄能力下降、削峰作用降低,以及水位抬高等原因造成的。应当说,长江洪水泛滥是全流域的致灾因子的组合结果,即长江上游森林乱砍滥伐造成的水土流失,中下游围湖造田、乱占河道,导致江水滞留和行洪不畅带来的直接后果。事实上,我国长江两岸有4亿人口居住,20世纪50年代中期,长江上游森林覆盖率为22%。但是,由于不断进行的农地开垦、工业化建厂房以及快速城市化,使两岸80%的森林被砍伐殆尽。加上从1998年6月11日开始长江中下游进

---

① 资料显示,1931年长江流域大洪灾时,高邮湖的湖堤被冲出6个口子,湖水全部倒灌入江苏平原。最大的决口是挡军楼决口,宽达487.68米。高邮城完全被肆虐的洪水冲毁,有1.9万人被淹,死尸遍野,如同死鱼漂在河里一样。第二年,高邮城又有5.8万多人死于洪灾之后的疾病和饥荒。资料来源:佚名.1931年中国水灾:1931年长江特大洪水致14万余人死亡[EB/OL].(2016-07-06)[2018-08-10].http://www.tianqi.com/news/146093.html.

② 佚名.1931年中国水灾:1931年长江特大洪水致14万余人死亡[EB/OL].(2016-07-06)[2018-08-10].http://www.tianqi.com/news/146093.html.

入梅雨期后,各地暴雨频繁,7 月份暴雨、大暴雨、特大暴雨出现的次数最多,仅1998 年 7 月 11 日间歇 1 天。在 1998 年汛期,长江流域共出现 74 个暴雨日,其中,大暴雨为 64 天,占暴雨日总数的 86%,特大暴雨日为 18 天,占暴雨日总数的24%。持续的暴雨或大暴雨,造成山洪暴发,江河洪水泛滥,堤防、围垸漫溃、外洪内涝及局部地区山体滑坡、泥石流,给长江流域造成了严重的损失。据湖北、江西、湖南、安徽、浙江、福建、江苏、河南、广西、广东、四川、云南等省(区)的不完全统计,受灾人口超过 1 亿人,受灾农作物 1000 多万公顷,死亡 1800 多人,倒塌房屋430 多万间,经济损失 1500 多亿元。1998 年当年,全国共有 29 个省(区、市)遭受不同程度的洪涝灾害,受灾面积 3.18 亿亩,成灾面积 1.96 亿亩,受灾人口 2.23 亿人,死亡 3004 人,倒塌房屋 685 万间,直接经济损失高达 1660 亿元。① 可见,1998年水灾死亡人数尽管少了很多,但是,受灾人口并没有减少,而是扩大了。加上这次水灾的经济损失的数量和范围,确实呈现出自然灾害的增量型特征。

　　如果说,长江流域的水灾的致灾因子是复杂多样的话,有几个基本致灾因子是可以被归纳出来的,那就是:(1)地理位置或者地形;(2)雨情和水情;(3)梅雨季节;(4)开闸行洪;(5)灾民赈济;(6)河道和行洪区保护;(7)没有霍乱、伤寒、痢疾等疫病;(8)水库和大坝的安全度汛;②(9)流域内各省市联合防洪抗洪等等。这些致灾因子的耦合,是过度降水的自然危险演化成大洪灾的根本原因。也是灾害法学控制人的致灾性,从防灾减灾角度,寻求人的致灾性法律控制的最好路径。

---

① 佚名.1998 洪灾死了多少人,1998 年长江特大洪水原因分析[EB/OL].(2016-07-06)[2018-08-10].http://www.tianqi.com/news/146086.html.

② 2016 年 6 月 30 日—7 月 5 日 08:00 时,武汉市蔡甸区普降大到暴雨,全区累计降雨量达到382.2 毫米。蔡甸区消泗乡多处民垸水位跳涨,超出最高防守能力。民垸是指围湖造田或养鱼筑造的民堤,遇到水位上涨容易被淹溃口。7 月 5 日,蔡甸泛区北垸闸水位 26.94米,超警戒 0.44 米。地处杜家台分蓄洪区的消泗乡南边湖垸民堤由于长时间大雨浸泡和客水下泄冲击,多次出现险情,7 月 5 日 08:00 时出现漫溃。结合严峻汛情,武汉市蔡甸区防汛指挥部门决定紧急转移消泗乡 16,932 名群众。蔡甸区 40 多家机关部门紧急动员党员干部 3,000 余人,连夜赶赴消泗乡 12 个村,组织群众转移。资料来源:曾金秋.武汉蔡甸区多处民垸漫溃,1.6 万人转移[N].新京报,2016-07-06(A6).

第二节 致灾因子聚集、合成与放大效应

一、致灾因子的聚集现象:大气污染致灾因子的持续性增加

在我国,大气污染作为致灾因子,在 20 世纪 90 年代持续增长和发展。这也意味着"90 年代"在我国大气污染防治的法制建设层面上具有特殊的意义。

应当说,20 世纪 90 年代是一个信息化的时代,也是知识经济的时代。那就是,伴随着互联网在世界范围内的普及,极大地丰富和改善了人们的生活方式,人们的需求——对于各种资源包括大气资源的"污染需求",也被大大激发起来。整个"90 年代",建设和发展成为整个国家头等大事,同时,江淮大水灾也让国民体会到江淮流域水害孕灾环境带来的无尽悲痛。恰恰就是这个"90 年代",我国的《大气污染防治法》的效用,试图通过修法来提升或者极力弥补。

1995 年 8 月 29 日,我国《大气污染防治法》第一次修改,增加 9 条专门规定:(1)各级人民政府应当改善大气环境质量;(2)企业应当优先采用能源利用效率高、污染物排放量少的清洁生产工艺[①];(3)国家推行煤炭洗选加工,降低煤的硫份和灰分,限制高硫份、高灰分煤炭的开采。禁止开采含放射性和砷等有毒有害物质超过规定标准的煤炭;(4)大、中城市政府应当对市区内的民用炉灶,逐步替代直接燃用原煤;(5)在城市市区内新建火电厂,实行热力与电力的联合生产;(6)根据气象、地形、土壤等自然条件,在酸雨控制区和二氧化硫污染控制区内排放二氧化硫的火电厂和其他大中型企业,必须建设配套脱硫、除尘装置或者采取其他控制二氧化硫排放、除尘的措施;(7)城市饮食服务业的经营者,必须防治油烟对附近居民居住环境的污染;(8)国家鼓励、支持生产和使用高标号的无铅汽油,限制生产和使用含铅汽油;(9)违反本法规定,生产、销售、进口或者使用禁止生产、销售、进口、使用的设备,或者采用禁止采用的工艺的,责令改正;情节严重的,责令停业、关闭。

与我国 1987 年 9 月 7 日版《大气污染防治法》相比,不仅总条文从 41 条增加

---

① 我国《大气污染防治法》第十五条这一新增条款同时规定:"国家对严重污染大气环境的落后生产工艺和严重污染大气环境的落后设备实行淘汰制度。国务院经济综合主管部门会同国务院有关部门公布限期禁止采用的严重污染大气环境的工艺名录和限期禁止生产、禁止销售、禁止进口、禁止使用的严重污染大气环境的设备名录"。

到 50 条,而且,"第三章防治烟尘污染"(第十七条~第二十一条,共 5 条)名称也改成了"第三章防治燃煤产生的大气污染"(第十九条~第二十七条,共 9 条),内容增加了 4 条规定,即(1)限制高硫分、高灰分煤炭的开采(第二十四条);(2)市区内逐步替代直接燃用原煤(第二十五条);(3)新建火电厂实行热力与电力的联合生产(第二十六条);(4)酸雨控制区和二氧化硫污染控制区内火电厂和其他大中型企业必须配套脱硫、除尘装置或者其他控制措施(第二十七条)。特别是企业应当逐步对燃煤产生的氮氧化物,采取控制措施,是非常具体直接的大气污染致灾因子持续性增加的控制性要求。

北京市紧紧跟随我国《大气污染防治法》修改的步伐,1999 年 5 月 14 日,北京市人大常委会通过《关于进一步落实大气污染防治措施努力改善环境质量的决议》(简称《落实措施决议》)。《落实措施决议》称,1998 年以来,北京市政府组织制定了《北京市环境污染防治目标和对策》(简称《北京防治对策》),先后实施控制北京大气污染的一系列措施,开展以治理大气污染为重点的环境综合整治工作。但是,北京市空气质量与环境污染防治目标还有很大差距,为此,决议要求:(1)各级政府要继续抓紧大气污染防治工作;(2)各级政府要广泛动员全社会参与环境保护工作;(3)市区、县人大常委会要加强大气污染防治工作和执法情况的监督。可见"90 年代"北京市的大气污染防治的地方立法,在"国际减灾十年活动"开展的背景下,面对大气污染致灾因子的持续性增加,显示出心力不济的窘境来。

二、致灾因子的合成:"北京咳"与"北京霾"

鉴于城市大气质量下降明显,雾霾灾害频频出现,尤其是"北京咳"一时间成为街头巷尾公众议论的重大话题,2000 年 4 月 29 日,第九届全国人大常委会第 15 次会议对我国《大气污染防治法》进行修订。修订后的我国《大气污染防治法》从原来的 6 章 50 条,增加到 7 章 66 条,增加条款数占 12.12%。其中,针对我国"90年代"机动车飞速进入家庭的实际情况,专门增加了"第四章防治机动车船排放污染"(第三十二条~第三十五条,共 4 条),即(1)机动车船向大气排放污染物不得超过规定的排放标准(第三十二条);(2)在用机动车不符合制造当时的在用机动车污染物排放标准的,不得上路行驶(第三十三条);(3)停止生产、进口、销售含铅汽油(第三十四条);(4)环境保护主管部门按照规范对机动车排气污染进行年度检测(第三十五条)。

2000 年 12 月 8 日,《北京市实施〈中华人民共和国大气污染防治法〉办法》

（简称《北京实施办法》，共 7 章 43 条）颁行，一鼓作气废止了北京市的《北京实施条例》（1988 年 7 月 7 日）、《北京处罚办法》（1990 年 5 月 28 日）和《北京排气办法》（1997 年 11 月 25 日修改）等 3 个地方法规和规章。这个《北京实施办法》规定：（1）在用机动车污染物排放超过规定标准的，不得上路行驶（第十九条）；（2）禁止销售、使用含铅汽油，逐步推广使用清洁汽油，禁止生产、进口、销售不符合国家标准的车用燃料（第二十六条）；（3）向大气散发有害气体或者粉尘物质的单位或者个人，必须安装净化装置或者采取其他防护措施（第二十七条）；（4）禁止露天焚烧秸秆、树叶、枯草等产生烟尘污染的物质，禁止在城镇地区的公共场所露天烧烤食品（第二十九条）；（5）饮食服务业排放的油烟污染物不得超过规定的排放标准（第三十二条）；等等。应当说，北京市为了保护城市大气的质量，维护市民的清洁呼吸权利，确实做出了不懈的努力。

　　然而，整个"00 年代"①，北京市显示出大气污染地方立法的短板来——整个"00 年代"北京市大气污染防治的孕灾环境，因为大气污染控制不力而出现了严重的"北京咳"，北京越来越成为一种负面的形象代表。调查发现，北京市在 2014 年 1 月时，仍有 1.9 万辆在用高排放黄标车，大多是 1995 年以前领取牌证，未达到国Ⅰ排放标准的汽油车，或未达到国Ⅲ排放标准的柴油车。据测算，每辆黄标车的排放量相当于 14 辆达到国Ⅳ排放标准机动车的排污总和，对北京市空气质量造成严重影响。② 也就是说，《北京实施办法》自 2001 年实施以来，为北京市大气污染防治提供了重要法律支持，在治理北京市大气污染，改善空气质量方面发挥了重要作用。在经济社会快速发展、人口数量快速增长的情况下，空气中二氧化硫、二氧化氮、可吸入颗粒物等主要污染物年均浓度不断下降，空气质量得到持续改善。

　　北京市居高不下的大气污染物排放总量，以及不利的地理气象条件、周边地区的区域传输，使得北京大气污染防治形势依然严峻，特别是 2013 年国家实施了新的空气质量标准，提出了更加严格的要求，与新标准相比，北京市有 5 项污染物超过标准，其中细颗粒物（PM2.5）超过标准 1 倍多，与人民群众对良好空气质量的期盼，与国家首都、宜居城市的地位存在很大差距。采取更加严格的大气污染防治措施，治理大气污染，改善空气质量，已经成为社会各界的共识。特别是 2013

---

① 所谓"00 年代"，是指 21 世纪的前 10 年，即 2000 年～2009 年。
② 郭普金. 关于《北京市大气污染防治条例（草案）》审议意见的报告——2013 年 7 月 24 日在北京市第十四届人民代表大会常务委员会第五次会议上[R]. 七、关于防治机动车排放污染.

年9月10日,国务院发布《大气污染防治行动计划》(即"大气十条"),进一步加大了大气污染的治理力度。为全面落实国务院的要求,2013年9月18日,北京市及时制定《北京市2013—2017年清洁空气行动计划》(即"北京空气计划"),提出了明确的指导思想、行动目标和八大污染减排工程、六大实施保障、三大全民参与的治理措施,并分解为84项具体工程。采取更加严格的措施,以更大的力度推动大气污染治理工作。由此,北京市大气污染防治工作进入"以治理PM2.5为重点"的新阶段,在经济持续快速发展、人口和机动车数量持续高位增长、工地开复工面积不断扩大的情况下,大气污染治理难度不断增加,并已经成为制约北京本市经济社会发展的瓶颈。也就是说,《北京实施办法》相关制度措施,已经难以满足新阶段大气污染防治工作的实际需要:(1)产业结构调整尚未与大气污染防治有效结合;(2)主要大气污染物总量控制制度缺失;(3)机动车污染防治制度滞后;(4)打击环境违法行为的有效手段匮乏。因此,迫切需要通过立法完善这些制度。还有,《北京实施办法》所依据的我国《大气污染防治法》,当时正在修订中,有鉴于此,北京市迫切需要根据实际情况,制定相对独立的地方大气污染防治立法,解决大气污染防治中具有地方特色的问题,①不局限于落实国家的现有规定。为此,有必要制定新的地方法规——《北京市大气污染防治条例》(简称《北京大气条例》),替代《北京实施办法》。②

三、《北京大气条例》与《大气污染防治法》对致灾因子的控制效应

自2013年以来,大气污染严重地影响了北京市民的基本生活。据中国气象局2013年11月20日发布的消息,2013年全国平均雾霾天数为4.7天,较常年同期的2.4天偏多2.3天。另据北京市环保局数据,2013年,全年优良天数加起来共有176天,尚不足总天数的一半,重度污染天以上的天气累计有58天,占到全年天数的15.9%,平均每6到7天就有一次重度污染。2013年北京全市PM2.5年均浓度为89.5微克/立方米,超过年均35微克/立方米的国标1.56倍。如此严重的大气质量引起了人们的忧虑和不安,社会公众热切期盼采取强有力的措施进

---

① 资料显示,北京市航空器每年消耗燃油400万吨,约占全市消耗总量的40%。航空器在起飞、降落和盘旋阶段产生大量尾气排放,对大气环境造成较大危害;而北京地铁刹车盘片消耗、机动车轮胎与地面摩擦,均产生大量粉尘,影响大气质量。这就是北京市的特殊地方问题之一。

② 陈添.关于《北京市大气污染防治条例(草案)》的说明——2013年7月24日在北京市第十四届人民代表大会常务委员会第五次会议上[R].一、立法必要性.

行治理,还"北京蓝"于民众。《北京大气条例》的制定,正是"因事而制,法宜其时"。① 其框架第一章总则(第一条~第五条)、第二章共同防治(第六条~第四十条)、第三章重点污染物排放总量控制(第四十一条~第四十八条)、第四章固定污染源污染防治(第四十九条~第六十二条)、第五章机动车②和非道路移动机械排放污染防治(第六十三条~第七十九条)、第六章扬尘污染防治(第八十条~第八十九条)、第七章法律责任(第九十条~第一百二十九条)、第八章附则(第一百三十条)。相关章节规定的内容如下。

(1)第二章"共同防治"(第六条~第四十条),共35条。对防治工作机制做出了"防治大气污染应当建立健全政府主导、区域联动、单位施治、全民参与、社会监督的工作机制"的规定。对政府职责做了16条规定;对有关行政主管部门的职责做了4条规定;对有关单位的责任和义务做了11条规定;对公民、法人和其他组织的权利和义务做了3条规定。这一章的目的,在于明确各防治主体的权利、义务和责任,构建以政府为主导,法人、公民共同参与,共同负责的公共治理体系。

(2)第三章"对重点污染物排放总量控制"(第四十一条~第四十八条),共8条。"总量控制"③法规的核心内容之一。由于北京市大气污染已到了非常严峻的程度,必须严格控制总量,即再也不能增加排污总量,再也不能容忍空气质量的进一步恶化。《北京大气条例》第四十一条~第四十八条分别规定的是:总量控制和逐步减少排放总量规定(第四十二条);对总量控制的目标区域、重点行业和重点企业排放总量的控制、要求,以及如何确定实施并向社会公布的规定(第四十二条);对排污许可制度的规定(第四十三条);对排污单位总量控制指标的核定及要

---

① 柳纪纲. 关于《北京市大气污染防治条例(草案)》的说明——2014 年 1 月 18 日在北京市第十四届人民代表大会第二次会议上[R]. 一、立法背景.

② 汽车尾气对 PM2.5 的大部分贡献是间接产生的,尾气中含有氮氧化物、挥发性有机物(VOCs)等物质,这些都是气体,不会反映在测量 PM2.5 的空气质量测试仪中。但是这些气体既是产生 PM2.5 的"原材料",同时也是"催化剂"。在北京本地污染源中,机动车排放的污染物对 PM2.5 的贡献是 31.1%,在非采暖季要占到 40%。二次转化生成的有机物、硝酸盐、硫酸盐和铵盐,累计占 PM2.5 的 70%。

③ 重点污染物排放总量控制制度设计的适应性,是随着北京市经济社会不断发展,人口和机动车数量的增加,大气污染物总量居高不下,特别是地理气象等条件不利于污染物扩散,使得环境容量非常有限而来的。仅靠排放浓度控制已不能解决问题,迫切需要对重点污染物排放总量进行控制,这种"双控"的措施,是当前之必须。为了应对当前严峻的大气污染形势,加快削减排放总量,达到阶段性大气环境质量目标,《北京大气条例》专设了第三章"总量控制"一章,对总量控制制度进行了系统设计,确定了削减存量与控制增量相结合的制度。

求规定,进行大气污染物排污权交易①试点(第四十四条~第四十八条)等。

(3)第四章~第六章(第四十九条~第八十九条),共41条,分别对固定污染源污染防治、机动车和非道路移动机械排放污染防治、扬尘污染防治做出具体规定。这是针对重点污染源而设计的措施和制度规定,也是对《北京空气行动计划》若干项措施的法制保障。

(4)第七章"法律责任"(第九十条~第一百二十九条),共39条。《北京大气条例》的一个重要特点是法律责任条款多,占法规草案总条款的30%;这是严防严治原则的具体体现。第七章对前几章规定的若干事项,一一对应地设置了罚责。

需要强调,《北京大气条例》对法律责任的制度安排,是所有地方立法当中最具有研究价值的。《北京大气条例》根据我国《环境保护法》《大气污染防治法》《行政处罚法》《行政强制法》《行政监察法》《刑法》等法律的规定,具体设立了41条法律责任。设计这些条款的指导思想是要提高违法成本,即排污成本要高于治理成本,使排污者不敢排污,起到法悬人惧的作用。同时,也考虑了"过罚相当"和"可操作,可执行"原则。设定的处罚条款基本都高于治理成本,特别是对恶意违法、多次违法加大了处罚力度,规定了加倍处罚和上不封顶的处罚条款。同时,执法部门可直接依法实施按日计罚。另外,还规定对违反环境保护有关法律法规,污染大气环境,受到相应处罚的企业及其负责人,由环保及相关部门向社会公布曝光,并纳入企业信用系统。

我国《大气污染防治法》2000年修订时,重点是加强对二氧化硫的排放控制,对防治煤烟型污染发挥了重要作用。随着经济社会快速发展,特别是机动车保有

---

① 最早由1968年美国经济学家戴乐斯最先提出"排污权交易理论",其主要思想是:设立合法的排放污染物的权利,并允许这种权利像商品一样进行买卖,以此来进行污染物排放总量控制。排污交易首先被美国国家环保局用于大气污染源及河流污染源管理。《清洁空气法案》中对排污交易做了明确规定。在我国,截至2013年底,国家共正式批复同意江苏、浙江、天津、湖北、湖南、内蒙古、山西、重庆、陕西、河北、河南、辽宁、广东、宁夏14个省市开展排污交易试点工作。排污交易是通过市场手段进行污染物排放总量控制的有益实践,是运用市场机制促进污染减排,改善环境质量,提高环境容量和资源配置效率的有效手段,是推进环境保护体制机制创新的探索。考虑到北京市大气污染物远超过环境容量的实际情况,目前的主要任务是尽快削减排放总量,企业的主要任务也是减排,因此,必须在总量控制、尽快削减总量的前提下才能开展交易。北京市开展排污权交易必须按照最严格、最有利于污染物减排的方式进行。即(1)要进行最严格的排污权分配,通过排污许可证的方式,向各排污单位下达逐年减少的排污权指标;(2)与环评制度相结合;(3)实行减量化交易,即"买二用一",企业必须购买2个单位的排污权才能获得1个单位的排污权。

量急剧增加,我国大气污染正向煤烟与机动车尾气复合型过渡,区域性大气环境问题日益突出,雾霾等重污染天气频发,法律已经不能适应新形势的需要。(1)源头治理薄弱,管控对象单一。现行法律缺乏能源结构、产业结构和布局等前端源头治理方面的要求,也没有对氮氧化物、挥发性有机物、颗粒物等多种污染物实施协同控制。(2)总量控制范围较小,重点难点针对不够。根据我国《大气污染防治法》实行总量控制和排污许可的"酸雨控制区和二氧化硫控制区",仅占全国国土面积11.4%,不能适应全国总量减排的需要。(3)缺乏联合防治机制。我国《大气污染防治法》针对燃煤、工业、机动车、扬尘等重点领域的污染防治措施不够完善,污染严重的重点区域缺乏联合防治机制,重污染天气应对机制也不够健全。(4)问责机制不严,处罚力度不够。对地方政府的责任规定较为原则,需要加强责任考核,完善对不达标地区的约束性措施;同时,企业违法成本低的问题突出,需要强化法律责任。

我国《大气污染防治法》以《环境保护法》的修订为依据,全面落实"大气十条"提出的各项制度措施,主要遵循4条原则。(1)源头治理,协同管控。坚持规划先行、严格环保准入,强化污染排放的总量控制和浓度控制;努力实现从单一污染物控制向多污染物协同控制转变,从大气污染治理的属地管理向区域联防联控转变。(2)综合施策,突出重点。综合运用经济、法律、技术和行政手段,突出燃煤、工业、机动车、扬尘等重点领域以及重点区域的大气污染防治。(3)强化责任,从严管理。强化政府责任,明确企业义务,加大对污染违法行为的处罚力度,提高违法成本,使排污者不敢违法。(4)立足当前,着眼长远。针对当前雾霾频发的形势,建立重污染天气应对机制。同时,引导能源结构和产业结构调整,淘汰落后工艺、设备,建立健全长效机制。① 我国《大气污染防治法》修订后,主要修改、增加了以下内容。

(1)政府的环境保护责任。建立大气环境保护目标责任制和考核评价制度,对地方政府及其有关部门进行考核;要求不达标的城市编制限期达标规划,采取措施限期达标。

(2)排放总量控制和排污许可。主要是将排放总量控制和排污许可由"酸雨控制区和二氧化硫控制区"扩展到全国,明确分配总量指标、发放排污许可证的原

---

① 周生贤. 关于《中华人民共和国大气污染防治法(修订草案)》的说明——2014 年 12 月 22 日在第十二届全国人民代表大会常务委员会第十二次会议上[R]. 二、修改的总体思路和原则.

则和程序,对超总量和未完成达标任务的地区实行区域限批,并约谈主要负责人。

(3)重点领域大气污染防治。在燃煤、工业方面,明确国家采取措施逐步降低煤炭消费比重,细化对多种污染物的协同控制措施;在机动车方面,强化对新生产机动车、在用机动车、油品质量环保达标的监督管理;此外,还加强了建筑施工、物料运输等方面的扬尘污染防治措施。

(4)重点区域大气污染防治。增加一章即专述重点区域大气污染联合防治。要求建立区域大气污染联防联控机制,规定重点区域应当制定联合防治行动计划,提高产业准入标准,实行煤炭消费等量或者减量替代,并在规划环评会商、联动执法、信息共享等方面建立起区域协作机制。

(5)重污染天气的预警和应对。增加一章即专述重污染天气应对。规定可能发生重污染天气时,有关地方政府应当适时发出预警,依据预警等级启动应急响应,并可以采取责令有关企业停产限产、限制部分机动车行驶等应对措施。

(6)法律责任。对无证、超标、超总量、监测数据作假等污染违法行为,规定了没收违法产品和违法所得、处以罚款、责令停产整治、行政拘留以及责令停业、关闭等行政处罚;对受到罚款处罚拒不改正的实行按日计罚制度。①

根据环境保护部监测数据,截至 2016 年 12 月 27 日,2016 年北京市 PM2.5 平均浓度为 72 微克/立方米,同比下降 10.0%(下降 8 微克/立方米),比 2013 年下降 20%(下降 18 微克/立方米)。联合国环境规划署发布的《北京空气污染治理历程:1998—2013 年》评估报告显示:1998 至 2013 年,北京二氧化硫(SO_2)、二氧化氮(NO_2)和可吸入颗粒物(PM10)的年均浓度分别显著下降了 78%、24% 和 43%,15 年间北京的空气质量得到了持续改善。此外,美国 NASA 等国际机构的监测数据也支持北京空气质量持续改善的趋势。②

但是,《北京大气条例》颁行和我国《大气污染防治法》又一次修订后,我国的大气污染防治工作成效仍然比较差。例如,2016 年 12 月 29 日至 2017 年 1 月 5 日,受不利气象条件影响,京津冀及周边地区又一次区域性重污染天气过程发生,影响范围包括北京、天津、河北、山西、山东、河南等地。环保部称,截至 2016 年 12 月 30 日,河北省石家庄、保定、廊坊,河南省郑州、鹤壁、安阳,山东省济南、德州、聊城等 24 个城市按照环保部的预警建议和当地污染预测结果启动了重污染天气

---

① 周生贤. 关于《中华人民共和国大气污染防治法(修订草案)》的说明——2014 年 12 月 22 日在第十二届全国人民代表大会常务委员会第十二次会议上[R]. 三、修改的主要内容.

② 佚名. 环保部门曝光"2016 年度十大雾霾谣言"[EB/OL]. (2016 – 12 –31)[2018 – 08 – 11]. http://new. item. btime. com/321n48514n98unqp9rqpifb2q4s? from = assist.

红色预警;北京、天津等 21 个城市启动了橙色预警;陕西西安、山西晋中等 16 个城市启动黄色预警。环保部派出的 10 个督查组已全部到位开展工作,重点督查重点工业企业停限产措施落实情况。通过核对企业在线监控数据、用电量变化情况等锁定重点违法排污工业企业,并利用卫星遥感数据,确定高排放重点区域。严查未按要求落实停限产措施的企业和"小散乱污"企业违法排污行为,运用远程监控手段,对区域内 1239 家"高架源"企业的 2370 个监控点,通过在线监控平台及时发现超标等数据异常情况,并给属地环保部门下达督办指令,查处违法行为。① 根据相关规定,全国各地均制定了专门的重污染天气应急预案。不过这些预案看起来很完善,有时却在重污染天气到来时沦为一纸空谈。启动红色预警是需要付出很大的经济成本,但这与民众付出的健康成本相比就显得微不足道了。所以,雾霾中,相关部门应坚持以人为本,勇于担当起责任。雾霾中的危害因子主要为化学污染物,对呼吸系统、心血管系统等存在不利健康影响,微生物引起的健康风险很小。

重污染应急的作用是通过一定的应急减排措施,尽可能地减少污染物排放,降低污染物累积程度,从而最大限度地保障公众身体健康。经专业测算,2016 年红警期间,采取应急减排措施比不采取措施,PM2.5 降低了 23% 左右,其他污染物平均降低了 30% 左右。雾霾的产生是一定气象条件下,人类生产生活排放的污染物超出环境容量所致。只有通过相应的治理措施把污染物排放强度降下来,才能从根本上解决空气污染问题,而这需要一个长期的过程。② 国家能源局正研究制定 2017—2021 年北方地区冬季清洁取暖规划,力争 5 年内在有条件地区基本实现清洁取暖方式替代散烧煤。③ 应当说,2018 年 3 月 17 日环境保护部李干杰部长的"京 60"目标以北京市 PM2.5 达到 58 微克/立方米的成果,证明了《北京大气条例》与《大气污染防治法》对致灾因子的控制效应显现出来了。

---

① 佚名. 雾霾又来了! 全国 60 余城市发布重污染天气预警[EB/OL]. (2016 - 12 - 31) [2018 - 08 - 11]. http://new. item. btime. com/32fb5muhh3881tp6gfo1p9b1hnt? from = assist.

② 佚名. 环保部门曝光"2016 年度十大雾霾谣言"[EB/OL]. (2016 - 12 - 31)[2018 - 08 - 11]. http://new. item. btime. com/321n48514n98unqp9rqpifb2q4s? from = assist.

③ 刘志强. 既要温暖过冬,又要蓝天白云——我国推进北方地区冬季清洁取暖综述[N]. 人民日报,2016 - 12 -31(1).

第三节 孕灾环境

一、孕灾环境的界定:从孕灾环境到成灾环境

在灾害学上,灾害系统论认为,灾害是由孕灾环境、致灾因子和承灾体相互作用的结果,即灾害(D)是地球表层孕灾环境(E)、致灾因子(H)、承灾体(S)综合作用即交集或集合(∩)的产物。其公式是:

$$D = E \cap H \cap S。$$

在公式中,H 是自然灾害产生的充分条件,S 是放大或者缩小灾害的必要条件,E 是影响 H 和 S 的背景条件。任何一个特定地区的灾害,都是 H、E、S 综合作用的结果。这当中,孕灾环境对于城市发展而言,像南京市江宁开发区成立后城市建设用地增加了 10.34 倍,水面率下降近 50%;全区不透水率达到 48.12%,主要建设用地平均不透水率超过 70%,这样,城市空间快速增长与洪涝频发之间的影响关系是:城市空间增长直接改变地表不透水面、河流景观等洪涝孕灾环境敏感区,引起产汇流过程紊乱和涝灾发生。① 可见,孕灾环境是自然危险转化成自然灾害重要的环境即背景条件。

相比之下,四川低山丘陵区特有的自然地理条件为滑坡的发生提供了基本条件也就是自然环境层面的孕灾环境:(1)地势西高东低,高程相差悬殊,最大相差约 2000 米,地形起伏较大;(2)沉积岩分布广泛,占到整个区域面积约 89%,其中,又以碎屑结构的砾岩、砂岩,泥质结构的泥岩为主;(3)断裂构造分布密集,主要有龙泉山西缘断裂、峨边断裂、西河—美姑断裂等 10 余条;(4)亚热带季风气候区,夏季多暴雨,导致滑坡活动十分频繁;(5)人口增长速率较快,经济发展水平较高等,该区域为我国滑坡灾害集中人分布区,滑坡灾害危害严重。② 因此,四川低山地区发生滑坡即泥石流灾害的话,只要具备大范围降水或者强降水的条件,就构成了一个完整的孕灾环境,即:$D = E \cap H \cap S$,就会导致泥石流灾害发生。比如,2008 年 9 月 24 日开始的持续降雨,使北川县城附近多处山体产生滑坡和泥石流,

---

① 苏伟忠,杨桂山,等. 城市空间扩展对区域洪涝孕灾环境的影响[J]. 资源科学,2012(5):933.
② 王志恒,胡卓玮,等. 基于变维分形理论的四川低山丘陵区滑坡孕灾环境敏感性分析[J]. 地球与环境,2012(6):681.

正在筹建的北川"地震博物馆"老县城一半以上被泥石流掩埋。到 9 月 27 日,横穿县城的湔江水位也开始上涨,北川老县城背后任家坪西坡的泥石流,不仅将北川老县城遗址一半多的地方掩埋,还冲坏了其防洪堤、抬高了湔江的河床,使新、老两个县城的抗洪能力大大降低。3 条巨大的泥石流沟从山顶倾泻而下,所过之处树木、房屋全被掩埋;在靠近北川中学地震遗址的地方,泥石流汇合在一起,形成宽约 200 米的巨大淤泥带,夹杂着不少直径超过 1 米的大石头;同时,上游唐家山堰塞湖的洪水,一旦失控宣泄,地震遗址很可能就会"瞬间消失"。① 对于北川而言,汶川大地震之后 9 月份的强降雨,成为让北川人永远不能忘怀的一次泥石流次生灾害,这就是孕灾环境转化成泥石流灾害成灾环境的典型事例。

可见,孕灾环境在没有出现致灾因子(H)、承灾体(S)的耦合作用,以及互相之间没有出现∩(交集)作用时,是不会成为成灾环境的。不过,一旦出现 H、S 互相之间,与 E 的耦合作用模式时,则 D 即灾害就出现了,孕灾环境也就自然而然地演化成了成灾环境,成为灾区的代名词了。

二、城市灾害中的孕灾环境法律特征

城市作为人财物和各种设施、建筑和人口的高度密集之所,由于各种城市灾害诱发因子的密集,素质因子的聚会,必然是个多灾之地。城市灾害有多发、常发和损失重、难预防等特点。理由是随着我国城市化进程明显加快,城市人口、功能和规模不断扩大,发展方式、产业结构和区域布局发生了深刻变化,新材料、新能源、新工艺广泛应用,新产业、新业态、新领域大量涌现,城市运行系统日益复杂,安全风险不断增大。一些城市安全基础薄弱,安全管理水平与现代化城市发展要求不适应、不协调的问题比较突出。② 为此,必须加强城市交通、供水、排水防涝、供热、供气和污水、污泥、垃圾处理等基础设施建设、运营过程中的安全监督管理,严格落实安全防范措施。③ 对城市安全风险进行全面辨识评估,建立城市安全风险信息管理平台,绘制"红、橙、黄、蓝"四色等级安全风险空间分布图。编制城市安全风险白皮书,及时更新发布。研究制定重大安全风险"一票否决"的具体情形和管理办法。明确风险管控的责任部门和单位,完善重大安全风险联防联控机

---

① 华小峰. 半个北川县城被泥石流掩埋,地震遗址濒临消失[EB/OL]. (2008 - 09 - 28) [2018 - 08 - 11]. http://news.qq.com/a/20080928/001435.htm.
② 中共中央办公厅、国务院办公厅. 关于推进城市安全发展的意见[R]. 2018 - 01 - 07,序言.
③ 中共中央办公厅、国务院办公厅. 关于推进城市安全发展的意见[R]. 2018 - 01 - 07,二、加强城市安全源头治理.

制。对重点人员密集场所、安全风险较高的大型群众性活动开展安全风险评估，建立大客流监测预警和应急管控处置机制。①

城市长高了，上海静安大火敲响警钟；城市变大了，堵车成灾警告人们；城市地上草绿花红，地下水管爆裂警告你；城市越来越现代化，表面光鲜美丽，直追国际都市，垃圾却悄悄地"将城给围了"。于是，在城市的人们，离不开城市公共服务与公共管理，可是，城市安全服务与城市安全管理，能让城市生活更美好吗？② 任何一个城市，观察它是否适合人类居住，就看"三辆车"：自行车、残疾车和婴儿车。白岩松认为，自行车多，说明更多的人愿意选择一种更为健康的生活方式，说明这个城市许多道路规划，是考虑到了自行车骑行的。如果路面上常见残疾人车，说明该城市无障碍设施十分完善，残疾人可以非常好地融入正常的城市生活。路上如果常常看到婴儿车，那意味着这个城市的空气质量很好，城市的出行环境相当安全。③ 应该说，白岩松的"三辆车论"恰恰也是城市安全度的法律观察视点，也是城市灾害孕灾环境的法律特征的观察点。

我国城镇化过程中，过于追求空间扩张和发展速度，而导致城市灾害脆弱性水平上升；④同时，受城市各种功能系统自身的复杂性，以及高强度人工环境特征的影响，必然导致城市灾害的潜在因子即诱发因子产生，也会对灾害事件的消极影响具有明显的强化和扩散效应。⑤ 城市对生活需求相关的产业布局集中且人们对其的依赖性大，许多人为事故也很容易引发社会混乱，灾害的连锁反应性后果，包括桥梁坍塌、交通中断、停电停水等直接影响城市居民的衣、食、住、行的事件，危害巨大。⑥ 也就是说，城市在"拥抱"便捷与繁华的同时，也面临着更大的风险与挑战。随着我国全面加快城市发展进程，减少灾害风险，建设安全城市迫在眉睫。这是城市灾害孕灾环境的第一个法律特点：风险增大和安全压力大。

① 中共中央办公厅、国务院办公厅. 关于推进城市安全发展的意见[R]. 2018-01-07,三、健全城市安全防控机制.
② 央视. 白岩松评上海火灾事件,称应重视城市安全[EB/OL]. (2010-11-27)[2018-08-11]. http://news. sina. com. cn/p/news/c/v/2010-11-27/233561195027. html.
③ 王佳妮. 白岩松:从"三辆车"判断一个城市是否健康[EB/OL]. (2016-11-22)[2018-07-31]. http://www. xinhuanet. com/health/2016-11/22/c_1119960689. htm.
④ 杨佩国,靳京,等. 基于历史暴雨洪涝灾情数据的城市脆弱性定量研究——以北京市为例[J]. 地理科学,2016(5):733.
⑤ 黄建毅,苏飞. 城市灾害社会脆弱性研究热点问题评述与展望[J]. 地理科学,2018(8):1211.
⑥ 杨承军. 我国城市公共安全现状与前景[EB/OL]. (2018-07-17)[2018-07-31]. https://www. xzbu. com/1/view-6680462. htm.

近几年来,我国平均每年有约 180 座城市发生内涝,一场小时雨量达 50 毫米的降水便可能让城市排水能力捉襟见肘,成都市也未能幸免。作为拥有超过 2000 万人口、262 栋超大型城市综合体、6696 家危险化学品从业单位聚集的成都市,城市灾害的孕灾环境在诱发因子聚集、素质因子密布的背景下,扩大因子即孕灾环境也在增加。比如,新世纪环球中心就使用了 468 台电梯,高峰时客流量超过 10 万人,车流量约 1.3 万辆,表面上的繁荣也是致灾因子聚集的标志。成都正处于发展动力转换期、超大城市成长期、多重矛盾凸显期,城市运行管理面临的安全风险也越来越大。那么,成都如何保障城市安全,有效防范和控制城市灾害呢?市长罗强提出"五个强化":(1)强化源头治理;(2)强化风险防控;(3)强化科技保障;(4)强化应急处置;(5)强化社会共治。其中,强化社会共治主要是推进安全生产责任保险、开展第三方技术巡查,鼓励支持社会化服务机构、公益组织和志愿者参与推进城市安全发展,同时整合平安社区、安全社区、消防安全社区、综合应急社区等建设力量和资源,完善大型活动、医院、高危行业安全管理标准。① 这便是第二个法律特点:常规性预防是必须的。

建设安全城市,应以应对城市系统性风险为导向。城市管理部门在应急准备上,要正视专项应急预案的局限性,更强调城市的弹性或者韧性;在应急响应上,更注重协调联动和灵活性,而非照搬经验。在城市的系统性风险中,最为敏感的灾害往往与气象因素关系密切:静稳天气是空气重污染的"帮凶",内涝与暴雨伴随而来,风力风向直接关系到火灾救援决策……因此,城市气象管理部门应发挥自身优势,在与城建、防汛、消防等部门的协同配合中共同发力,让城市在多元风险面前直起腰杆。建设安全城市,更需要将以人为本理念贯穿始终,在人性化预警与设施、增强公众防灾减灾意识等方面多用心。② 这便是第三个法律特点:多部门高效率协作和密切配合,公众积极参与,是城市灾害应对能力高低的重要标志。

影响安全城市的诸多致灾因素及其法律特征,如自然灾害、人为事故、恐怖袭击破坏等,导致安全城市与政府职责、企业生产与经营、市民活动之间存在着复杂的关系模型,以及对良性互动的高度依赖。因此,2014 年 5 月 12 日我国防灾减灾日主题是"城镇化与减灾",2016 年 5 月 12 日我国防灾减灾日的主题则是"减少

---

① 邹悦. 城市安全如何保障? 市长今天带队看了这三个地方[EB/OL]. 百家号,(2018 - 06 - 09)[2018 - 07 - 31]. http://baijiahao. baidu. com/s? id = 1602764823640342236&wfr = spider&for = pc.
② 中国气象报评论员. 评论:减少灾害风险,建设安全城市[N]. 中国气象报,2016 - 05 - 12 (1).

灾害风险,建设安全城市",从中可以看出全社会对安全城市的渴望。

三、孕灾环境的时空分布:以法律控制人的致灾性

在我国,对孕灾环境分布的分析,取决于学者科学研究后得出的科学结论。比如,为探索重庆市地质灾害孕灾环境分布,学者以重庆市主要地质灾害为研究对象,在分析致灾因子基础上,选取暴雨强度、地貌条件、地质岩性、年均降雨量、植被覆盖度和地质构造条件等 6 个因子,构建地质灾害孕灾环境分区指标体系,利用层次分析法和专家效度耦合方法确定各指标权重,并建立孕灾环境综合指数评价模型。结论是:重庆市地质孕灾环境综合指数数值在 43~84 之间,孕灾分区主要为高易发区(重庆北东部,占 53.68%)和中易发区(重庆中南部,占28.85%),两者占研究区总面积的 82.53%,地质灾害防止任务较艰巨。① 再如,汶川大地震发生前,在四川 42 个受灾县(市)共有地质灾害隐患点 5430 处,其中滑坡 3752 处,崩塌 600 处,泥石流 737 处等。② 地震发生后,发生的滑坡、崩塌、泥石流约 15000 处;同时,新发现地质灾害点 4970 处,其中滑坡 1701 处,崩塌 1844

---

① 林孝松,唐红梅,等. 重庆市地质灾害孕灾环境分去研究[J]. 中国安全科学学报,2011 (7):3.
② 研究区的孕灾环境特征。(1)地势总体西高东低,山区沟谷深切,地形崎岖。高山、中山、低山、丘陵和平原呈捷递状分布,西北部高山与东南部平原高差达 4000 米;(2)属于亚热带高原季风气候和亚热带季风气候。西部气温低,空气稀薄,向东南逐渐变暖。高原高山峡谷地区年平均气温 6°~12°,气候垂直带十分明显,山顶终年积雪;(3)常年年平均降水量 325~920mm,降雨主要集中在 5—9 月,夏季雨量占全年雨量的 50%~70%,使汛期成为滑坡灾害主要发生期;(4)河流分属长江水系的嘉陵江、沱江、岷江、大渡河流域,山区河谷深切,大小溪沟发育。由于降水季节性分配极度不匀,区内各主要河流在枯、丰期流量差别比较大,洪期流量、水位陡增,常常引发大量地质灾害。例如,山区河流侵蚀诱发滑坡、河流岸坡崩塌、沟谷及坡面泥石流等;(5)汶川大地震后,龙门山断裂带形成长约 350 多千米、宽约 50 千米的地表破裂带,触发了 1 万多处滑坡、泥石流等地震灾害,为震后滑坡提供了基本孕育条件。参见:聂娟,连健,等. 汶川地震灾区滑坡空间特征变化分析[J]. 地理研究,2014(2):215.

处,泥石流304处。① 相比之下,从天气因素和下垫面②因素两方面考虑,四川省干旱灾害孕灾环境敏感性由东向西呈现递增的趋势。即高风险区域集中在川西高原的康定和马尔康西北部,该地区降水分布较为不均,并且海拔较高,地形起伏较大;而四川省东部的平原地区地形平缓,年均降水量较为平均,河网分布密集,孕灾环境较稳定,发生干旱的可能性小。③ 可见,孕灾环境的分布特征,是客观存在的,而不是人为随意划定的。在某一个具体的地域里,某一种自然灾害的孕灾环境的形成尤其是孕灾环境的分布特征是长时间形成的,具有一定的稳定性和地域性。

有学者运用层次分析法结合GIS④软件,建立基于下垫面孕育灾害环境因子

---

① 聂娟,连健,等. 汶川地震灾区滑坡空间特征变化分析[J]. 地理研究,2014(2):214.
② 下垫面(underlying surface),是指与大气下层直接接触的地球表面。大气圈以地球的水陆表面为其下界,称为大气层的下垫面。它包括地形、地质、土壤、河流和植被等,是影响气候的重要因素之一。下垫面对大气的影响,主要表现在两个方面。(1)对气温的影响,由于气温是气候最主要的要素,是下垫面对大气的影响主要方面。对于低层大气而言,由于几乎不能吸收太阳辐射,而能强烈吸收地面辐射,地面辐射成为它的主要直接热源。此外,下垫面还以潜热输送、湍流输送等方式影响大气热量;(2)对大气水分的影响,大气中的水气也是来自下垫面。在相同气象条件下不同下垫面表面温度有很大差异,下垫面的绿化能够有效改善了局部微气候;当地正午太阳高度角对于下垫面表面温度来说起主导作用。
③ 王鹏,王婷,等. 四川省干旱灾害孕灾环境敏感性研究[J]. 现代农业科技,2014(24):221;224.
④ 地理信息系统(GIS,Geographic Information System 或 Geo-Information system),有时又称为"地学信息系统",它是一种特定的十分重要的空间信息系统,也是一门综合性学科,结合地理学与地图学以及遥感和计算机科学,已经广泛地应用在不同的领域,是用于输入、存储、查询、分析和显示地理数据的计算机系统。地质灾害的研究分析中的GIS,是在计算机硬、软件系统支持下,对整个或部分地球表层(包括大气层)空间中的有关地理分布数据进行采集、储存、管理、运算、分析、显示和描述的技术系统。随着GIS的发展,也有称GIS为"地理信息科学"(Geographic Information Science),近年来,也有称GIS为"地理信息服务"(Geographic Information service)。GIS是一种基于计算机的工具,它可以对空间信息进行分析和处理(即对地球上存在的现象和发生的事件进行成图和分析)。GIS技术把地图这种独特的视觉化效果和地理分析功能与一般的数据库操作(如查询和统计分析等)集成在一起。GIS与其他信息系统最大的区别是对空间信息的存储管理分析,从而使其在广泛的公众和个人企事业单位中解释事件、预测结果、规划战略等中具有实用价值。GIS分为五部分。(1)人员,是GIS中最重要的组成部分。开发人员必须定义GIS中被执行的各种任务,开发处理程序。熟练的操作人员通常可以克服GIS软件功能的不足,但是相反的情况就不成立。最好的软件也无法弥补操作人员对GIS的一无所知所带来的副作用;(2)数据,精确的可用的数据可以影响到查询和分析的结果;(3)硬件,硬件的性能影响到软件对数据的处理速度,使用是否方便及可能的输出方式;(4)软件,不仅包含GIS软件,还包括各种数据库,绘图、统计、影像处理及其他程序;(5)过程,GIS要求明确定义、一致的方法来生成正确的可验证的结果。GIS属于信息系统的一类,不同在于它能运作和处理地理参照数据。地理参照数据描述地球表面(包括大气层和较浅的地表下空间)空间要素的位置和属性,在GIS中的两种地理数据成分:空间数据,与空间要素几何特性有关;属性数据,提供空间要素的信息。地理信息系统(GIS)与全球定位系统(GPS)、遥感系统(RS)合称3S系统。

的内蒙古锡林郭勒地区沙尘暴风险评价指标体系,评价锡林郭勒地区 3 个时间段(1981—1990 年,1991—2000 年,2001—2010 年)的沙尘暴风险。结果表明:30 年间锡林郭勒地区沙尘暴下垫面孕灾环境风险呈增加趋势,且西部地区高于东部地区。植被覆盖度和积雪指数的实践异质性是导致春季沙尘暴灾害多于其他季节的直接原因。春季植被覆盖度低,积雪指数也低于冬季。植被覆盖度和积雪指数的双重作用,是造成 30 年来研究区沙尘暴风险增加趋势的直接原因。土地利用方式的不同是造成锡林郭勒地区各旗县沙尘暴风险差异的主要原因。①

同样,学者从干旱灾害的致灾因子危险性、孕灾环境脆弱性、承灾体暴露性和防灾减灾能力 4 个因子入手,以灾害学理论为基础,构建干旱灾害风险评估模型,然后根据相关气象、地理环境和社会经济数据,分析干旱灾害风险成因,在 GIS 平台上对中国南方地区进行干旱灾害风险评估。其结论是:(1)干旱致灾因子的高危险区,主要位于云南省的中东部以及与四川的交界处,川西高山高原区和东部盆地的遂宁、宜宾市,还有广东东部沿海地区;(2)孕灾环境的高脆弱区,主要分布在云南中东部、四川东部盆地,以及贵州西北部;(3)承灾体的高暴露区,主要位于广东东部、雷州半岛和沿海地区,广西南部以及四川盆地的大部分地区,(4)防灾减灾能力较高的区域,主要位于重庆西部、四川西部、云南东北部、贵州中部、广西南部,以及广东中东部地区;(5)干旱灾害的高风险区,主要位于四川东部盆地、四川与云南交界处、云南东北大部分地区、广西西南部,以及广东东北部和雷州半岛。而干旱灾害的低风险区,主要位于四川北部山区以及广东和广西的北部,等等。②

学者在分析研究时,将干旱灾害风险要素分解为 4 个:(1)致灾因子危险性;(2)孕灾环境脆弱性;(3)承灾体暴露性,包括自然物理暴露和社会物理暴露;(4)防灾减灾能力,包括工程性防灾减灾能力和非工程性防灾减灾能力。其中,这 4 个因子构成只进行了相关指标说明,并没有解释这 4 个因子本身的含义,以及第 3、第 4 因子所包含的类型的具体含义,但是,其孕灾环境分布的分析是非常深透的。也就是说,对孕灾环境分布特征的把握,实际上就是在探索利用人类社会的法律制度,控制人的致灾性同时,构建防灾减灾法律体系的必要前提。

① 武健伟,李锦荣,等. 基于厦垫面孕灾环境因子的锡林郭勒地区沙尘暴风险评价[J]. 林业科学,2012(9):1,6.
② 王莺,莎莎,等. 中国南方干旱灾害风险评估[J]. 草业学报,2015(5):12.

四、依法控制大气污染孕灾环境的效用性分析

在我国,大气污染行为当然是一种致灾行为了。说它是致灾行为,是因为过量排放大气污染物,会导致大气污染物产生各种各样的危害,在超出大气环境质量标准之后,就成为一种名副其实的致灾因子。如果在一个地区,虽然有防治大气污染的立法,但是,首先全社会不高度认同这个立法,从立法者、行政执法者到广大的守法者等主体,大家都不严格执行这个法律法规,那么,控制大气污染的法律效用会如何? 这显然是一个人的致灾性大气污染法律法规控制的孕灾环境问题了。

早在 1979 年 9 月 13 日,第五届全国人大常委会第 11 次会议就原则通过我国《环境保护法(试行)》这部 7 章 33 条的法律,开宗明义规定:根据我国《宪法》第十一条"国家保护环境和自然资源,防治污染和其他公害"的规定,制定该法(第一条)。而其所要保护的 15 个环境要素的第 1 个就是"大气"(第三条);积极防治工矿企业和城市生活废气、废水、废渣、粉尘、垃圾、放射性物质等有害物质和噪声、震动、恶臭等对环境的污染和危害(第十六条);一切排烟装置、工业窑炉、机动车辆、船舶等,都要采取有效的消烟除尘措施,有害气体的排放,必须符合国家规定的标准。大力发展和利用煤气、液化石油气、天然气、沼气、太阳能、地热和其他无污染或者少污染的能源。在城市要积极推广区域供热(第十九条);散发有害气体、粉尘的单位,要积极采用密闭的生产设备和生产工艺,并安装通风、吸尘和净化、回收设施(第二十三条),等等。应当说,在 20 世纪 70 年代后期,我国改革开放国家政策让经济发展进入正轨的时候,立法保护大气环境即限制大气污染行为,是非常具有前瞻性的。按照法制的基本原理,既然法律有了这些规定,那么,大气污染应该是能有效和切实被控制起来的。但是,实际情况却不是立法所能通过大气污染防治的法律制度设计的。

1981 年 3 月 12 日,北京市颁发了《北京市加强炉窑排放烟尘管理暂行办法》(简称《北京烟尘办法》,共 16 条),这是在我国《环境保护法(试行)》之后,最早开始通过加强炉窑排放烟尘管理,控制大气污染致灾行为的地方立法。《北京烟尘办法》规定:各种炉窑额定小时烧煤量在 150 斤以上的,必须采取机械燃烧方法或其他方法,同时配备除尘器(第二条);炉窑在正常运行情况下,排烟黑度不得超过

林格曼1级;①在起动、清炉等特殊情况下,排烟黑度超过林格曼2级的时间,在8小时内累计不得超过15分钟(第三条)。由《北京烟尘办法》的颁行可以看出,北京市对大气环境及其质量是非常重视的。为了强化大气污染致灾行为的控制,并把烟尘污染这一大气污染致灾因子的控制纳入日常行政管理过程中,在《北京烟尘办法》之外,北京市另外开辟立法路径。

1984年3月8日,北京市发布《北京市防治大气污染管理暂行办法》(共5章40条,简称《北京大气办法》),规定执行国家《大气环境质量标准》(GB 3095 - 82);国家《大气环境质量标准》未列项目,执行国家《工业企业设计卫生标准》(TJ 36 - 79)"居住区大气中有害物质的最高容许浓度"的规定(第五条);各种有害气体排放执行《北京市废气排放标准》(第七条)等,并专门规定了"污染源的控制"一章(即第三章第九条~第二十八条,共20条)。到这里,北京市已经有了两个地方性立法,按理说,这些立法地方立法的效用,因为其具体和明确,应该在大气污染的控制尤其是大气灾害在孕灾环境控制上,发挥了充分而有效的积极作用。然而,事实证明,这种判断只是笔者自己的主观臆想。

我国《环境保护法(试行)》颁行8年后,1987年9月7日,我国颁布《大气污染防治法》②,这是针对大气污染的专门性立法,在具体条款中,明确规定了"任何单位和个人都有保护大气环境的义务"(第五条)、"城市建设应当统筹规划,统一解决热源,发展集中供热"(第十九条)、"严格限制向大气排放含有毒物质的废气和粉尘"(第二十二条)、"向大气排放含放射性物质的气体和气溶胶,不得超过规定的排放标准"(第二十五条)、"向大气排放恶臭气体的排污单位,必须采取措施防止周围居民区受到污染"(第二十六条)和"大气排放粉尘的排污单位,必须采取除尘措施"(第二十七条)等规则,其措辞使用了"有……义务""应当""严格限制""不得""排放……必须"等字样,带有相当的强制性色彩,其赋予大气污染致灾因子控制规范的强制力之强,可见一斑。

---

① 林格曼,是反映锅炉烟尘黑度(浓度)的一项指标。林格曼烟尘浓度表使用方法:观察者站立在与烟囱距离40米左右的地方,将林格曼图板竖立在距观察者一定距离上,这个距离的大小取决于观察者的视力,一般以15米为好。然后,将烟色与图板的黑度进行对比,从而可以得知烟气的烟尘浓度。共有6级,从0至5级。在白色的底上用黑色的小方格表示,白色面积为100%时为0级,当黑色面积为20%时为1级,黑色面积为40%为2级,依次类推,60%为3级,80%为4级,100%为5级。

② 我国《大气污染防治法》由第六届全国人大常委会第22次会议于1987年9月5日通过,1988年6月1日施行,共6章41条。1995年8月29日第八届全国人大常委会第15次会议第一次修正,增加了9条规定,我国《大气污染防治法》增加到6章50条。

我国《大气污染防治法》刚刚生效,1988 年 7 月 7 日,北京市人大便通过《北京市实施〈中华人民共和国大气污染防治法〉条例》(共 6 章 40 条,简称《北京实施条例》),将《北京大气办法》作废,规定了"防治烟尘污染"(第三章)、"防治废气、粉尘和恶臭污染"(第四章)和"法律责任"(第五章)等,其规定似乎更具体、更具有可操作性。为此,1989 年 8 月 23 日,《北京市防治机动车排气污染管理办法》(简称《北京排气办法》,1997 年 11 月 25 日修改,共 18 条)发布,规定:(1)加油站必须销售无铅汽油(第四条);(2)制造、维修机动车、车用发动机和从国外进口机动车的污染物排放,不得超过排放标准(第五条);(3)建立机动车污染物排放状况登记制度(第九条);(4)制造、维修出厂的机动车,车用发动机排放污染物超过排放标准的,或者制造的排气净化装置不合格的,责令限期改正,处 1000 元 ~ 1 万元罚款(第十四条)等。这些规定对机动车排气污染控制有积极意义,北京似乎也是全国最先采用地方立法,控制来自机动车排气污染的城市。

1990 年 5 月 28 日,《北京市实施〈中华人民共和国大气污染防治法〉条例》行政处罚办法(简称《北京处罚办法》,共 18 条)加码颁布,规定:违反《北京实施条例》情节轻微的,给予警告(第三条);不如实申报有关大气污染物排放情况的,处 5000 元以下罚款(第四条);使用各种炉、窑,对下灰未妥善处理,随意扬弃,污染大气环境的,处 200 元以上 1000 元以下罚款(第十一条);排放有毒有害废气、粉尘,无排放装置和净化装置,非正常排放的,处 5000 元以下罚款;造成严重后果的,处 5000 元以上 5 万元以下罚款(第十二条);在人口集中地区从事经常性的露天喷漆、喷砂或者其他散发大气污染物作业的,除责令停止作业外,处 1000 元以上 5000 元以下罚款(第十四条);未经批准在人口集中地区、特别指定地区焚烧沥青、油毡、橡胶、皮革、树叶、枯草、垃圾以及其他产生有毒有害烟尘和恶臭气体的物质的,处 200 元以上 500 元以下罚款(第十五条)。显然,颁行《北京处罚办法》的目的,就是为了有效控制大气污染的排放行为,力图让北京市的大气污染致灾行为有所收敛,从而有效改善北京市的大气孕灾环境状况。

整体上看,从我国的《环境保护法(试行)》到我国《大气污染防治法》,大气污染的法律控制的制度目标和规范设计,规则非常清晰和明确。但是,对改革开放初期的经济、社会和文化发展的冲动,应当说这两部法律很难有效发挥其完全效用。因此,北京市从 20 世纪 80 年代初期,即寄希望于通过地方立法干预北京市炉窑、机动车排气等,并有了明晰的"防治烟尘污染""防治废气、粉尘和恶臭污染"目标,并专门制定《北京实施条例》《北京处罚办法》等,以强化大气污染灾害,尤其是 21 世纪前 20 年的雾霾灾害的预防和治理能力。然而,持续不断的"北京咳"和"北京霾"现象充分说明,当诱发因子与素质因子组合,转化成扩大因子,并与宏观因素结合而成孕灾环境时,大气污染防治方面的国家立法和地方立法的实际效用必然是非常不理想的,即一种人的致灾性制度设计控制有效或者高效,事实上却控制不力的必然性社会现象。

下编 03

"灾害法学" 的发现研究

第七章

灾害法学的路径发现

自然灾害作为一种自然变异的力量、能量或者破坏性资源,涉及我们的生命、我们的生存环境生活秩序,当然,也涉及我们自己在各种自然灾害和灾难中的生存能力了。这种判断,是把视角从人类社会的宏观视角转化成了微观视角。公民个体在各种自然灾害中如何逃生、生存或者自救、他救和互救,固然首先要考虑社会的应急制度建设,社区的应急设施建设。但是,站在纯粹的个体生存力角度,首先却是公民个体的应急意识、应急能力和逃生技巧、自救能力的训练、强化,以及转化成一种很强的自我保全生命的逃生能力。

遗憾的是,这种逃生能力,有时候可以是一种求生本能,然而更多的时候,却只能是一种求生意识之下的忍耐力、承受力和困难克服力的集合。这三种力量其实就在人体之中,需要通过法律制度和各种逃生训练加以固定、置换和显现出来。通过立法,把应对自然灾害变成国家机关及其工作人员的职责、义务、合作机制建设,是人类社会发明的应对自然灾害的制度力量。

从这个意义上看,自然灾害是一种刚性的自然变异能量的释放,具有相当的破坏性、危害性,使人类社会显现出脆弱性、易损性来,并以已损性、危损性等表现出来。人类社会发明的对抗自然灾害的制度力量的原理,主要是:(1)灾前期的自然危险预防;(2)临灾期的自然危险应急;(3)灾后期的恢复重建能力等。问题是,自然危险转化成自然灾害之后,便是对于人类社会带来的已损性、危损性或者破坏性,呈现出大量的人员死伤残、巨量财产的毁灭或者破坏,以及人类社会秩序的严重破坏,等等。

人类发明的制度力量,如何凭借法律效用或者法治能力,充分发挥其作用,转化成抵御、减轻和消解自然灾害和人为灾害的制度效用,便是"灾害法学"的使命了。

第一节　长江大水灾与天然林禁伐

一、长江流域大洪水的法律反思:法律效力限制问题

我国 1998 年 7—9 月夏秋季长江、嫩江、松花江特大洪水灾害,长江洪水是继 1931 年和 1954 年两次洪水后,20 世纪发生的又一次全流域型的特大洪水灾害之一;嫩江、松花江洪水同样是 150 年来最严重的全流域特大洪水灾害。据统计,包括受灾最重的江西、湖南、湖北、黑龙江四省,全国共有 29 个省(区、市)遭受不同程度的洪涝灾害,受灾面积 3.18 亿亩,成灾面积 1.96 亿亩,受灾人口 2.23 亿人,死亡 4150 人,倒塌房屋 685 万间,直接经济损失达 1666 亿元。

这次长江全流域性大洪水的抢险救灾,是从 1998 年 6 月中旬开始的。起因是洞庭湖、鄱阳湖连降暴雨、大暴雨使长江流量迅速增加。受上游来水和潮汛共同影响,江苏省沿江潮位自 6 月 25 日起全线超过警戒水位。南京站高潮位 7 月 6 日达 9.90 米。沿江苏南地区自 6 月 24 日入梅至 7 月 6 日出梅。由于沿江潮位高,内河排水受阻,形成外洪内涝的严峻局面。秦淮河东山站最高水位 10.28 米,居历史第三位;滁河晓桥站最高水位达 11.29 米,超出警戒水位 1.79 米。7 月下旬至 9 月中旬初,受长江上游干流连续 7 次洪峰及中游支流汇流叠加影响,大通站流量 8 月 2 日最大达 82300 立方米/秒,仅次于 1954 年洪峰流量,为历史第二位。南京站 7 月 29 日出现最高潮位 10.14 米,居历史第二位,在 10.0 米以上持续 17 天之久。镇江站 8 月 24 日出现 8.37 米的高潮位,仅比 1954 年低 1 厘米,居历史第三位。

这次长江全流域性大洪水,与历史上大洪水相比,主要不同在于:1998 年洪水期间长江干流中下游和洞庭湖、鄱阳湖主要控制站的洪峰水位明显偏高,高水位持续时间较长、分洪溃口少。这次为时一个季度的持续抗洪抢险过程的节点如下。

1998 年 1 月 1 日,我国《防洪法》①正式实施。

1998 年 4 月 20 日,国家防总、水利部开始对 7 大江河进行汛前检查。

1998 年 6 月 30 日,国家防总发出《关于长江、淮河防汛抗洪工作的紧急通知》,要求各级领导立即上岗到位,切实负起防汛指挥的重任。

1998 年 7 月 14 日,国家防总发出《关于进一步做好防汛工作的通知》,要求全面落实各项度汛措施,干部、劳力、物资、技术人员要全部到位。

1998 年 7 月 17 日,国家防总再次发出《关于做好当前长江抗洪工作的通知》,部署迎战长江第 2 次洪峰。

1998 年 7 月 24 日零时,温家宝副总理连夜主持召开国家防总全体会议,分析长江防汛形势,对迎战即将到来的第 3 次洪峰做出紧急部署。

1998 年 7 月 26 日,江西、湖南省依据我国《防洪法》宣布进入紧急防汛期。

1998 年 7 月 27 日,国务院办公厅发出《关于进一步做好支持各地防汛抗洪工作的通知》。

1998 年 8 月 1 日 20:30,湖北嘉鱼县合镇垸溃决。该垸为长江大堤之间的洲滩民垸,溃决后省防汛指挥部紧急调动 2000 名解放军、武警官兵和公安干警,动用 150 多艘冲锋舟、橡皮船,全力抢救,并空投 1 万件救生衣。在抢险中有 19 名解放军官兵牺牲。

1998 年 8 月 2 日,国家防总发出《关于及时转移危险地带人员加强大堤防守的紧急通知》,要求必须把保证人民群众生命安全放在首位,及时转移危险地区群众,同时要突出重点,切实加强长江干堤、重点圩垸堤防和重要城区堤防的防守。

1998 年 8 月 6 日,中共中央、国务院、中央军委致电慰问全国抗洪救灾军民。湖北省宣布进入紧急防汛期。

1998 年 8 月 7 日 13 时 50 分,长江九江大堤发生决口,决口位于九江市城区长江大堤上游段 4 号 ~5 号闸口之间。中央军委紧急调动部队进行堵口,原南京军区、原北京军区某集团军和福建、江西武警等联合作战,于 12 日 18 时堵口成功。

1998 年 8 月 7 日夜,江泽民总书记主持召开中央政治局常委扩大会议,专门

---

① 《中华人民共和国防洪法》1997 年 8 月 29 日第八届全国人大常委会第 23 次会议通过,1998 年 1 月 1 日施行,分为第一章总则;第二章防洪规划;第三章治理与防护;第四章防洪区和防洪工程设施的管理;第五章防汛抗洪;第六章保障措施;第七章法律责任;第八章附则 8 章 65 条,分别于 2009 年 8 月 27 日第一次修正、2015 年 4 月 24 日第二次修正、2016 年 7 月 2 日第三次修正。

听取国家防总的工作汇报,并做出《关于长江防汛抗洪抢险工作的决定》。

1998 年 8 月 8 日,中央军委发出《关于进一步做好抗洪抢险救灾工作的紧急指示》。

1998 年 8 月 13 日—14 日,江泽民总书记到长江荆江大堤、洪湖大堤、武汉龙王庙、月亮湾等险段指挥抢险,慰问军民,发出决战决胜的总动员令,给抗洪军民以极大的鼓舞。

1998 年 8 月 24 日,全军和武警部队投入抗洪抢险兵力总计已达 27.6 万人,这是自渡江战役以来在长江集结兵力最多的一次。

1998 年 8 月 24 日,中纪委、监察部发出《严明纪律确保防汛抗洪斗争的最后胜利》的通知和《严肃查处防汛抗洪斗争中的违纪违法行为》的通报。

1998 年 8 月 25 日,长江上游出现 1998 年第 7 次洪峰。12 时宜昌洪峰流量 56300 立方米/秒,洪峰水位 53.29 米。由于隔河岩、葛洲坝水库拦洪错峰,这次洪峰没有引起汉口以下河段水位上涨,但高水位的持续时间进一步延长。

1998 年 8 月 31 日,温家宝副总理主持召开国家防总第 4 次全体会议。会后,国家防总发出了《关于做好决战阶段抗洪抢险工作的通知》,对迎战长江第 8 次洪峰做出部署,同时要求做好救灾工作、修复水毁工程的准备工作。

1998 年 9 月 2 日,长江中下游干流水位开始全线回落。长江干流鄂州至小池口河段恢复通航,累计断航时间 37 天。

1998 年 9 月 7 日—12 日,朱镕基总理到湖北、江西、湖南、重庆、四川 5 省市考察,贯彻落实江泽民总书记关于做好抗洪救灾、重建家园、发展经济的重要讲话精神,具体安排灾后重建、治理江河工作。

1998 年 9 月 7 日,长江干流石首至武汉河段恢复通航,至此长江干流全线恢复通航,最长封航时间 43 天。

1998 年 9 月 22 日,参加抗洪抢险的解放军和武警部队官兵全部撤离抗洪第一线。

我国是一个多暴雨洪水的国家,历史上洪水为患十分严重。新中国成立后,党和政府十分重视防洪工作,对江河进行了大规模的治理,并发布了《中华人民共和国防汛条例》《中华人民共和国河道管理条例》《蓄滞洪区安全与建设指导纲要》等行政法规和文件,对规范和促进防洪工作起了重要作用。但是,随着经济的迅速发展、人口的不断增长、城市规模的日益扩大,防洪工作遇到了许多新情况、新问题。

(1)防洪规划没有很好落实,突出表现为不重视编制防洪规划,对防洪缺乏统一考虑;不严格执行防洪规划,侵占防洪规划中确定的防洪工程设施建设项目用地,影响防洪综合效益的发挥。

（2）对随意占用河道的行为,缺乏强有力的管理手段,河道防护和防洪工程设施保护亟待加强。一些跨河、穿河、临河工程设施的建设占用河道不按规定审批,忽视防洪需要,一些地方甚至在河道内修建工厂和住宅,在河堤上建房屋,严重影响行洪;河道、湖泊淤积严重,泄洪、蓄洪能力锐减,致使汛期行洪不畅,加重了汛情。

（3）防洪工程的防洪标准偏低,抵御洪灾能力较差。不少防洪工程老化失修,无力更新改造,防洪能力降低,紧急情况下难以启用,问题相当严重。据1995年底统计,全国受洪水威胁的611个城市中,有422个城市防洪工程的防洪能力低于国家规定的标准。

（4）蓄滞洪区的安全与建设缺乏有效管理。蓄滞洪区内的人口控制、安全工程的建设、蓄滞洪后的补偿、救济制度缺乏法律约束,一些单位在蓄滞洪区内随意进行建设,甚至将工厂、居民点建在行洪道内,加重了蓄滞洪区启用的代价。

（5）防洪投入不足,投入渠道不多。防洪是公益事业,投入的社会效益明显、经济效益很差,企业和个人不愿投入,国家财政又包不了,结果造成防洪投入总体水平下降,跟不上经济建设和社会发展对防洪的需要。为了解决这些问题,迫切需要制定防洪法,将防洪工作进一步纳入法制化的轨道。①

1998年洪涝灾害的教训,在持续几个月的应急救灾之后,是非常值得总结的。1999年5月10日,水利部下发《关于流域管理机构决定〈防洪法〉规定的行政处罚和行政措施权限的通知》水政法〔1999〕231号文,强调为加强长江、黄河、淮河、海河、珠江、松花江和辽河、太湖等7大流域的防洪工作,依据我国《行政处罚法》《防洪法》第六十四条行政处罚和行政措施由县级以上政府水行政主管部门决定,或者由流域管理机构按照国务院水行政主管部门规定的权限决定的规定,经研究决定:长江、黄河、淮河、海河、珠江、松辽水利委员会和太湖流域管理局及其所属管理机构(简称"流域管理机构")在指定范围内,决定我国《防洪法》第七章规定的行政处罚和行政措施。

2009年8月27日,第11届全国人大常委会第10次会议通过《全国人民代表大会常务委员会关于修改部分法律的决定》,对我国《防洪法》中明显不适应社会

---

① 钮茂生.关于《中华人民共和国防洪法(草案)》的说明——1997年6月27日在第八届全国人民代表大会常务委员会第26次会议上〔R/OL〕.(1997－08－28)〔2018－01－26〕. http://law.npc.gov.cn:8081/FLFG/flfgByID.action? flfgID ＝ 42185&showDetailType ＝ QW&zlsxid=23.

主义市场经济和社会发展要求的规定做出修改,即删去我国《防洪法》第五十二条"有防洪任务的地方各级人民政府应当根据国务院的有关规定,安排一定比例的农村义务工和劳动积累工,用于防洪工程设施的建设、维护"的规定;将我国《防洪法》第六十一条、第六十二条和第六十四条引用的"治安管理处罚条例"修改为"治安管理处罚法",这些修改,对洪涝灾害的防灾体制与应急管理没有任何触及。

2012年10月13日,在"全国巩固退耕还林成果部际联席会议第三次会议"上,国家林业局副局长张永利表示:"巩固退耕还林成果、继续推进退耕还林工程建设正处在一个十分关键的时期。"贵州、四川、甘肃等十几个省区明确要求重启退耕还林工程。许多省区都是在遭受干旱、地震、泥石流等重大自然灾害后,迫切要求扩大退耕还林面积的,如贵州省就提出增加退耕还林面积300万亩,云南省也希望国家安排退耕还林400万亩。有关重启退耕还林的规划,上报国务院审批。

2015年4月24日,第12届全国人大常委会第14次会议对我国《防洪法》做出修改。(1)将我国《防洪法》第二十五条"护堤护岸的林木,由河道、湖泊管理机构组织营造和管理。护堤护岸林木,不得任意砍伐。采伐护堤护岸林木的,须经河道、湖泊管理机构同意后,依法办理采伐许可手续,并完成规定的更新补种任务"修改为"护堤护岸的林木,由河道、湖泊管理机构组织营造和管理。护堤护岸林木,不得任意砍伐。采伐护堤护岸林木的,应当依法办理采伐许可手续,并完成规定的更新补种任务";(2)将我国《防洪法》第三十四条第三款"城市建设不得擅自填堵原有河道沟汊、贮水湖塘洼淀和废除原有防洪围堤;确需填堵或者废除的,应当经水行政主管部门审查同意,并报城市人民政府批准"修改为"城市建设不得擅自填堵原有河道沟汊、贮水湖塘洼淀和废除原有防洪围堤。确需填堵或者废除的,应当经城市人民政府批准"。这些修改,也没有做任何触及实质层面的修改。

2016年7月2日,第12届全国人大常委会第21次会议对我国《防洪法》再次做出修改。(1)将我国《防洪法》第十七条第二款"前款规定的防洪工程和其他水工程、水电站的可行性研究报告按照国家规定的基本建设程序报请批准时,应当附具有关水行政主管部门签署的符合防洪规划要求的规划同意书"修改为"前款规定的防洪工程和其他水工程、水电站未取得有关水行政主管部门签署的符合防洪规划要求的规划同意书的,建设单位不得开工建设"。(2)将我国《防洪法》第二十七条第一款"建设跨河、穿河、穿堤、临河的桥梁、码头、道路、渡口、管道、缆线、取水、排水等工程设施,应当符合防洪标准、岸线规划、航运要求和其他技术要求,不得危害堤防安全、影响河势稳定、妨碍行洪畅通;其可行性研究报告按照国家规定的基本建设程序报请批准前,其中的工程建设方案应当经有关水行政主管部门根据前述防洪要求审查同意"修改为"建设跨河、穿河、穿堤、临河的桥梁、码头、道路、渡口、管道、缆线、取水、排水等工程设施,应当符合防洪标准、岸线规划、航运要求和其他技术要求,不得危害堤防安全、影响河势稳定、妨碍行洪畅通;其工程建设方案未经有关水行政主管部门根据前述防洪要求审查同意的,建设单位不得开工建设"。

(3)将我国《防洪法》第三十三条第一款"在洪泛区、蓄滞洪区内建设非防洪建设项目,应当就洪水对建设项目可能产生的影响和建设项目对防洪可能产生的影响做出评价,编制洪水影响评价报告,提出防御措施。建设项目可行性研究报告按照国家规定的基本建设程序报请批准时,应当附具有关水行政主管部门审查批准的洪水影响评价报告"修改为"在洪泛区、蓄滞洪区内建设非防洪建设项目,应当就洪水对建设项目可能产生的影响和建设项目对防洪可能产生的影响做出评价,编制洪水影响评价报告,提出防御措施。洪水影响评价报告未经有关水行政主管部门审查批准的,建设单位不得开工建设"。

(4)将我国《防洪法》第五十八条第一款"违反本法第三十三条第一款规定,在洪泛区、蓄滞洪区内建设非防洪建设项目,未编制洪水影响评价报告的,责令限期改正;逾期不改正的,处5万元以下的罚款"修改为"违反本法第三十三条第一款规定,在洪泛区、蓄滞洪区内建设非防洪建设项目,未编制洪水影响评价报告或者洪水影响评价报告未经审查批准开工建设的,责令限期改正;逾期不改正的,处5万元以下的罚款"。

应当说,这次系统性的修改,对水工程或者涉水工程的修建提出了新的要求,能对我国洪涝灾害的防控发挥积极而有效的作用,而这从法律规范发挥作用的角度看,恰恰彰显了"灾害法学"的学术价值和意义:积极的法治能力干预。

二、地震中人的可作为:灾害法学路径的显现

地震发生时,地震波按传播方式分为三种类型:纵波、横波和面波。纵波是推进波,在地壳中,纵波的传播速度为5.5~7千米/秒,最先到达震中,又称P波,纵波能使地面发生上下振动,但是破坏性较弱。而横波是剪切波,在地壳中,横波的传播速度为3.2~4.0千米/秒,第二个到达震中,又称S波,横波能使地面发生前后、左右抖动,破坏性较强。而面波,又称L波,是由纵波与横波在地表相遇后激发产生的混合波。其波长大、振幅强,只能沿地表面传播,是造成建筑物强烈破坏的主要因素。不同的P波和S波交织,回转的波峰叠加在射入的波峰上,引起幅度的变化。每一叠加地震波的相位是关键,因为当交切的波位相相同时能量会加强。通过这种"正干涉",地震能量在某些频率波段汇集起来。如果没有地震波的几何扩散和摩擦耗散,即振动的岩石和土壤使一些波能转化为热,地震波的干涉造成的振幅增长,必然会造成灾难性的后果。地震仪器就是利用纵波快于横波的原理,在测量的横波到时减去纵波到时计算出震源距地震仪的距离,用3个以上的监测台就能把地震准确定位。于是,人的作为、可作为空间来了,那就是利用 L 波到达与 P 波、S 波的时间差,进行逃生和灾前的防震减灾工作。

如果地震发生时,人在学校或者在教室、实验室或者图书馆等学习场所,该怎样逃生? 显而易见,我们肯定不会站在原地,任由地震 P 波、S 波和 L 波的前后冲击,然后受伤、致残或者伤残严重最后死亡。当地震来临时,如果你正在教室上课或者实验室、图书馆学习,要在老师的指挥下,迅速抱头、闭眼、躲在各自的课桌下或课桌旁。如果是在操场或者室外活动,则可原地不动而蹲下,双手保护头部。这时,要注意避开高大建筑物或者危险物,包括构筑物,比如灯杆、各种悬挂物、搁置物等。地震初期的冲击波过后,应当有组织地撤离到应急避难场所。必要时,应在室外安全场所上课,而不是回到教室中去。这个时候,地震这种自然现象的冲击波原理,就是我们必须修习的基本知识了。

掌握了地震波的知识,还要学会在地震前掌握好逃生知识、逃生技能和逃生路线,进行逃生转移、撤离路线或者路径的训练。当你看到建筑在上下摆动或者震动时,在允许跑动逃生的情境下,就可以利用 P 波与 S 波之间形成 L 波的时间差(一般的时间差不超过 15 秒),沉着冷静、有秩序地撤离。地震到来时,如果你是在比较坚固、安全的房屋或者建筑物里,而无法即时从建筑物内逃离出来,则应立即躲避到课桌下、讲台旁、教学楼内开间小、有管道支撑的房间,决不可随意乱跑动。尤其是,不能跳楼逃生。

当然,在地震发生的第一时间,国务院应急办、国家减灾委等职能机构,会根据我国《国家自然灾害救助应急预案》①(简称《国家应急预案 2016》)的具体规

---

① 2011 年 10 月 16 日《国家自然灾害救助应急预案》经过修改,经国务院批准,2016 年 3 月 10 日由国务院办公厅印发。这个应急预案包括:1. 总则(1.1 编制目的、1.2 编制依据、1.3 适用范围、1.4 工作原则);2. 组织指挥体系(2.1 国家减灾委员会、2.2 专家委员会);3. 灾害预警响应;4. 信息报告和发布(4.1 信息报告、4.2 信息发布);5. 国家应急响应(5.1 Ⅰ级响应、5.2 Ⅱ级响应、5.3 Ⅲ级响应、5.4 Ⅳ级响应、5.5 启动条件调整、5.6 响应终止);6. 灾后救助与恢复重建(6.1 过渡期生活救助、6.2 冬春救助、6.3 倒损住房恢复重建);7. 保障措施(7.1 资金保障、7.2 物资保障、7.3 通信和信息保障、7.4 装备和设施保障、7.5 人力资源保障、7.6 社会动员保障、7.7 科技保障、7.8 宣传和培训);8. 附则(8.1 术语解释、8.2 预案演练、8.3 预案管理、8.4 预案解释、8.5 预案实施时间)。

定,启动应急响应程序,开展自然灾害的紧急应急工作。对此,我国《防震减灾法》第五十条规定,地震灾害发生后,抗震救灾指挥机构应当立即组织有关部门和单位迅速查清受灾情况,提出地震应急救援力量的配置方案,并采取以下紧急措施:(1)迅速组织抢救被压埋人员,并组织有关单位和人员开展自救互救;(2)迅速组织实施紧急医疗救护,协调伤员转移和接收与救治;(3)迅速组织抢修毁损的交通、铁路、水利、电力、通信等基础设施;(4)启用应急避难场所或者设置临时避难场所,设置救济物资供应点,提供救济物品、简易住所和临时住所,及时转移和安置受灾群众,确保饮用水消毒和水质安全,积极开展卫生防疫,妥善安排受灾群众生活;(5)迅速控制危险源,封锁危险场所,做好次生灾害的排查与监测预警工作,防范地震可能引发的火灾、水灾、爆炸、山体滑坡和崩塌、泥石流、地面塌陷,或者剧毒、强腐蚀性、放射性物质大量泄漏等次生灾害以及传染病疫情的发生;(6)依法采取维持社会秩序、维护社会治安的必要措施。而对于公民个体而言,则要根据灾区政府的应急安排和法律规定的要求,积极配合和参与抗震救灾指挥部的工作,履行我国《防震减灾法》第八条规定的任何公民都有"依法参加防震减灾活动的义务"。

接着,根据《国家应急预案2016》和《自然灾害救助条例》(简称《灾害救助条例》)的具体规定,开展灾民救助。例如,根据《灾害救助条例》第十四条的规定,自然灾害发生并达到自然灾害救助应急预案启动条件的,县级以上政府或者政府的自然灾害救助应急综合协调机构,应当及时启动自然灾害救助应急响应,采取下列措施:(1)立即向社会发布政府应对措施和公众防范措施;(2)紧急转移安置受灾人员;(3)紧急调拨、运输自然灾害救助应急资金和物资,及时向受灾人员提供食品、饮用水、衣被、取暖、临时住所、医疗防疫等应急救助,保障受灾人员基本生活;(4)抚慰受灾人员,处理遇难人员善后事宜;(5)组织受灾人员开展自救互救;(6)分析评估灾情趋势和灾区需求,采取相应的自然灾害救助措施;(7)组织自然灾害救助捐赠活动。

同时,《灾害救助条例》第十八条规定,灾区政府应当在确保安全的前提下,采取就地安置与异地安置、政府安置与自行安置相结合的方式,对受民进行过渡性安置。就地安置应当选择在交通便利、便于恢复生产和生活的地点,并避开可能发生次生自然灾害的区域,尽量不占用或者少占用耕地。灾区政府应当鼓励并组织灾民自救互救,恢复重建。

可见,虽然法律不能对自然灾害进行禁止或者直接干预,但是,自然危险成为致灾因子时,可以通过动用人类社会的制度形成的"对抗力",对自然灾害的作用过程和结果,进行干预或者阻止,而这种"干预"或者"阻止",实际上就是依赖法律制度,提升人类社会对于自然灾害的韧性,从而使得自然灾害的危害性能够得到限制或者控制,相关损失或者损害得以减轻。这也说明一个基本道理,那就是:法律制度资源对于像地震这类自然灾害,是具有可应对力量的。

也就是说,自然灾害作为外在的力量,它的存在、发生和作用于公民个体、群体和人类社会整体,以及社会秩序和人类的各种建造物、构筑物等这些代表物质文明的东西,表达的是自然灾害作为一种人力不能预见、不能避免并不能克服的客观能量、客观物质或者客观变异情况,①其对于人类社会的作用关系,便是我们关注的重点。也就是说,自然灾害的发生,站在自然界的角度,只是一种自然变异而已,并没有什么"灾"与"害"而言。比如,因为印尼处于位于太平洋地震带和欧亚地震带的交界处,大陆板块在这里交接,地震和火山活动频繁,每年发生的大小地震不下数千次。对于印尼人而言,在这片土地上生活,脚下的土地常处于"振动模式"。但是,也不是每一次地震,不论震级大小,都一定要死人或者死很多人。站在人类社会角度,如何应对像地震这样的"纯"自然灾害,人类社会的韧性城市建设就非常重要。

面对自然灾害,人类社会要具有应对的"韧性",这种"韧性"的含义是:(1)从变化和不利影响中反弹的能力;(2)对于困难情境的预防、准备、响应以及快速恢复能力,即"弹性"和"恢复力"这种涵盖"韧性城市"强调的长期适应能力;(3)在自然风险面前,任何城市都要多一点"韧性"。要坚持预防为主、从实战出发,制定各种突发事件包括自然灾害的应急预案,建立各种积极、灵活、有效的应急机制。在完善应急装备、注重硬件建设之时,也要注意突出软件建设,立足现有条件,整合各种资源。对于新建城区,应预留应急避难空间;对于繁华地带,则应加强对应急避难场所的改建、指定工作。需要提醒的是,城市"韧性"能力的形成,还需要城市居民之间,形成互信、互助的人际关系网络。在"熟人社会"解体后,我国城市社区如何建立互信合作的亲邻关系,不仅关系着社会和谐,也关系着基层的风险应对能力。②

---

① 我国《民法通则》第一百零七条、第一百三十九条和第五十三条规定,因不可抗力不能履行合同或者造成他人损害的,不承担民事责任,法律另有规定的除外(第一百零七条);在诉讼时效期间的最后 6 个月内,因不可抗力或者其他障碍不能行使请求权的,诉讼时效中止。从中止时效的原因消除之日起,诉讼时效期间继续计算(第一百零七条);所谓"不可抗力",是指不能预见、不能避免并不能克服的客观情况(第一百零七条)。

② 夏斌. 风险面前,城市要多一点"韧性"[N]. 解放日报,2016 - 06 - 06(11).

所以,在"灾害三期",人类社会应对自然危险和自然灾害的能力,即有硬件——各种物质设施和工程抗灾能力的建设,包括各种救灾应急物资的仓储制度的建设,也有软件——人类社会防灾、救灾、减灾制度的建设,包括各种自然灾害应急预案、防灾减灾法律制度和应急制度、重建制度机制建设,以及各级政府、社会和公民个体逃生应急、自救、他救和互救能力训练语养成措施,等等。比如,四川省人民政府《汶川地震灾区城镇受损房屋建筑安全鉴定及修复加固拆除实施意见》(2008年8月8日,共6章34条)的发布,就对四川灾区的受损房屋的灾后恢复重建,起到了非常积极的作用。于是,防灾、救灾和减灾等人类社会的应急和减灾意识、能力、物质支持以及各种手段的有意识构建、建设和完善,便是法律制度资源对于自然灾害的积极而有效的应对了,自然也就是灾害法学的路径被发现了。2016年12月19日,《中共中央、国务院关于推进防灾减灾救灾体制机制改革的意见》(即《减灾体制意见》)发布,预示着我国综合防灾减灾救灾体制机制建设,即重点是防灾的时代已经到来,这便是灾害法学路径固定和路径依赖的重要标志。

三、自然灾害中人的身份变化:从承灾体到减灾体

人作为承灾体,是指公民个体在自然危险成为自然灾害时,承受、承担和承接自然危险的流量、能量在短时间释放产生的破坏力,而导致人员伤亡致残或者心理创伤的情形。一般而言,任何人遇到重大或者特大自然灾害时,不可能没有任何负面的影响或者作用。有时候,自己或者家人、亲友都可能安全、平安,但是,看到其他人因灾死亡、受伤致残或者失踪,总会产生严重的心理不适应,何况出现自己受灾,亲友罹难、受伤、致残或者失踪等情形。有时候,严重的财物毁损灭失或者成为废墟的情形,也会严重损伤灾民的心理,让他成为应激性心理障碍患者即PTSD。

当然,人作为减灾的主体,则是通过灾前期防灾、临灾期应急和灾后期重建等"灾害三期",在人类社会的防灾减灾救灾体制建设方面,在综合防灾减灾救灾立法和公民个体的防灾能力建设方面,发挥人的积极性、主观能动性,把国家的防灾减灾救灾立法和综合机制方面的优势,变成公民个体的减灾能力,从而依靠社会动员机制和公众参与机制,结合环境保护义务、节约资源的责任,变成一个社会强大的防灾减灾救灾力量。比如,2013年10月初的国庆长假期间,编号1323号台

风"菲特"①和编号 1324 号"丹娜丝"台风②给浙江省多地带来了严重的洪涝灾害,而浙江嘉兴市海盐县更是出现了历史上的最高水位,面临的防汛形势尤其严峻。海盐县动员广大干部群众、武警官兵和公安民警等社会各阶层力量,投入应对双台风的减灾救灾过程中。海盐的主城区没有出现严重的洪涝灾情,全县没有一人因灾死亡,③主要得益于海盐建设的城市防洪工程。多个闸口将海盐主城区牢牢"围住",在城外水位 4 米多高的情况下,内河水位仍能保持在 3.2 米。如果没有此前建设的城防工程,海盐主城区不免要遭受水淹之痛。

从这个意义上说,社会动员需要利用科学的手段,促进人、财、物、科技等各种资源,在各种自然灾害的应急动员中发挥最大的配置效益,而非简单地发动所有人一起前往现场抢险救灾。此次海盐在救灾减灾过程中,武原街道红益村出现多处决堤险情,海盐在动员公安、武警等人员进行抢险的同时,首次召集工程技术人员参与制定抢险方案和现场抢险,取得明显成效。所以,动员社会力量,最关键是要动人。在双台风灾害面前,每个个体都不是"打酱油的"。全体社会成员需要抛弃各种歧见,建立共同应对灾害的广泛共识。相关政府部门应在平时积极引导社会成员参与各种公共议题的决策、执行过程,增强其主人翁意识。在公安、武警等各方力量努力堵住海盐的多处决口时,当地不少群众积极协助,发挥了自己的

---

① 2013 年第 23 号台风"菲特"(英文名:Typhoon Fitow,名字来源:密克罗尼西亚,名字意义:一种美丽芬芳的花),曾在 2001 年和 2007 年生成,并对我国华南沿海城市造成影响。2013 年 10 月 6 日 19:00,"菲特"风速:42 米/秒,移速:18 千米/小时,东经:122°,北纬:26.7°,气压:955 百帕,近中心最大风力:14 级,所到之处造成严重的台风灾害。

② 2013 年第 24 号台风"丹娜丝"(英文名:Typhoon Danas,名字来源:菲律宾,名字意义:体验及感受)为 2013 年太平洋台风季第 22 个被命名的风暴。"丹娜丝"的风暴中心 2013 年 10 月 8 日 08:00 位于浙江省舟山市东偏北方大约 490 千米的东海北部海面上,即北纬 31.2 度、东经 127.1 度,中心附近最大风力有 14 级(42 米/秒),中心最低气压为 955 百帕,7 级风圈半径 330 千米,10 级风圈半径 130 千米。

③ 相比之下,截止到 2013 年 10 月 7 日受 1323 号台风"菲特"和 1324 号台风"丹娜丝"的双重影响,浙江宁波市辖的余姚市遭遇新中国成立以来最严重水灾。70%以上城区受淹,主城区城市交通瘫痪。因为进水导致部分变电所、水厂、通信设备障碍,供电供水出现困难。到 2013 年 10 月 8 日,余姚市是受"菲特"影响最大的区域,雨情大、水情险、灾情重。全市 21 个乡镇、街道均受灾,受灾人口 832870 人(占余姚 2013 年全市人口 835068 人的 99.74%。数据来自:2013 年余姚市国民经济和社会发展统计公报[R].十一、人口、居民生活、社会保障、社会组织),城区大面积受淹,主城区城市交通瘫痪,大部分住宅小区低层进水,主城区全线停水、停电,商贸业损失严重。2013 年 10 月 10 日上午,余姚市洪涝区一加油站发生汽油泄漏,当日 12:30,泄漏汽油已经形成 500 平方米的油面,消防战士正在现场紧急处置。2013 年 10 月 11 日,积水区域才普遍下降 50 厘米左右,但部分地区积水依旧较深,城区积水全部退去则是 2013 年 10 月 12 日以后的事了。

力量。这样的主人翁意识难能可贵,同时,也是一个强大的社会动员机制所必需的。①

2008 年"5·12"汶川地震之后,国家设立"防灾减灾日",社会动员和公众参与减灾救灾的理念,受到越来越多的重视和关注。面对防灾救灾和减灾的局面,全社会要学会将有限的物质资源、人力资源和制度资源等积极调动起来,根据防灾救灾和减灾的需要,进行有效、积极和超越时空限制的重新配置。只有这样,才能在很短的时间内,形成应对各种自然灾害的强大社会资源的合力与凝聚力。这种依靠强大的社会动员与公众参与机制,塑造我国防灾救灾和减灾机制,总比临时抱佛脚式的仓促应对强多了。尤其是,全社会过于重视灾后重建而对防灾救灾的综合机制建设,对公民个体的减灾性缺乏更有效的激发机制,进行强有力的转变,特别是强化各级政府和国家的综合防灾减灾救灾能力,以及全方位、多层次的合作、配合机制,包括流域合作与配合、区域合作与配合和国内外合作与配合的机制建设,那么,相信凭借"四个自信"②构建的我国综合防灾减灾救灾体制,必然能更有效地减轻和降低各种自然灾害带来的损失。

2011 年 8 月 12 日,首届防灾减灾市长峰会在成都闭幕。会上,来自亚洲、非洲、美洲及欧洲 33 个国家的市长、市政议员、国会议员、大使、民间团体代表、科学社团及联合国机构代表等 200 多位代表,发布了《成都行动宣言》,③来自国内外10 个城市的市长签字,加入"让城市更具韧性,我们的城市已经做好准备!"行动行列。这种将防灾减灾与城市规划相结合,在成都市开创了 4 年内建成避难网络的先例。联合国国际减灾战略署执行干事海伦娜表示,成都在应对"5·12"汶川大地震中,最大的亮点是,能够在短时间内动用国家的资源,制定科学的计划来支

---

① 胡金波. 依靠社会动员机制防灾救灾[EB/OL]. (2013 – 10 – 10)[2018 – 01.21]. http://www.cnjxol.com/xwzx/jxxw/qxxw/hy/content/2013 – 10/10/content_2914122.htm.
② 习近平总书记在庆祝中国共产党成立 95 周年大会上,明确提出:中国共产党人"坚持不忘初心、继续前进,就要坚持中国特色社会主义道路自信、理论自信、制度自信、文化自信"。他还强调指出,"文化自信,是更基础、更广泛、更深厚的自信"。
③ 《成都行动宣言》的主要内容:(1)加强合作,包括提供各种与"让城市更具韧性十大指标体系"有关的优秀经验及合作机会,并与其他城市分享成功应用的工具、方法和法令;(2)将减灾韧性指标与城市发展规划结合起来;(3)组织公共意识宣传教育活动;(4)建立国际机制,履行义务;(5)加强城市层面的灾害和应急管理,协调利益相关者及市民团体,使其成为应急管理的必要组成部分,并且,应该更加关注那些极易遇到危险和应对能力有限的城市贫民。

持救援。在地震两年之后,很多重建工作已经接近尾声,这点非常可贵。① 这种评价,期待有朝一日,变成笔者对各位学习者减灾能力特别是逃生能力的一种评价。

第二节 "灾害三期"与"灾害四期"

一、灾前期防灾

所谓"灾害三期",是指将灾害的致灾因子发生作用划分为三个作用的时间阶段,即致灾因子聚集期也叫灾前期、致灾因子作用期也叫临灾期,以及灾后期即致灾因子失效期等。而所谓灾害"四期",是指灾害的持续分期中,除了前文的灾害三期分类方法之外,还应当加上灾害"通道期"以及"通道后期"的类型。其分类标准除根据时间节点划分之外,应当增加临灾期的"一方有难,八方支援"现象带来的心理感受,以及这种心理感受对灾民心理损伤的预后影响等因素。

所谓灾害前期,是指灾害发生时间节点之前的时期,这个时期,在已发生的灾害个案当中,属于灾害发生的时间节点之前可以包括无限久远的时间。因此,灾害前期的概念,是以灾害已经发生的时间为节点来判断的。而对于未发生的灾害而言,这个时间的判断以现在为基点起算,是将来的某个时间的具体节点即灾害发生时刻点。由于灾害尚未发生,从现在起算到未来灾害发生的时间节点,都可以归为灾害前期的时间段。这段时间,可长可短并不取决于人们的主观意愿,而是由致灾因子聚集即诱发因子与素质因子结合,向扩大因子或者孕灾环境发生作用的一个漫长过程。在这个过程中,人类社会便有了采取应对措施和应付政策的时间与空间。所以,灾害前期实际上就是防灾准备的时期,如果这个时期里,人们非常重视灾害防范的话,那么,防灾工程建设和制定和完善应急预案、灾害应急能力训练等,都会在这个阶段有条不紊地进行,做到"有备无患",以及灾害应对的"十分减灾,七分防灾,三分应急",从而把防灾减灾救灾事业,推向更高的层次。对2008年的"十大自然灾害"国家减灾中心按照其灾害成灾的损害结果,即灾情重的排在前面,灾情稍轻的列在后面的原则,进行了排序,其具体的灾害发生、持

---

① 赖芳杰,谈思岑,等. 防灾减灾市长峰会闭幕,"成都宣言"让城市更具韧性[N]. 华西都市报,2011 – 08 – 13(2).

续和应急预案启动时间等列表于下。见表 7.1。

表 7.1　2008 年中国十大自然灾害情况表

2008 年十大灾害	发生时间、地点、灾况和应急预案启动
2008 年"5·12"汶川特大地震	5 月 12 日 14:28,四川省汶川县(北纬 31 度、东经 103.4 度)发生 8 级大地震,上万次余震(最高震级 6.4 级)。此次大地震属浅源地震,四川、甘肃、陕西、重庆、河南、湖北、云南、贵州、湖南、山西等省(市、区)共有 417 个县、4667 个乡镇、48810 个村受灾,受灾人口 4625.6 万人,紧急转移安置 1510.6 万人,因灾死亡 69227 人,失踪 17923 人,受伤 37.4 万人;倒塌房屋 796.7 万间,损坏房屋 2454.3 万间,直接经济损失 8523.09 亿元.5 月 12 日 15:40,国家减灾委、民政部启动二级应急响应,5 月 12 日 22:15 提升为一级
2008 年 1 月—2 月特大低温雨雪冰冻灾害	1 月 10 日至 2 月 2 日我国南方大部分地区发生低温雨雪冰冻灾害,降温幅度之大多年少有、降水之多历史同期罕见、持续时间之长多年未遇,灾害损失之重远超常年。经核定,此次灾害造成 21 个省(区、市、兵团)受灾,因灾死亡 132 人、失踪 4 人,紧急转移安置 166 万人;农作物受灾面积 11874.2 千公顷,绝收面积 1690.6 千公顷;倒塌房屋 48.5 万间,损坏房屋 168.6 万间;因灾直接经济损失 1516.5 亿元。其中,湖南、贵州、江西、安徽、湖北、广西、四川、云南等省(区)受灾较重.灾害发生时恰逢春运高峰,灾害波及面之广、影响程度之深、社会影响之大,均为历史罕见。1 月 21 至 28 日,国家减灾委、民政部分别针对湖南、湖北、贵州、广西、江西、安徽等 6 省(区)灾情,启动四级应急响应,1 月 29 日,根据上述 6 省灾情发展,将响应级别提升二级。1 月 31 日,针对四川省灾情,又再次启动二级应急响应
2008 年 9 月"黑格比"台风灾害	2008 年第 14 号强台风"黑格比"(HAGUPIT)于 9 月 19 日 20:00 在菲律宾以东西北太平洋洋面生成,9 月 21 日 11:00 加强为强热带风暴,9 月 21 日下午加强为台风,9 月 22 日 14:00 加强为强台风。"黑格比"台风于 9 月 24 日 06:45 在广东省电白县陈村镇沿海登陆,登陆时中心最大风力 15 级(48m/s)。"黑格比"台风具有强度强、移动快、影响范围广等特点,共造成广东、广西、海南、云南四省 1501.9 万人(次)不同程度受灾,死亡 47 人(含失踪人口),紧急转移安置 157.2 万人;农作物受灾面积 879.1 千公顷;倒塌房屋 4.1 万间;因灾直接经济损失 133.3 亿元
2008 年 6 月华南、中南洪涝灾害	6 月上中旬,华南、中南地区出现大范围持续性降雨过程,导致浙江、江西、湖北、湖南、广东、广西、贵州、云南等 8 省(自治区)遭受严重洪涝受灾,其中江西、湖南、广东、广西、贵州受灾较重,针对广西、广东、江西、湖南四省灾情,国家减灾委、民政部启动三级应急响应。此次大范围洪涝过程共造成 2997.9 万人受灾,因灾死亡 87 人,失踪 10 人,紧急安置转移 254.0 万人;农作物受灾 1429.9 千公顷,绝收 207.2 千公顷;倒塌房屋 12.4 万间,损坏房屋 36.0 万间;直接经济损失 236 亿元

续表

2008 年十大灾害	发生时间、地点、灾况和应急预案启动
2008 年 5 月—9 月新疆严重旱灾	5 月至 9 月，新疆大部地区气温持续异常偏高，降水明显偏少。其中，北疆地区气温偏高 1.6℃，天山山区偏高 1.8℃，偏高幅度均居历史同期第一位，全疆有 64 个气象站气温偏高，幅度突破历史同期极值；新疆全疆平均降水量 59 毫米，比常年同期偏少 24.0%，北疆地区平均降水量 62.9 毫米，较常年同期偏少 32.6%。受气温和降水影响，全区大部地区出现了严重的春夏连旱，旱情仅次于 1974 年，是历史上第二个严重干旱年。全区 1867.6 万公顷天然草场严重受旱，占可利用草场面积的 38%，天然放牧场及打草场产草量普遍下降 30%～40%。受旱灾影响，新疆粮食区大面积受灾，尤其是北疆主要产粮区的小麦、棉花、玉米等农作物受灾严重，一些地方几乎绝收。7 月 22 日，针对新疆灾情，国家减灾委、民政部启动四级应急响应
2008 年 10 月江南洪涝灾害	10 月下旬至 11 月初，长江沿江及其以南地区出现较大范围强降雨，降雨量比常年同期偏多 2～4 倍，其中贵州东部和北部、云南西部、广西西部、湖南中部和西藏东南部地区雨量为 100～200 毫米，广西郁江及云南元江等河流发生超警洪水，洪水量级达到历史同期最大，南方多条河流 11 月份集中发生历史同期最大洪水。此次秋涝过程造成云南、重庆、湖南、广西、贵州 5 省发生严重洪涝、滑坡和泥石流灾害，421.3 万人受灾，因灾死亡 61 人，失踪 46 人，紧急安置转移 18.3 万人；农作物受灾 201.7 千公顷，绝收 37.6 千公顷；倒塌房屋 1.4 万间，损坏房屋 5.2 万间；直接经济损失 8.2 亿元。其中云南省因洪涝导致的滑坡泥石流灾害造成 13 个州市 245 万人受灾，因灾死亡 43 人，失踪 46 人，受伤 29 人，紧急转移安置灾民 6.18 万人；农作物受灾 118.2 千公顷，绝收 26.8 千公顷；民房倒塌 3149 户 10484 间，损坏 30507 间；死亡大牲畜 1430 头（只）；灾区电力、交通、水利、通信、卫生等基础设施不同程度受损。针对云南灾情，11 月 2 日，国家减灾委、民政部启动四级应急响应，后根据灾情发展，于 11 月 3 日将响应级别提升至三级，同日，针对广西灾情，启动四级应急响应
2008 年 8 月四川攀枝花地震灾害	8 月 30 日 16:30，四川省攀枝花市仁和区与凉山彝族自治州会理县交界处（北纬 26.2 度，东经 101.9 度）发生 6.1 级地震，震源深度 10 千米，之后又发生余震千余次，最大震级 5.6 级，给四川省和云南省造成严重的人员伤亡和财产损失。地震共造成川滇两省 126.9 万人受灾，因灾死亡 41 人，紧急转移安置 22.7 万人；倒塌房屋 2.2 万间，损坏房屋 64.3 万间；直接经济损失 36.2 亿元。8 月 30 日，针对川滇两省的灾情，国家减灾委、民政部启动了四级应急响应

2008 年十大灾害	发生时间、地点、灾况和应急预案启动
2008 年 9 月四川泥石流灾害	9 月 24 日至 25 日,四川汶川大地震震区东部地区降了大到暴雨,导致四川地震灾区发生暴雨洪涝和泥石流灾害,共造成 220 万人受灾,紧急转移安置 10.5 万余人,因灾死亡 19 人,失踪 40 人;倒塌民房 3600 余户、1.3 万余间,损坏民房 2.4 万余间;因灾直接经济损失 9.6 亿元。其中成都、德阳、绵阳、广元等市部分地区活动板房集中安置点一度进水。针对四川省暴雨洪涝灾害,国家减灾委、民政部于 9 月 24 日 10:00 紧急启动四级救灾应急响应,下午,根据灾情发展将响应级别提升至三级
2008 年 7 月宁夏严重旱灾	3 月份以后,宁夏大部分地区降水持续偏少。3—6 月份,中部干旱带累计降水量仅为 17.0—57.0 毫米,大部分地区降水量为 1960 年以来同期最少;南部山区 3—6 月份累计降水量较历年同期偏少 5 成以上,原州区降水量为 1957 年以来最小值。7 月至 9 月中旬,全区仍然未出现大范围有效降水。持续干旱给宁夏南部山区及中部干旱带农业生产造成严重影响。干旱导致小麦灌浆不足,空秕率增高,豆类作物荚果数和荚粒数减少,粒重下降,造成减产;玉米、马铃薯等秋粮作物生长缓慢,苗情较差,产量受到较大影响。宁夏中部干旱带以及固原市辖区内 53 个乡镇、542 个行政村旱情严重,15.6 万户、70.4 万人受灾,有 248.9 千公顷夏粮受灾,1.26 千公顷夏粮绝产;干旱还造成 6.4 万眼水窖干枯,28.7 万人,9.2 万头家畜不同程度缺水。9 月下旬,宁夏全区出现明显降水,各地干旱得到明显缓解。但由于前期干旱持续时间长,宁夏中部干旱带和南部山区缺水严重,干旱造成的夏秋粮食作物减产已无法逆转。7 月 4 日,针对宁夏灾情,国家减灾委、民政部启动四级应急响应。
2008 年 10 月末西藏强降雪灾害	10 月 26 至 28 日,西藏自治区那曲、山南、日喀则、林芝、昌都等地区出现强降雪过程,造成 19 县受灾,受灾人口 10.27 万人,因灾造成 11 人死亡,1 人失踪,81 人冻伤,其中 2 人重伤;因灾死亡牲畜 8705 头(只);直接经济损失 1.54 亿元。10 月 31 日,国家减灾委、民政部紧急启动四级应急响应,派出工作组紧急赶赴灾区,协助开展救灾工作,并及时调拨了帐篷、棉衣、棉被等救灾物资,安排灾民的生产生活

　　表 7.1 中,2008 年十大自然灾害这些过去的事实,被分成三个阶段:(1)灾害发生前即每个灾害发生节点时间之前阶段;(2)灾害发生的临灾期即表中的灾害发生时刻,以及灾害发生后国家减灾委、民政部启动应急响应的时间;(3)灾害结束期即灾后期是表中没有直接说明,但是一看就能判断出来的时间节点,也就是灾情统计截止的时间。2008 年距 2018 年已经过去了十年,但是,因为有现代记录的技术和介质,所以,2008 年的十大自然灾害事件,被清晰记录和准确保存,从而为后来者研究、分析和总结历史的经验教训,提供了可贵的历史文献与资料。其防灾教训十分值得总结。

　　2008 年十大自然灾害的渐次发生,充分证明:那个时候,国家对防灾层面的各项工作,做得比较差,于是,2008 年的十大自然灾害证明:灾害前期的防灾减灾工作,正如安南秘书长曾经批评的那样,"公众很少了解"防灾、预警等减灾政策,"努力减小脆弱性""很少得到高层决策人的关注",①从而损失和损害惨重,教训极为深刻。2008 年除了十大自然灾害的伤痛历史记忆,还有十大灾难与事故的悲痛记忆。

虽然,2008 年"十大灾难事故"的灾前期不好界定,尤其是其发生前不易确定"灾前期防灾"措施,但是,任何重大灾难性事故发生前,其预防性措施和相应的对策措施,并不少见。只是,人们对这些预防性、对策性措施不大重视而已,从而导致各种重大灾难依次发生而已。

根据我国《突发事件应对法》第二条、第十九条—第二十条、第二十二条—第二十三条、第二十六条、第二十八条—第二十九条、第三十二条—第三十三条、第三十五条等条款的规定,对自然灾害在内的突发事件应对处置活动,分成预防与应急准备、监测与预警、应急处置与救援、事后恢复与重建等四个阶段。灾前期的工作,主要是预防与应急准备,包括:(1)建立健全突发事件应急预案②体系;(2)城乡规划统筹安排应急设备设施并确定应急避难场所;(3)县级政府进行危险源、危险区域调查、登记和风险评估,定期检查监控并采取安防措施;(4)各单位应当建立健全安全管理制度,及时消除事故隐患;(5)矿山、建筑施工单位和危险物品生产、经营、储运、使用单位应制定应急预案,采取措施消除隐患;(6)县级以上政府应整合应急资源,建立或确定综合性应急救援队伍、专业应急救援队伍、应急救援志愿者队伍,加强应急救援队伍合作,联合培训、演练,提高协同应急能力;(7)解放军、武警部队和民兵应有计划组织开展应急救援专门训练;(8)县级政府及其有关部门、乡级政府、街道办事处应组织开展应急知识宣传普及和必要的应急演练;③(9)国家建

---

① 联合国秘书长安南在国际减灾十年或冻论坛上的讲话(1999 - 07 - 05)[J]. 中国减灾,1999(4):5.

② 我国《突发事件应对法》第十八条规定,应急预案应当根据本法和其他有关法律、法规的规定,针对突发事件的性质、特点和可能造成的社会危害,具体规定突发事件应急管理工作的组织指挥体系与职责和突发事件的预防与预警机制、处置程序、应急保障措施以及事后恢复与重建措施等内容。

③ 我国《突发事件应对法》第二十九条第二款、第三款和第三十条在"应急知识宣传普及"和"应急演练"方面,还规定:(1)居民委员会、村民委员会、企业事业单位应当根据所在地人民政府的要求,结合各自的实际情况,开展有关突发事件应急知识的宣传普及活动和必要的应急演练;(2)新闻媒体应当无偿开展突发事件预防与应急、自救与互救知识的公益宣传;(3)各级各类学校应当把应急知识教育纳入教学内容,对学生进行应急知识教育,培养学生的安全意识和自救与互救能力;(4)教育主管部门应当对学校开展应急知识教育进行指导和监督。

立健全应急物资储备保障制度,完善重要应急物资监管、生产、储备、调拨和紧急配送体系;(10)国家建立健全应急通信保障体系,完善公用通信网,建立有线与无线相结合、基础电信网络与机动通信系统相配套的应急通信系统;(11)国家发展保险事业,建立国家财政支持的巨灾风险保险体系,并鼓励单位和公民参加保险,等等。不过,实际上我国《突发事件应对法》中的灾前期的防灾措施或者制度要求,很多地方还是没有落实到位。

二、临灾期应急

所谓临灾期,是指灾害已经到来或者已经发生到临时安置、过渡安置结束的阶段。这个阶段的道理到来,是致灾因子已经开始发挥作用,即灾害的诱发因子与素质因子结合,向扩大因子或者孕灾环境发生作用的时间节点,这个时期的典型标志,便是灾害应急开始。我国《破坏性地震应急条例》(1995年2月11日)颁行时,将破坏性地震的临灾应急规定为三个阶段,即应急预案(第三章)阶段、临震应急(第四章)阶段和震后应急(第五章)阶段。而根据《国家突发公共事件总体应急预案》(2005年8月7日)第3部分运行机制的规定,其内容包括:(1)预测与预警;(2)应急处置,包括信息报告、先期处置、应急响应、应急结束等;(3)恢复与重建,包括善后处置、调查与评估、恢复重建等;(4)信息发布等。其临灾期的划分是模糊的。《国家自然灾害救助应急预案》在2016年3月10日修订后,其具体内容有重大调整。即第三部分灾害预警响应、第四部分信息报告和发布、第五部分国家应急响应(包括应急响应启动条件调整、响应终止等),以及第六部分灾后救助与恢复重建(包括过渡期生活救助、冬春救助和倒损住房恢复重建)等。不过,临灾期的划分也是不清晰的。

按照灾害应急管理理论,灾害应急是一个动态的过程,被分成灾害到来时的预防、准备、响应和恢复四个阶段,是应急管理的核心问题。① (1)预防。通过安全管理和安全技术等手段,尽可能防止灾害发生,在假定灾害必然发生的前提下,通过预先采取的预防措施,降低或减缓事故的影响或后果严重程度。(2)准备。针对可能发生的事故,为迅速有效地开展应急行动而预先所做的各种准备,包括应急机构的设立和责任的落实、预案的编制、应急队伍的建设、应急设备(设施)和

---

① 应急管理是指政府及其他公共机构在突发事件的事前预防、事发应对、事中处置和善后恢复过程中,通过建立必要的应对机制,采取一系列必要措施,应用科学、技术、规划与管理等手段,保障公众生命、健康和财产安全;促进社会和谐健康发展的有关活动。

物质的准备以及维护、预案的演练、与外部应急力量的衔接等,目标是保护重大灾害应急救援所需的应急能力。(3)响应。灾害已经发生,启动应急预案,采取与控制灾害有关的各种应对措施。这个阶段就是所谓的抢险救灾阶段,即当地政府动用一切力量抢救人命并保护公私财产和重要目标的安全。(4)恢复。灾害危害得到控制,于是临灾应急进入收尾阶段,并采取灾后恢复等处置工作,从而进入灾后重建阶段。

在我国,在灾害发生之后,按照"条块结合,以块为主"的原则,灾害救助工作以地方政府为主。灾害发生后,乡级、县级、地级、省级政府和相关部门要根据灾情,按照分级管理、各司其职的原则,启动相关层级和相关部门应急预案,做好灾民紧急转移安置和生活安排工作,做好抗灾救灾工作,做好灾害监测、灾情调查、评估和报告工作,最大限度地减少人民群众生命和财产损失。根据突发性自然灾害的危害程度等因素,国家设定 4 个响应等级。① 其中,所谓抢险救灾就是按照属地管理原则,灾区政府主动组织人力物力去解救、转移或者疏散受困人员、抢救、运送重要物资、保护重要目标安全等,开展灾害受害者的救助和救援、安置等工作。这时,对于个人而言,便是积极主动参加抢险救灾工作。其参与的具体路径和方法,根据灾区政府的具体安排而为。根据《军队参加抢险救灾条例》(2005 年6 月 7 日)第二条~第五条的规定,军队是抢险救灾的突击力量,执行国家赋予的抢险救灾任务是军队的重要使命。各级政府和军事机关应当做好军队参加抢险救灾的组织、指挥、协调、保障等工作。军队参加抢险救灾主要担负下列任务:(1)解救、转移或者疏散受困人员;(2)保护重要目标安全;(3)抢救、运送重要物资;(4)参加道路(桥梁、隧道)抢修、海上搜救、核生化救援、疫情控制、医疗救护等专业抢险;(5)排除或者控制其他危重险情、灾情。必要时,军队可以协助地方政府开展灾后重建等工作。在险情、灾情紧急的情况下,地方政府可以直接向驻军部队提出救助请求,驻军部队应当按照规定立即实施救助,并向上级报告;驻军部队发现紧急险情、灾情也应当按照规定立即实施救助,并向上级报告。抢险救灾需要动用军用飞机(直升机)、舰艇的,按照有关规定办理。

临灾应急与管理,按照灾前期进入临灾前期、临灾期的划分,实际上分为两个层次或者阶段。在灾害发生的预警状态出现的情况下,临灾前期即预警期来临。这时,根据我国《突发事件应对法》第三章监测与预警(第三十七条、第三十九条、第四十一条~第四十三条、第四十五条)的规定,应当采取的应对措施如下:(1)县

---

① 国家自然灾害救助应急预案(2006 – 01 – 11)[R].6 应急响应.

级以上地方各级政府应确定本地区统一突发事件信息系统,汇集、储存、分析、传输有关突发事件信息,并实现互联互通,加强跨部门、跨地区信息交流与情报合作;(2)地方各级政府应按照国家有关规定向上级政府报送突发事件信息;有关单位和人员报送、报告突发事件信息,应当做到及时、客观、真实,不得迟报、谎报、瞒报、漏报;(3)国家建立健全突发事件监测制度,建立健全基础信息数据库,完善监测网络,划分监测区域,确定监测点,明确监测项目,对可能发生的突发事件进行监测;(4)国家建立健全突发事件预警制度,按照突发事件发生的紧急程度、发展势态和可能造成的危害程度分为 1 级、2 级、3 级和 4 级,分别用红色、橙色、黄色和蓝色标示,1 级为最高级别;(5)可以预警的自然灾害、事故灾难或者公共卫生事件即将发生或发生的可能性增大时,县级以上地方各级政府应当根据有关法律、行政法规和国务院规定的权限和程序,发布相应级别的警报,决定并宣布有关地区进入预警期,同时向上一级人民政府报告,必要时可以越级上报,并向当地驻军和可能受到危害的毗邻或者相关地区的人民政府通报;(6)发布 1 级、2 级警报,宣布进入预警期后,县级以上地方各级政府除采取法定措施外,还应当针对即将发生的突发事件的特点和可能造成的危害,采取一项或者多项措施,①以防范灾害发生或者造成灾害损失。

临时安置,是指对某种对象在遇到困难或者某种事物的过渡状态下,暂时给予生活、生产等方面安顿和安排的情形。比如,"5·12"汶川大地震中,临时生活救助包括补助金和救济粮。救助对象为因灾无房可住、无生产资料和无收入来源

---

① 这些具体措施是:(1)启动应急预案;(2)责令有关部门、专业机构、监测网点和负有特定职责的人员及时收集、报告有关信息,向社会公布反映突发事件信息的渠道,加强对突发事件发生、发展情况的监测、预报和预警工作;(3)组织有关部门和机构、专业技术人员、有关专家学者,随时对突发事件信息进行分析评估,预测发生突发事件可能性的大小、影响范围和强度以及可能发生的突发事件的级别;(4)定时向社会发布与公众有关的突发事件预测信息和分析评估结果,并对相关信息的报道工作进行管理;(5)及时按照有关规定向社会发布可能受到突发事件危害的警告,宣传避免、减轻危害的常识,公布咨询电话;(6)责令应急救援队伍、负有特定职责的人员进入待命状态,并动员后备人员做好参加应急救援和处置工作的准备;(7)调集应急救援所需物资、设备、工具,准备应急设施和避难场所,并确保其处于良好状态,随时可以投入正常使用;(8)加强对重点单位、重要部位和重要基础设施的安全保卫,维护社会治安秩序;(9)采取必要措施,确保交通、通信、供水、排水、供电、供气、供热等公共设施的安全和正常运行;(10)及时向社会发布有关采取特定措施避免或者减轻危害的建议、劝告;(11)转移、疏散或者撤离易受突发事件危害的人员并予以妥善安置,转移重要财产;(12)关闭或者限制使用易受突发事件危害的场所,控制或者限制容易导致危害扩大的公共场所的活动;(13)法律、法规、规章规定的其他必要的防范性、保护性措施。

的困难群众。补助标准为每人每天 10 元补助金和 1 斤成品粮,补助期限 3 个月。① 并由各个安置点,给予基本生活主要是吃和住方面的保障。资料显示,汶川大地震中绵阳九州体育馆灾民临时安置点人员最多时达到 5.8 万余人,由于尽心尽力安排,未发生 1 例非正常死亡,无 1 例坏疽感染,未发生 1 例传染性疾病,无聚集性病例,也无暴发疫情即群体性食物中毒等突发公共卫生事件,采取的医疗卫生应急措施适宜,被卫生部称赞为"九州模式"。② 与此同时,为解决灾民临时过渡性居住问题,灾区政府建造了大量的板房,对完成临时安置和过渡安置任务发挥了非常重要的作用。③

灾害应急管理当中,临时安置大规模最早适用的,应当是"5·12"汶川大地震中,对大批灾民的暂时的以安置点进行的安顿、安排。在当时,根据我国《防震减灾法》(1997 年 12 月 29 日)的规定,目录即第一章总则、第二章地震监测预报、第三章地震灾害预防、第四章地震应急、第五章震后救灾与重建、第六章法律责任和第七章附则中,没有临时安置和过渡安置的规定。2008 年 6 月 4 日,《汶川地震灾后恢复重建条例》第二章"过渡性安置"专门对此进行了规定,④其中第七条规定,对地震灾区的受灾群众进行过渡性安置,应当根据地震灾区的实际情况,采取就地安置与异地安置,集中安置与分散安置,政府安置与投亲靠友、自行安置相结合的方式。政府对投亲靠友和采取其他方式自行安置的受灾群众给予适当补助,具体办法由省级政府制定。

三、灾后期重建

灾后期即应急期结束,包括过渡安置期已经完结之后,以灾后重建总体规划的发布为标志,灾后恢复重建开始的起点时期。根据笔者的归纳,从 2008 年"5·12"汶川大地震到 2017 年年底,我国大陆 7 级以上 5 次大地震的灾后期"到来"的时间节点和判断依据,主要是官方发布灾后重建总体规划,有时候则是特殊的灾后重建项目开工等。如表 7.2 所示。

---

① 民政部、财政部、国家粮食局. 关于对汶川地震灾区困难群众实施临时生活救助有关问题的通知(2008 - 05 - 20)[R]. 一、临时生活救助包括补助金和救济粮.

② 丰纪明,等. 汶川大地震绵阳九州体育馆灾民临时安置点的卫生问题与应急处置[J]. 中国急救复苏与灾害医学杂志,2009(8):595.

③ 倪峰. 地震灾后临时过渡安置房规划建设国内外比较研究——以汶川地震灾后板房为例[J]. 城市发展研究,2016(1):83 - 90.

④ 《汶川地震灾后恢复重建条例》第七条~第十九条对过渡性安置的具体措施和要求,进行了详细规定.

表7.2 2008—2017年7级以上地震应急结束时间表①

地震时间	地震名称	震级	死亡受伤和失踪人数（人）	经济损失（亿元）	应急结束时间
2008－05－12	汶川地震	8.0	死亡69226，失踪17923，受伤374643	8451	2008－09－19
2010－04－14	玉树地震	7.1	死亡2698，失踪270，受伤12135	260	2010－06－09
2013－04－20	芦山地震	7.0	死亡196，失踪2，受伤14785	860（重建预算）	2013－07－06
2017－08－08	九寨沟地震	7.0	死亡25，失踪5，受伤543	1.145	2017－11－07②

根据《民政部关于汶川大地震四川省"三孤"人员救助安置的意见》民发
〔2008〕77号(2008年6月3日)的规定，汶川大地震造成的孤儿、孤老和孤残人员
(即无生活来源、无劳动能力、无法定扶养人的儿童、老年人、残疾人，简称"三孤"
人员)，是受灾群众中最困难的群体，灾区政府坚持"政府主导、多方参与，就近为
主、异地为辅"的原则，对他们予以妥善安置，给予特别关照。其中，对孤儿的安置
分为临时安置和长期安置。长期安置即待孤儿身份确认后进行安置，安置的办法
有:(1)亲属监护;(2)家庭收养;(3)家庭寄养;(4)类家庭养育;(5)集中供养;
(6)学校寄宿;(7)社会助养。而孤老和孤残人员的安置，除了采临时安置外，主
要是长期安置，采取的安置办法是:(1)机构照料;(2)居家照料;(3)亲属照料;
(4)社区照料。充分发挥"星光老年之家"、托老所、日间照料中心、老年人、残疾

---

① 表7.2中，没有包括于田地震资料，理由是:2014年2月12日17:19，新疆维吾尔自治区于
田县附近(北纬36.2度，东经82.5度)发生7.3级地震，震源深度12千米。据新疆维吾
尔自治区民政厅报告，截至2月13日07:00，于田县7.3级地震造成和田地区于田、民丰、
策勒、洛浦、墨玉等5个县6300余人受灾，900余人紧急转移安置，近300间房屋倒塌或严
重损坏，2400余间房屋一般损坏，部分牲畜棚圈损坏，178头(只)牲畜死亡，直接经济损
失3300余万元，无人员死亡报告。灾后重建规划资料无法从网络路径上获得。
② 2017年9月20日，九寨沟县举行灾后重点项目复工启动仪式，阿坝州委副书记、州长杨克
宁宣布九寨沟县灾后重点项目复工暨九寨鲁能胜地灾后重建启动。九寨沟县委书记罗
智波在仪式上指出，"8·8"九寨沟地震致使九寨沟县经济社会遭到重创，所有在建项目
和新建项目全面停工或延期开工，全县预估直接经济损失达224.5亿元。资料来源:佚
名.九寨沟全县预估，因地震损失224.5亿元[EB/OL].(2017－09－22)[2017－12－19].
http://news.china.com/news100/11038989/20170922/31499410.html.

人康复中心等社区服务设施的作用,配置设施设备,完善强化其服务功能,为孤老、孤残人员提供日托、康复、护理、助餐等照料服务,丰富他们的文体生活。可见,民政部对于"三孤人员"的"过渡期安置"与"长期安置"相结合,应当是作为灾后重建工作的一部分处理的。也就是说,有些时候,某些过渡期安置工作,可能会成为灾后重建工作的一部分,对此,则不能使用生硬地发布灾后重建总体规划的方法,来判断灾后期的到来或者开始。

根据《汶川重建条例》第四章"恢复重建规划"即第二十五条~第三十三条的规定,国家发改委应当会同国务院有关部门与地震灾区的省级政府共同组织编制地震灾后恢复重建规划,报国务院批准后组织实施。地震灾后恢复重建规划,应当包括(1)地震灾后恢复重建总体规划;(2)城镇体系规划、农村建设规划、城乡住房建设规划、基础设施建设规划、公共服务设施建设规划、生产力布局和产业调整规划、市场服务体系规划、防灾减灾和生态修复规划、土地利用规划等专项规划。灾区市、县政府应当在省政府指导下,组织编制本行政区域的地震灾后恢复重建实施规划。编制灾后恢复重建规划时,应当全面贯彻落实科学发展观,坚持以人为本,优先恢复重建受灾群众基本生活和公共服务设施;尊重科学、尊重自然,充分考虑资源环境承载能力;统筹兼顾,与推进工业化、城镇化、新农村建设、主体功能区建设、产业结构优化升级相结合,并坚持统一部署、分工负责,区分缓急、突出重点,相互衔接、上下协调,规范有序、依法推进的原则。与此同时,编制地震灾后恢复重建规划,应当遵守法律、法规和国家有关标准。

国务院批准的地震灾后恢复重建规划,是地震灾后恢复重建的基本依据,应当及时公布。任何单位和个人都应当遵守经依法批准公布的地震灾后恢复重建规划,服从规划管理。地震灾后恢复重建规划所依据的基础资料修改、其他客观条件发生变化需要修改的,或者因恢复重建工作需要修改的,由规划组织编制机关提出修改意见,报国务院批准后执行。在我国,几次大的灾后重建总体规划的发布与重建结束时间见表7.3。

表7.3　灾后重建总体规划实施时间表

地震时间	地震名称	重建开始时间	灾后重建总体规划名称	重建结束时间
2008-05-12	汶川地震	2008-09-19	国务院《汶川地震灾后恢复重建总体规划》	2010-09-29
2010-04-14	玉树地震	2010-06-09	国务院《玉树地震灾后恢复重建总体规划》	2014-01-10

续表

地震时间	地震名称	重建开始时间	灾后重建总体规划名称	重建结束时间
2013 - 04 - 20	芦山地震	2013 - 07 - 06	国务院《芦山地震灾后恢复重建总体规划》	2016 - 01 - 25①
2017 - 08 - 08	九寨沟地震	2017 - 11 - 07	四川省人民政府《"8·8"九寨沟地震灾后恢复重建总体规划》	规划期 2017 年—2020 年

表 7.3 列出的灾后重建时间,基本上都是规划时间,而不是实际完成总体规划任务的时间。从汶川大地震灾后重建来看,实际用去的时间是整整两年时间,而规划时间是 3 年左右。玉树大地震灾后重建用了 3.5 年时间,而规划本身使用"力争用 3 年时间基本完成恢复重建主要任务",同时,要保护生态,体现特色。充分考虑灾区生态环境的脆弱性和生态系统的重要性,按照构筑青藏高原生态安全屏障的要求,与三江源自然保护区生态保护建设统筹推进。要特别注重保护民族宗教文化遗产,充分体现当地民族特色和地域风貌。这样一来,要使灾区基本生产生活条件和经济社会发展全面恢复并超过灾前水平,生态环境切实得到保护和改善,又好又快地重建新校园、新家园,为建设生态美好、特色鲜明、经济发展、安全和谐的社会主义新玉树奠定坚实基础,就需要较长一点的时间。相比之下,芦山灾后重建用了 2.5 年时间,也是符合工体规划要求的。

对口支援即经济发达或实力较强的一方,对经济不发达或实力较弱一方实施援助的一种政策性行为。主要类型有:灾害援助、经济援助、医疗援助和教育援助等。对口支援大部分是由中央政府主导,地方政府为主体的一种模式。1983 年,国务院相关部门提出医疗对口支援,任务是为少数民族地区培养医疗、卫生、教学、科研以及医疗、设备维修等各类专业技术人才,逐步壮大医疗技术骨干队伍,并把帮助培养提高当地的卫生技术人员摆到首要地位;帮助开展新技术,解决疑难,填补空白,以便尽快改变这些地区的医疗卫生技术条件,提高专业卫生技术水平和科学管理水平。1992 年开始,针对国家建设三峡工程的实际情况,国家有关部委、各对口支援省市纷纷向当时的淹没区四川省万县(今重庆市万州区)伸出援助之手,支持万州区移民、改革、发展和稳定。到 2009 年,对口支援在"高峡平湖"

---

① 尹力.2016 年四川省人民政府工作报告——2016 年 1 月 25 日在四川省第十二届人民代表大会第四次会议上[R].一、"十二五"发展主要成就和 2015 年工作回顾.

背景中结下了累累硕果。

汶川大地震灾后恢复重建的任务十分艰巨。于是,国务院决定"举全国之力,加快地震灾区灾后恢复重建",启动各地对口支援制度,建立灾后恢复重建对口支援机制。其基本原则如下。(1)坚持一方有难、八方支援,自力更生、艰苦奋斗的方针,承担对口支援任务的有关省市积极为灾区提供人力、物力、财力、智力等各种形式的支援;受援地区树立地方为主的思想,充分发挥干部群众的积极性,互帮互助,苦干实干,生产自救,重建家园。(2)根据各地经济发展水平和区域发展战略,中央统筹协调,组织东部和中部地区省市支援地震受灾地区。(3)按照"一省帮一重灾县"的原则,依据支援方经济能力和受援方灾情程度,合理配置力量,建立对口支援机制。在具体安排时,尽量与安置受灾群众阶段已形成的对口支援关系相衔接。(4)对口支援期限按3年安排。①

根据汶川灾后重建总体规划,各对口支援省市视援建为己任。18个对口支援省市积极响应中央号召,急灾区群众之所急,想灾区群众之所想,把灾区恢复重建当作义不容辞的责任和义务,把灾区人民的事当作自己的事来抓,累计派驻灾区援建干部2740名、援建队伍31万多人、支医支教支警及其他工作人员29400多人。各对口支援省市主要领导多次到援建具调研、慰问、指导,其关注度和支持力度,远远超过对本省市的任何一个县市。资料显示,18个对口支援省市确定的3860个对口支援项目已全部开工,建成3430个,占88.9%;完成投资692.9亿元、占90%。各对口支援省市把硬件建设与软件建设结合起来,不仅援建的学校、医院等设施功能更加完善、设备更加先进,而且通过异地培训或远程指导等方式提升灾区人才队伍现代管理水平和专业技能,使先进的设施最大限度地发挥效益。各对口支援省市把物质支援和智力支持结合起来,一大批灾区干部到援建省市挂职锻炼,为灾区长远发展培养锻炼人才队伍。来自发达地区的先进理念、成功经验和管理模式迅速推广传递、培植生长。各对口支援省市把输血和造血结合起来,与灾区携手合作,规划建设了24个特色产业园区和农业示范园区,落实了产业合作项目438个、资金178亿元。在对口支援的推动下,与震前相比,灾区经济发展水平、公共服务水平、社会事业发展水平、人民群众生活水平显著提高。②

---

① 汶川地震灾后恢复重建对口支援方案(2008 – 06 – 11)[R]. 一、灾后恢复重建对口支援的基本原则.

② 蒋巨峰. 关于灾后恢复重建情况的报告——2010年9月27日在四川省第十一届人民代表大会常务委员会第十八次会议上[R/OL]. (2010 – 11 – 22)[2017 – 12 – 19]. http://www.scspc.gov.cn/html/cwhgb_44/201005/2010/1122/56989.html.

四、"通道期"与"通道后期"

所谓通道,是指"来往畅通的道路",在这里,是借用其本意而指称临灾救援后,当救援人员全部撤离和救助物资发放结束,包括心理干预停止等情况在短时间结束之后,发生的灾民心理不适应或者无所适从的情形。所以,这里的"通道"前应当加上"临灾救援"字样,加以限制。

根据我国《自然灾害救助条例》(2010年6月30日)第三章应急救助(第十三条~第十七条)和第四章灾后救助(第十八条~第二十一条)的规定,灾情稳定前,受灾地区民政部门应当每日逐级上报自然灾害造成的人员伤亡、财产损失和自然灾害救助工作动态等情况,并及时向社会发布。灾情稳定后,受灾地区县级以上政府或者政府自然灾害救助应急综合协调机构,应当评估、核定并发布自然灾害损失情况。受灾地区政府应当在确保安全的前提下,采取就地安置与异地安置、政府安置与自行安置相结合的方式,对受灾人员进行过渡性安置。受灾地区政府应当鼓励并组织受灾群众自救互救,恢复重建。自然灾害危险消除后,受灾地区政府应当统筹研究制订居民住房恢复重建规划和优惠政策,组织重建或者修缮因灾损毁的居民住房,对恢复重建确有困难的家庭予以重点帮扶。受灾地区政府民政等部门应当向经审核确认的居民住房恢复重建补助对象发放补助资金和物资,住房城乡建设等部门应当为受灾人员重建或者修缮因灾损毁的居民住房提供必要的技术支持。

应当说,这些规定本身,暗示出一个过渡状态的存在,即"临灾救援"通道期是存在的。这个时期,一方面是指灾害发生后,灾民因为受到强烈的致灾物或者致灾因子的严重刺激,发生剧烈的应急不适应,从而导致的抢险救灾和心理安抚、照料和生活安置大量集中发生的情形。这个情形的集中发生时期,也叫救助安抚通道期。这时,国家领导人问候或者第一时间到达灾区,救援人员大批到来,救助物资大量到达,媒体高度关注,加上高效率的临灾应急安置,让灾民会产生应急期的社会温暖、社会关爱和社会救助的安抚性心理体验。这种高聚集度的安抚心理体验,在临灾应急的救助期结束之后,则会因为救援人员大批撤离,救助物资发放完毕,媒体关注度急速减少,加上过渡期安置的效率大大下降,而形成巨大的或者强烈的心理遗弃体验。于是,巨大的心理感受或者体验的反差,便形成了所谓的通道期不适的临灾应急"通道期"现象——过度的灾害临灾期关怀与过度的灾后期初期的失落之间的过大反差,导致的灾民心理失落与灾害心理应激加重的情形。

所谓通道期,是指灾民从临灾期被集中照顾或者安抚,而减弱心理损伤和心理应激异常,到临时安置和过渡安置结束,救援者撤离后感受到孤独和失落并导致产生"二次伤害"或者心理失落严重情形的一个时期。笔者认为,这个时期,是任何一个灾害尤其是严重灾害的应急救援过渡后都会出现的一个时期或者一种心理现象。

理论上,通道期主要是针对灾民、灾区而言的。对灾民而言,临灾时会发生应激反应,包括应激生理反应和应激心理反应两个方面。其中,应激心理反应分为情绪反应、自我防御反应、应对反应等。通过神经解剖学和大量观察证据证明,应激反应中的生理反应和心理反应是同时发生的。对灾民而言,应激心理反应大体可分为情绪反应、自我心理防御反应及行为反应,互相之间具有密切的联系。情绪反应中最常见的是焦虑,还有愤怒、内疚、恐惧、抑郁、觉得无助等。自我心理防御反应有合理化、压抑、投身、倒退、升华、否认、补偿、抵消等,心理防御机制仅仅是一种自我欺骗,但它起到了暂时解除痛苦和不安的作用。

而应激行为反应主要表现有攻击、退缩等,按应对方式可分为问题应对和情绪应对两类。问题应对多见于当事人自认为能改变个人所面临的处境或挑战;情绪应对多见于当事人自认为无力改变具有威胁性环境,从而承受巨大的心理压力。大多数人在不同时机兼用问题应对和情绪应对两种不同的应对方式。临灾时应激期间产生何种心理反应,受应激源、环境因素、本身人格因素的影响。即使对同一个人同样应激源,不同时期往往也会有不同的应激反应。临灾时的应激心理反应,就身心健康而言,可分为应激阻抗者和应激障碍两种。其中,应激阻抗者对一定的紧张性刺激或情境特别有耐受力,这类人的人格特点可概括为:(1)能积极参与投入相应的工作与生活;(2)自认为有能力控制生活变故及紧张的状况,能采取行动解决问题;(3)能把生活、工作的变化作为对自己的挑战。而应激障碍表现为因反应过度而表现出的相应的身心疾病。所以,在临灾期,除了对灾民首先及时进行保全生命层面的抢险救灾,使其脱离灾害危险之外,还要密切关注灾民的心理应激障碍,即灾民的心理应激问题,也就是对灾民进行相应的心理安抚或者心理干预。

应当说,在所有重特大自然灾害甚至人为灾害过后,都会发生"一方有难,八方支援"的现象,这一方面说明,根据灾害伦理人们都同情受害者,于是,受害者获得救助和帮助也就觉得理所当然和天经地义了。从"一人有事,万人相助;一处困难,八方支援"来解读,固然不错。另一方面,这种在灾害应急初期,大量而集中的救助现象,之所以被称为"通道期",是因为这种现象可以淡化或者弱化受害者的受害心理,减少其受害者"受害感":大灾现大义,被帮有担当。然而,这种"一方有难,八方支援"的"通道期"现象,实际上也是一种灾害后果分担的"路径依赖"现象。按照国人处理灾害的应急模式,一旦有如同舟曲泥石流灾害的自然灾害发生,全社会立即进入"一方有难,八方支援"的"通道期"状态,于是乎,灾害的强烈不幸和灾难性很大程度上被稀释,各种捐助从各个方面蜂拥而至,似乎帮助受灾者成为一种法定义务,而不是道义义务。这种临灾期快速的"通道期"现象,确实是社会友爱和社会道义聚集的表现,但是,也很容易造成灾民、灾区在"通道期"后的不良感受。

事实上,像舟曲泥石流这样的大灾过后,无论是灾害的幸存者、受伤致残者、救援者,还是社会公众,在心理上都会体现为三个感受阶段。(1)应急期,即抢救期。这个阶段里,人们通过我国独有的传救灾过程中可歌可泣英雄事迹宣传,鼓舞战胜自然灾害的士气,可以暂时忘记灾害的伤痛或者心理创伤;(2)基本需要期。这个阶段,对于灾民最重要的,就是各种基本生活物资的供给,而"通道期"现象很大程度上恰好满足了这个需求;(3)失望期。灾民会开始思考:诸如为什么会造成这么大损失,为什么会有那么多生命没有挽回等问题。尤其是对那些因灾而肢体伤残,从体相正常人变成残疾人的群体,以及失去亲人、同伴的罹灾群体即灾民而言,灾后很容易患上"创伤后综合征障碍"即PTSD。对于那些处于绝望状态的灾民而言,很多人需要长达5~6年甚至更长的灾后心理创伤恢复。如果心理治疗措施不能跟上或者有效衔接等,很多灾民的内心压抑情绪,将无处排遣或者消除,则会造成严重的不良后果。①

事实上,临灾初期灾民一旦获救或者自救、他救成功,在有亲友死亡、财物尽毁或者社会秩序完全陷入混乱的情况下,进行心理安抚是非常必要而且急迫的。而在这时,有大量的救援人员,尤其是有心理安抚的人员在场,灾民心理上有很强的心理支持,加之亲友死亡的痛苦有相应的心理安抚,还有各种各样的救援物资满足衣食住用,在各种临灾安置点解决其基本的衣食住等是不成问题的。不过,这种依赖临灾期的抢险救灾、临时安置和过渡安置等可以解决的问题,毕竟只具有临时的性质。灾民在临灾应急状态结束,大量的救援人员撤离,热热闹闹的抢险救灾现场,可能会变成救灾人员撤离后的遍地瓦砾,被毁坏的房子需要维修才能入住,还有因为灾害导致上班的单位破产或者暂时无法正常上班,那么,灾民该靠什么生活下去呢? 于是,让灾民们心理失怙和感到孤苦无依的"通道期"便来

---

① 刘琳. 灾民安置心理,进入基本需要期[EB/OL]. (2008 - 05 - 20)[2018 - 07 - 31]. http://news. hexun. com/2008 - 05 - 20/106088086. html.

临了。

学者在研究我国地震应急救援法律法规和应急预案,以及汶川、玉树、盈江、彝良和海地、东日本等国内外地震应急救援案例后,将地震应急期划分为应急启动、紧急救援、过渡性安置等3个阶段。发现这3个阶段并不是互不相干、相互独立的,而是存在一定的时间相关性的。其实,地震应急期也可以划分为特急期(震后24小时)、突急期(震后2~3天)和紧急期(震后4~10天)等。其中,特急期主要是营救被埋压人员,突急期则主要是救治受伤人员,而紧急期主要任务是安置灾民生活。① 由于人类社会与灾害是对立统一的,灾害致灾因子的诱导性与人类抵御灾害的主动性,让灾区政府会以积极抢险救灾的态度,应对灾害和进行灾害应急。

灾民在灾害发生的背景下,直接接受了人员伤亡和财产损失,导致人类最基本的生存条件的丧失。于是,人类最基本的生理需求和安全需求满足程度降低和丧失,从而产生了补偿性需求。这样,人们就会产生强烈的危险感、恐惧感、急迫感等。从而产生各种动机,尤其是人们对突发性灾害反应快,行动果断有力,其积极行为,如预测、防灾、抗灾、救灾,清理灾害现场、调查灾情、生产自救、重建家园等,而消极行为如慌乱、盲动、迷信、坐等观望、躲避、懒于清理现场、夸大灾情、乞求国家和社会救助不要停止,等等。消极行为如果遇上救援撤离、救助物资减少或者停止,反而可能导致产生人为灾害。这种灾害心理行为机制告诉人们,灾情调查时,必须同时调查灾民灾前、灾中、灾后的灾害心理行为反应,引导灾民克服心理障碍,增加对灾害的心理承受能力,引导消极行为转向积极行为。②

基于此,笔者便提出了"通道期后适应"的问题。这个问题,完全是在临灾应急过程中,抢险救灾对灾民的生活安置、心理抚慰、板房修建、生产自救、儿童关怀、针对老人的服务、法律援助、社会工作服务等灾害救助背景下,灾民应当逐步自己担负起社区关系、村民组织、环境保护、建设社区公共空间、开展学校社会工作等方面的义务与责任,并开展和适应生活环境、社会关系和社区发展的再建与修复。这时,笔者强调灾民的适应性义务,即应当承担自觉、自强、自立和积极参与灾后重建,以摆脱灾害严重伤害窘境的道德义务。这种义务,在笔者看来,应当通过深入细致的研究,逐渐从道德义务层面,借助公众参与义务慢慢地向法定义

① 王海鹰,等. 地震应急期关键时间阶段划分研究[J]. 灾害学,2013(3):166.
② 毛德华. 人类与灾害相互影响机制的初步研究[J]. 湖南师范大学自然科学学报,1997(2):94.

务过渡。

第三节　灾害法学的路径依赖

一、灾害法学路径选择：北川样板

发现北川样本，是从通道后期的个案、北川老县城建成地震遗址博物馆、灾后异地重建样本和对口支援成果国际化等构成的北川独有的典型事例样本开始的。2008年10月3日，汶川大地震过去了145天，属于典型的通道后期时段，北川农委干部董玉飞（男，40岁）突然自杀，让全社会感到非常震惊。董玉飞事件之后，对灾区干部的心理干预逐渐展开，一些人被强制休假。汶川大地震后，一些本身就是灾民的人，不顾自己的困难和伤痛，尽力地去帮助他人，应了"一方有难，八方支援"，显现了灾害伦理或者灾害道德的高尚与可贵。但是，在临灾期的救灾工作结束后，便产生了严重的心理不适甚至心理问题，也就是说，这部分试图通过尽力去帮助他人，减轻自己在大地震中遇到的困难和伤痛的现象，即以忙碌转移注意力和转嫁悲伤的现象，并没有得到足够的重视。

为此，芦山大地震之后，四川省卫生厅即下发文件，要求"要针对地震伤员、受灾安置点群众、学校学生、灾区救援人员及灾区干部职工、急性应激障碍人群等重点人群，科学、规范、有效开展心理卫生服务，并避免因不当心理干预而致被干预对象的二次心理伤害"①。也正是借助适当的心理关怀和心理应激障碍的适当干预，以及心理救援，才使得汶川大地震、芦山大地震之后，外国专家曾悲观预计汶川大地震后出现"自杀高潮"的现象，没有发生。不过，这种"自杀高潮"现象没有发生，并不等于灾害"三期"划分本身就解决了所有问题。

对于"通道期"以及"通道后期"现象的关注，本质上就是对灾民心理干预问题的关注。在这个方面，2013年开始，笔者专门进行了《生态安全义务履行与人的致灾性法律控制》（四川省社科联项目2013年度项目）、《震后受灾人群心理抚慰与治疗——以心理救援条例制定为视角》（四川大学中央高校基本科研项目2013年项目）的课题研究，并发表了《巨灾下的医疗资源调集能力限制的立法思考——

---

① 高淑英.外国专家曾悲观预计汶川地震后出现"自杀高潮"[N/OL].北京青年报,(2013-04-27)[2018-07-31].http://news.eastday.com/c/20130427/u1a7355796.html.

以汶川大地震"院内死亡率"与"外送伤员量"双高为视角》(《当代法学》2014 年第 1 期)、《"余姚水灾"的人为致灾性》(《中国人口·资源与环境》2014 年第 3 期)《灾害应急预案启动的三重效用性——以"余姚水灾"中三个预案的启动效果为视角》(《中国环境法学评论》2014 年)、《芦山地震心理危机干预"二次伤害"的法律控制——以张支蓉叠加性损害的心理援助义务法律化为视角》(《理论与改革》2014 年第 6 期)、《灾害应急预案供给与启动的法律效用提升——以"余姚水灾"中三个应急预案效用总叠加为视角》(《南京大学学报〈哲学·人文科学社会科学版〉》2015 年第 4 期)、《地震灾害中"二次伤害"心理危机的法律干预条件——以〈心理救援条例〉制定与颁行的障碍为视角》(《当代法学》2015 年第 4 期)等论文,对这个灾害"四期"现象,即"通道期"和"通道后期"即灾民心理问题分期现象,有了深刻而直观的感受与认识。由此笔者寄希望全社会关注灾害"通道期"的"八方支援"机制本身是有缺陷的,要关注"通道期"消减后的"通道尽头"现象,也就是通道期后适应征即 PTSD 问题。

2008 年"5·12"汶川大地震中,北川县城被夷为平地,2 万余同胞遇难,直接经济损失达 600 亿元,使得北川成为受灾范围最广、伤亡人数最重、经济损失最大的极重灾县。但是,北川人以伟大的抗震精神,创造了"大灾大难面前不低头"这种不屈不挠的北川精神。如今的北川,因为北川人在"大灾大难面前不低头"北川精神的激励下,在汶川大地震凤凰涅槃式的灾后重建之后,成为举世瞩目、举国关注,具有唯一性、独特性和不可复制性的典型精神品质的人民。而北川,拥有了全世界唯一整体原址原貌保护的规模最大、破坏类型最全面、次生灾害最典型的地震灾难遗址区——北川老县城这个地震遗址博物馆。这个地震遗址博物馆,是北川人"大灾大难面前不低头"精神品质的物质性留存,也是北川人在漫漫岁月里,用遗址文化和遗址固定"大灾大难面前不低头"北川精神的写照。

拥有了"大灾大难面前不低头"的北川精神,北川新县城驻地永昌镇作为"5·12"汶川地震灾区唯一异址重建的县城,不仅汇集了全国众多著名规划大师的心血和城市建设智慧,而且也成了一座生态宜居、文化特色明显的现代时尚之城,被誉为抗震精神标志、城建工程标志和文化遗产标志的"三合一"的样板。这个样板,与北川老县城在时空的并存并立,让北川人"大灾大难面前不低头"的北川精神有了相互照应、互相衬托这种精神的城市形态层面上的固定。于是,北川精神就从"抗震精神"中涅槃而出,被固定在这座"三合一"的现代城市的每一个细节之上。

那么,对口支援成果能否国际化呢? 所谓对口支援成果的国际化,就是要让北川的两座城——北川老县城(地震遗址博物馆)和北川新县城(北川巴拿恰)同时走向国际防灾减灾救灾领域最高峰——联合国国际减灾战略、世界减灾大会和国际减灾合作的各个领域。

让对口支援成果走向国际社会,变成国际社会共同的精神财富,是北川人在"大灾大难面前不低头"的北川创新精神,以北川县委县政府将防震减灾纳入灾后恢复重建,以"六化联动"模式构建北川防震减灾新格局的成功经验,参与防灾减灾救灾的国际学术交流,把对口支援制度结出的"精神之果",变成可以让世界上各国人民学习的实例,这也是北川人为世界减灾文化做出的一份重大贡献。事实上,在北川人"大灾大难面前不低头"的北川精神鼓励下,北川开展了各种形式的"走出去"活动,这非常好。不过,北川人借助"对口支援制度"的活用实例,还可以走得更远一些,从而让更多的人,从世界的各个地方,到北川来考察、观光和旅游、投资、学习和交流,把北川对口支援制度成功运用的典型性,变成可以学习和可以复制的样板,通过应急管理学、灾害法学和国家安全学等层次的学科与学术交流,传递到国际世界中去。

尤其是,北川提出的"六化联动"基层防震减灾工作新机制,不但在国内有创新,并作为首批全国防震减灾示范县,在国内起到了示范作用,而且,这个"六化联动"模式与机制,也是北川对口支援制度更加丰厚、具有深度的精神软实力,是可贵的北川人"大灾大难面前不低头"的北川精神的核心,是可以走出去的,更是值得走出去的。

北川自建县至 2018 年,已历时 1454 年。一座羌城,千年辉煌。全境皆山,峰峦起伏,沟壑纵横,岷山携龙门山,境内插旗山最高峰海拔 4769 米,最低点香水渡海拔 540 米,相对高差 4229 米,是适宜开展旅游的好地方,也是生态建设借助灾害应急产业用武的好地方。事实上,北川老县城地震遗址作为全世界唯一整体原址原貌保护的规模最大、破坏类型最全面、次生灾害最典型的地震灾难遗址区,面积 266 公顷,有重要事件地 12 处、一级保护建筑 16 处、二级保护建筑 75 处、典型地质与基础设施破坏保护 5 处。从 2010 年 5 月开放以来,为全社会普及地震知识和常识,做出了极其巨大的贡献。2008 年 6 月 8 日,国务院颁行《汶川地震灾后恢复重建条例》,确立了建立地震灾害博物馆的总方针。2008 年 6 月 18 日《四川省人民政府关于北川羌族自治县县城地震灾害现场及同类灾害现场清理保护的规定》、2016 年 11 月 22 日《四川省人民政府关于公布三苏祠等 16 处全国重点文物保护单位和北川老县城地震遗址等 13 处省级文物保护单位保护规划的通知》分别下发,对建立地震灾害博物馆的操作与规划进行了细化。现在十年过去了,单纯寄托哀思的地震灾害遗址博物馆,是否可以华丽变身,或者被赋予更深远的文化功能和进行规划保护基础上的文化发掘,从而全方位打造独具北川特色的防震减灾文化产业呢?

按照"五位一体"总体布局的发展理念,北川与防灾科技学院院地合作培训教育的同时,与四川大学等高校在"防灾减灾与应急管理"法治研究方面进行合作。在北川建设教学研究基地,把"震害可视化预测项目"即"新北川县城震害可视化预测"项目,北川防震减灾局与绵阳市局视屏会商应急演练,还有北川应急产业发展,以及北川生态修复成果等,借助"5·12"汶川大地震十周年北川纪念活动,向各界发出邀请,让"大美羌城,生态强县,小康北川"成为灾害应急产业的拓展与产业化的奋斗目标。

二、灾害法学路径固定:退耕还林条例

从1999年开始,为了认真汲取1998年特大洪涝灾害的教训,党中央、国务院决定,在长江上游、黄河上中游有关地区开展退耕还林还草的试点,四川、陕西、甘肃3省率先开展退耕还林的试点,由此揭开了我国退耕还林国家政策实施的序幕。[①] 退耕还林政策主要内容:(1)国家无偿向退耕农户提供粮食、生活费补助;[②](2)国家向退耕农户提供种苗造林补助费;(3)退耕还林必须坚持生态优先;(4)国家保护退耕还林者享有退耕地上的林木(草)所有权;(5)退耕地还林后的承包经营权期限可以延长到70年;(6)资金和粮食补助期满后,在不破坏整体生态功能的前提下,经有关主管部门批准,退耕还林者可以依法对其所有的林木进行采伐;(7)退耕还林所需前期工作和科技支撑等费用,国家按照退耕还林基本建

---

① 退耕还林工程就是从保护和生态环境出发,将水土流失严重的耕地,沙化、盐碱化、石漠化严重的耕地以及粮食产量低而不稳的耕地,有计划、有步骤地停止耕种,因地制宜地造林种草,恢复植被。退耕还林工程始于1999年,是迄今为止我国政策性最强、投资量最大、涉及面最广、群众参与程度最高的一项生态建设工程,也是最大的强农惠农项目,仅中央投入的工程资金就超过4300多亿元,是迄今为止世界上最大的生态建设工程。

② 粮食和生活费补助标准为:长江流域及南方地区每公顷退耕地每年补助粮食(原粮)2250千克;黄河流域及北方地区每公顷退耕地每年补助粮食(原粮)1500千克。从2004年起,原则上将向退耕户补助的粮食改为现金补助。中央按每千克粮食(原粮)1.40元计算,包干给各省(区、市)。具体补助标准和兑现办法,由省政府根据当地实际情况确定。每公顷退耕地每年补助生活费300元。粮食和生活费补助年限,1999—2001年还草补助按5年计算,2002年以后还草补助按2年计算;还经济林补助按5年计算;还生态林补助暂按8年计算。尚未承包到户和休耕的坡耕地退耕还林的,只享受种苗造林费补助。退耕还林者在享受资金和粮食补助期间,应当按照作业设计和合同的要求在宜林荒山荒地造林。

设投资的一定比例给予补助,由国务院发展计划部门根据工程情况在年度计划中安排;(8)国家对退耕还林实行省、自治区、直辖市政府负责制。

2002年1月10日,国务院西部开发办公室召开退耕还林工作电视电话会议,确定全面启动退耕还林工程。工程建设范围包括北京、天津、河北、山西、内蒙古、辽宁、吉林、黑龙江、安徽、江西、河南、湖北、湖南、广西、海南、重庆、四川、贵州、云南、西藏、陕西、甘肃、青海、宁夏、新疆等25个省(区、市)和新疆生产建设兵团,共1897个县(含市、区、旗)。根据因害设防的原则,按水土流失和风蚀沙化危害程度、水热条件和地形地貌特征,将工程区划分为10个类型区,即西南高山峡谷区、川渝鄂湘山地丘陵区、长江中下游低山丘陵区、云贵高原区、琼桂丘陵山地区、长江黄河源头高寒草原草甸区、新疆干旱荒漠区、黄土丘陵沟壑区、华北干旱半干旱区、东北山地及沙地区。同时,根据突出重点、先急后缓、注重实效的原则,将长江上游地区、黄河上中游地区、京津风沙源区以及重要湖库集水区、红水河流域、黑河流域、塔里木河流域等地区的856个县作为工程建设重点县。工程建设的目标和任务是:到2010年,完成退耕地造林1467万公顷,宜林荒山荒地造林1733万公顷(两类造林均含1999—2000年退耕还林试点任务),陡坡耕地基本退耕还林,严重沙化耕地基本得到治理,工程区林草覆盖率增加4.5个百分点,工程治理地区的生态状况得到较大改善。到2002年11月底,已累计完成退耕还林任务9700万亩,其中退耕地造林4830万亩,宜林荒山荒地造林4870万亩。从近几年的实践看,退耕还林对改善生态环境,优化农村产业结构,促进农村经济发展发挥了积极的作用。

2002年12月6日,国务院第66次常务会议通过《退耕还林条例》,并于2003年1月20日施行。《退耕还林条例》是实施西部大开发战略以来出台的第一部行政法规,它的颁布和实施不仅表明了国务院改善西部地区生态环境的决心,也给广大退耕还林者提供了法律保障,对进一步推动退耕还林工作,巩固生态建设成果具有重要意义。即(1)有利于保持国家退耕还林政策措施的连续性和稳定性。退耕还林工程涵盖了中西部25个省(区市),1000多个县(区旗),涉及1330万农户,5300万农民。工程建设和政策兑现年限较长,直接关系到国家生态效益、农民的当前利益和长远利益。它是一项长期而又复杂的社会系统工程,任何一个环节出了问题,都将造成重大影响。客观上需要保持政策措施的连续性和稳定性;(2)有利于规范退耕还林活动,保护退耕还林当事人的合法权益,保护国家和社会公共利益;(3)退耕还林认识上存在着片面性。有的地方把退耕还林单纯地作为扶贫工程,忽视生态目标,搞照顾、"撒胡椒面",致使江河两岸、水库湖泊周围的陡坡耕地等重点区域得不到保障;有的地方把退耕还林当作单纯的植树造林,没有把生态目标与农民的吃饭、烧柴、增收问题以及地区经济发展有机地结合起来,不仅挫伤了广大农民的积极性,而且从长远看,退耕还林的成果也难以巩固;(4)有的地方尊重自然规律不够,不能因地制宜确定造林模式,在干旱、半干旱地区大种乔木,致使造林成活率低,劳民伤财;(5)少数地方补助的粮食、资金兑付不及时,出现摊派、克扣和兑付不合格粮等问题,甚至弄虚作假,挤占、挪用、截留、虚报冒领补助粮食和补助资金。上述这些问题都亟待以法规的形式加以规范和解决。①

三、灾害法学:通道后期道德冲突下的路径依赖

任何灾害,都是通过一种或多种自然因素和人为因素在一定时空耦合下发生的。其反馈机制包括:正反馈机制,表现为灾害不断放大的过程;负反馈机制,表现为灾害不断减少的过程。反馈机制既存在于灾害子系统中,又存在于人灾系统中。对于某些巨大的自然灾害,其本身是负反馈机制,但它又引起一系列的次生灾害和衍生灾害,最终使灾害强度增加,灾害范围扩大,灾害损失增加。② 对于临灾应急救助的负反馈机制,笔者比较认可,也就是说,在通道期内对灾民的各种救助、安置和巨大的帮助,无可厚非。

但是,按照学者的分析,震后 7 日内发生疾病以外伤/伤口类占绝大多数;震后 8 日非外伤性外科疾病发病率逐渐升高,1 个月后发病率稳定于 50.72% ~ 54.20%,主要为骨科类疾病和妇产科类疾病;震后 4 日内科性疾病发病率逐渐升高,1 个月后稳定于 44.32% ~ 48.69%,主要为急性呼吸道、消化道感染、过敏性皮肤病和心理性疾病。所以,汶川地震医学救援可分为早、中、晚三期。早期(震后 1 ~ 7 日)疾病种类主要为外伤/伤口类;中期(8 ~ 30 日)既有一般性内外科疾病,又有余震和地震所造成的次生灾害类伤病,此期为震后精神类疾病的高发期;晚期(震后 1 ~ 3 个月)多为当地常见病、多发病等。③ 显而易见,汶川地震医学救援

① 国家计委副主任、国务院西部开发办副主任李子彬就《退耕还林条例》的颁布实施答记者问[EB/OL].(2002 - 12 - 26)[2018 - 01 - 26]. http://law. npc. gov. cn:8081/FLFG/flfgByID. action? flfgID = 98902&showDetailType = QW&zlsxid = 23.
② 毛德华.人类与灾害相互影响机制的初步研究[J].湖南师范大学自然科学学报,1997(2):96.
③ 李福祥,等.汶川地震灾区灾后 3 个月疾病谱的变化及医学救援分期[J].山东医药,2009(6):18.

的中期和晚期,基本上已经到了应急救援结束期,也就是所谓通道期的后期,或者"通道期尽头"了。

按照场域伦理学或情景伦理学即灾害伦理学的观点,灾害的突变性和破坏性凸显了特殊情况下的道德问题与道德冲突的尖锐性,其实质是灾害应对中的道德问题。即:在抢险救灾的临灾期灾害救助的精神价值主要是人类的自主精神、抗争精神、民族精神,包括牺牲精神、仁爱精神、自立自强精神、互助精神等。① 但是,当灾害以灾难的形态越过了灾民的道德情感,演化成一种颓废、悲观和依赖、失望,以及自暴自弃或者侵害、违法的道德意识时,则会发生笔者称之为"通道尽头"的现象,主要是灾民行为失范,包括自残、自弃行为,以及不能以应有的抵御灾害或者承受灾害压力的心态,面对遇到的困难,去克服困难,而是选择放弃或者怨天尤人甚至于罹患精神疾病,等等。这种现象的出现,便是灾区的道德风险——灾民只是希望获得救助,而不能按照生命高于一切原则、人道主义原则②和互救自救原则③出现问题的产物。也就是说,我们的社会在临灾期应急或者通道期问题上,给予了不应有的忽视或者忽略,导致不应该出现的"矫情灾民"④的产生。

通道期后,灾民作为灾害伦理学层面上的道德人,需要解决自己的心理失恃后的脆弱性问题。那就是狭义的脆弱性评估是针对人类社会经济系统对致灾因子的敏感程度,通常脆弱性愈大,则致灾后易形成灾情;反之,脆弱性愈小,则致灾后不易形成灾情。⑤ 对于灾民而言,通道期后意味着社会和非灾民对灾民应尽的救助义务,已经告一段落。虽然灾后重建社会、政府的义务肯定不会消失,但是站在灾民角度来看,对灾民个体的灾害心理危机或者心理的二次伤害问题的关注,是必不可少的。事实上,张支蓉的悲剧就是通道期后的灾民心理问题,加上灾害本身的若干个致灾因子以及亲邻环境不佳等新型致灾因子的累积,导致的灾害后伦理环境失衡,尤其是灾害道德失范的产物。

---

① 张怀承. 灾害伦理学论纲[J]. 灾害伦理学,2013(6):58.
② 灾害救助中的人道主义原则,包括人的生命的价值优先性、平等性,以及对他人痛苦的同情与关怀的道德价值要求。
③ 张怀承. 灾害伦理学论纲[J]. 灾害伦理学,2013(6):59.
④ "矫情灾民"一词,是笔者在《减轻自然灾害的法律问题研究》(修订版,北京法律出版社,2008)一书中,在第91页归纳出的一种现象,即"5·12"汶川大地震发生后,在抢险救灾阶段,对于绵阳市救助站里的个别灾民拒绝吃稀饭,喝水要喝"农夫山泉",衣服也要志愿者来洗,并用矿泉水洗脚等不良行为。笔者认为,其不良行为应当受到谴责。国家应当通过立法,对于灾民的这些不良行为,给予必要的约束和控制、制约。
⑤ 史培军. 三论灾害研究的理论与实践[J]. 自然灾害学报,2002(3):6.

　　在笔者看来,张支蓉的悲剧本身,反映的就是通道期后不能适应的问题。这种不能适应,反映在三个层面:(1)张支蓉个人不能适应,虽然前因可能是她的儿子付思奥不幸死亡后,医疗机构的心理干预不当;但是,她本身的独特经历和特殊的心理结构——女人最不能接受子女死亡的悲剧,是核心原因;(2)张支蓉所在的亲邻环境不能适应,也就是说张支蓉的亲友和邻居们,没有意识到张支蓉遭遇的芦山大地震中的1次伤害(地震本身带来的震撼与心理伤害)、2次伤害(倒房或者房子被定为危房要拆除的伤害)和3次伤害(儿子付思奥死亡的伤害),已经发生了叠加效应或者累积放大效应,而又带给她第4次伤害(批评她儿子付思奥死亡就是她的过错)和第5次伤害(媒体把付思奥死亡的悲剧通过报道,让张支蓉感到丢人和无地自容),终于让她选择了自杀这种自绝于世的做法。应当说,张支蓉的悲剧,让通道期后的道德冲突个案,成为灾害法学形成的必然性路径依赖的证明事例。

第八章

灾害法学是交叉学科

迄今为止,笔者提出的"灾害法学"概念,没有得到法学界的认可。理由是,法学界长期的不可抗力的观念,不可抗力免责的后果意识,还有我国《民法通则》第一百五十三条不可抗力是"不能预见、不能避免并不能克服的客观情况"的法律界定,以及我国《突发事件应对法》将自然灾害、事故灾难、公共卫生事件和社会安全事件等类界分为突发事件的立法确认,再加上各单灾种立法的异常活跃,让人们有理由对"灾害法学"这个词提出质疑:这是什么样的学科?

事实上,与国人对疾病的讳疾忌医一样,人们在日常生活中,是比较讨厌或者比较反感灾害、灾难或者灾祸等字眼的。这种情况在汶川大地震后的原灾区的社会公众身上,表现得更加明显和强烈,人们以为进行灾害法学研究的人"心理上有病"或者精神上有问题:如果心理或者精神健康的话,为什么会喜欢灾害? 显然,研究灾害法学和喜欢灾害是风马牛不相干的事。

我国《国家安全法》第三条规定,我国的国家安全工作,应当坚持总体国家安全观,以人民安全为宗旨,以政治安全为根本,以经济安全为基础,以军事、文化、社会安全为保障,以促进国际安全为依托,维护各领域国家安全,继而构建新型的国家安全体系。显而易见,"以人民安全为宗旨"就是高度关注公民安全,而"以军事、文化、社会安全为保障"则强调国家安全的目标? 继而,以自然灾害、事故灾难、公共卫生事件和社会安全事件等带来的国家、社会和个人遭受损失的情况,便是灾害风险转变的结果,是一种国家、社会和个人的不安全。这种不安全,属于非传统国家安全范畴,在学科门类上,归属于"安全科学与技术"名目之下。

第一节　灾害学:让人不待见的学科

一、灾害科学:灾害改变世界

灾害,是以致灾因子的聚集,然后以灾变过程中致灾能量的瞬间释放,导致严重的灾害后果,这是人类社会无从避免而又必须面对的突发自然变异或者社会变异现象。灾害的发生,也使人类社会诸多道德矛盾,在瞬间交织,继而爆发。前文中笔者关注和探讨的 1977 年 7 月 13 日纽约大停电事故,就如同释放人类社会的恶魔一样,让这个美国第一大城市在瞬间因为陷入黑暗而同时陷入罪恶释放的渊薮。应当说,灾害可以改变世界,这便是一个不可多得的典型实例。

纽约大停电后发生的大抢劫和大火灾,使得这个城市长期积攒的贫富矛盾,以及各种怨气找到了发泄的出口。于是,当天的纽约市相关被抢劫和焚烧的商店、财物,以及被毁坏的社会秩序,成为这个城市社会伦理失范研究的最佳场域。相比之下,2008 年"5·12"汶川大地震发生后,惨烈的自然危险变成惨重的灾害损失,在大量的人员伤亡、财物毁损灭失和社会结构被快速毁坏的背景下,灾区的人们被灾象所震撼,包括进入灾区进行救助的军人、医护人员和志愿者,都被惨烈的灾害现场深深地震动了灵魂。但是,地震后并没有出现如同纽约大停电的大抢劫和大火灾情形,也即没有引发衍生灾害,其根原因大抵上与我国社会的伦理道德观有密切的关系。

灾害改变世界。临灾期的应急预案启动与积极应对,换个角度看,实际上是借助人类社会的制度力量和法律——紧急状态的法律,也就是防灾减灾救灾法的抗灾义务、救灾职责和应对责任等,构筑起的应急法律的力量,对灾害给灾区社会结构改变的一种补救。这种补救,是一种人类社会对于自然危险以致灾能量瞬间释放这种作用力的反作用力,一种拯救已经被改变的社会结构的自救、他救和互救能力的集合、聚集和整合。从这个角度看,任何轻视灾害法学的看法,都是不对的。

事实上,汶川大地震发生后第一时间,8.0 级强烈地震的致灾能量瞬间释放,已经彻底改变了灾区的一切。让 90 秒之前还是原本模样的灾区,瞬间变成了灾后的惨景。于是,灾情牵动亿万国人的心,从国家领导人到每一个普通公众,这次大地震所反映出来的人与人之间的伦理精神,尤其是"救人、救人再救人"的生命关怀精神,感动了每一个中华儿女。

于是,现代自然灾害像"5·12"汶川大地震这样的极重大地震灾害的发生,不再是单纯的自然变异的人类社会结构破坏事件。人类社会对待自然变异、对于灾害后果的有效预防,及时启动应急预案,并采取有效的应对措施,加上临灾期的心理干预与心理救援,特别是灾后期的积极重建过程中,"举国家之力"的对口支援制度,让重大自然灾害中的人道关怀,与中央政府、灾区政府和非灾区地方的全力救援活动,形成了临时安置、过渡安置和灾后重建经济补助、尽力捐助与对口支援的合力,积极、自觉和全方位、切实有效的合作与配合,对特大地震灾害的破坏后果,起到了尽快消除,灾区社会高效、全面恢复的积极作用。到 2011 年整个汶川地震灾区的灾后重建基本完成,灾区的社会机构快速恢复,整个灾区的社会发展程度,被快速地向前推进了至少 20 年,成为世界灾后重建的典型样板。

灾害改变了灾区的世界,更重要的是,灾区的人们在央地政府、地地政府的正确领导与合作之下,生发出来的抗灾精神,正是人们的伦理责任感以及道德意识再度洗礼后,成为我国人民一种整体应对灾害的精神和民族的意志而彰显无余。那就是:一方有难,八方支援;自力更生,艰苦奋斗。① 在灾害中,人类社会往往必然会从伦理道德框架下,重新审视自己。这时,人类社会在面对自然界灾害能量瞬间释放的无限力量时,其作为一个整体的制度文化和伦理精神与抗灾意志彰显无遗的同时,是面对诸如"5·12"汶川大地震这样的大灾难过后,人类社会又会如何审视制度文化和灾害伦理精神?

灾害伦理学研究的基本问题主要有:灾害成因的伦理解释;灾害降临的伦理应对;灾害救助的伦理维度;以及灾害抚慰的伦理实施等。刘雪松在其《汶川地震的启示——灾害伦理学》这部研究灾害伦理学的理论性著作中,通过对现代灾害特点的研究,系统地论述灾害中所体现的伦理道德关系,尤其值得一提的是结合汶川大地震中发生的感人至深的道德事迹,对于大地震灾害中所出现的优先逃生、无罪免责、心理损害与伦理创伤的问题,展开深入细致的分析与研究,针对不同问题提出了相应的解决措施,对于大地震灾害中出现的有罪愧疚、无罪愧疚、良心安置提出新的解决办法,对现时背景下建设具有中国特色的灾害伦理文化,提

① 2008 年 5 月 31 日,胡锦涛总书记在陕西省汉中市看望慰问受灾群众和救灾人员时,来到金山寺村一个简易防震棚,看望正在老师辅导下复习功课的孩子们。胡锦涛拿起粉笔在小黑板上写下 16 个大字"一方有难、八方支援、自力更生、艰苦奋斗",并领着孩子们一起大声朗诵。根据胡锦涛总书记的讲话提炼出的抗震救灾精神是:自强不息、顽强拼搏,万众一心、同舟共济,自力更生、艰苦奋斗。

出了富有建设性的新设想。① 灾害伦理学以其专业特色,将灾害改变世界的人文力量,从灾害能力瞬间快速释放的反作用力角度,给整合出来了。由此而言,灾害科学这门专门研究灾害与人或者人类社会与灾害关系的学问,其理论与实践问题的研究理所当然成为科学了。

二、灾害学:自然力或人力致灾的学科

所谓灾害学,是运用人类社会已掌握的科学知识和工程技术,研究分析灾害发生的机制,并试图解决人类社会在经济活动、生产过程中,已经遇到的、可能遇到的和将要遇到的灾害问题,即灾害损失地化解、消除和转嫁的科学。在我国,由于灾害可以分为自然灾害和人为灾害,专门研究自然灾害的灾害学,偏理工学科。因此,一个名称为《灾害学》的刊物,②就自己定位为综合性自然科学季刊。而研究人为灾害部分,社会科学领域以管理学层面居多,而跨学科或者交叉学科研究的很少,甚至于专业领域的研究或者反思一类的研究文章或者成果,占据了研究者观察的视野。比如,对"板桥水库垮坝"人为灾害,在中国知网上搜索后,找到18 条检索结果,却没有发现一篇文章是带有"法学""法律"或者"法律社会学""法律伦理学""灾害法学"等字样。从 1991 年 10 月到 2017 年 6 月的 27 年里,竟然只有 18 篇论文,平均一年 0.67 篇论文。可见,灾害学或者带有"灾害"字样的人为灾害历史事件,是非常不能吸引学者深入研究的。见表 8.1。

表 8.1 截至 2017 年 6 月中国知网"板桥水库垮坝"搜索数据

序号	题名	作者	来源	发表时间	数据库	被引(次)	下载(次)
1	板桥水库复建及其设计经验	林昭	水利水电技术	1991 – 10 – 28	期刊	2	24

---

① 刘雪松. 汶川地震的启示——灾害伦理学[M]. 北京:科学出版社,2009:内容简介.

② 《灾害学》杂志是全国最早的综合系统研究灾害问题(自然灾害和人为灾害)的综合性自然科学季刊,1986 年由陕西省地震局创刊。2001 年首批进入中国期刊方阵,为"双效期刊";《灾害学》杂志目前是中国科学引文数据库 CSCD(扩展库)来源期刊、中国科技核心期刊、"RCCSE 中国核心学术期刊"。《灾害学》辟有"理论·思路与争鸣""预测·防治与对策""灾例·经验与教训""资料·综述与信息""应急·风险与管理""探索·青年与灾害"等栏目。

序号	题名	作者	来源	发表时间	数据库	被引（次）	下载（次）
2	重建大坝锁蛟龙——来自板桥水库复建工程竣工的报告	丁全兴	治淮	1993 - 08 - 29	期刊		23
3	为了忘却的回忆——写在板桥水库复建竣工之后	刘宝军；姜广斌	治淮	1994 - 07 - 15	期刊		33
4	也谈板桥水库的大坝安全性	汝乃华	大坝与安全	1996 - 06 - 30	期刊	1	102
5	世界最大的水库垮坝惨案	佚名	劳动保护	1998 - 08 - 01	期刊		53
6	目睹1975年淮河大水灾	张广友	炎黄春秋	2003 - 01 - 04	期刊	7	211
7	世界最大垮坝惨案——驻马店1975年洪水纪实	己己	中州今古	2004 - 09 - 30	期刊		159
8	牢牢记取"75·8"特大水灾的教训	陈惺	中国防汛抗旱	2005 - 09 - 25	期刊	1	31
9	世界最大水库垮坝惨剧真相大白	单纯刚	农村经济与科技	2006 - 01 - 30	期刊	6	111
10	河南"75·8"垮坝惨剧真相	邢华	陕西水利	2006 - 05 - 25	期刊	3	142
11	淮河"75·8"洪水垮坝的主要原因分析及经验教训	王国安	科技导报	2006 - 07 - 18	期刊	14	381
12	反思世界最大水库垮坝事件	王胜利	安全与健康	2006 - 08 - 10	期刊	1	103
13	板桥水库变迁见证治淮事业发展	赵国亭；李新峰	治淮	2009 - 11 - 15	期刊		36

序号	题名	作者	来源	发表时间	数据库	被引（次）	下载（次）
14	震惊中外的板桥水库垮坝真相揭秘	卫宏春	文史精华	2012－09－06	期刊	3	229
15	溃坝事件中的人因失误分析	厉丹丹；柳志国；李雷	水利水运工程学报	2013－11－12	期刊	1	155
16	驻马店"75·8"水灾及救助研究	杨洁慧	河南大学	2014－05－01	硕士	3	232
17	"75·8"溃坝启示录	温海成	环境教育	2015－08－25	期刊		80
18	灾害与救助:1975年河南大水灾后的乡村社会	胡晓君	河北大学	2017－06－01	硕士		54
说明	治淮3篇;水利水电技术1篇;水利水运工程学报1篇;大坝与安全1篇;中国防汛抗旱1篇;陕西水利1;农村经济与科技1篇,专业类刊物9篇;其他刊物9篇				转引	42	2159

表 8.1 中,从 1975 年 8 月 8 日板桥水库垮坝事件发生,到 2018 年 8 月 8 日,整整 43 年过去了。国人竟然只有 18 篇论文研究这起人为灾害事件。而从第一篇论文算起到 2017 年 6 月河北大学硕士研究生的《灾害与救助:1975 年河南大水灾后的乡村社会》,总共的转引数为 2201 次,其中,下载 2159 次,被引用 42 次,证明学界对于"板桥水库垮坝"是缺乏应有的关注度的。

板桥水库垮坝事件的基本事实是:1975 年 8 月 8 日,因 7503 号台风"莲娜"带来 1606 毫米的超高强度强降水,导致包括两座大型水库(板桥水库①、石漫滩水库)、两座中型水库(竹沟水库、田岗水库)以及 58 座小型水库在数小时内相继溃坝,河南省驻马店等地区 1 万多平方公里土地上,近 60 亿立方米的洪水肆意横流。1015 万人受灾,造成超过 2.6 万人被洪水直接淹死,倒塌房屋 524 万间,冲走牲畜 30 万头。之后炸堤分洪造成数万群众死伤,而后可能有数以 10 万计的民众受缺粮、疾病感染而死亡。纵贯中国南北的京广线被冲毁 102 公里,中断行车 16 天,影响运输 46 天,直接经济损失近百亿元,这是目前有记载的世界史上毁坏最大最惨烈的水库垮坝灾难。②

从灾害学上讲,板桥水库垮坝是由于 7503 号台风莲娜带来超高强度强降水 1606 毫米,从水文专业角度来看,"75·8"洪水导致板桥水库垮坝的主要原因,并不是防洪标准偏低,而是水库设计洪水的数值偏小。板桥水库垮坝的主要教训是:(1)在科学技术上不能一边倒,要兼容并蓄,见好就学;(2)大幅度提高防洪标准既浪费国家巨额资金,又会留下后遗症,因而并不可取;(3)学习外国经验不能生搬硬套,一定要结合中国实际;(4)重要土石坝必须设"太平门"(非常溢洪道),以便在遭遇非常洪水时采取非常溢洪措施。③ 然而,当 1975 年 8 月 8 日凌晨 1 时,板桥水库驻军的 3 颗应急红色信号弹升上夜空后,竟然无人知道其含义,而未能采取任何措施,这种的错失和人为处置失当,给人民生命财产造成巨大损失,教训深刻。

---

① 板桥水库是一座位于河南省泌阳县板桥镇、淮河支流的汝河上游,以防洪为主,兼顾灌溉、供水、发电、水产等综合利用的丘陵区水库。1951 年,国家开始大规模治理淮河洪水人民运动。在河南境内淮河上游,苏联专家援助设计与并建成 5 座大型水库以及大批中小型水库。板桥水库于 1951 年 4 月开工建设,1953 年 6 月竣工。顶部高程 113.34 米,高 21.5 米,长 1700 米。控制流域面积 768 平方千米,总库容 2.44 亿立方米。1956 年 2 月至 12 月,按百年一遇洪水设计,千年一遇洪水校核进行扩建,大坝加高 3 米,坝顶海拔 116.34 米,坝顶建混凝土防浪墙高 1.3 米;溢洪道泄量 450 立方米每秒;新增开非常溢洪道,最大泄量 1160 立方米每秒。1975 年 8 月 8 日凌晨 1 时最高库水位达 117.94 米,超坝顶 1.6 米,大坝在原河道处漫坝溃决。口门上口宽 360 米,漫坝流量约 8 万立方米每秒,3 天后水库仅存水 10 万立方米,史称河南"75·8"溃坝事件。板桥水库溃坝后,河床赤裸了 11 年,驻马店地区遭受过几次重大的洪水灾害。于是,经过反复论证后,1986 年新板桥水库被列入国家"七·五"重点工程项目,淮河水利委员会为建设单位;在全国首次使用招投标方式,选出葛洲坝工程局为施工单位;1986 年年底开工复建,经过 7 年时间建设,于 1993 年 6 月 5 日通过国家验收交工使用。
② 单纯刚. 世界最大水库垮坝惨剧真相大白[J]. 农村经济与科技,2006(1):41.
③ 王国安. 淮河"75·8"洪水垮坝的主要原因分析及经验教训[J]. 科技导报,2006(7):72.

三、人类社会为何不喜欢灾害学

笔者研究灾害法学,不是喜欢灾害,而是经常思考灾害与人的关系,以及人类社会与灾害的作用与反作用模式,如何减少人的致灾性,梦想着法律尤其是防灾减灾救灾的法律法规和制度规范,能像其立法目标设计的那样,有效用和高效用、大效用,从而使我国防灾减灾救灾综合体制改革能够顺利地完成其"四个自信"中的道路自信、理论自信和文化自信、制度自信的历程。

笔者行文至此时,贵州黔南州三都水族自治县人民政府官微发布通报称,2018年7月22日16:20,三都县城突发9级大风,造成三都县城都柳江河面上风雨廊桥上的木质建筑物部分严重损毁,导致过桥群众受伤。① 截至7月22日,灾害已造成11人受伤,2人死亡。② 就是一场风,也能导致13人伤亡,这真是太蹊跷了些!

由于人类自身知识和力量有限,对自然灾害还不能进行有效的控制。比如,前文提到的板桥水库垮坝惨重灾难与三都风雨廊桥风灾事件,看似风马牛不相及,但是,在人类社会的防灾减灾救灾能力层面,都是相同的,那就是:防灾意识太差、减灾能力不济和救灾能力过低。灾害学的研究表明,灾害防治比减轻灾害有更高一层的目标和要求,需要较高的经济投入,而且,其效果通常有两面性,不是说投入越多必然产出越高,或者防灾很扎实则减灾或者救灾肯定就有成效。实践已经证明,防灾不只是制定应急预案,应急预案的确定要慎之又慎,至少要和人类社会即当地社会公众的防灾救灾减灾意识与能力相结合,要针对灾害防治的3个

---

① 这是一条东西向的名叫柳江河的河流上的一座木质桥,桥上搭建的是木质结构的仿古建筑物。事发时,很多老人坐在桥上休息。据三都县气象部门监测,2018年7月22日下午本来没有风,但是16:20左右,三都县城出现大风天气,风速为21.5米/秒,达九级风力;将风雨廊桥中间的木质仿古结构吹塌,当时很多人在尖叫,喊有人落水了,现场有多名群众加入了救援行列。这个大风很突然,只有1分钟就停止了,伴随而来的雨也只下了十几分钟。贵州三都县人民政府办公室一工作人员称,该风雨廊桥由深圳市援建,已有10多年时间了,所以,该桥又名"同心桥"。这座桥不能通车,是一座便民桥,除了连接河两岸的居民通行外,很多居民都在这座桥上休息、唱歌和娱乐。柳江河发源于贵州省独山县南部里纳九十九滩,上游都称柳江,是珠江流域西江水系第二大支流。在风雨廊桥下有一座橡胶坝,坝的旁边就是水库,落水的人员有两名被冲到了水库里。应急办接到消息后,立即赶往现场救援,并成立现场救援、医疗救治、灾害调查、善后处置等工作组。共有500多人参与救援。救援工作持续到7月23日上午才结束。确认此次风灾造成11人受伤,2人死亡(都是老年人),而受伤人员中,有5名重伤员。
② 马金凤. 九级大风吹毁廊桥致2死11伤[EB/OL]. (2018-07-24)[2018-07-24]. http://news.ifeng.com/a/20180724/59366562_0.shtml.

不同层次的目标,因情施策和因为目标不同而采取具有针对性的方法、方案和措施,如何在延迟灾害发生时间、改变灾害事件规模与特性、制止灾害的蔓延和扩大等方面,要有详细的具体措施和方案,并主要针对公众参与解决防灾减灾救灾能力不足的问题。

在理论上,灾害学的研究,是沿着灾害成因→灾害加剧过程→灾害管理决策→灾害应对措施→减轻灾害损失等思路,以人的致灾性控制为逻辑起点,并对人的致灾性控制以法定义务体系化分配,进行灾害学研究的深层次发掘。灾害学的定义是"以灾害及灾害系统为研究对象的一门新兴学科",是国家学科分类代码GB/T13745—92中明确规定的。灾害学研究灾害的问题有三个:(1)灾害的成因和时空分布规律。这是灾害学的成灾原理或者成灾规律研究的部分;(2)灾害与人或者人类社会与灾害的关系,这是研究人的致灾性与治灾性或者减灾性,把人放在与灾害对立的一面进行深入的研究分析;(3)研究灾害在灾害三期,人类社会的不同作为的可能性、可行性和必要性,以寻求通过人类社会制度,尤其是法律制度防灾减轻救灾,控制灾害损失的途径依赖。

灾害学涉及众多的致灾因子的组合,即各种自然因素和社会因素的随机组合、排列和聚集、汇合,是一门专业性和综合性都很强,并不断扩展其内涵和外延的科学,是一个大的类学科总称。其学科体系应当包括的内容层次有以下几点。(1)基础理论灾害学:主要研究灾害形成机理、规律和特点,也包括某些交叉学科,如灾害动力学、灾害历史学、巨灾学、未来灾害学等;还可按自然科学及社会科学做出划分,如属于自然科学类的有:灾害物理学、灾害化学、灾害及救援医学、灾害地学、生态灾害学、环境灾害学、灾害天文学、灾害信息学等;属于社会科学类的有:灾害社会学、灾害心理学、灾害伦理学、灾害管理学、灾害经济学、灾害战略学、灾害法学等。(2)应用灾害学:主要在基础理论灾害学指导下,根据防灾减灾救灾科技发展,以及灾害教育学发展的要求,创新性拓展的一些学科,主要有防灾学、灾害预测学、灾害评估学(安全风险学)、灾害区划学、减灾工程学、减灾设计学、减灾系统工程、减灾决策学、灾害保险学等。(3)分类灾害学:主要按防灾减灾救灾部门及其区域做出的学科划分。主要是①按照自然灾害类型分,国内权威部门将灾害分为七大类,如气象灾害学、海洋灾害学、地质灾害学、地震灾害学、农林业灾害学、生物灾害学、天文灾害学等;②按照灾害所涉及产业部门分,可分为工业灾害学、农业灾害学、建筑灾害学、交通灾害学、商业灾害学、旅游灾害学、军事灾害学等;③按照灾害区域特征分,可划分为城市灾害学、农村灾害学、草原灾害学、沙漠灾害学、海洋灾害学、山地灾害学、森林灾害学等。

问题是,人类社会并不喜欢灾害学,如同许多国人不喜欢谈论"死"一样,对其经常采用回避或者绕行的态度,对待这个"不讨人喜欢"的学科。其中的原因,一方面是国人的思维方式中,单向思维或者喜好成绩、好处、经验等"好大喜功"思维习惯。这种情况下,多站在人与自然界的关系角度,以人对自然界的支配、索取和战胜为目标,不考虑或者很少考虑自然界对人类社会制约、反作用力和生态伦理约束的一面。这种思维方式,也造就了国人中许多人"讳疾忌医"的心态,以为只要不说"死"就不会死,不言病就不得病,不说不吉利的话就是吉祥如意的幸福,等等,这大抵是国人"小富即安"或者"图吉利"心态的充分表露。另一方面,当国人的思维习惯单维化或者单向化之后,对双向思维,即灾害与人、人类社会与灾害的思考,总结教训、看待问题和认真思考存在的不足而改进,是为了更好的发展,就少到甚至可以消失了。就如同改革开放40年来,人们总习惯于谈论改革,只要法律法规或者法律秩序碍手碍脚,就要谈"改革",以改革的名义让法律秩序失去约束力一样。

不喜欢灾害学,自然而言就不会喜欢"灾害法学"这样的灾害学与法学、管理学交叉的学科,自然不会把灾害法学朝国家安全学层面去靠拢了。事实上,双向思维习惯更符合人类的思维规律,不但让人看到成绩、贡献、经验的正面,也要看到其负面或者不足、教训等,学会辩证地看问题。尤其是在人类社会与灾害这个层面上,要看到人类社会对自然界的过多索取、支配或者所谓的战胜,往往是在积累各种各样的矛盾、冲突和问题、危机等。因此,在得失之间不能把过多的索取理解成"理所当然"或者"没有后果"。而是应当记住:任何时候,人类社会都要对自然界讲点"人文道德"以及"生态伦理",努力克服人类社会向自然界过度索取的不足,维护生态平衡,控制人的致灾性,履行生态安全义务,保护好生态环境。只有这样,才能逐步克服我国环境保护法律法规和制度效能不足的短板。

四、灾难学与未来学耦合

本书"灾难学"这一称法,是笔者看了《中国西部》2013年第13期杂志上登载曾峥的《灾难学,一门学科的诞生》而受启发的。文中称,2008年"5·12"汶川大地震之后,四川省社会科学院迅速开展抗震救灾的理论研究工作,提出以这场地震灾难研究为契机,开展对全人类各种自然灾难(海啸、洪水、冰冻等)和社会灾难(矿难、空难)的研究,力图形成具有多学科交叉集合的新兴学科"灾难学"。灾难学具有公共性、人本性、科学性、综合型等基本学科特性;灾难学研究包括不可避免、反馈策应、害利互变、标本兼治等四个原理。根据笔者的理解,这个"灾难学"

其实就是灾害学。

事实上,2004 年 12 月 26 日发生的印度洋海啸(也称南亚海啸)是由印度洋安达曼海印尼苏门答腊以北的海底 9.3 级大地震引发的。这是自 1960 年智利大地震,以及 1964 年阿拉斯加耶稣受难日地震以来最强的地震,也是 1900 年以来规模第二大地震,引发海啸高达 10 余米,波及范围远至波斯湾的阿曼、非洲东岸索马里及毛里求斯、留尼汪等国,造成了巨大的人员伤亡和财产损失。截止到 2005 年 1 月 20 日统计,这次大地震和海啸已造成 22.6 万人死亡,是世界近 200 多年来死伤最惨重的海啸灾难。印度洋地震发生后,太平洋海啸预警中心①曾在监测到地震发生时,即向印度洋沿岸各国发出海啸预警。但是,因为印度洋沿岸各国在历史上几乎没有遭受过大规模的海啸袭击,而且印度洋的地震活动也不如太平洋剧烈,所以,各国没有相应的应对机构,接到警报后却不知道该如何处理,让灾前采取紧急措施宝贵的时间白白浪费掉了。

人性的弱点首先在意识上——从众和不相信危机随时会发生,没有经历过便不会相信,人们没有意识到海啸的危害性,总是抱有侥幸心理。人性的弱点其次在于:不吸取教训。与此同时,韧性的弱点还在于,面临许多不特定何时发生的各种自然灾害和人为灾害,许多人还是没有任何防灾减灾救灾能力上的提升。从 2008 年 1 月份的冰雪灾害到近年来的地震大水、海啸等灾难,周围的人们多在死了很多人这一点上有记忆,但是,学会了在灾害中逃生了吗? 灾害中不能逃生自救,那么,又怎么他救或者互救呢? 媒体信息显示,印度洋海啸 10 年之后,即或是印度洋海啸的受灾国,"印度洋大海啸受灾国预警系统管理不当,形同虚设",让人们又情何以堪?② 显然,相关国家依然是置国民的生命与财产安全于危险境地,而不能有实质性作为。

所谓未来学,即通过定量、定时、定性和其他科学方法,探讨现代工业和科学技术发展对人类社会的影响,预测按人类需要所做选择实现的可能性,从而研究未来的综合学科,又称未来预测、未来研究。狭义的未来学,着重研究现代工农业

---

① 太平洋海啸预警中心,位于美国的夏威夷州檀香山附近,是目前全球唯一的多国海啸预警系统。1949 年成立,并于 1965 年扩大参与国范围,包括中国、日本、澳大利亚等环绕太平洋的 26 个国家都参与其中,中国是 1983 年加入这个中心的。太平洋海啸预警中心主要职能:收集太平洋海盆的地震波和海潮监测站探测到的信息,交换各国情报,评估能引发海啸的地震并发布海啸警报。

② 佚名.印度洋大海啸受灾国预警系统管理不当形同虚设[EB/OL].(2014 - 12 - 22)[2018 - 07 - 25].http://www.chinanews.com/gj/2014/12 - 22/6898355.shtml.

和科学技术发展的综合后果,探讨未来社会的发展前景;而广义的未来学,则包括关于地球和人类未来的一般理论,包括预测研究,因而有人主张将广义的未来学称为"未来预测学"或"预测学"。"未来学"一词,是德国社会学家弗勒希特海姆(OssiP Flechtheim)1943年在美国提出和使用的。1975年,我国从西方引进未来学研究。1979年1月设立中国未来研究会,出版会刊《未来与发展》。我国学者从理论方面和应用方面,对未来研究进行了探索,集中对2000年的中国和2000年以后的中国发展,进行预测分析,并结合我国"四化"建设的实践,对中国人口、能源、教育、军事、环境、文艺、经济等新问题、新趋势,开展了多项预测研究工作,已在实践中初见成效。

从某种意义上说,灾难学与未来学有其耦合的必然性,那就是:未来学存在,灾难学就必然存在。灾难学需要未来学在生态巨变、环境污染和人的致灾性膨胀方面,以及生态安全义务履行效能方面,做出客观而实事求是的分析和预测,从而更有利于人们进行防灾投入与临灾应急。

如果说,按照未来学的方法,预测几年之后的事件,非常容易。那么,面对我国快速发展中,高铁、高速公路、地铁、超级大工程等快速修建、竣工、验收和使用,尤其是"一带一路"倡议推进过程中,上千项目在全球各地开工和建设,那么,相关的工程风险和风险控制应对预案及措施,则是灾难学以及未来学耦合后,必须认真、系统、细致和全面研究的重大课题。在这一点上,来不得半点马虎与敷衍。当本书行文到此时,2018年日本水灾过后遭遇高温、①韩国高温持续导致"将高温列

---

① 2018年7月中旬以来,日本全国多地遭遇罕见高温天气,埼玉县7月23日录得破纪录的41.1摄氏度高温。日本气象厅当天临时召开记者会称,高温天气将持续到8月上旬,日本气象厅气候情报课预报官竹川说:"高温升至40度左右的热是未曾经历过的,可能会有生命危险的热,民众最好体认到这是一种灾害。"2018年7月16日至22日的1周,日本有至少有2.1万人因中暑送医,其中65人死亡。资料来源:佚名. 日本高温天气持续,当局提醒民众"把热当成灾害"[EB/OL]. (2018 - 07 - 25)[2018 - 07 - 26]. http://www.dzwww.com/xinwen/shehuixinwen/201807/t20180725_17649724.htm. 日本遭受高温酷暑天气,近3周内已造成至少28人丧生,并有1.2万多人就医。2018年7月22日,日本许多城市的温度逼近摄氏40度。参见:佚名. 日本酷热万人送医,数十人丧生,"中暑"并非小问题[EB/OL]. (2018 - 07 - 23)[2018 - 07 - 26]. https://news.china.com/social-gd/10000169/20180723/32718704_all.html#page_1.

为自然灾害"立法,①以及希腊火灾"全国哀悼 3 天"②和美国夏威夷的基拉韦恩火山喷发摧毁了卡波霍湾的大部分城镇,现在,卡波霍湾已经不适宜人类居住③等等灾难信息,让人回想起 2010 年 12 月 31 日《成都晚报》登载的《3 年后,成都出炉 45 个"灾难学"博士》的报道。④

前述报道称:2010 年 12 月 30 日上午,四川大学—香港理工大学灾后重建与管理学院(简称"灾管院")奠基仪式在四川大学江安校区举行,该学院由香港赛马会捐资 2 亿元,在四川大学和香港理工大学的合作下已经筹建两年,预计 2011 年年底完工。从 2011 年开始,"灾管院"共设有 6 个系 15 个专业,在全国范围内招生,学生成为国内首批专业的"灾难学"人才。

2018 年 7 与 31 日,笔者查阅四川大学"灾管院"学院公开简介信息:"灾管院"于 2013 年 5 月 8 日正式运行,致力于防灾减灾、应急响应和灾后恢复重建领域的科研、教学和社会服务,是一所多学科、国际化、高水平的防灾减灾与灾后重建领域科学研究、人才培养和社会服务的新型学院。"灾管院"科研教学活动主要集中 3 大领域:灾害医学与健康、灾害科学与工程、社会科学与灾害应急管理。学院聚焦灾害护理、物理治疗、作业治疗、义肢矫形、灾害精神卫生、灾害流行病学和

---

① 2018 年 7 月 12 - 15 日,韩国连日出现高温天气。仅 4 天,中暑患者就多达 285 人,其中 2 人身亡。7 月 22 日上午,全罗南道一海产养殖场中鱼类成群死亡,死因推测为水温过高。此外,部分国会议员曾多次提出《灾难及安全管理基本法》修订案,主张应将极端炎热列为自然灾害,而多份相关议案被搁置在国会行政安全委员会讨论阶段。资料来源:佚名. 韩国将炎热列入自然灾害,仅 4 天中暑患者多达 285 人 2 人身亡[EB/OL]. (2018 - 07 - 23)[2018 - 07 - 26]. http://news. e23. cn/redian/2018 - 07 - 23/2018072300144. html. 韩国官方公布统计数据显示,2018 年 5 月 20 日到 7 月 23 日,韩国已有 14 人因中暑死亡、1303 人送医急救。其中,热虚脱患者 695 人,中暑 326 人、热痉挛 135 人、热昏迷 100 人。大部分病例即 1066 人发生在农田、工地等室外工作场所。资料来源:参见巩浩. 韩国持续高温致 14 人死亡,1303 人中暑送医[EB/OL]. (2018 - 07 - 26)[2018 - 07 - 26]. http://www. sohu. com/a/243350219_115376?_f = index_news_11.

② 据雅典通讯社报道,2018 年 7 月 24 日希腊首都雅典附近森林火灾造成遇难人数升至 74 人,另有至少 20 人失踪。希腊消防部门统计,由于连日高温加上大风,仅 7 月 23 日、24 日两天希腊各地就发生 47 起火灾。这些森林火灾还造成 187 人受伤,其中,10 人生命垂危。希腊总理齐普拉斯 7 月 24 日在电视讲话中宣布,从当天开始希腊全国为火灾遇难者哀悼 3 天。资料来源:刘咏秋. 希腊全国哀悼 3 天,仅两天希腊各地就发生 47 起火灾[EB/OL]. (2018 - 07 - 25)[2018 - 07 - 26]. https://news. china. com/socialgd/10000169/20180725/32730098_all. html#page_1.

③ 朱悦. 夏威夷火山再喷发,熔岩入海后形成新岛屿[EB/OL]. (2018 - 07 - 16)[2018 - 07 - 26]. https://baijiahao. baidu. com/s? id = 1606130107641434909&wfr = spider&for = pc.

④ 杜灿. 3 年后,成都出炉 45 个"灾难学"博士[N/OL]. 成都晚报,2010 - 12 - 31. http://news. 163. com/10/1231/04/6P74TF4800014AED. html.

紧急医学救援等研究,并在相关领域与香港理工大学联合培养研究生。重点关注地质灾害(地震、滑坡、泥石流)、气象灾害、抗震建筑设计以及灾害信息系统。学院开设了新的硕士学位"安全科学与减灾"。在社会科学领域,侧重于灾害教育,提升公众灾害意识以及研究灾害应急管理机制。学院牵头的"综合灾害科学与管理"已列入四川大学"双一流"超前部署学科;同时与华西临床医学院共建"四川大学灾难医学中心""双一流"超前部署学科平台。学院积极探索防灾减灾领域高端人才培养新模式,以创新方式培养了一批博士、硕士研究生,累计招生 370 余人。共培养毕业生 225 名,其中,硕士研究生 104 人,博士生 121 名。

四川大学"灾管院"秉承"积知为用,成于积重"的办学理念,致力于服务社会,与四川大学华西医院精诚合作,获批"国家紧急医学救援综合基地",成为"十三五"期间国家拟重点建设的七大基地之一。基地当前已经建设完成紧急医学救援移动帐篷医院,占地 8000 平方米,是一整套完整的可移动、空运的应急救援医院,内设消毒、清创、复苏、治疗、手术、药房、指挥、宿舍、供电和后勤保障等各类设施设备,是全国首支建成的移动帐篷医院。依托学校华西医院、移动帐篷医院、灾后重建与管理学院和国家紧急医学救援综合基地,四川大学正在申报世界卫生组织 3 级国际应急医疗队(3 级 EMT 是世界卫生组织顶级应急医疗队,目前全球仅有一支,为以色列军方所有)。申报成功后,四川大学将成为全球第一支民间 3 级国际应急医疗队。由"灾管院"牵头申请的"自然灾害应急管理与灾后重建灾后研究智库"成为首批 22 个四川省新型智库之一,笔者即是首席专家之一。看来,灾害学与未来学的耦合,在四川大学"灾管院"身上,便表现出对"安全科学与减灾"学科的发展推动①,以及社会各方面防灾减灾救灾能力和法治能力的教育、培养和培育、普及了。

---

① 2017 年,获批成都市科技局四川大学防灾减灾科普基地。"灾管院"正在积极申报"教育部青少年防灾减灾教育培训基地"。此外,"灾管院"为公众和专业人士提供防灾减灾、应急医疗响应等培训,依托原民政部社会工作专业人才培训基地和学院的"灾害教育研究中心",在过去 3 年共计组织了 5000 人次参与培训。

第二节　灾害法学:从国家减灾十年而起的学科

一、国际减灾十年与以人类社会制度应对自然灾害

"灾害法学"作为一项学术研究方面的强项,起源于四川大学。1991 年 6 月 18 日(江淮流域 18 个省市大洪灾时节,联合国国际减灾十年"1990 年—1999 年十年"活动在中国开展的第二年),笔者获得四川大学"青年教师基金"的"减轻自然灾害的法律问题研究"项目资助;1992 年 12 月,"美国亚洲基督教高教联合董事会基金"提供美元资助。项目经过 3 年多时间的辛苦研究完成结项后,以《减轻自然灾害的法律问题研究》专著(1994 年 8 月由四川大学出版社)出版。这部专著,1996 年 8 月获得四川大学优秀社科成果 1 等奖。这个课题的研究,让笔者弄清楚了依法减灾的原理,那就是:在自然灾害和人的致灾性之间,存在着一种通过法律机制即减灾义务的分配或者配置的机制,调动人的防灾减灾救灾的积极性,从而,用人类的制度力量应对自然灾害和减少灾害损失。这不但是可能的,而且是必然的。这大抵是笔者后来沉溺于灾害法学的学术"初心"之所在。

1992 年第 2 期,笔者在《四川大学学报》上发表《自然灾害中的人权保障》的论文,这是国内很早就注意到自然灾害与人权保障关系的论文。国际减灾十年期间,笔者蛰伏在民商法学学科,却没有忘记"灾害法学的初心",时刻关注国际减灾十年活动在中国的进展。1998 年 6 月中旬起,洞庭湖、鄱阳湖地区连降暴雨、大暴雨,使长江流量迅速增加,同时,松花江上游的嫩江流域,1998 年 6 月上旬至下旬出现持续性降雨过程,部分地区降了暴雨。于是,1998 年 6 月—8 月发生在我国的这次全流域性强降水导致的洪水具有洪水大、影响范围广、持续时间长,洪涝灾害严重等特征。全国共有 29 个省(自治区、直辖市)遭受不同程度的洪涝灾害。据统计,农田受灾面积 2229 万公顷(3.34 亿亩),成灾面积 1378 万公顷(2.07 亿亩),死亡 4150 人,倒塌房屋 685 万间,直接经济损失 2551 亿元。其中,江西、湖南、湖北、黑龙江、内蒙古、吉林等省(区)受灾最重。于是,此期如此严重的洪涝灾害损失,又一次严重刺激了笔者的神经。紧接着,1999 年 11 月,笔者的《人的致灾性和减灾性与可持续环境资源区域立法》论文,提交国家环保总局、国土资源部、中国法学会联合举办的"国际环境与资源法研讨会"上,这篇第一次提出"人的致灾性"观点的学术论文,最终获得了这次学术研讨会的优秀论文奖。

二、减轻自然灾害的法治力量

国际减灾十年活动在我国如火如荼地开展,其最大的收获,便是防灾减灾救灾的立法活动大力开展起来。根据《中国的法治建设》白皮书,①截至 2008 年 2 月 29 日有效的 229 部法律中,其法律分类和立法情况构成,在笔者看来不是非常理想的。当然,作为阶段性的中国法治建设的立法状况,从 1978 年算起,也就 30 年时间,能取得如此巨大成就,是非常了不起的。见表 8.2。

表 8.2　中国的法治建设有效法律构成情况表

法律分类	件数	立法情况说明
宪法及宪法相关法	39	包含香港、澳门特别行政区基本法及各自三个附件、2005 年反分裂国家法
民法商法	32	1979 年中外合资经营企业法、2004 年电子签名法和 2007 年物权法
行政法	79	为民法商法的 2 倍还多;有环境保护法律 9 部、安全生产 21 部、防灾减灾 8 部
经济法	54	比民法商法多 22 部;有安全生产 24 部、防灾减灾 8 部(与行政法相同)
社会法	17	比民法商法少 15 部;安全生产、防灾减灾 2 部(加上行政法、经济法 18 部)
刑法	1	包括刑法修正案,到 2006 年时,已经是刑法修正案(六),表面上少,实质并不少
诉讼与非诉讼程序法	7	包含 3 个诉讼法、1 个仲裁法、1 个引渡法和 1 个管辖权决定、1 个海事程序法
合 计	229	对行政法高度重视,其次是经济法、宪法,再次才是民法商法;对社会法很不重视

表 8.2 中,表明我国在 2008 年 2 月 29 日前,对行政法立法高度重视,有 79 部,占 34.5%;其次是对经济法也很重视,有 54 部,占 23.58%;再次是宪法及宪法相关法,有 39 部,占 17.03%;再其次才是民法商法为 32 部,占 13.97%。最可叹

---

① 到 2008 年 2 月 29 日,我国《中国的法治建设》白皮书公布时,国家减灾十年活动已经终结快 9 年了。这个白皮书的附录中,提到有 229 个有效的法律。为此,笔者将截至 2018 年 7 月 31 日的修正、修订情况,通过中国人大网的法律律法规库——搜索并列表如上。

的是社会法才 17 部,占 7.42%。而我国《刑法》表面上只有 1 部,其实,到 2006 年时,仅刑法修正案已经达到了 6 个,表面上法律少,其实并不少。按照这个白皮书中的政府法律分类方法,涉及防灾减灾救灾的立法,按照立法先后顺序分别归属于行政法 8 部,即环境保护法、防震减灾法、消防法、气象法、防沙治沙法、清洁生产促进法、放射性污染防治法和突发事件应对法;经济法 8 部,即森林法、草原法、矿产资源法、土地管理法、水法、水土保持法、电力法和防洪法;社会法 5 部,即矿山安全法、红十字会法、公益事业捐赠法、职业病防治法和安全生产法等。共有 21 部法律之多,见表 8.3。

表 8.3　中国的法治建设防灾减灾法立法概况

行政法 7 部		法律状况的变动量化比较	
25	环境保护法	1979 - 09 - 13 通过公布试行 7 章 33 条 1989 - 12 - 26 通过公布施行 6 章 47 条	2014 - 04 - 24 修订;2015 - 01 - 01 施行 7 章 70 条
53	防震减灾法	1997 - 12 - 29 通过;1998 - 03 - 01 施行 7 章 48 条	2008 - 12 - 27 修订;2009 - 05 - 01 施行 9 章 93 条
54	消防法	1998 - 04 - 29 通过;1998 - 09 - 01 施行 6 章 54 条	2008 - 10 - 28 修订;2009 - 05 - 01 施行 7 章 74 条
58	气象法	1999 - 10 - 31 通过;2000 - 01 - 01 施行 8 章 45 条 2009 - 08 - 27 修正(8 章 45 条),2014 - 08 - 31 二次修正;2016 - 11 - 07 三次修正(8 章 45 条)	1999 - 10 - 31 通过;2009 - 08 - 27 一次修正; 2014 - 08 - 31 二次修正,列入"社会法"
62	防沙治沙法	2001 - 08 - 31 通过;2002 - 01 - 01 施行 7 章 47 条	没有修正或修订过①

①　我国《防沙治沙法》第五条规定:(1)在国务院领导下,国务院林业行政主管部门负责组织、协调、指导全国防沙治沙工作;(2)国务院林业、农业、水利、土地、环境保护等行政主管部门和气象主管机构,按照有关法律规定的职责和国务院确定的职责分工,各负其责,密切配合,共同做好防沙治沙工作;(3)县级以上地方人民政府组织、领导所属有关部门,按照职责分工,各负其责,密切配合,共同做好本行政区域的防沙治沙工作。另外,我国《防沙治沙法》第四十六条规定,本法第五条第二款中所称的"有关法律",是指《中华人民共和国森林法》《中华人民共和国草原法》《中华人民共和国水土保持法》《中华人民共和国土地管理法》《中华人民共和国环境保护法》和《中华人民共和国气象法》。

行政法 7 部		法律状况的变动量化比较	
65	清洁生产促进法	2002 – 06 – 29 通过；2003 – 01 – 01 施行 6 章 42 条	2012 – 02 – 29 修正；2012 – 07 – 01 实施 6 章 40 条 删除第 27 条强制回收包装物、第 39 条不履行包装物回收义务处罚
70	放射性污染防治法	2003 – 06 – 28 通过；2003 = 10 – 01 施行 8 章 63 条	没有修正或修订过
77	突发事件应对法	2007 – 08 – 30 通过；2007 – 11 – 01 施行 7 章 70 条	没有修正或修订过
经济法 8 部		法律状况的变动量化比较	
6	森林法	森林法(试行)1979 – 02 – 23 通过；7 章 42 条 1984 – 09 – 20 通过；1985 – 01 – 01 施行 7 章 42 条	1998 – 04 – 29 修正；1998 – 07 – 01 施行 7 章 49 条 1998 – 04 – 29 一次修正；2009 – 08 – 27 二次修正 7 章 49 条
8	草原法	1985 – 06 – 18 通过；1985 – 10 – 01 施行 23 条 2002 – 12 – 28 修订；2003 – 03 – 01 施行 9 章 75 条	2009 – 08 – 27 一次修正；2013 – 06 – 29 二次修正 9 章 75 条
11	矿产资源法	1986 – 03 – 19 通过；1986 – 10 – 01 施行 7 章 50 条 1996 – 08 – 29 修正；1997 – 01 – 01 施行 7 章 53 条	1996 – 08 – 29 一次修正；2009 – 08 – 27 二次修正 7 章 53 条
12	土地管理法	1986 – 06 – 25 通过；1987 – 01 – 01 施行 7 章 57 条 1988 – 12 – 29 一次修正，7 章 57 条	1998 – 08 – 29 修订；1999 – 01 – 01 施行 8 章 86 条 2004 – 08 – 28 二次修正，8 章 86 条
14	水法	1988 – 01 – 21 通过；1988 – 07 – 01 施行 7 章 53 条 2002 – 08 – 29 修订；2002 – 10 – 01 施行 8 章 82 条	2009 – 08 – 27 一次修正；2016 – 07 – 02 二次修正 8 章 82 条

续表

经济法 8 部		法律状况的变动量化比较	
19	水土保持法	1991 – 06 – 29 通过公布施行 6 章 42 条	2010 – 12 – 25 修订；2011 – 03 – 01 施行 7 章 60 条
34	电力法	1995 – 12 – 28 通过；1996 – 04 – 01 施行 10 章 75 条	2009 – 08 – 27 一次修正；2015 – 04 – 24 二次修正 10 章 75 条
39	防洪法	1997 – 08 – 29 通过；1998 – 01 – 01 施行 8 章 66 条 2009 – 08 – 27 一次修正 8 章 66 条	2015 – 04 – 24 二次修正；2016 – 07 – 02 三次修正 8 章 65 条
社会法 5 部		法律状况的变动量化比较	
7	矿山安全法	1992 – 11 – 07 通过；1993 – 05 – 01 施行 8 章 50 条	2009 – 08 – 27 修正 8 章 50 条
8	红十字会法	1993 – 10 – 31 通过公布施行 6 章 28 条 2009 – 08 – 27 修正 6 章 28 条	2017 – 02 – 24 修订；2017 – 05 – 08 施行 7 章 30 条
12	公益事业捐赠法	1999 – 06 – 28 通过；1999 – 09 – 01 施行 6 章 32 条	没有修正或修订过
13	职业病防治法	2001 – 10 – 27 通过；2002 – 05 – 01 施行 7 章 79 条 2011 – 12 – 31 一次修正公布 7 章 90 条	2016 – 07 – 02 二次修正；2017 – 11 – 04 三次修正 7 章 88 条
14	安全生产法	2002 – 06 – 29 通过；2002 – 11 – 01 施行 7 章 97 条 2009 – 08 – 27 一次修正 7 章 97 条	2014 – 08 – 31 二次修正 7 章 114 条

表 8.3 中,左侧的番号,为《中国的法治建设》白皮书附录中,分类后使用的编号。具体分三种情况说明。

(1)国际减灾十年之前。我国从 1979 年算到 1990 年,制定的防灾减灾法律(偏环境资源法类型)共有 6 部:①《森林法(试行)》(1979 – 02 – 23 通过试行;1984 – 09 – 20 修订,1998 – 04 – 29 一次修正、2009 – 08 – 27 二次修正);②《环境保护法(试行)》(1979 - 09 - 13 通过试行,1989 - 12 - 26 修订,2014 - 04 - 24 修订);③《草原法》(1985 - 06 - 18 通过施行,2002 - 12 - 28 修订,2009 - 08 - 27 一次修正、2013 - 06 - 29 二次修正);④《矿产资源法》(1986 - 03 - 19 通过施行,1996 - 08 - 29 一次修正、2009 - 08 - 27 二次修正);⑤《土地管理法》(1986 - 06 - 25 通过施行,1988 - 12 - 29 一次修正、1998 - 08 - 29 修订、2004 - 08 - 28 二次修正);⑥《水法》(1988 - 01 - 21 通过施行,2002 - 08 - 29 修订,2009 - 08 - 27 一次修正、2016 - 07 - 02 二次修正)等。

(2)国际减灾十年期间。1999 年国际减灾十年结束时,我国防灾减灾法有 9 部:①《水土保持法》(1991 - 06 - 29 通过施行,2010 - 12 - 25 修订);②《矿山安全法》(1992 - 11 - 07 通过施行,2009 - 08 - 27 修正);③《红十字会法》(1993 - 10 - 31 通过施行,2009 - 08 - 27 修正、2017 - 02 - 24 修订);④《电力法》(1995 - 12 - 28 通过施行,2009 - 08 - 27 一次修正、2015 - 04 - 24 二次修正);⑤《防洪法》(1997 - 08 - 29 通过施行,2009 - 08 - 27 一次修正、2015 - 04 - 24 二次修正、2016 - 07 - 02 三次修正);⑥《防震减灾法》(1997 - 12 - 29 通过施行,2008 - 12 - 27 修订);⑦《消防法》(1998 - 04 - 29 通过施行,2008 - 10 - 28 修订);⑧《公益事业捐赠法》(1999 - 06 - 28 通过施行,没有修正或修订);⑨《气象法》(1999 - 10 - 31 通过施行,2009 - 08 - 27 一次修正、2014 - 08 - 31 二次修正、2016 - 11 - 07 三次修正)等。

(3)国际减灾十年结束后。即从 2000 年 1 月 1 日到 2008 年 2 月 29 日,我国的防灾减灾法立法共有 6 部:①《防沙治沙法》(2001 - 08 - 31 通过施行,没有修正或修订);②《职业病防治法》(2001 - 10 - 27 通过施行,2011 - 12 - 31 一次修正、2016 - 07 - 02 二次修正、2017 - 11 - 04 三次修正);③《安全生产法》(2002 - 06 - 29 通过施行,2009 - 08 - 27 一次修正、2014 - 08 - 31 二次修正);④《清洁生产促进法》(2002 - 06 - 29 通过施行,2012 - 02 - 29 修订);⑤《放射性污染防治法》(2003 - 06 - 28 通过施行,没有修正或修订);⑥《突发事件应对法》(2007 - 08 - 30 通过施行,没有修正或修订)等。

而仔细梳理《中国的法治建设》白皮书附录,其(三)行政法、(四)经济法和(五)社会法,总共 150 件法律中,按照环境保护、安全生产(事故灾害)和防灾减灾的内容分类,其构成情况非常特别,见表8.4。

表 8.4 中国的法治建设白皮书中防灾减灾法比例

行政法 79 件	环境保护 9	安全生产 21	防灾减灾 8	特别说明
经济法 54 件	—	安全生产 24	防灾减灾 8	我国行政法的立法比重,与经济法和社会法为 34.5% : 23.58% : 7.42%(=65.5%),但防灾减灾只占 8.73%,安全生产占 23.14%(=31.87%)
社会法 17 件	—	安全生产 8	防灾减灾 2	
小计 150,65.5%	9,3.93%	53,23.14%	20,8.73%	

　　通过表8.3和表8.4可以看出,在国家减灾十年期间,我国的防灾减灾立法,从《气象法》《防洪法》《水土保持法》《消防法》《防震减灾法》到《电力法》《矿山安全法》《红十字会法》《公益事业捐赠法》等,基本上按照"防灾减灾 5 法","安全 2 法"和"灾害救助 2 法"的思路,向前迈步。国际减灾十年活动结束后的防灾减灾立法6部法律,带有补足的意味。即《防沙治沙法》《清洁生产促进法》和《放射性污染防治法》《安全生产法》和《职业病防治法》,然后是《突发事件应对法》。可以看到,到 2008 年 2 月 29 日,我国减轻自然灾害和防治生产安全事故的法治力量,已经得到很大程度的加强和提升。与此同时,我国政府通过切实加强自身建设,进一步转变职能,加快建设法治政府步伐。(1)加快建立突发事件应急机制,提高政府应对公共危机的能力,努力建设服务政府。全国人大常委会制定了《突发事件应对法》,国务院发布《国家突发公共事件总体应急预案》。有关部门制定了25件专项预案、80 件部门预案,31 个省、自治区、直辖市制定了本地区的总体预案,初步形成了全国应急预案体系。(2)进一步做好政府信息公开工作,努力建设"阳光"政府。国务院公布的《政府信息公开条例》,2008 年 5 月 1 日生效。中央政府门户网站于2006 年正式开通,全国 80% 县级以上政府和政府部门建立了门户网站。74 个国务院部门和单位,31 个省、自治区、直辖市政府建立了新闻发布和发言人制度。(3)加大行政问责力度,努力建设责任政府。各级政府及其工作部门逐步推行行政问责制,按照"谁决策、谁负责"的原则,对超越权限、违反程序决策造成重大损失的,严肃追究决策者责任。①

三、汶川大地震告诉世人的故事:以法律减灾,必须的!

　　2008 年"5·12"汶川大地震发生后,笔者对自然灾害中防灾减灾救灾法律机

---

① 国务院新闻办.中国的法治建设(白皮书,2008-02-29)[R].五、依法行政与建设法治政府.

235

制的研究,即刻转入研究"防灾减灾日"的设立上。2008年5月下旬,笔者提出《关于设立512全国灾难纪念日的建议》,报全国人大、国务院,促成了国家"5·12防灾减灾日"成功设立。与此同时,2008年10月,《关于〈中华人民共和国防灾减灾法〉修改的建议》,通过民革中央报全国人大,为我国《防震减灾法》的修订完成尽了绵薄之力。后来。笔者先后完成《灾民身份的认定与灾后重建救助协调——以〈防震减灾法〉修改为视角》(中国司法2008-8)、《5·12汶川大地震与三个减灾法律问题——以减灾法效用与政府行为效能为视角》[载王建平:《减轻自然灾害的法律问题研究》(修订版),法律出版社2008年版]、《5·12全国灾难纪念日的设立义务与纪念责任》[载王建平:《减轻自然灾害的法律问题研究》(修订版),法律出版社2008年版]、《防灾减灾法律支持与经济保障》(《四川日报》2009-06-02)、《防灾减灾意识培育:提升政府减灾能力的关键》(《中国社会报》2009-06-15,第B3版)、《区域经济一体化建设中自然资源合理使用与补偿法律问题研究》(《当代法学论坛》2009-3)、《灾区生态修复的法律支持——以5·12汶川大地震灾区生态修复条例制定为视角》(载四川省法学会:《落实科学发展观,推进西部法制建设》论文集2009-7)、《减灾法与5·12汶川大地震减灾经验》[载赵万一:《民商法学讲演录》(第三卷),法律出版社2010年版]等论文。

对汶川大地震法律问题的研究,让《减轻自然灾害的法律问题研究》专著获得法律出版社刘文科编辑的赏识,并极力主张修订。于是,在汶川大地震的过渡安置期开始,笔者即开始修订《减轻自然灾害的法律问题研究》一书。这次修订,主要是将汶川大地震中的新问题,以及新做法和新措施,尤其是我国《防震减灾法》实施中遇到的新问题,包括我国《防震减灾法》修订等重大问题,特别是我国地震应急预案的启动,灾区第一时间的应急响应,还有那个时刻各种具体的应急措施,尤其是成都市人民政府连发的8个公告等的研究,都一一增加到修订版中。这本修订后的专著,在人的致灾性分析和研究上,有了更进一步地深入的探讨;同时,对防灾减灾救灾法律制度的效用性等,也做了深入的分析和研究。该专著2008年11月由法律出版社出版,并于2009年8月获得司法部优秀科研成果2等奖。

汶川大地震的发生,让全社会对防震减灾的中国故事,充满了研究、整理和深入挖掘的吸引力,于是,讲好中国抗震救灾的故事,就从专门的研究课题开始。汶川大地震后,笔者先后承担国家社科基金2008重大招标项目《汶川大地震灾后"经济—社会—生态"统筹恢复重建研究》(子项目负责人)、民政部《救灾应急社会动员机制研究》,四川省2008年社科重大项目《四川汶川大地震重大法律问题研究》和四川省2013社科联项目《生态安全义务履行与人的致灾性法律控制》,

2013中央高校基本科研项目《震后受灾人群心理抚慰与治疗——以心理救援条例制定为视角》、2015中央高校基本科研业务费项目《灾害法学基本问题研究》等一系列灾害法学的科研项目,不论从研究视角、研究方法,还是研究范围、研究内容等方面,都收获颇丰,成果多多。目前,作为四川大学"灾害法学"的博士研究生导师,笔者正在指导博士研究生进行《中国履行联合国气候变化公约义务的保证》这一"气候法研究"领域的重点项目。

值得强调的是,汶川大地震之后,2009年3月笔者即在四川大学法学院环境资源法学专业下设置"防灾减灾法研究方向",招收硕士研究生,先后开设《减灾法》(后更名为《灾害法学》)、《环境灾害的法律控制》(后更名为《环境灾害法学》)、《城市灾害的法律控制》(后更名为《城市灾害法学》),指导学生写作具有开拓意义的专业论文。并为本科生开设《防灾减灾与应急管理法概论》和《减灾法》(全校公选课,更名为《自然灾害与法律:灾难中求生能力的养成训练》),与四川防灾减灾教育馆、成都物资储备库,建立教学科研合作关系。在防灾减灾日和国际减灾日,带领学生参加校内外、成都市内外的各种自然灾害应急训练,以及消防日等学术交流、技能演练和逃生训练等专业活动。笔者深知,再好的学问或者专业知识与专业技能,在自然危险演化成自然灾害时,并不能变成人们的逃生能力和自救本领,以及他救、互救能力。因此,笔者着眼于将书本中、课堂上的专业知识和专业技能,通过实践教学和具体的技能演练,转化成在任何灾难中求生能力的养成训练动力,让任何一个参加前述课程学习的大学生,着重实践和自然灾害中的逃生与自救能力的养成,不断增强灾害中的逃生技能。这是相关课程教学的明确目标,也是讲好防灾减灾救灾中国故事的主要形式。

四、以法律制度来防灾、减灾与救灾:社会安全的法律任务

2011年3·11东日本大地震之后,笔者先后发表《日本"核信用破产"的法律启示》(《热道》2011-6),2012年开始,针对我国严重的土壤污染,发表《"毒地":环境治理新挑战》(《中国经济报告》2013-2)、《土壤污染灾害的致灾性三论——以"谁污染谁治理"原则失效为视角》(《社会科学》2013-7)、《土壤污染致灾性控制的逻辑理路》(《四川大学学报》,2013-6;中国人大报刊资料中心《经济法学》2014-3全文转载)、《巨灾下的医疗资源调集能力限制的立法思考——以汶川大地震"院内死亡率"与"外送伤员量"双高为视角》(《当代法学》2014-1)、《"余姚水灾"的人为致灾性》(《中国人口·资源与环境》2014-3)、《灾害应急预案启动的三重效用性——以"余姚水灾"中三个预案的启动效果为视角》(《中国环境法学评论》2014 - 6)、《芦山地震心理危机干预"二次伤害"的法律控制——以张支蓉叠加性损害的心理援助义务法律化为视角》(《理论与改革》2014 - 6)、《灾害应急预案供给与启动的法律效用提升——以"余姚水灾"中三个应急预案效用总叠加为视角》[《南京大学学报(哲学·人文科学社会科学版)》2015 - 4]、《地震灾害中"二次伤害"心理危机的法律干预条件——以〈心理救援条例〉制定与颁行的障碍为视角》(《当代法学》2015 - 4)、《海绵城市建设与城市水污染治理职责——以我国〈环境保护法〉第 2 条效用性为视角》(《江苏大学学报 - 社会科学版》2015 - 5)、《人的致灾性的"聚合特征"》(《中国环境法学评论》2015 - 6)、《人的致灾性及其界定》(《政法论丛》2015 - 6)等论文。

　　2011 年 10 月,笔者应邀参加《中日韩"自然灾害与法"国际学术研讨会》,提交《汶川地震灾区生态修复的地方立法》,并在会上宣读,该论文发于《热道》2011 - 7;日本《关西大学学报》2011 - 6;2012 年 3 月《韩国环境法学会》,提交《中国的防灾减灾法律制度——以 5·12 汶川大地震灾后处置为核心》,发表于韩国《环境法研究》2012 - 4;2012 年 4 月,参加《2012 年美国灾害医学国际会议》,提交《中国的灾害医学立法——以 5·12 汶川大地震灾害医学减灾立法为视角》论文,并在会议上宣读。

　　针对我国缺少综合性防灾减灾救灾基本法的现实,笔者自拟课题《中华人民共和国防灾减灾基本法立法研究》,开展系统研究。本课题的研究成果,已于 2015 年、2016 年两会期间,经过全国大大代表、全国政协委员提交全国人大。尤其是 2016 年 5 月 12 日防灾减灾日时,在四川绵阳市北川县防震减灾局开创性地创设"2016 巴拿恰灾害法学论坛"。2016 年 11 月 15 日—19 日"2016 巴拿恰灾害法学论坛·日本分论坛"在日本大阪市关西大学社会安全学院举办。2017 年、2018 年分别举办该论坛学术研讨活动。并于 2016 年创刊《灾害法学评论》(连续出版物,法律出版社),完成《中国大百科全书·法学卷》"灾害法学"条目的编纂工作。从 2015 年 3 月开始,笔者在国内率先招收"灾害法学"博士研究生,把防灾减灾救灾纳入社会安全进行系统研究,并把推动我国防灾减灾救灾总和体制改革,作为创建"灾害法学"学科建设的重要任务。

第三节 灾害法学的逻辑结构:以综合防灾 减灾救灾机制为起点

一、灾害及其应急的"一案三制"制度

灾害法学,是指研究灾害与人的关系中,人类社会运用法治控制致灾因子聚集、灾害异变过程和灾果承担与转嫁的人文社会科学。这个学科,专门研究致灾因子、承灾体和灾害后果,研究灾害三期、灾害四期,三灾因素和赈灾、灾害控制、灾害应对和减灾体制,研究人的致灾性法律控制机制,防灾减灾救灾法律义务的分配、履行和监督、责任承担等重大理论与实务问题。

灾害法学首先的一个基本原理,是自然灾害与人的致灾性竞合。即:灾害法学的基本原理,是揭示了一个生活的基本规律:自然危险——承灾体——不能阻止——灾害损失——自然灾害。这当中,自然危险不能等同于自然灾害,而且,如果没有了承灾体的话,则自然灾害不会成为自然灾害的。也就是说,在单纯型的自然灾害中,可能确实不包含人的因素,但是,如果人作为社会成员和公民个体存在时,其不能承担防灾减灾救灾的义务和责任,积极进行灾前期的防灾、临灾期的应急和灾后期的恢复重建,那么,很难说自然灾害与人的因素无关。而如果是自然人为灾害、人为自然灾害或者人为灾害中,人的因素作为致灾因子,所占比重越来越大,甚至成为主要因素时,人的致灾性就会与自然灾害竞合,或者发生自然灾害的致灾因子与人的致灾性竞合的情形。

所谓人的致灾性,是指在自然人为灾害、人为自然灾害或者人为灾害中,人的因素即人对自然资源、自然环境的破坏性利用,或者人的不当行为,导致或者诱发自然灾害发生的属性。这种属性,是人类对于经济发展速度的过度追求,对于奢侈浪费的无度宣传和放纵,导致的竭泽而渔、挥霍无度等不良人性释放的表现。有时也是人类利用自然资源时,对于生态规律、自然规律认识不足导致的破坏性利用,在自然灾害发生时,给人们造成严重的人员伤亡、财产损毁的情形。

比如,2008 年的汶川大地震导致四川省北川县县城的完全毁灭,就是人类没有认识到北川县城建在龙门山地震带上这一规律,带来的灾难性后果。① 当汶川

---

① 王建平. 减轻自然灾害的法律问题研究(修订版)[M]. 北京:法律出版社,2008:23.

大地震发生时,地震P波的上下错动、S波的左右摇晃和L波的能量叠加后长时间作用,让北川县城最终完全毁掉了。从这个意义上看,北川老县城的全损或者全毁,就是人的致灾性与自然危险即地震的破坏性,在2008年5月12日14:28这个时间节点上的组合即"竞合",这是借用法学上的法律责任竞合的说法。

所谓法律上的"竞合",也称法律责任的竞合,是指由于某种法律事实的出现,导致两种或两种以上的法律责任产生,而这些责任之间相互冲突的现象。法律责任竞合本身,强调行为人的行为,触犯了两个或两个以上法律的禁止性规定,行为人因此要受到两个或两个以上的法律的管辖,并根据管辖法律的规定承担具体的法律责任,而权利人可选择适用相关的法律,维护自己的合法权益。比如,出卖人交付的物品有瑕疵,致使买受人的合法权益遭受侵害,买受人向出卖人既可主张侵权责任,又可主张违约责任,但这两种责任不能同时追究,只能追究其一,这种情况即是法律责任竞合的情形。

应当说,"人的致灾性"一词,强调的是每一个人身上其实都带有这种导致灾害的属性。这种属性,在雾霾频发的时段,可以作为直接观察的事例。换句话说,每次雾霾成灾,以及雾霾灾害形成的时候,其实生产、生活和工作的各种公民个体的行为、群体的行为和整体的行为都具有很微弱的导致雾霾因子聚集、放大,继而扩张和释放后,合成为灾的属性。比如,许多喜欢吃烧烤的人,春节燃放烟花爆竹的人,以及喜欢出行依赖自己驾车开车的人,包括做饭时煎炸溜炒样样精通的人,一般都绝对不会想到自己的行为为雾霾成灾"贡献了"不容忽视的二氧化硫、氮氧化物和可吸入颗粒物等。这三项雾霾构成的主要成分中,二氧化硫、氮氧化物两者为气态污染物,而可吸入颗粒物,才是加重雾霾天气污染的罪魁祸首。空气中的灰尘、硫酸、硝酸、有机碳氢化合物等颗粒物组成的气溶胶系统,造成视觉障碍的为霾。①

客观地说,在长期的防灾减灾救灾实践中,我国建立了符合国情、具有中国特色的防灾减灾救灾工作机制。在灾害法学上,主要是中央政府构建灾害应急响应机制、灾害信息发布机制、救灾应急物资储备机制、灾情预警会商和信息共享机

---

① 霾的形成有三个要素。(1)生成颗粒性扬尘的物理基源。我国有世界上最大的黄土高原地区,其土壤质地最易生成颗粒性扬尘微粒;(2)运动差造成扬尘。例如,道路中间花圃和街道马路牙子的泥土下雨或泼水后若有泥浆流到路上,1小时干涸后,被车轮一旋就会造成大量扬尘,即使这些颗粒性物质落回地面,也会因汽车不断驶过,被再次抛到城市空气中;(3)扬尘基源和运动差过程集聚在一定空间范围内,颗粒最终与水分子结核集聚成霾。

制、重大灾害抢险救灾联动协调机制和灾害应急社会动员机制。而各级地方政府建立相应的减灾工作机制这样一种央地政府、地地政府的分工与合作灾害应急响应机制,即灾害与应急的"一案三制"制度。也就是说,应对突发性自然灾害首先是"一案"即应急预案体系,这个应急预案分为三个层次:(1)国家总体应急预案;(2)国家专项应急预案;(3)部门应急预案。这是中央政府的应急预案体系。中央政府还应制定更具操作性的预案实施办法和应急工作规程。而在地方,地方各级政府的各个部门,则根据国家自然灾害总体预案、国家自然灾害专项应急预案和部门应急预案,再根据各级政府"属地管理"及其各个职能部门的职责,制定各级、各地和各部门更具操作性的应急预案或专项应急预案。

在"一案"形成过程中,解决"三制"即灾害应急体制机制法制的"三合一"问题,即灾害应急预案的管理体制、管理机制和管理法制落脚在应急预案当中的具体问题。我国实行政府统一领导、部门分工负责、灾害分级管理、属地管理为主的减灾救灾领导体制。在应急管理部设立前,是在国务院统一领导下,中央层面设立国家减灾委员会、国家防汛抗旱总指挥部、国务院抗震救灾指挥部、国家森林防火指挥部和全国抗灾救灾综合协调办公室等机构,负责减灾救灾的协调和组织工作。各级地方政府成立职能相近的减灾救灾协调机构。在减灾救灾过程中,注重发挥中国人民解放军、武警部队、民兵组织和公安民警的主力军和突击队作用,注重发挥人民团体、社会组织及志愿者的作用。在长期的防灾减灾救灾实践中,我国建立了符合国情、具有中国特色的防灾减灾救灾工作机制。中央政府构建了灾害应急响应机制、灾害信息发布机制、救灾应急物资储备机制、灾情预警会商和信息共享机制、重大灾害抢险救灾联动协调机制和灾害应急社会动员机制。各级地方政府建立相应的减灾工作机制。即央地政府的"一体制"+"六机制"再加上"一法制"的应急"八制"。① 而"一法制"或者"法制"恰恰就是灾害法学所要研究的,如何以灾害预防文化为切入点,注重灾前期的防灾法制建设,以立法—执法—司法的法律规范责任落实机制,系统地控制人的致灾性,以及在"三灾落实"②过程中,如何追究灾害法律责任的机制问题。

---

① 国务院新闻办. 中国的减灾行动(2009 - 05)[R]. 三、减灾法制和体制机制建设.
② 所谓"三灾落实",是指灾害一旦发生,首先确定灾情和报告灾情,然后是划定灾区或界分灾区范围,再然后是灾民身份的确认过程等。因此,这里的"三灾落实"即强调灾情、灾区和灾民的具体确认和落实等问题的明细化。

二、综合防灾减灾救灾机制改革及其预期

防灾减灾救灾机制事关社会公众生命财产安全,事关社会和谐稳定,是衡量执政党领导力、检验政府执行力、评判国家动员力、彰显民族凝聚力(即"四种能力")的一个重要方面。21世纪第一个十年,在党中央、国务院坚强领导下,我国的防灾减灾救灾工作取得了重大成就,积累了应对重特大自然灾害的宝贵经验,国家综合减灾能力有了明显的提升。但是,必须看到,我国面临的自然灾害形势仍然非常严峻复杂,尤其是防灾减灾救灾体制机制有待完善,灾害信息共享和防灾减灾救灾资源统筹不足,重救灾轻减灾思想还比较普遍,一些易灾地方的城市高风险、农村不设防的状况,尚未根本改变,社会力量和市场机制的作用尚未得到充分发挥,防灾减灾宣传教育还不够普及,特别是依法防灾减灾救灾的法律机制,还没有发挥其应有的作用。因此,为了进一步做好防灾减灾救灾工作,在充分发挥灾害应急"一案三制"作用的基础上,提高国家的防灾减灾救灾法治能力,现就推进防灾减灾救灾体制机制改革,增强其法制效能开展相应的改革工作。①

重大自然灾害发生后,在国务院统一领导下,相关部门各司其职,密切配合,及时启动应急预案,按照预案做好各项抗灾救灾工作。灾区各级政府在第一时间启动应急响应,成立由当地政府负责人担任指挥、有关部门作为成员的灾害应急指挥机构,负责统一制定灾害应对策略和措施,组织开展现场应急处置工作,及时向上级政府和有关部门报告灾情和抗灾救灾工作情况。

我国防灾减灾救灾综合机制改革的"5个坚持"的基本原则是:(1)坚持以人为本,切实保障人民群众生命财产安全;(2)坚持以防为主、防抗救相结合;(3)坚持综合减灾,统筹抵御各种自然灾害;(4)坚持分级负责、属地管理为主;(5)坚持党委领导、政府主导、社会力量和市场机制广泛参与。② 健全统筹协调的体制,包括统筹灾害管理和统筹综合减灾。

(1)统筹灾害管理。加强各种自然灾害管理全过程的综合协调,强化资源统筹和工作协调。完善统筹协调、分工负责的自然灾害管理体制,充分发挥国家减灾委员会对防灾减灾救灾工作的统筹指导和综合协调作用,强化国家减灾委员会办公室在灾情信息管理、综合风险防范、群众生活救助、科普宣传教育、国际交流

---

① 中共中央、国务院. 关于推进防灾减灾救灾体制机制改革的意见(2016－12－19)[R].序言.

② 中共中央、国务院. 关于推进防灾减灾救灾体制机制改革的意见(2016－12－19)[R].一、总体要求.

合作等方面的工作职能和能力建设。充分发挥主要灾种防灾减灾救灾指挥机构的防范部署和应急指挥作用,充分发挥中央有关部门和军队、武警部队在监测预警、能力建设、应急保障、抢险救援、医疗防疫、恢复重建、社会动员等方面的职能作用。建立各级减灾委员会与防汛抗旱指挥部、抗震救灾指挥部、森林防火指挥部等机构之间,以及与军队、武警部队之间的工作协同制度,健全工作规程。探索建立京津冀、长江经济带、珠江三角洲等区域和自然灾害高风险地区在灾情信息、救灾物资、救援力量等方面的区域协同联动制度。统筹谋划城市和农村防灾减灾救灾工作。

(2)统筹综合减灾。牢固树立灾害风险管理理念,转变重救灾轻减灾思想,将防灾减灾救灾纳入各级国民经济和社会发展总体规划,作为国家公共安全体系建设的重要内容。完善防灾减灾救灾工程建设标准体系,提升灾害高风险区域内学校、医院、居民住房、基础设施及文物保护单位的设防水平和承灾能力。加强部门协调,制定应急避难场所建设、管理、维护相关技术标准和规范。充分利用公园、广场、学校等公共服务设施,因地制宜建设、改造和提升成应急避难场所,增加避难场所数量,为受灾群众提供就近就便的安置服务。加快推进海绵城市建设,修复城市水生态,涵养水资源。加快补齐城市排水防涝设施建设的短板,增强城市防涝能力。加强农业防灾减灾基础设施建设,提升农业抗灾能力。将防灾减灾纳入国民教育计划,加强科普宣传教育基地建设,推进防灾减灾知识和技能进学校、进机关、进企事业单位、进社区、进农村、进家庭。加强社区层面减灾资源和力量统筹,深入创建综合减灾示范社区,开展全国综合减灾示范县(市、区、旗)创建试点。定期开展社区防灾减灾宣传教育活动,组织居民开展应急救护技能培训和逃生避险演练,增强风险防范意识,提升公众应急避险和自救互救技能。①

尤其是这次防灾减灾救灾综合体制改革,要健全属地管理体制,包括以下几个方面。(1)强化地方应急救灾主体责任;(2)健全灾后恢复重建工作制度;(3)完善军地协调联动制度。与此同时,完善社会力量和市场参与机制,主要是:(1)健全社会力量参与机制;(2)充分发挥市场机制作用。坚持政府推动、市场运作原则,强化保险等市场机制在风险防范、损失补偿、恢复重建等方面的积极作用,不断扩大保险覆盖面,完善应对灾害的金融支持体系。加快巨灾保险制度建设,逐步形成财政支持下的多层次巨灾风险分散机制。统筹考虑现实需要和长远规划,

---

① 中共中央国务院关于推进防灾减灾救灾体制机制改革的意见(2016-12-19)[R].二、健全统筹协调体制.

建立健全城乡居民住宅地震巨灾保险制度。①

全面提升综合减灾能力,包括五个方面。(1)强化灾害风险防范。有效解决信息发布"最后1千米"问题;(2)完善信息共享机制。研究制定防灾减灾救灾信息传递与共享技术标准体系,加强跨部门业务协同和互联互通,建设涵盖主要涉灾部门和军队、武警部队的自然灾害大数据和灾害管理综合信息平台,实现各种灾害风险隐患、预警、灾情以及救灾工作动态等信息共享;(3)提升救灾物资和装备统筹保障能力。健全救灾物资储备体系,扩大储备库覆盖范围,优化储备布局,完善储备类型,丰富物资储备种类,提高物资调配效率和资源统筹利用水平。建立"天—空—地"一体应急通信网络。建立健全应急救援期社会物资、运输工具、设施装备等的征用和补偿机制。探索建立重大救灾装备租赁保障机制;(4)提高科技支撑水平。统筹协调防灾减灾救灾科技资源和力量,充分发挥专家学者的决策支撑作用,加强防灾减灾救灾人才培养,建立防灾减灾救灾高端智库,完善专家咨询制度;(5)深化国际交流合作。完善参与联合国框架下的减灾合作机制,推动深入参与亚洲国家间的减灾对话与交流平台,积极拓展东盟地区论坛、东亚峰会、金砖国家、上海合作组织等框架下的合作机制和内容,推动我国高端防灾减灾救灾装备和产品走出去。② 在切实加强组织领导层面,强化法治保障;③加大防灾减灾救灾投入。健全防灾减灾救灾资金多元投入机制,完善各级救灾补助政策,拓宽资金投入渠道,加大防灾减灾基础设施建设、重大工程建设、科学研究、人才培养、技术研发、科普宣传、教育培训等方面的经费投入。同时,强化组织实施。即各地区要发挥主动性和创造性,因地制宜,积极探索,开展试点示范,破解改革难题,积累改革经验,推动防灾减灾救灾体制机制改革逐步有序深入。④

三、减灾能力培育:从个体、群体到整体的能力形成

如今,"90后"正逐渐成为社会的有生力量。从1990年算起,这个经历过国际

---

① 中共中央国务院关于推进防灾减灾救灾体制机制改革的意见(2016-12-19)[R]. 四、完善社会力量和市场参与机制.
② 中共中央、国务院.关于推进防灾减灾救灾体制机制改革的意见(2016-12-19)[R]. 五、全面提升综合减灾能力.
③ 根据形势发展,加强综合立法研究,及时修订有关法律法规和预案,科学合理调整应急响应启动标准。加快形成以专项防灾减灾法律法规为骨干、相关应急预案和技术标准配套的防灾减灾法规体系。要明确责任,对防灾减灾救灾工作中玩忽职守造成损失或重大社会影响的,依纪依法追究当事方的责任.
④ 中共中央、国务院.关于推进防灾减灾救灾体制机制改革的意见(2016-12-19)[R]. 六、切实加强组织领导.

减灾十年活动的一代人①的责任,首先是让自己具有良好的生存技能,包括通过勤奋努力,不断追求上进取得成功,创造幸福人生的能力,也包括在面临任何人生艰难困苦的时候,不屈不挠和乐观向上的能力,还包括在自然灾害和各种灾难面前具有勇敢面对、科学逃生的能力。然后,得以影响他人也具有这种积极应对,成功逃生的能力,让自然灾害中的自救、他救和互救逃生,逐渐成为一种文化、一种习惯和一种能力。也就是说,让"90后"的年轻人把尊崇生命、呵护生命与珍惜生命,发展成为新生命教育观教育——生命应该即有长度,也有宽度和厚度,让年轻人的自立、自主和自强意识,成为这个时代我国文化自信的根基之一。

我国是自然灾害频发国家,通过体育课加强在校大学生灾害自救能力是高等教育的重要任务,也就是根据"体适能"②理论通过对在校大学生开展防灾救灾减灾综合性实践训练,提升应急情况下大学生的力量、柔韧性和脂肪含量等基本体能指标,所以,防灾"体适能"训练有助于提高在校大学生的灾害自救能力。③ 事实上,唐山大地震之后,被埋压在地震废墟中的灾民约有 63 万人,通过自救与互救救出的灾民约有 48 万人,占被埋压灾民的 80%左右。灾民自发、就近、及时、广泛的自救与互救,符合救援急迫性原则,效果显著。唐山驻军参加救灾人数不足救灾部队总人数的 1/5,但救出的灾民人数占救出灾民总数的 96%。④ 所以,在地震后极短时间内,通过自救与互救即自己自救、家庭自救和邻里自救等方式,可以获得大比例的逃生机会。再比如,通海大地震⑤脱险灾民中,通过自己自救、家庭

---

① 如果从 1990 年起算,国际减灾十年出生的婴儿,到 2018 年,则 1990 年出生的已经 28 周岁,此后,27 周岁、26 周岁、25 周岁、24 周岁(1994 年出生)、23 周岁、22 在周岁、21 周岁、20 周岁、19 周岁(1999 年出生)。只是,国际减灾十年,这些"90 后"年龄还太小,这个国际性的减灾活动在他们的心目中留下的痕迹太少。

② "体适能"是指除了应付日常工作之余,身体又不会感到过度疲倦,并且还有余力去享受休闲及应付突发事情的能力,包括身体能力、人体机能、身体素质、身体适应能力等。根据体适能理论指导的训练,人们可以改善有氧体适能、肌肉力量和耐力、柔韧性、协调性和灵敏性等素质,有助于形成体力充沛、健康生活方式的知识、技能、态度和行为。参见:杨晓艳,马玉芳,等."体适能"训练对提高大学生灾难自救能力影响的分析[J]. 南京体育学院学报,2011(4):123.

③ 杨晓艳,马玉芳,等."体适能"训练对提高大学生灾难自救能力影响的分析[J]. 南京体育学院学报,2011(4):123.

④ 孙志中. 1976 唐山大地震[M]. 石家庄:河北人民出版社,1999:115.

⑤ 1970 年 1 月 5 日凌晨 1:00,云南省的通海、峨山、建水等地发生 7.8 级大地震。这次大地震中,超过 15621 人死亡,32431 人受伤、338456 间房屋倒塌、166338 头大牲畜死亡,仅通海县经济损失达 27 亿元。通海大地震与唐山大地震、汶川大地震一起,构成新中国三次死亡超过万人的地震灾害。

自救和邻里互救的比例分别是 58.8%、18.6% 和 22.6%，即自己自救脱险的占近 2/3，而邻里互救脱险的占 1/5 多。

显然，自己自救是家庭自救的基础，而自己自救与家庭自救则为邻里互救创造了条件。① 提高农村地震灾害中自己自救和邻里互救能力，是最大限度减轻因灾伤亡的重要手段。农村自然灾害自救互救能力建设的基本对策，除了加大宣传教育培训力度外，主要是健全自然灾害追责机制和加强农村自救互救能力建设保障，汶川大地震中，埋压灾民中有 63% 的人未被成功解救，② 这也是通海大地震给人们的珍贵启示。

研究表明，灾民缺乏基本的逃生常识，其结果只能是两种：束手待毙或被动待援。古人云："居安思危""思危有备"和"有备无患"，救援即他救固然重要，但是自救更需要提倡和发扬。有必要将社会公众的自救能力像政府救灾职责一样，提到国家战略高度来认识。提高国民在自然灾害中的自救能力，是衡量一个国家和政府管理能力高低的重要尺度。这一点日本政府就在提高国民的抗震自救能力上"堪称相当完善"。1995 年日本阪神大地震中，85% 的灾民是在政府救援队赶到之前，通过自救和邻里互救脱险逃生的。③ 因此，社会公众逃生自救之知识和技能，必然成为国家和政府应对公共卫生事件基本知识和技能的重要组成部分。对"9·11"事件成功撤退人员调查显示，风险意识、是否接受过应急训练、对该建筑的熟悉程度、健康状况，以及鞋类的穿着等，是影响撤离的综合因素。而唐山大地震中，灾民的自救和互救能力较差，是造成惨重伤亡的根本原因。各种调查现实，我国社会公众逃生自救知识和技能水平较低，亟待开展面向大众的干预研究，以提高我国社会公众的应急能力。④

需要强调的是，自然灾害发生初期，外部救援受运输阻断、通讯中断等瓶颈因素制约，很难及时发挥救援作用，因此，自然灾害发生后临灾的关键期（即黄金 72 小时—第 7 日）救援，多以受灾者自救为主。在自救过程中，救援主体具有双重身份——既是救援者又是受灾者，自救是一个在灾害危险作用的环境中，缺失外部

---

① 苏幼坡,徐美珍,等. 自救与互救——严重地震灾害后扒救灾民方式[J]. 河北理工学院学报(社会科学版),2003(3):33.

② 杨小二,张永领. 地震灾害情景下农村自救互救能力研究[J]. 华南地震,2016(1):30;33.

③ 雷晓敏. 中国民众抗震自救能力研究——以日本国民消解震灾经验为例[J]. 焦点战略新探,2011(3):52-53.

④ 陈艳,程玉兰. 国内外公众应对突发公共卫生事件逃生自救知识与技能概况[J]. 中国健康教育,2009(3):221.

救援条件背景下,依托自身能力脱离险境的过程。这个过程中,成功自救的基本条件之一,是受灾者自身必须具备足够的自救能力,而且,自我救助的物资配置,必须齐备、合理,能满足自救的需要。① 那么,自救能力还包括对应急包、自救工具和自救器材等了解和学会使用。在这方面,对灭火器的正确使用,恐怕是每一个大学生首先要掌握的基本生活常识。

早在1993年4月7日"世界卫生日"世界卫生组织就发表了对世界公众的告诫,文告中强调:长期以来,人们对在家中、在路上或者工作场所可能遇到的各种危险或者风险因素,认识不足,未能形成有效的公众重视舆论。但是,一个新的流行病学模式正在出现,意外事故和肉体伤害行为常常对受害者个人及其家庭造成灾害性后果。每年约有350万人死于各种事故造成的损伤、日常生活中的意外和个人集体的暴力行为。受伤需要治疗的人数则为100~150倍,其中,约有200万受害者形成永久性残疾。比如,汶川大地震中,救援人员"拉扯式的救援"或者受伤者获救后搬运方式不当,导致伤员脊椎损伤加重,造成伤员截瘫的二次损伤等。② 那么,虽然我们可能不是救护专业的大学生,但是,掌握和学会科学救援的专业知识和技能,则可能使得我们在自然危险来临转变为自然灾害时,成为自己生命、他人生命和社会公众生命的重要守护者。自我养成、学习养成和影响他人养成自救、他救和互救知识和技能,不仅是个人的重要生存或者逃生技能,更关键也是这个社会、国家的自然灾害应急能力,即减灾能力的重要组成部分。这大抵上是灾害法学的学科使命之所在。

---

① 李世雄,朱华桂. 基于受灾者关键期自救的应急救援物资结构研究——以地震灾害为例[J]. 震灾防御技术,2016(1):153-154.
② 郑霄阳,常志卫. 普及急救自救知识,从容应对突发事件[J]. 海峡科学,2012(3):121.

第九章

灾害法学的使命研究

前文已经述及,1998 年长江流域的大水灾,不是因为没有防洪的法律或者相关防洪减灾的制度或者措施,而是因为在单灾种立法思路影响下,我国政府江河湖海的流域管理方面,缺乏相应的专门学科或者法律部门进行流域内关系、流域外关系的系统协调。也即在我国《水法》作为水资源利用法律,而我国《防洪法》作为国际减灾十年活动中,中国政府积极进行水灾害预防、应对和灾后重建的专门法律,在 1998 年 1 月 1 日生效后,当年就毫不留情地检验了这部法律的"抗灾性""应急性"和"减灾性"。

事实上,1998 年 6 月底开始到当年 9 月下旬历时一个季度的抗洪抢险,首先是全国防洪办主任会议在当年 1 月初就开过,明确了当时各大江河汛前需完成的主要任务。同时,国家防总、水利部先后组织近 20 多个专家组,到重点防洪地区对防洪应急工程和病险工程进行了检查,以及洪水季达到抗洪第一线。从 1998 年 4 月 20 日开始,国家防总、水利部开始对全国 7 大江河进行汛前检查。1998 年 6 月 30 日开始,国家防总、国务院办公厅、中共中央办公厅、中央军委、中纪委、监察部前后发文就达 12 个,国家防总召开全体会议 4 次,应对了 8 次长江流域洪峰和 3 次嫩江、松花江洪峰。1998 年 8 月 27 日,全军部队和武警投入抗洪的兵力达到日最高峰,共 27.85 万人,其中长江中下游各省 17.8 万人,嫩江、松花江地区 10.05 万人。

虽然依靠着大量的人力物力的应急投入,终于抵抗住了 1998 年发生在我国南北的全流域性大洪水灾害,但是,因为没有灾害法学这样的学科建设,提供制度减灾文化和观念减灾文化的系统支持,使得我们这样一个多灾多难的国家,付出了过于沉重的代价。从这个角度看,灾害法学的使命,就是在法学与灾害学之间架起一道学术的桥梁,让法治的力量,借助人类社会的制度支持和各种防灾减灾救灾措施,加上人类的个体、群体和整体的防灾减灾救灾能力的有效整合,变成抵御自然灾害、事故灾难、公共卫生事件和社会安全事件的制度盾牌。

第一节 灾害法学的归属

一、灾害法学属于灾害管理与法学交叉的学科

灾害法学的研究对象有三个:灾害与人的致灾性的关系,人的防灾减灾救灾能力的法律保障,人的防灾减灾救灾法律责任及其承担。

人的致灾性问题,在我国以西南地区为典型的石漠化问题,便是最能说明问题的实例。2004 年—2005 年,国家林业局组织开展岩溶地区石漠化土地监测工作。针对岩溶地区地形复杂,地块破碎,单纯依靠遥感技术对于植被覆盖下的地类判别的局限性,本次监测采用地面调查与遥感技术相结合,以地面调查为主的技术方法。监测范围涉及湖北、湖南、广东、广西、贵州、云南、重庆、四川 8 省(自治区、直辖市)460 个县(市、区),监测区总面积 107.14 万平方千米,监测区内岩溶面积为 45.10 万平方千米。参与监测的技术人员达 3600 人,共区划和调查图斑61.2 万个,获取各类信息记录 5000 多万条。截至 2005 年年底,我国石漠化土地总面积为 12.96 万平方千米,占监测区总面积的 12.1%,占监测区岩溶面积的28.7%。(1)按省分布状况。在 8 省区中,贵州省石漠化面积达 331.6 万公顷,占石漠化总面积的 25.6%,其后依次为云南 288.1 万公顷、广西 237.9 万公顷、湖南147.9 万公顷、湖北 112.5 万公顷、重庆 92.6 万公顷、四川 77.5 万公顷和广东 8.1万公顷,分别占石漠化总面积的 22.2%、18.4%、11.4%、8.7%、7.1%、6.0% 和0.6%。(2)按流域分布状况。石漠化主要分布于长江流域和珠江流域,其中长江流域面积最大,为 732.1 万公顷,占石漠化总面积的 56.5%;珠江流域次之,为486.5 万公顷,占 37.5%;其他依次为红河流域 52.3 万公顷,占 4.0%;怒江流域17.7 万公顷,占 1.4%;澜沧江流域 7.6 万公顷,占 0.6%。(3)按程度分布。轻度石漠化 356.4 万公顷,占石漠化总面积的 27.5%;中度石漠化 591.8 万公顷,占45.7%;重度石漠化 293.5 万公顷,占 22.6%;极重度石漠化 54.5 万公顷,占4.2%。① 人为因素形成的石漠化土地占石漠化土地总面积的 74%,主要表现为:(1)过度樵采;(2)不合理的耕作方式;(3)过度开垦;(4)乱砍滥伐;(5)乱放牧

---

① 国家林业局. 岩溶地区石漠化状况公报[R/OL]. (2007 - 06 - 15)[2018 - 07 - 31]. http://www.gov.cn/ztzl/fszs/content_650610.htm.

等。其中,过度樵采占31.4%,不合理耕作占21.2%,过度开垦占15.1%,乱砍滥伐占13.4%,过度放牧占8.2%。另外,乱开矿和无序工程建设等则占人为因素的10.7%。①

所谓石漠化(Stony Desertification),是"石质荒漠化"的简称,是指在热带、亚热带湿润、半湿润气候条件和岩溶极其发育的自然背景下,受人为活动干扰,使地表植被遭受破坏,导致土壤严重流失,基岩大面积裸露或砾石堆积的土地退化现象。这是岩溶地区土地退化的极端形式,被称为岩溶地区"土地的癌症"。为此,国家发改委2004年8月颁发《关于进一步做好西南石山地区石漠化综合治理工作指导意见》,提出石漠化综合治理的五大工程措施,即生态修复工程、基本农田建设工程、岩溶水开发利用工程、农村能源工程及生态移民工程。到2008年,国务院批复实施《岩溶地区石漠化综合治理规划大纲(2006—2015)》(简称《荒漠化大纲》),计划用10年时间,通过加强植树造林、封山育林等措施,尽快遏制石漠化扩展趋势,改善岩溶地区的生态环境,恢复改善岩溶地区生态环境,具体措施包括:(1)加强领导,强化责任;(2)加强法制,严格保护;(3)设立专项,综合治理;(4)强化科技支撑,科学防治;(5)完善监测体系,实施动态监测。②

根据《荒漠化大纲》确立的工程建设3大目标、6大任务等发展方向,中央政府3年内累计安排预算投资22亿元,农业、林业、扶贫等相关方面筹措资金166亿元,作为荒漠化整治的试点资金。贵州、云南和广西共100个县纳入第一批试点县。③工程自2008年启动实施以来,截至2015年,已累计完成中央预算内专项投资119亿元、地方投资20.1亿元,完成岩溶土地治理6.6万平方千米、石漠化治理2.25万平方千米,基本完成《规划大纲》确定的治理任务,工程建设取得显著成效。④到2017年底,全国完成沙化土地治理面积221.3万公顷,岩溶地区石漠化

---

① 国家林业局.岩溶地区石漠化状况公报[R/OL].(2007 - 06 - 15)[2018 - 07 - 31]. http://www.gov.cn/ztzl/fszs/content_650610.htm.

② 国家林业局.岩溶地区石漠化状况公报[R/OL].(2007 - 06 - 15)[2018 - 07 - 31]. http://www.gov.cn/ztzl/fszs/content_650610.htm.

③ 佚名.贵州广东等8省现石漠化现象,严重地区寸草不生[EB/OL].(2011 - 09 - 14)[2018 - 07 - 31]. http://www.dzwww.com/xinwen/guoneixinwen/201109/t20110914_6639905.htm.

④ 张兴国.岩溶地区石漠化治理"十三五"规划出台[N/OL].中国绿色时报,2016 - 05 - 04. http://news.bjfu.edu.cn/lssy/218024.htm.

综合治理工程完成造林 27.6 万公顷。①

2016 年 5 月 1 日,国家发展改革委、国家林业局、农业部、水利部联合印发《岩溶地区石漠化综合治理工程"十三五"建设规划》(简称《石漠化十三五规划》)。《石漠化十三五规划》建设期为 2016 年—2020 年。期间,全国治理岩溶土地面积不少于 5 万平方千米,治理石漠化面积不少于 2 万平方千米。② 事实上,石漠化的防治要从源头上抓起,坚持预防为主、科学治理。要加强法制建设,加大执法力度。做到一手抓治理,扩大林草植被,一手抓保护,严格监管,依法保护好现有林草植被,防止产生新的石漠化土地。只是,我国《防沙治沙法》于 2001 年 8 月 31 日通过施行后,一直没有修改过,而地方立法中,只有四川、新疆、内蒙古、陕西和甘肃 5 省区制定了实施我国《防沙治沙法》办法。但是,荒漠化最严重的贵州省,③却没有地方性立法。④ 贵州省扶贫生态移民工程条例,从 2013 年列入调研起草规划几年之后,竟然消失了。从 2003 年 9 月 28 日贵州省第十届人大到 2018 年 3 月 30 日贵州省第十三届人大第二次常委会通过其立法规划来看,四届人大竟然都没有将贵州省的荒漠化、石漠化地方立法纳入人大立法规划。

灾害法学属于灾害管理与法学交叉的学科,贵州省人大在立法方面对石漠化的"淡化处理",实际上是灾害管理能力低下与弱化的表现,这与防灾减灾救灾综合体制改革的目标要求,是严重不相符的。没有了法治的支持,贵州省何时能走

---

① 全国绿化委员会办公室 . 2017 年中国国土绿化状况公报(2018 - 03 - 11)[R/OL]. 七、防沙治沙稳步推进 . 人民日报,2018 - 03 - 13(17).

② 张兴国 . 岩溶地区石漠化治理"十三五"规划出台[N/OL]. 中国绿色时报,2016 - 05 - 04. http://news. bjfu. cn/lssy/218024. htm.

③ 贵州全省喀斯特石漠化山区由于生态恶化,已不具备生存条件,而需要移民搬迁的有约 45 万人。贵州省轻度以上石漠化面积为 35920 平方千米,占国土面积的 20. 39%。其中,轻度石漠化面积 22733 平方千米,中度石漠化面积 10518 平方千米,强度石漠化面积 2669 平方千米。另外,尚有 43714 平方千米的土地有潜在石漠化趋势。从石漠化在县级行政单元的分布来看,除赤水、榕江、从江、雷山、剑河 5 县(市)无明显石漠化外,其余都有明显的石漠化现象。从空间分布看,石漠化土地多集中分布在喀斯特发育的南部和西部,以六盘水、黔西南、黔南、安顺、毕节所占面积最多,呈现出南部重北部轻,西部重东部轻的特点。以县级行政单元分,石漠化面积占国土面积 40% 以上的有 9 个县,小于 10% 的 17 个县,其余均在 10% ~40% 之间。在贵州 50 个扶贫开发重点县中,石漠化面积占国土面积 20% 以上的有 30 个县,而且,凡是石漠化严重的地方,都是贵州最为贫困的地方。

④ 经查贵州省人大网,没有提及制定涉及"石漠化""荒漠化"等关键词的立法。后经过查询中国人大网,在法律法规库以"贵州省"作为关键词查询,有 359 个地方法规文件、3 个全国人大决定和 1 个司法解释,共 363 个人法律文件,都与贵州省的"石漠化""荒漠化"立法无关。客观地说,贵州省只在《贵州省水土保持条例》(2012 年 11 月 29 日,7 章条)中,规定了"防止石漠化"(且"石漠化"总共出现 5 次)。

出石漠化或者荒漠化的人为致灾的悖论之途呢？事实上，灾害法学首先应当属于灾害学的管理学科分支，然后法学是在考察防灾减灾救灾法律义务和职责的分配、承受、承担与履行，以及法律责任的实际承担。那么，当贵州省可以颁行和制定 359 个地方法规或者规章，但是却不能给控制和防范石漠化制定具体直接的法规时，我们如何能指望灾害法学借助灾害管理学的理念，与防灾减灾救灾综合机制的地方法治能力，紧密地结合在一起呢？

二、灾害法学归属于国家安全学门类

国家安全，是指国家政权、主权、统一和领土完整、人民福祉、经济社会可持续发展和国家其他重大利益相对处于没有危险和不受内外威胁的状态，以及保障持续安全状态的能力，这是我国《国家安全法》第二条的定义。在这里，"安全"是指不受威胁、没有危险、危害、损失的状态。从社会学角度来看，安全是人类社会在生产、生活过程中，将各种系统的运行状态对人类的生命、财产、环境可能产生的损害控制在人类能够接受水平以下的状态。安全的定位，与人类的本能欲望——不受威胁、没有危险这种安全感的需求密切联系的。在《职业健康安全管理体系》GB/T28001－2011 中，"安全"定义是：免除了不可接受的损害风险的状态。其中，"风险"是指发生危险事件或有害暴露的可能性，与随之引发的人身伤害或健康损害的严重性的组合。"可接受的风险"，是指根据组织法律义务和职业健康安全方针已降至组织可容许程度的风险。①

国家安全含义当中，一方面，强调国家利益处于没有危险和不受内外威胁的状态，这种状态是持续性、系统性，且是以国家政权、主权、统一和领土完整，人民福祉、经济社会可持续发展等形态表现出来的；另一方面，则以国家安全的持续保障能力，即国家对公民在境内、海外的生命、财产和环境等利益形式来表现的。因此，国泰民安、②国安为大，以及通过学科建设，维护国家安全能力的持续与提升等，构成了我国经济社会发展的重大国家利益。

先秦思想家荀子曾有"人生不能无群"的观点，他认为：人之所以异于禽兽，在于"人能群，彼不能群也"。"群"在这里即"社会"，是一种人的聚集现象，扩而广

---

① 中华人民共和国国家标准:职业健康安全管理体系要求 GB/T 28001－2011［R］. 第 3.21 条;第 3.1 条.

② "国泰民安"是指国家太平,人民安居乐业的情形。其中,"国"指国家,"泰"指平安、安定;"民"指人民,"安"即安定。形容在一个国家之内,天下太平、歌舞升平、河清海晏等状态。

之是人类社会共存的现象。对于"群"的研究,是社会学的重要任务。因此,"国泰民安"体现的国家太平、人民安居乐业的景象,放在社会学视野里,就是"人群"出现后,就其现代性层面的突出矛盾而言,成了国家安全的核心问题。这个现代性方面的矛盾,在国家外部是:这个世界变得越来越小,越来越成为一个整体,个人的世界经验却变得越来越分裂和分散。于是,社会学家不但希望了解什么使得社会团体聚集起来,更希望了解社会瓦解的发展过程,从而做出"纠正"。① 在国家内部,尤其在我国,国家如何协调贫富差距、东西部发展不平衡和传统安全、非传统安全,以及经济安全、社会安全、生态安全和文化安全、科技安全、网络安全等方面的利益冲突。通过高等学校和科研机构批量设立国家安全学一级学科,强化国家安全理论和文化层面的能力建设,就成为非常重要的课题。于是,便有了"国安事大"或者"国安为大"的说法。

灾害法学所研究的人的致灾性控制行为机制,在内容上主要是:人的致灾行为与灾害后果的循环当中,人的灾害引发行为、自发减灾行为、组织减灾行为、政府减灾行为和国际援助减灾行为等,构成了一种相互作用的法律义务—责任机制。德国哲学家恩斯特·卡西尔(Ernst Cassirer)认为,从人类文化的角度给人下定义的话,与其说像亚里士多德那样认为"人是政治的动物",不如说"人是文化的动物"。恩斯特·卡西尔强调说,人性并不是一种实体性的东西,而是人自我塑造的一种过程;真正的人性无非就是人的无限的创造性活动。恩斯特·卡西尔强调:文化哲学成为人的哲学的具体内容和生动展示,人的哲学则成为文化哲学的最终目的和内在灵魂。② 那么,面对自然灾害和人为事故灾难,人为什么不能学会以法律机制即法治能力的提升,来应对呢? 换句话说,为何不能形成一种灾害法学文化氛围,让人这种"文化的动物",养成自觉、积极和创造性控制人的致灾性的法治能力,提升个体、群体和整体的社会安全度呢?

所谓安全度,是指免于危险的客观程度,即可以度量一个人免于危险或者可以达到安全的程度,或者安全的量化程度。安全度可以简单分成高度、中度和低度等。我国自然灾害应急工作中,通过"一案三制"来进行积极应对,就是通过制定自然灾害应急预案,增加三个层面的安全度。即(1)制度层面的安全度。有了应急预案,遇到各种危险尤其是自然灾害等方面的应急预案启动条件启动后,按

---

① 这种观点,主要是社会学中涂尔干学派所持的观点。而其他派别,尤其是法兰克福学派,并不探索对社会的救治,因为他们认为对社会疾病提出救治方案,往往是以一个小群体的观念,强加到绝大多数人的身上,这不但解决不了根本问题,还会使问题不断加重。

② [德]恩斯特·卡西尔. 人论[M]. 甘阳,译. 上海:上海译文出版社,1985:中译本序.

照应急预案形成的体制、机制和法制,制度层面的安全预期,就会以应急预案的具体应对措施表现出来,体现出制度的安全维护力量。(2)行为层面的安全度。这个时候,主要是指群体或者整体应对自然灾害的行为力量,可以形成抵御自然灾害即防灾抗灾和救灾公众行为力量,并以具体的防灾救灾和灾害应对的措施体现出来。比如,任何重大的自然灾害中,我国社会公众都会以军队的出现为灾害应对安全度的基础,并以军人的群体直接的抢险救灾行为,表现出对抢险救灾的高安全度的心理体验,或者精神支撑。(3)个体体验方面的安全度。我国旅游业发展过程中,目的地日益频发的旅游安全事件,增加了旅游安全风险,让旅游者的旅游安全度降低,有学者研究了 2003 年—2013 年全国 31 个城市目的地统计数据,发现郑州、广州和重庆 3 个城市旅游安全度指数,均处于较低水平,但是上述 3 个城市旅游安全度指数在缓慢提升。所以,旅游目的地和旅游者都要强旅游风险的抵抗力,最大限度地规避或者减少风险入侵,促进目的地旅游系统安全健康地运行。①

安全度高,才能有很高的安全感。这也就是说,安全度与安全感之间,存在内在的逻辑关系。因此,在国家安全问题上,公民的安全度评价,以及安全感培育,不但是灾害法学的研究目标,也成为我国《国家安全法》第 14 条专门规定设立"每年 4 月 15 日"为"全民国家安全教育日"的根本原因。

三、安全科学与减灾生发出灾害法学

公民的安全度,是社会给予公民提供的,以社会生活、生产和管理为背景的公民免于危险或者可以达到安全的程度或者安全的量化程度。对公民这种安全度的理解,一方面,要站在公民的主体角度观察和分析,因为公民是公民安全度的主体因素,其安全是公民免于危险或者不受威胁的状态;另一方面,公民安全度不是公民本身自带的,而是社会环境尤其是社会制度的一种产物,是社会制度能够给公民的生命、财产和人身、社会关系,在今天尤其是信息安全等,提供积极保障,而使公民不陷入各种危险或者安全威胁的状态。

现代社会,个体人的能力空间得到无限释放。个体人的安全感和安全维护能力,除了依赖社会和组织,似乎只能依赖自身了。于是,安全科学在回答了人类社会寻求个体安全、群体安全和社会安全技巧与制度创新的问题之后,便留存了灾

① 邹永广. 目的地旅游安全度评价及时空格局——基于全国 31 个省会城市的统计数据[J]. 中国软科学,2016(2):56.

害法学的制度创新的踪迹。也就是说,许多时候人们的个体安全感,是通过法律制度性设计或者安排,以消极性安全度获取路径,或者惨痛的教训获得全社会性或者公众型安全感的。主要体现在以下几个方面。

(一)消防与报警制度

1. 防火梯。1938 年 1 月 1 日起实施的"纽约市建筑法"规定,建筑外墙需安装铁制防火梯。《蒂凡尼的早餐》中赫本住的就是带防火梯的公寓,1968 年该规定被废除。

2. 110。1986 年 1 月 10 日,广州市公安局在全国率先开通"110"电话报警服务台。记住 110、119、120、122 等紧急电话及拨打方法,是一个城市市民的基本生存技能。

(二)个体安全救助设施

1. 口罩。1897 年,德国病理学专家莱德奇发现,病人伤口的感染与细菌在空气中的传播有关,于是建议医护人员在手术时戴口罩。20 世纪初,西班牙流感肆虐,普通人群被要求戴口罩抵御病菌,由此,口罩成为生活必备品。

2. 青霉素。1928 年,英国细菌学家亚历山大·弗莱明发现了青霉素的效用。它是第一种被人类发现的抗生素,战争时期,因为紧缺,更因为它的奇效,在黑市上成为硬通货。

3. 创可贴。20 世纪初,因为新婚太太烹饪时总是不小心割到手,美国人埃尔·迪克森发明了创可贴。据说全世界每年要用掉 10 亿个创可贴,难怪它被评为"20 世纪影响生活的十大发明"之一。

4. 斑马线。20 世纪 50 年代初在伦敦最早出现,此后,成为世界通行的保护行人的交通规则。披头士 1969 年发行的专辑 Abbey Road 使伦敦艾比路上的斑马线成为世界上最著名的斑马线,一个重要的文化地标。

5. 安全气囊。1952 年,美国人约翰·赫特利特发明了安全气囊。不过,要到汽车碰撞安全标准在美国通过,并规定 1995 年以后的汽车都装备安全气囊之后,它的作用才得到了确认。

6. 安全带。1958 年,世界上第一款三点式安全带,是供职于沃尔沃公司的美国人尼·波林发明的。1963 年,沃尔沃开始在自产汽车中装配安全带,并将这一成果免费提供给其他厂商使用。

(三)网络安全工具

1. 密码。20 世纪 60 年代美国麻省理工学院建造的大型分时计算机 CTSS 最早采用了密码。123456、password 和 12345678 在最常用,也是最智障者的密码榜单上总排前 3 位。

2. 防火墙。20 世纪 80 年代,最早的防火墙几乎与路由器同时出现。你不需要懂它是怎么运作的,只需要知道,有了它,网络未必 100% 安全;但没有它,那网络就 100% 不安全。

3. 杀毒软件。1989 年,世界上第一款杀毒软件 McAfee 诞生。除非你用不上网,否则,你对杀毒软件总会有需求。

4.3C 安全机制。3C 即 Cyber(网际)、Cloud(云)、Communication(通信),象征在网络所构建的生活、生产空间框架内,"立体、可控、可视"的安全新机制问题,成为现代网络社会的重要问题。①

(四)家庭防盗系统

1. 保险柜。发源于欧洲,已有 1000 年历史。英国 Chubb 公司于 1833 年注册了防盗保险柜专利,Chubb 也几乎成为保险柜的代名词。

2. 防盗门。20 世纪 80 年代,重庆美心公司率先开发出栅栏形防盗门。此后,防盗门迅速在全国"传播"。一般交楼时会预装一道防盗门,不放心的住户再加一道甚至两道防盗门。

3. 防盗网。20 世纪 80 年代末是防盗网的高速发展期,在广州的普及率甚至达到 90% 以上。2001 年广州实施"三年一中变",统一拆除全市防盗网,一度引起市民的强烈反弹。

4. 家庭防盗系统。20 世纪八九十年代启用的这玩意儿看似高科技,其实漏洞不少。比如说密码,越方便记的密码(生日、结婚纪念日等)越容易被破解。

(五)灾难后的安全措施

这类灾难后的安全措施主要是:

1. 信号灯。1868 年,英国机械工程师德·奈特将铁路上的安全信号灯,安装

---

① 2016 年 4 月 19 日,在"网络安全和信息化工作座谈会"上,习近平总书记强调"要积极推动核心技术成果转化,推动强强联合、协同攻关,探索组建产学研用联盟","推动网信事业发展,让互联网更好造福人民","提高侵权代价和违法成本","企业要重视数据安全",等等。为此,2016 年 8 月 5 日—8 月 6 日,"C3 安全峰会"在成都世纪城国际会展中心召开。这次大会以"安全可控,御未来"为主题,理念是云安全技术的发展,给网络防护带来新的契机,建立在"云开放平台"上的动态威胁感与威胁情报的共享机制,以及在"云数据中心"基础设施中,实现动态威胁防御的智能联动,有助于企业用户快速知悉隐蔽的安全威胁,进而提升威胁应对与风险控制能力,让企业用户可以享"御"——控制网络安全的未来风险。

在伦敦国会大厦前的广场上,这就是城市里最早的交通信号灯。

2. 应急避难场所。我国《地震应急避难场所及配套设施》国家标准于2008年12月实施。但实际上,很多人没有听说过"应急避难场所",更不知道离自己最近的避难场所在哪里。

3. 地震应急包。2011年的"311东日本大地震(里氏9级)",引发人们对地震等自然灾害应急自救的重视。在日本,不论在家里还是办公室,人人都备有应急包。这种东西一般不会用到,关键是自救意识即自我安全意识的培养。

4. 安全锤。2012年的"7·21"特大暴雨,导致1名北京车主在广渠门桥下的车内溺亡。之后,网上汽车安全锤的销量激增,甚至有商家广告曰:"北京买家买2送1"。

其实,面对自然灾害和人为事故灾难,获得公民安全感并不难,那就是:灾前期的积极防灾,"未雨绸缪""居安思危"和防患于未然,临灾期的积极主动和有技巧、高能力的应对,通过临时安置、过渡安置期,然后以灾情有效核实为基础,做好灾后重建规划,认真系统全面地开展灾后重建,扎扎实实地完成灾后重建任务,并以灾害终结报告制度,开展灾害法律责任的归责与追究工作。由此而言,"安全科学与减灾"生发出灾害法学是强调:安全科学是人类生产、生活、生存过程中,避免和控制人为技术、自然因素或人为—自然因素所带来的危险、危害、意外事故和灾害的学问,它以技术风险作为研究对象,通过事故与灾害的避免、控制和减轻损害及损失,达到人类生产、生活和生存的安全状态。

于是,安全科学要求社会进行防灾减灾救灾,形成防灾减灾救灾的综合体制,以人类社会的法治能力防范、抵御、应对和减少灾害损失,从而,减灾活动包括国际减灾十年以及联合国"国际减灾战略"活动,所要达成的目的,都是"为了一个更加安全的世界"。

2005年10月14日,第36届世界标准日的主题是"标准—为了一个更加安全的世界",IEC、ISO和ITU国际标准①在国家和区域层面的执行,有助于使世界变得

---

① IEC即国际电工委员会(International Electrotechnical Commission)、ISO即国际标准化组织(International Organization for Standardization)和ITU即国际电信联盟(International Telecommunication Union)提供集中于安全领域的数以千数的国际标准,分布于(1)产品、生产系统以及全球供应链;(2)医疗和远程医疗技术;(3)核辐射与电磁辐射作用于人体影响的测量;(4)对非法放射性物质交易监测的手段;(5)身份确认的生物监测技术和敏感区域的进入保护;(6)自然灾害或紧急情况中的有效应急通讯;(7)网络安全和对固定和移动通信网络完整性的保护。

更安全,运用的是国际标准能够得到认证证书持有人的统一、自觉执行和严格贯彻的理念,于是,世界变得会更加安全。那么,13年过去了,经过各方面的不懈努力,在不断发生的自然灾害和人为事故灾难应急中,这个世界"更加安全"的目标,虽然很大程度上实现了,但是,由减灾—灾害法学孕育的文化土壤层面分析,人们并没有当然形成让世界更完全的法治能力,即自觉防灾减灾救灾的综合能力。

第二节　灾害法学的功能

一、防灾为主的全方位应急管理能力

我国长期以来的防灾减灾救灾"一案三制"的应急管理能力,在防灾层面的建设上,是一个非常大的弱项。也就是说。我国减灾的主要任务,包括(1)加强自然灾害风险隐患和信息管理能力建设;(2)加强自然灾害监测预警预报能力建设;(3)加强自然灾害综合防范防御能力建设;(4)加强国家自然灾害应急抢险救援能力建设;(5)加强流域防洪减灾体系建设;(6)加强巨灾综合应对能力建设;(7)加强城乡社区减灾能力建设;(8)加强减灾科技支撑能力建设;(9)加强减灾科普宣传教育能力建设。[①] 特别是强化地方各级政府的减灾责任意识方面,工作相当薄弱。

换句话说,对于防灾减灾救灾综合体制而言,人们上上下下习惯于"灾害来了再说",而不是注重防灾投入,把防灾能力建设当成这个综合体制的核心。比如,我国三北防护林建设中,对于单一树种杨树的树龄问题,就没有认真地研究,结果花了很大的人力物力财力。营造了30年左右就大量死亡的杨树林,便是一个佐证。前文提到的武汉市一方面在首创湖长制之下,大力加强保护湖泊的地方立法,并创新立法;另一方面,却大量填湖造地、填湖发展和填湖修建重点工程,等等从而,陷入经济社会发展和社会安全的悖论当中。即表面上看,经济社会发展是为了社会更安全,但是,填湖和在城市蓝线[②]蚕食方面,违反自然规律和生态规律,让"到武汉去看海"有发展成常态的趋势,不能不说便是一例实证。

事实上,地方政府的防灾为主全方位应急管理能力建设,还应当包括居民不

---

① 国务院新闻办. 中国的减灾行动(2009-05)[R]. 二、减灾战略目标和任务.
② 城市蓝线,是指城市规划确定的江、河、湖、库、渠和湿地等城市地表水体保护和控制的地域界线。

良生活习惯的诱导式变革。比如,在我国社会公众的生活习惯当中,城市居民的家家户户厨房中,都装有抽油烟机。生活中,烹饪过程中的油烟不经处理直排到大气中,是城市 PM2.5 急剧增加和升高的因素之一。油烟机分欧式、中式、近吸式(侧吸式)几类,按净化空气的方式来分为两种:(1)脱油外排式,即将污染气体直接排到室外;(2)吸附净化内循环式,即将吸进的污染气体经过滤后再排回室内。因为我国的烹饪方式,多以炒菜为主,油污比较多,所以,内循环式机不太适用,大多厂家生产的是外排式机。这种油烟处理方式本身意味着我们的日常生活中的油烟处理不到位,于是,餐餐炒菜做饭也对雾霾形成有了不少的贡献——厨房油烟的主要成分是醛、酮、烃、脂肪酸、醇等。其中,包括苯并芘、挥发性亚硝胺、内酯、杂环化合物等对人体有害的物质。因此,食油加热过高(冒烟)可产生较多的3,4-苯并芘、芳香胺类等,炒菜时,最好不要将油烧得过热(一般四到五成热即可),少吃油煎食品,或改用微波炉烹饪食物。①

与此同时,不妨建议人们减少驾车出行的次数,或者改乘公共交通,因为公民个体身上的非常微弱的致灾性的聚集,必然与自然危险的致害性结合后,加重或者强化自然灾害的危害后果。在这一点上,雾霾灾害的反复发生,便是这个原理的反复验证。

例如,2017 年春节刚刚结束,雾霾天气便再次侵袭京津冀。中央气象台 2017 年 2 月 4 日 08:00 发布"每日天气提示"称,华北中南部、黄淮以及陕西关中等地,空气重污染扩散条件转差,冀豫鄂等多省大雾弥漫,局地能见度不足 200 米。此番雾霾再次"露面",恰逢春节过后,人们难免会将雾霾再现与春节期间烟花爆竹的燃放联系起来。但是,专家的分析意见和统计数据都显示,这次重污染天气的出现,烟花爆竹的燃放并非是主因,而只是"帮凶"而已。② 不过,这种"帮凶",确确实实也是一种公民个体燃放烟花爆竹后,释放过多的一氧化碳、二氧化碳、二氧化硫、氮的氧化物等有害或有毒气体,并产生碳粒、金属氧化物等颗粒烟尘。这些气体和烟尘弥漫于空气中,使空气浑浊,加剧空气的污染,具有人的微致灾性聚集

---

① 在我国,人们的饮食习惯中,煎、炒、烹、炸占很大比例,厨房油烟很大。事实上,当油加热超过 200℃时,生成油烟的主要成分丙烯醛,具有强烈的辛辣味,对人的鼻、眼、咽喉黏膜有较强的刺激;当油烧到"吐火"时,油温超过 300℃,除了产生丙烯醛外,还会产生凝聚体,所以,改变"急火炒菜"烹饪习惯,不使油温过热,最好不超过 200℃(以油锅冒烟为极限),以减轻"油烟综合征",下锅菜中的维生素,也能得到有效保存。

② 巩志宏,倪元锦,等. 新华社探寻节后重现雾霾成因:烟花爆竹并非主因而是"帮凶"[EB/OL]. (2017-02-06)[2018-07-11]. http://news.cnr.cn/native/gd/20170205/t20170205_523557472.shtml.

的直接验证效用。

二、灾害法学的宿命:授人减灾能力

对于笔者来说,开设了灾害法学的普及性入门课程,即《防灾减灾与应急管理法概论》《自然灾害与法律:灾难中求生能力的养成训练》(后者已经被录制成慕课,于 2019 年 9 月后上线),是在拥有全国甚至于全世界独一无二的"四川大学—香港理工大学灾后重建与管理学院"即"灾管院"①之后,四川大学在灾害法学教育、科学研究和学科创建等方面,走在全国高校前列理所当然的结果。

长期的灾害教育和灾害法学的学术研究,使笔者认识到:灾害法学的历史宿命在大学或者学术研究机构,就是"授人以减灾能力"。也就是,在笔者这里,灾害法学就是构建灾害与人的致灾性的关系模型,人的防灾减灾救灾能力的法律保障机制,人的防灾减灾救灾法律责任及其承担制度构造,等等。对于社会而言,承认和接纳灾害法学其实并不是一件困难的事。然而,如同人们不喜欢谈论疾病、死亡和殡葬事业一样,整个社会也不太喜欢扯出或者探讨"灾害法学"的话题。这种对待"灾害法学"的回避或者忌惮的态度,大抵是人们讨嫌"灾害学"的缘故,好像是因为有了"灾害学"才有了人类社会的自然灾害与人为事故灾难一样,人们不喜欢讨论"灾害法学"的同时,自以为单灾种立法或者《突发事件应对法》已经解决了我国灾害立法的所有问题。其实,这是人们对防灾减灾救灾综合机制缺乏了解的结果。

在央地政府分工的防灾减灾救灾综合体制的"一体制"+"六机制"再加上"一法制"的灾害应急上下分工的双层应急"八制"中,"一体制"就是防灾减灾救灾的政府统一领导,部门分工负责,灾害分级管理,属地管理为主的综合领导体制,这个体制的基本特点是:(1)政府为主,即政府统一领导,部门分工负责;(2)

---

① 四川大学—香港理工大学灾后重建与管理学院(Sichuan University—Hong Kong Polytechnic University Institute for Disaster Management and Reconstruction,IDMR)作为 2008 年 5 月 12 日四川汶川 8.0 级特大地震后,四川大学与香港理工大学以灾害教育对口支援政策为导向,筹建的"灾后重建与管理学院",期望通过两校学术资源的整合推动减灾学科的发展。"灾管院"是全球首个专门进行防灾减灾和重大危机处理、科学研究、教育培训、社会服务和灾害信息服务的综合性学院,围绕灾害医学科学、安全科学与减灾,以及灾害应用社会科学建立三大学科领域,着力整合四川大学、香港理工大学的学科优势资源。为此,两校通力合作,以联合培养防灾减灾博士项目为肇始,全方位合作建设一所在减灾与重大危机处理领域,面向全球的开放式、多学科、国际化、可持续、并对社会防灾有重要影响的高水平新型学院,致力于培养社会急需的防灾减灾领域的高级专门人才,为《仙台框架》的推进和《巴黎协定》的实施,做出自己的应有贡献。

央地政府分工分级管理,协调为上;(3)属地管理为主与属地政府的第一责任人。应当说,这个"一体制"是一个大包大揽的政府主导体制,也是一个缺乏公众参与和社会动员的体制,并不完全符合我国《宪法》第5条规定的国家"实行依法治国,建设社会主义法治国家。国家维护社会主义法制的统一和尊严"的要求。也就是说,央地政府担负自然灾害和人为事故灾难的防灾减灾救灾责任第一责任人。

问题是,我国《突发事件应对法》第四条~第七条、第十一条和第六十九条规定:(1)国家建立统一领导、综合协调、分类管理、分级负责、属地管理为主的应急管理体制;(2)突发事件应对工作实行预防为主、预防与应急相结合的原则;①(3)国家建立有效的社会动员机制,增强全民的公共安全和防范风险的意识,提高全社会的避险救助能力;(4)县级政府对本行政区域内突发事件的应对工作负责;涉及两个以上行政区域的,由有关行政区域共同的上一级政府负责,或者由各有关行政区域的上一级政府共同负责;(5)公民、法人和其他组织有义务参与突发事件应对工作;(6)发生特别重大突发事件,对人民生命财产安全、国家安全、公共安全、环境安全或者社会秩序构成重大威胁,采取本法和其他有关法律、法规、规章规定的应急处置措施不能消除或者有效控制、减轻其严重社会危害,需要进入紧急状态的,由全国人大常委会或者国务院依照宪法和其他有关法律规定的权限和程序决定。紧急状态期间采取的非常措施,依法执行或由全国人大常委会另行规定。

应该说,这些规定解决了"一体制"中的央地政府、地地政府的分工与合作问题,但是并没有很好解决组织、公民和各种单位的合作配合问题。尤其是一旦进入灾害应急和人为事故应急状态,应急地区是一种何种法律状态的问题。因此这是理论上长期以来,没有区分正常法律状态和应急法律状态或者紧急法律状态的必然产物。

三、央地政府防灾减灾救灾能力的分工

在"六机制"即中央政府构建的"六个机制"中,即:(1)灾害应急响应机制;(2)灾害信息发布机制;(3)救灾应急物资储备机制;(4)灾情预警会商和信息共享机制;(5)重大灾害抢险救灾联动协调机制;(6)灾害应急社会动员机制之中,

---

① 与这个原则相适应,国家建立重大突发事件风险评估体系,对可能发生的突发事件进行综合性评估,减少重大突发事件的发生,最大限度地减轻重大突发事件的影响,这才是目的。

如何有效协调央地政府的分工和地地政府的合作与配合即协调机制,让各级地方政府建立的防灾减灾救灾工作机制,与中央政府的央地政府分工机制完全融合,是一个需要深入探讨的问题。

一般而言,自然灾害易发地区和人为事故灾难高发地方的地方政府,就应当对其本地的防灾减灾救灾综合体制的改革与发展,根据新型央地政府关系模型下的基层治理现代化要求,以新型央地政府关系中,中央政府会更有力地约束地方政府。而这种约束,不是捆住地方政府的手脚,而是要形成地方政府有为自己的行政行为承担责任的约束机制,这是一种法治机制或者一种自我约束机制。也就是说,新型央地政府关系是建立在激励相容机制形成基础之上的,地方政府在实现自身行政目标的同时,也应当能够同步完成中央政府赋予的地方任务。这当中,地方政府自身的基层治理任务,比任何时候都要重要和迫切。一个不能自我有效约束和没有良好的依法行政,尤其是在防灾减灾救灾综合体制改革中,对本地易发灾害和多发灾害高度重视,并精心构建治理机制的地方政府,必定不能搞好其辖区的基层治理。而没有基层治理的现代化,新型央地政府关系的运作与构建,就没有落脚点。

所以,地方政府立足于对本地易发灾害和多发灾害的高度重视,对治理本地自然灾害和人为事故灾难的高度责任心,对基层干部防灾减灾救灾岗位职责提出新的、系统化的可操作的要求,是央地政府关系改革的关键,也是防灾减灾救灾"六个机制"综合体制改革中,重心下移的关键所在。这其中,最主要的是地方政府改革中,基层干部主动创新意识和有效创新能力的系统养成。没有创新意识,就不可能有公共服务的创新;没有创新能力,就是有创新意识也难以落实;没有创新机制,地方易发灾害和多发灾害的有效治理,就是根本不可能实现的。所以,新型央地政府关系模型构建之下,地方政府针对本地易发灾害和多发灾害,基于整合应急资源的需要,把基层干部培养成具有主动创新意识和有效创新能力的学习型干部。①

---

① 杨志勇. 国家机构改革与新型央地关系[J/OL]. 国家治理周刊,2018 - 05 - 31. http://theory. people. com. cn/GB/82288/388581/index. html.

第三节　灾害法学落实《综合减灾意见》

一、灾害法学教学、课题研究和学术交流

笔者深知灾害法学的使命,就是实践和落实《综合减灾意见》,把《综合减灾意见》中的具体规定,变成学术和人才培养层面的现实。于是,在《综合减灾意见》"指导思想"部分规定的"坚持以防为主、防抗救相结合,坚持常态减灾和非常态救灾相统一,努力实现从注重灾后救助向注重灾前预防转变,从应对单一灾种向综合减灾转变,从减少灾害损失向减轻灾害风险转变,落实责任、完善体系、整合资源、统筹力量,切实提高防灾减灾救灾工作法治化、规范化、现代化水平,全面提升全社会抵御自然灾害的综合防范能力"引导下,积极开展学科创新、学术研究探索和开拓学术研究与交流的平台。

近年来,国内外自然灾害都呈现出上升趋势。尤其是对于四川省,自2008年5月12日以来,连续发生过多次重大的自然灾害。例如,2013年4月20日芦山大地震、2017年8月8日九寨沟大地震、2018年10月11日、2018年11月3日金沙江堰塞湖等,灾害频发造成的损失极其严重。可见,四川省地质灾害应急和减灾的学科建设任重而道远。为此,笔者自觉肩负起学术责任来。即:2009年3月,在四川大学法学院环境资源法学硕士点,增列"灾害法学"研究方向,并开始招生到现在。2015年9月,在四川大学—香港理工大学灾后重建与管理学院增列"灾害法学"博士研究方向,于2016年招生至今。灾害法学作为一个新兴的专业学科,以灾害学、管理学和法学的交叉为研究特色,在国内处于起步创建阶段,学科自身以提升我国政府的防灾减灾救灾能力为己任,并以培养高层次专门人才为目标。

目前,笔者已经开设《灾害法学》《防灾减灾与应急管理法概论》《自然灾害与法律:灾害中逃生能力的养成训练》《公民安全、社会安全与国家安全》《城市灾害法学》《环境灾害法学》《气候变化与国家义务》等一系列本科生、研究生和博士生课程,并与绵阳市北川县政协联合创办"巴拿恰灾害法学论坛",创办《灾害法学评论》(半年刊)等。随着长期的积累,灾害法学的理论与实务研究,已经形成一门具有创新意义和提升我国法治能力,带有明显的交叉学科特色的新学科的必然趋势。

笔者对灾害法学的创建,从学科角度看,主要是灾害法学理论、减灾法律实务、灾害应急立法,尤其是四川省地方灾害的防灾减灾应急和灾后重建研究,四川三州地区灾害法治能力提升试点等。笔者主要研究人的致灾性、灾后恢复重建法律问题、政府防灾减灾救灾法治能力提升等灾害法学学科创新性专业理论与实务问题,研究领域包括但不限于(1)防灾减灾救灾综合机制、体制和灾害法治的构建和完善;(2)我国单灾种立法研究;(3)我国灾害综合应对基本立法(即灾害对策基本法)研究;(4)四川省地方灾害防控的大数据与法治研究;(5)四川"三州地区"政府灾害预防与应急能力研究;(6)四川省防灾减灾救灾产业化的法治研究;(7)我国地方灾害减灾的国际合作法律机制研究;(8)公众灾害法学教育研究;(9)防大灾救大险政府合作机制研究;(10)防范化解重大风险政府能力研究;(11)四川易灾地区灾害法治能力持续提升研究;(12)气候变化国家义务履行研究;(13)中美日三国灾害法学合作研究;(14)灾害法学领域"中国故事"样本研究等。

自1991年江淮大水灾之后,笔者即长期专心从事防灾减灾救灾法学原理与实务的研究,并开展相应的教学工作,研究成果丰硕。主要成果有:(1)减轻自然灾害的法律问题研究,四川大学青年项目1991;美国亚董联资助科研项目基金资助1992;(2)自然灾害中的人权保障(论文),四川大学学报1992-2;(3)减轻自然灾害的法律问题研究(专著),四川大学出版社1994;(4)减轻自然灾害的法律问题研究(专著),1996年获四川大学优秀社科成果1等奖;(5)人的致灾性和减灾性与可持续环境资源区域立法(论文),1999-11国家环保总局、国土资源部、中国法学会"国际环境与资源法研讨会"优秀论文奖;(6)灾民身份的认定与灾后重建救助协调——以《防震减灾法》修改为视角(论文),中国司法2008-8;(7)四川汶川大地震重大法律问题研究(项目负责人),四川省2008年社科重大项目研究报告,2011-6;(8)关于设立"5·12"全国灾难纪念日的建议,2008-05,报全国人大、国务院,促成"5·12防灾减灾日"成功设立;(9)关于《中华人民共和国防灾减灾法修改的建议》,2008-10,通过民革中央报全国人大;(10)减轻自然灾害的法律问题研究(修订版,专著),法律出版社2008;(11)"5·12"汶川大地震与三个减灾法律问题——以减灾法效用与政府行为效能为视角(论文),载《减轻自然灾害的法律问题研究》(修订版),法律出版社2008;(12)"5·12"全国灾难纪念日的设立义务与纪念责任(论文),载《减轻自然灾害的法律问题研究》(修订版),法律出版社2008;(13)汶川大地震灾后"经济—社会—生态"统筹恢复重建研究,国家社科基金2008重大招标项目(子项目负责人),2009-03-01;(14)防灾减灾法律支持与经济保障(论文),四川日报2009-06-02;(15)防灾减灾意识培育:提升政府减灾能力的关键(论文),中国社会报,2009 - 06 - 15;(16)区域经济一体化建设中自然资源合理使用与补偿法律问题研究(论文),当代法学论坛 2009 - 3;(17)灾区生态修复的法律支持——以"5·12"汶川大地震灾区生态修复条例制定为视角(论文),2009 - 07 中国西部法治论坛论文,载四川省法学会《落实科学发展观,推进西部法制建设论文集》;(18)减轻自然灾害的法律问题研究(修订版,专著),法律出版社 2008,2009 年获司法部优秀科研成果 2 等奖;(19)减灾法与"5·12"汶川大地震减灾经验(论文),载赵万一《民商法学讲演录》(第三卷),法律出版社 2010;(20)日本"核信用破产"的法律启示(论文),热道 2011 - 6;(21)汶川地震灾区生态修复的地方立法(2011 - 10 中日韩"自然灾害与法"国际学术研讨会论文),热道 2011 - 7;日本关西大学学报 2011 - 6;(22)中国的防灾减灾法律制度——以"5·12"汶川大地震灾后处置为核心(论文),载韩国环境法学会:环境法研究 2012 - 4(国际刊物);(23)中国的灾害医学立法——以"5·12"汶川大地震灾害医学减灾立法为视角(论文),2012 年美国灾害医学国际会议论文(2012 - 04);(24)"毒地":环境治理新挑战(论文),中国经济报告 2013 - 2;(25)生态安全义务履行与人的致灾性法律控制(项目负责人),四川省社科联项目 2013;(26)土壤污染灾害的致灾性三论——以"谁污染谁治理"原则失效为视角(论文),社会科学 2013 - 7;(27)震后受灾人群心理抚慰与治疗——以心理救援条例制定为视角(项目负责人),四川大学中央高校基本科研项目 2013;(28)土壤污染致灾性控制的逻辑理路(论文),四川大学学报 2013 - 6;(29)土壤污染致灾性控制的逻辑理路(论文),中国人大报刊资料中心'经济法学'全文转载;(30)巨灾下的医疗资源调集能力限制的立法思考——以汶川大地震"院内死亡率"与"外送伤员量"双高为视角(论文),当代法学 2014 - 1;(31)"余姚水灾"的人为致灾性(论文),中国人口·资源与环境 2014 - 3;(32)灾害应急预案启动的三重效用性——以"余姚水灾"中三个预案的启动效果为视角(论文),中国环境法学评论 2014 - 6;(33)芦山地震心理危机干预"二次伤害"的法律控制——以张支蓉叠加性损害的心理援助义务法律化为视角(论文),理论与改革 2014 - 6;(34)灾害法学基本问题研究(项目负责人),四川大学中央高校基本科研业务费项目,2015 - 01 - 05);(35)灾害应急预案供给与启动的法律效用提升—以"余姚水灾"中三个应急预案效用总叠加为视角(论文),南京大学学报(哲学·人文科学社会科学版),2015 - 4;(36)地震灾害中"二次伤害"心理危机的法律干预条件——以《心理救援条例》制定与颁行的障碍为视角(论文),当代法学 2015 - 4;(37)海绵城市建设与城市水污染治理职责——以我国《环境保护法》第 2 条效用性为视角(论文),江苏大学学报·社会科学版,2015-5;(38)人的致灾性的"聚合特征"(论文),中国环境法学评论2015-6;(39)人的致灾性及其界定(论文),政法论丛2015-6;(40)四川大学中国灾害法学国际研究中心建设项目(项目负责人),中日(与日本关西大学社会安全学院)合作项目,2016;(41)四川大学自然灾害应急管理与灾后重建研究智库,首席专家,2017;(42)发展不平衡不充分问题的法学对策(项目负责人),四川大学法学院"研究阐释党的十九大精神"专项研究课题,2017;(43)韧性城市建设与防灾减灾综合机制(项目负责人),四川省社会发展与社会风险控制研究中心项目,2017;(44)灾害法学学科建设与国家综合减灾能力的提升(项目负责人),四川大学法学院双一流专项研究课题,2018;(45)气候变化与国家义务(项目负责人),四川大学教务处,2018;(46)生态安全义务履行与人的致灾性法律控制研究(项目负责人),中国法学会后期资助项目,2017;(47)防大灾救大险法治能力提升研究(项目负责人),国家社科重大专项项目,2018;(48)自然灾害与法律:灾难中求生能力的养成训练(专著),四川大学出版社2018;(49)公民安全、社会安全与国家安全(专著),四川大学出版社,2017;(50)西部地区发展不平衡不充分问题的法学对策——以法治破解"胡焕庸线"的路径为视角,第十二届"中国法学家论坛征文奖"二等奖,中国法学会2018-01;(51)四川大学自然灾害应急管理与灾后重建研究智库项目"四川藏区地质灾害综合防治体系建设研究"(项目负责人),2018。

　　应当说,前述这些成果和研究项目,是笔者积累29年的持续研究、钻研、探索,在四川3次大的地震灾害,以及各种地质灾害综合防治体系探讨过程中,付出大量的辛勤、汗水和精力之后,不断总结出来的原理、学理和规则,并以文字的形式固定成相应的成果。

二、金沙江堰塞湖应急的教学分析

　　2018年10月11日07:10左右,西藏自治区江达县波罗乡境内发生山体滑坡,金沙江堰塞湖第一次发生。当日上午,四川省甘孜州白玉县水务局已确认垮塌地点位于白玉县建设镇日西村。此次垮塌方量较大,堰塞体较高,导致金沙江干流几乎完全堵塞。甘孜局及雅安局应急监测队已第一时间携带监测设备赶赴现场。堰塞湖长达1千米左右,湖内总水量超过700万立方米,堰塞湖上游站点岗拖站10月11日10:00时水位3573.38米,流量1330立方米/秒,当日13:00时水位3573.30米,流量1300立方米/秒,来水稳定;堰塞湖下游站点巴塘站10:00时水位2480.69米,流量1940立方米/秒,13:00时水位2479.92米,流量1420立方米/秒,3小时水位下降0.77米,流量减少500立方米/秒。金沙江堰塞湖险情发生后,四川省防指同西藏防指、长江委水文局上游分局建立信息沟通机制,紧急派出水文队伍加密监测上下游水情。同时,向影响范围内的有关市、县以及沿江水电站发出紧急通知,要求果断组织沿岸受影响低洼地区群众紧急转移,相关水库电站做好预泄腾库准备。西藏防指要求江达、贡觉、芒康县做好监测预警并撤离沿岸群众。江达县启动防汛抗旱Ⅲ级应急响应,贡觉县防指计划启动Ⅰ级应急响应,克日、沙东、罗麦、敏都、木协5乡已组织沿岸地势低洼群众进行有序撤离,并要求叶巴滩和拉哇水电站已做好避险工作。最初统计,西藏江达县波罗乡已紧急转移群众、学生300余人。①

对于这次重大灾害的应急,笔者在《防灾减灾与应急管理法概论》《环境灾害法学》和《自然灾害与法律——灾害中求生能力的养成训练》(慕课录制)过程,以及《巨灾来临——人类如何应对》讲座中,都把应急管理部的应急举措、应急过程和应急效果等,作为直观、形象和生动的个案资料加以展示。比如,这次堰塞湖当中,承灾体是什么,有哪些致灾因子,堰塞湖所在金沙江地段的孕灾环境,气候变化与这次堰塞湖发生有什么关系? 同时,开拓性设问的是,应急管理部启动几级应急预案,白玉县和地市启动的应急预案等级为何不同,西藏自治区、四川省和云南省为何要联动应急,假如堰塞湖地区有重大建设项目设施,发生山体滑坡后,应当如何应急? 假设在堰塞湖地区,25年前你作为当地负责人拍板决定修建居民点或者重大设施,发生堰塞湖后谁承担责任与后果? 等等。这次山体滑坡形成的堰塞湖随后自然泄流20天,本以为堰塞湖危险基本解除。

然而,2018年11月3日17:40,江达县波罗乡白格村原山体滑坡点再次发生滑坡,超过200万立方米岩土体滑入金沙江河道填充原有龙口,造成第二次堰塞,金沙江被再次阻断。这次滑坡新增堰塞体顺江长度273米、横河向长度195米,堰塞体体积达到1000万立方米,超出第一次堰塞体高度约36米,满库库容达到7.7亿立方米,堰塞体比第一次水体约多出2亿立方米,这是更大的滑坡。新增滑坡体约200万立方米,完全淹没了此前自然形成的泄流渠道,泄流渠道被阻断堰塞湖成为高悬的"炸弹"。这次险情发生后,中国电建第一时间获得消息后,立即派出相关技术人员前往绒盖乡,与当地政府会合分析商讨应对措施,并于11月4日

---

① 席秦岭等. 最新消息汇总! 金沙江堰塞湖垮塌地点确认,下游得荣县已疏散4702人[N/OL]. 华西都市报封面新闻,2018 - 10 - 11, http://wemedia. ifeng. com/81632893/wemedia. shtml.

早晨第一时间到达滑坡堰塞体区域实地调查,为后续工作的展开提供了最精准的信息和数据。在地质、规划、施工等专业努力下,于 11 月 5 日凌晨第一时间拿出应急处置方案。与此同时,地质、施工、水工等专业的技术骨干,分别在 11 月 4 日、5 日到达叶巴滩水电站营地,为前线的应急抢险方案的制定和实施提供专业支撑。11 月 6 日,现场技术专家兵分两路。其中一路对则巴沟区域进行无人机调查,为进场应急道路实施提供三维影像和数字资料。另一路对堰塞体区域进行实地调查。① 应当说,第二次形成的堰塞体坝高大大增加,较之前几乎翻倍,高出了60 ~ 100 米,这意味着自然泄流的时间会被极大地拖后。如果等待自然泄流,预计要到 11 月 15 日以后,但这 12 天的时间,则让新形成的堰塞湖蓄水量达到约 7.7 亿立方米,这是第一次堰塞湖蓄水量的 3 倍,无异于一颗高悬的"炸弹"。

这一次,金沙江堰塞体的自然泄流已不可能,于是,在此后的 9 天时间里,一条用无数人力和机具挖掘出的泄流槽,成为"金沙江堰塞湖之殇"的救赎之渠。但是人工挖掘情况下泄流,坝体可能快速溃决,给下游造成巨大破坏。因此,加强监测预警,监测动用无人机、北斗卫星、边坡雷达以及流动哨等。2018 年 11 月 12 日18:00 时,导流槽实测流量 2.5 立方米/秒;11 月 13 日 07:50,过水断面实测流量63.1 立方米/秒;14:00 估算过流流量 800 立方米/秒,堰塞湖面开始下降;18:00泄流流量已达到 3.1 万立方米/秒。到 2018 年 11 月 13 日下午,应急管理部通报文稿说,金沙江第二次堰塞湖人工干预符合预期,断流超过 200 小时的金沙江上下游已贯通,断流问题已经解决。但是,2018 年 11 月 14 日 03:00—04:00,因白格堰塞湖洪峰经过,巴塘县竹巴龙乡和苏哇龙乡造成金沙江大桥被冲毁,318 国道竹巴龙段部分路基冲毁,路面大面积塌陷,道路完全中断。② 在金沙江第二次山体滑坡造成的堰塞湖危机里,白玉、得荣、巴塘等县多处房屋、农田被毁,牲畜被冲走。截至 11 月 13 日,仅甘孜州在第二次白格堰塞湖险情中就转移安置 18849人。③ 在教学过程中,笔者通过这次应急处置的全部过程材料,让学生参与开展讨论、现场模拟和对网上传递的视频等进行具体形象的分析比较,以增强教学的实用性和针对性。课后,笔者布置了题为《金沙江堰塞湖两次应急活动的评价》的

---

① 中国电建集团. 白格滑坡二次堰塞堵江,中国电建与时间赛跑投入抢险[EB/OL]. 2018 - 11 - 09,中国电建集团,http://www. cec. org. cn/zdlhuiyuandongtai/qita/2018 - 11 - 09/186311. html.

② 甘孜州交警支队. 紧急扩散! 白塔堰塞湖洪峰冲毁金沙江大桥! 318 国道中断[N/OL]. 封面新闻,(2018 - 11 - 15)[2018 - 11 - 21]. http://www. thecover. cn/news/1377591.

③ 杨雪. 惊心动魄 30 天,战"悬湖"[N]. 华西都市报,2018 - 11 - 19(A1).

作业,学生们从 3 个方面,即(1)两次应急的总体评价;(2)两次应急活动的得失比较;(3)此次应急活动中省际联动合作的认识等角度,进行了认真仔细全面的分析和研究。应当说,金沙江两次堰塞湖的应急处置是不同的,采取的应急对策、措施和形成的方案,以及处置效果都是不同的。这些教学方法让学生感受到了"防大灾救大险的法治能力"提升,是非常重要而且必要的。

三、川藏铁路的地质灾害防范的智库课题与《灾害法学评论》

21 世纪开始,全球气候变化明显影响到地处西南地区的四川省。

从 2008 年"5·12"汶川大地震之后,10 年内,四川省连续发生 2013 年 4 月 20 日的芦山大地震、2017 年 8 月 8 日的九寨沟大地震,以及 2018 年 10 月 11 日、11 月 3 日的金沙江堰塞湖灾害等,其他小型和区域性灾害不计其数。四川灾难频发的事实,在挑战四川"天府之国"的名号。尤其是四川的川西三州地区,是我国地质灾害发生密度最大,损失最为惨重,以及国家级贫困县数量最多的地区,加上又主要是少数民族地区,担负着"康巴安西藏安,西藏安天下安"的特殊国家安全的区域性使命。在地质灾害严重的金沙江流域,各种基于经济社会发展需要的重点工程、大型工程和川藏铁路项目,都是必须全力保障的工程项目。但是,严重的自然灾害和工程灾害,威胁着四川省川西地区乃至全川经济社会的可持续发展。

面对各种灾害频繁发生的严峻局面,四川省应当在防灾减灾救灾综合体制改革的大背景下,有所作为和有大的作为,整个四川的灾害防灾减灾救灾作为一个具有地方特色的产业,也需要灾害法学研究的成果,作为地方法治能力建设的重要力量,在四川省法学会灾害法学研究会设立后,以专业研究会的形式提供学术支撑。事实上,我国辽阔的幅员和复杂的地质地理环境,实际上已经构成了全国性的孕灾环境。面对自然灾害的频发,在综合国力不断增强的背景下,国家防灾减灾救灾领域的投入与保障,运用法律手段进行投入调整,强化地方政府的防灾职责,是我国防灾减灾救灾体制、机制和法制的重要保障。

笔者对灾害法学理论研究表明,灾前期、临灾期和灾后期的灾害全过程,都需要直接依靠法治进行预防、应对和灾后重建,尤其是对"通道期"现象,进行深入研究。例如,灾前期的备灾法律制度,需要运用法律法规对预警机制的构建、应急预案的制定与更新等进行全面规范;而应急期的救灾法律制度,需要运用法律手段对应急预案的启动、应急救灾参与主体、应急救灾的程序等进行规范;灾后期的重建制度,则需要运用法律法规对灾后重建规划等进行措施、方案的保障性落实。所有这一切,都需要灾害法学研究的专门力量、专门成果和专门机制。

目前,法学界对于灾害领域法律问题的研究,主要集中在减灾法律实务,即在典型的自然灾害、事故灾难、社会安全事件和公共卫生事件发生后,对于该个案进行集中研究,多以事故问责的形式对于灾害演变形成进行分析,从而提出相应的对策法律制度完善建议。然而,这种个案式研究必然带有一定的局限性,即"只见树木,不见森林"。灾害法学作为一门有独立研究对象的交叉学科型部门法,采用系统的方法进行灾害发生、预防、应对和灾后重建等系统研究,研究中,把灾害单行法和综合法的效用作为主要研究目标。

笔者认为,我国防灾救灾和减轻灾害的法律法规、部门规章和规范性文件数量众多。但是,这些防灾减灾的法律无一例外都属于单灾种法,防灾减灾的法规则大多带有强烈的部门立法色彩,而更多的部门规章和规范性文件的实际运行效果,往往非常不尽如人意。这些问题的出现,是因为缺乏一部统领整个防灾减灾救灾法律体系的灾害基本法。尤其是,2018年3月的国务院机构改革中,虽然将众多的防灾减灾救灾机构及其职责,整合到了应急管理部。但是,"应急管理部"的名称本身,说明防灾职责比较弱,而灾害应急色彩过于浓厚,这也正是目前需要灾害法学解决的主要问题。应当说,运用法学的方法论,梳理、分析和研究、解决我国的防灾减灾救灾综合体制的建设与完善问题,是灾害法学自身担负的特殊使命。这个使命,从全国范围来看,灾害频发的是四川省担负国家防灾减灾救灾综合体制法治化重任,是理所当然和义不容辞的。因此,四川省法学会灾害法学研究会的建立,作为全国第一个在此领域的省级法学会下属的研究会,其具有的重要学术意义和实践意义,都是不容小觑的。

2016年10月,四川省委智库建设启动,笔者主持申报"四川大学自然灾害应急管理与灾后重建研究智库"(简称"川大灾害研究智库")项目。该项目于2017年11月获得批准。2018年6月下旬至7月上旬,作为"川大灾害研究智库"的首批研究项目,以《四川三州灾害状况与地方政府灾害应对能力》为题,由笔者以"川大灾害研究智库"首席专家身份,带领"四川大学—香港理工大学灾后重建与管理学院博士调研团"前往四川三州地区调研,收集到丰富的一手研究资料。目前,已形成四川省防灾减灾救灾多条智库建议。四川大学—香港理工大学灾后重建与管理学院是全球首个侧重于防灾减灾和重大危机处理,集科学研究、教育培训和服务社会为一体的综合性学院。学院围绕灾害应用社会科学、灾害医学、安全科学与减灾三大领域,瞄准防灾减灾和重大危机处理领域基础性、前沿性、战略性议题,开展科学研究,具备学术创新和开拓发展的潜力。

2018年8月25日,《防大灾救大险法治能力提升研究》获得国家社科基金重大专项项目立项。目前,灾害法学领域的研究,主要集中在灾害法学基本理论、防灾减灾救灾实务的法律规制、《中华人民共和国灾害基本法》和灾后重建国家标准等的立法研究方面。

2018 年 12 月 20 日,以笔者为首席专家的"川大灾害研究智库"获得四川新型智库重大课题《四川藏区地质灾害综合防治体系建设研究》。这个课题显然担负着"康巴安西藏安,西藏安天下安"的国家安全使命,在金沙江堰塞湖应急刚刚过去,而川藏铁路建设即将全面开工的大背景下,细致、全面和认真完成这个项目,是笔者的学术职责所在。

而筹备中的"四川省法学会灾害法学研究会",其主要研究对象,是灾害法学基本理论,防灾减灾救灾综合体制改革,灾害应急和灾后重建的理论与法律实务,以及灾害法学国际交流与合作等。一旦"四川省法学会灾害法学研究会"申办成功,或者"四川大学中国灾害法学国际合作与创新平台"运行起来,每年开展下列活动。(1)举办"巴拿恰灾害法学论坛"(自 2016 年"巴拿恰灾害法学论坛"开设以来,已经连续召开 5 期),未来将继续召开"巴拿恰灾害法学论坛"。① (2)举办规模大小不一的灾害应急管理、"川大灾害研究智库"和专项灾害法学课题、项目咨询会、研讨会和讨论会等,形成灾害法学国内一流的研究氛围、研究成果和研究成果转化机制。(3)借助《防大灾救大险法治能力提升研究》国家社科基金重大专项项目,以及四川新型智库重大课题《四川藏区地质灾害综合防治体系建设研究》,开展广泛的灾害法学国内合作与国际合作,寻找典型样本,讲好防灾减灾救灾的"中国故事"。

未来,灾害法学的研究成果,主要以三种形式展示和转化:(1)将研究成果转化成各种建议和意见,提交各级政府主管领导和主管部门,供做参考;(2)通过"巴拿恰灾害法学论坛"发布灾害法学前沿研究项目和研究信息,带动四川省的灾害法学研究,辐射全国;(3)通过《灾害法学评论》和四川省法学会灾害法学研究会年会,征集高质量学术论文,研讨、刊发和交流,并设立奖项,鼓励和提升四川省的灾害法学研究能力和学术水平。在此笔者期望这些考虑或者学术活动为两办《综合减灾意见》的落实,提供更多的高质量、可持续的学术助推动力。

---

① 2016 年 5 月 12 日,在北川县防震减灾局召开"2016 巴拿恰灾害法学论坛"后,2016 年 11 月 15—19 日在日本关西大学社会安全学院举办"2016 巴拿恰灾害法学论坛—日本分论坛",并编辑出版《灾害法学评论》(法律出版社出版,以书代刊)。2017 年、2018 年"巴拿恰灾害法学论坛"又举办了 3 次。2020 年 12 月 12 日"巴黎协定签署五周年纪念暨气候变化国家义务履行研讨会"正在积极筹备中。

参考文献

一、著作类

1.〔德〕恩斯特·卡西尔. 人论[M]. 甘阳,译. 上海:上海译文出版社,1985.

2. 梁茂春. 灾害社会学[M]. 广州:暨南大学出版社,2012.

2. 马宗晋. 自然灾害与减灾 600 问答[M]. 北京:地震出版社,1990.

3. 曲向荣. 环境生态学[M]. 北京:清华大学出版社,2012.

4. 王建平. 减轻自然灾害的法律问题研究(修订版)[M]. 北京:法律出版社,2008.

5. 孙志中. 1976 唐山大地震[M]. 石家庄:河北人民出版社,1999.

6. 刘雪松. 汶川地震的启示——灾害伦理学[M]. 北京:科学出版社,2009.

7. 刘震云. 温故一九四二[M]. 北京:人民文学出版社,2011.

二、学术论文

1. 谢礼立. 自然灾害学报(发刊词)[J]. 自然灾害学报,1992(1).

2. 王锋. 要重视承灾体的考察研究[J]. 灾害学,1991(3).

3. 郐晓艳,周娟,等."5·12"地震后 PTSD 症状严重性和社会支持之间的相关性研究[J]. 神经损伤与功能重建,2010(4).

4. 廖晓明,李小溪,等. 创伤后应激障碍(PTSD)与汶川地震后心理救援[J]. 中国现代医生,2009(8).

5. 管丽丽,向虎,等. 汶川地震后部分极重灾区人群对心理社会支持的需求[J]. 中国心理卫生杂志,2011(2).

6. 陈华,杨兴鹏. 对5.12汶川大地震后心理救援工作的思考[J]. 西南交通大学学报(社会科学版),2008(4).

7. 王绪梅,王婷,等. 地震后茂县羌族老年人的社会支持语心理健康状况[J]. 中国老年学杂志,2009(11).

272

8. 黄河清,杨惠琴,等. 汶川地震后不同灾情地区老年人创伤后应激障碍发生率及影响因素[J]. 中国老年学杂志,2009(10).

9. 黄国平,吴俊林. 汶川大地震后1年北川干部生存质量状况调查[J]. 中国循证医学杂志,2012(4).

10. 李喆,李进,等. 汶川地震后1年参与灾区医疗救援医务人员的心理健康状况调查[J]. 中国循证医学杂志,2009(11).

11. 郭跃,朱芳,等. 自然灾害社会易损性评价指标体系框架的构建[J]. 灾害学,2010(4).

12. 巫丽芸,何东进,等. 自然灾害风险评估与灾害易损性研究进展[J]. 灾害学,2014(4).

13. 周扬,李宁,等. 自然灾害社会脆弱性研究进展[J]. 灾害学,2014(2).

14. 闫绪娴. 中西部地区自然灾害社会易损性空间特征分析[J]. 经济地理,2014(5).

15. 唐玲,刘怡君. 自然灾害社会易损性评价指标体系语空间格局分析[J]. 电子科技大学学报(社科版),2012(3).

16. 李绍明. 汶川大地震后羌族文化重建问题[J]. 西南民族大学学报(人文社科版),2008(9).

17. 喇明英. 汶川地震后对羌族文化的发展性保护研究[J]. 西南民族大学学报(人文社科版),2008(7).

18. 任萍. 羌族非物质文化遗产传承保护中的政府参与——以"5.12汶川大地震"后的羌年实践为例[J]. 民族学刊,2011(6).

19. 秦伯强,王小冬,等. 太湖富营养化与蓝藻水华引起的饮用水危机——原因与对策[J]. 地球科学进展,2007(9).

20. 王建平. "人的致灾性"及其界定[J]. 政法论丛,2015(6).

21. 王建平. 土壤污染灾害的致灾性三论——以"谁污染谁治理"原则失效为视角[J]. 社会科学,2013(7).

22. 周子康,等. 浙江省台风灾害的成因因子与危害分析[J]. 科技通报,1994(3).

23. 苏伟忠,杨桂山,等. 城市空间扩展对区域洪涝孕灾环境的影响[J]. 资源科学,2012(5).

24. 王志恒,胡卓玮,等. 基于变维分形理论的四川低山丘陵区滑坡孕灾环境敏感性分析[J]. 地球与环境,2012(6).

25. 杨佩国,靳京,等. 基于历史暴雨洪涝灾情数据的城市脆弱性定量研究——以北京市为例[J]. 地理科学,2016(5).

26. 黄建毅,苏飞. 城市灾害社会脆弱性研究热点问题评述与展望[J]. 地理科学,2018(8).

27. 林孝松,唐红梅,等. 重庆市地质灾害孕灾环境分去研究[J]. 中国安全科学学报,2011(7).

28. 聂娟,连健等. 汶川地震灾区滑坡空间特征变化分析[J]. 地理研究,2014(2).

29. 王鹏,王婷,等. 四川省干旱灾害孕灾环境敏感性研究[J]. 现代农业科技,2014(24).

30. 武健伟,李锦荣,等. 基于厦垫面孕灾环境因子的锡林郭勒地区沙尘暴风险评价[J]. 林业科学,2012(9).

31. 王莺,莎莎,等. 中国南方干旱灾害风险评估[J]. 草业学报,2015(5).

32. 安南. 联合国秘书长安南在国际减灾十年或冻论坛上的讲话(1999年7月5日)[J]. 中国减灾,1999(4).

33. 丰纪明,等. 汶川大地震绵阳九州体育馆灾民临时安置点的卫生问题与应急处置[J]. 中国急救复苏与灾害医学杂志,2009(8).

34. 倪峰. 地震灾后临时过渡安置房规划建设国内外比较研究——以汶川地震灾后板房为例[J]. 城市发展研究,2016(1).

35. 王海鹰,等. 地震应急期关键时间阶段划分研究[J]. 灾害学,2013(3).

36. 毛德华. 人类与灾害相互影响机制的初步研究[J]. 湖南师范大学自然科学学报,1997(2).

37. 李福祥,等. 汶川地震灾区灾后3个月疾病谱的变化及医学救援分期[J]. 山东医药,2009(6).

38. 张怀承. 灾害伦理学论纲[J]. 灾害伦理学,2013(6).

39. 史培军. 三论灾害研究的理论与实践[J]. 自然灾害学报,2002(3).

40. 张广友. 目睹1975年淮河大水灾[J]. 炎黄春秋,2003(1).

41. 单纯刚. 世界最大水库垮坝惨剧真相大白[J]. 农村经济与科技,2006(1).

42. 王国安. 淮河"75·8"洪水垮坝的主要原因分析及经验教训[J]. 科技导报,2006(7).

43. 杨晓艳,马玉芳,等. "体适能"训练对提高大学生灾难自救能力影响的分析[J]. 南京体育学院学报,2011(4).

44. 苏幼坡,徐美珍,等. 自救与互救——严重地震灾害后扒救灾民方式[J]. 河北理工学院学报(社会科学版),2003(3).

45. 杨小二,张永领. 地震灾害情景下农村自救互救能力研究[J]. 华南地震,2016(1).

46. 雷晓敏. 中国民众抗震自救能力研究——以日本国民消解震灾经验为例[J]. 焦点战略新探,2011(3).

47. 陈艳,程玉兰. 国内外公众应对突发公共卫生事件逃生自救知识与技能概况[J]. 中国健康教育,2009(3).

48. 李世雄,朱华桂. 基于受灾者关键期自救的应急救援物资结构研究——以地震灾害为例[J]. 震灾防御技术,2016(1).

49. 郑霄阳,常志卫. 普及急救自救知识,从容应对突发事件[J]. 海峡科学,2012(3).

50. 邹广水. 目的地旅游安全度评价及时空格局——基于全国 31 个省会城市的统计数据[J]. 中国软科学,2016(2).

三、报纸文献

1. 王翀鹏程. 宜宾爆炸企业存违规,车间产品与申报不符[N]. 新京报,2018 – 07 – 18.

2. 郄建荣. 我国二氧化硫等排放量在全球仍居于高位[N]. 法制日报,2017 – 01 – 18.

3. 王阳. 武汉城区建国后湖泊锐减 89 个,法规难止违规填湖[N]. 法治周末,2015 – 03 – 18.

4. 谢觉民. 围墙因何坼裂?[N]. 中国减灾报,1993 – 03 – 17.

5. 刘洪波. 人类面对自然和自己的态度[N]. 南方周末,2005 – 01 – 07.

6. 聂辉. 武汉暴雨汤逊湖水猛涨,奢华别墅区被洪水围困成孤岛[N]. 京华时报,2016 – 07 – 09.

7. 佚名. 我国海洋微塑料污染处于中低水平[N]. 中国环境报,2018 – 06 – 01.

8. 王珂,寇江泽. 事关环保大计,加快加紧治理[N]. 人民日报,2018 – 07 – 06.

9. 李静. 北京医生称"北京咳"一词"极度侮辱北京"[N]. 经济参考报,2013 – 01 – 21.

10. 邓琦. 北京公布 PM2.5 源解析数据:本地来源尾气最多[N]. 新京报,2014 – 04 – 16.

11. 乔栋. 山西 12 个河流断面水质恶化[N]. 人民日报,2016 – 06 – 06.

12. 谢方,张萌. 大武汉:一座城与长江洪水的关系史[N]. 长江商报,2015 – 06 – 22.

13. 曾金秋. 武汉蔡甸区多处民垸漫溃,1.6 万人转移[N]. 新京报,2016 – 07 – 06.

14. 刘志强. 既要温暖过冬,又要蓝天白云——我国推进北方地区冬季清洁取暖综述[N].人民日报,2016－12－31.

16. 华小峰.半个北川县城被泥石流掩埋,地震遗址濒临消失[N].天府早报,2008－09－28.

16. 中国气象报评论员.评论:减少灾害风险,建设安全城市[N].中国气象报,2016－05－12.

17. 夏斌.风险面前,城市要多一点"韧性"[N].解放日报,2016－06－06.

18. 赖芳杰,谈思岑,等.防灾减灾市长峰会闭幕,"成都宣言"让城市更具韧性[N].华西都市报,2011－08－13.

19. 高淑英.外国专家曾悲观预计汶川地震后出现"自杀高潮"[N].北京青年报,2013－04－27.

20. 杜灿.3年后,成都出炉45个"灾难学"博士[N].成都晚报,2010－12－31.

四、法律法规等文献

1. 中华人民共和国防洪法,1997年8月29日通过,1998年1月1日施行;2009年8月27日第一次修正、2015年4月24日第二次修正、2016年7月2日第三次修正。

2. 中华人民共和国民法通则,1986年4月12日通过,1987年1月1日施行;2009年8月27日修正。

3. 中华人民共和国突发事件应对法,2007年8月30日通过,2007年11月1日施行。

4. 中华人民共和国防沙治沙法,2001年8月31日通过,2002年1月1日施行;2018年10月26日修正。

5. 中华人民共和国森林法,1984年9月20日通过,1985年1月1日施行;1998年4月29日修正。

6. 中华人民共和国草原法,1985年6月18日通过,2002年12月28日第一次修订;2009年8月27日第二次修正;2013年6月29日第三次修正。

7. 中华人民共和国水土保持法,1991年6月29日通过;2009年8月27日修正。

8. 中华人民共和国土地管理法,1986年6月25日通过,1987年1月1日施行;1988年12月29日修正。

9. 中华人民共和国气象法,1999年10月31日通过;2009年8月27日第一次修正;2014年8月31日第二次修正;2016年11月7日第三次修正。

10. 中华人民共和国环境保护法,1989年12月26日通过;2014年4月24日修订。

11. 汶川地震灾后恢复重建条例,2008 年 6 月 4 日通过,2008 年 6 月 8 日施行。

12. 中共中央办公厅 国务院办公厅:关于印发《应急管理部职能配置、内设机构和人员编制规定》的通知,2018 年 7 月 30 日。

13. 中共中央、国务院《关于推进防灾减灾救灾体制机制改革的意见》,2016 年 12 月 19 日。

14. 中共中央办公厅、国务院办公厅《关于推进城市安全发展的意见》,2018 年 1 月 7 日。

15. 国务院《大气污染防治行动计划》,2013 年 9 月 10 日。

16. 国务院办公厅《关于推进海绵城市建设的指导意见》,2015 年 10 月 16 日。

17. 民政部、财政部、国家粮食局《关于对汶川地震灾区困难群众实施临时生活救助有关问题的通知》,2008 年 5 月 20 日。

18. 环境保护部等 5 部委《固体废物进口管理办法》,2011 年 4 月 8 日。

19. 国家自然灾害救助应急预案,2006 年 1 月 11 日。

20. 国家自然灾害救助应急预案,2011 年 10 月 16 日修改。

21. 国家自然灾害救助应急预案,2016 年 3 月 10 日修订。

22. 汶川地震灾后恢复重建对口支援方案,2008 年 6 月 11 日。

23. 国务院新闻办公室《中国的法治建设》,2008 年 2 月 29 日。

24. 国务院新闻办公室《中国的减灾行动》,2009 年 5 月。

25. 世界气象组织公约,1947 年 9 月华盛顿各国气象局长会议,1950 年 3 月 23 日生效。

26. 关于消耗臭氧层的蒙特利尔议定书,1987 年 9 月 16 日加拿大的蒙特利尔通过,1989 年 1 月 1 日生效。

27. 保护臭氧层维也纳公约,1985 年 3 月通过,1988 年生效。

28. 中华人民共和国国家标准:职业健康安全管理体系 要求 GB/T 28001 -2011。

29. 自然灾害管理基本术语 GB/T 26376 -2010,2011 年 1 月 14 日国家质量监督检验检疫总局、国家标准化管理委员会发布,2011 年 6 月 1 日实施。

30. 国务院"7·23"甬温线特别重大铁路交通事故调查组:"7.23"甬温线特别重大铁路交通事故调查报告,2011 年 12 月 25 日。

31. 陕西省防御与减轻滑坡灾害管理办法,2000 年 6 月 15 日。

32. 江西省雷电灾害防御办法,2011 年 12 月 26 日。

33. 昆明市雷电灾害防御条例,2012 年 10 月 31 日。

34. 江苏省自然灾害救助办法,2016 年 9 月 27 日。

35. 安徽省自然灾害救助办法,2015 年 4 月 2 日。

36. 贵州省自然灾害防范与救助管理办法,2015 年 1 月 9 日。

37. 武汉市湖泊保护条例,2002 年 1 月 18 日批准,2002 年 2 月 9 日公布实施;2010 年 9 月 15 日第一次修正,2010 年 9 月 29 日批准;2011 年 12 月 26 日第二次修正,2012 年 3 月 29 日批准,2012 年 4 月 29 日施行。2015 年 1 月 9 日修订,2015 年 4 月 1 日批准,2015 年 6 月 1 日施行。

38. 武汉市基本生态控制线管理条例,2016 年 5 月 26 日。

39. 武汉市基本生态控制线管理规定,2012 年 3 月 16 日。

40. 武汉市湖泊保护条例实施细则,2012 年 4 月 12 日。

41. 武汉市防洪管理规定,2000 年 11 月 30 日武汉人大常委会通过,2017 年 11 月 22 日修正,2018 年 3 月 30 日湖北省人大常委会批准。

42. 武汉市土地利用和空间布局"十三五"规划,2018 年 1 月 31 日。

43. 成都行动宣言,2011 年 8 月 12 日。

44. 2013 年北京市国民经济和社会发展统计公报,2014 年 2 月 13 日。

45. 北京市 2017 年国民经济和社会发展统计公报,2018 年 2 月 27 日。

46. 北京市 2010 年国民经济和社会发展统计公报,2011 年 2 月 21 日。

47. 2013 年余姚市国民经济和社会发展统计公报,2014 年 2 月 20 日。

48. 中国居民膳食指南 2016,2016 年 5 月 13 日。

49. 郭普金:关于《北京市大气污染防治条例》(草案)审议意见的报告——2013 年 7 月 24 日在北京市第十四届人民代表大会常务委员会第五次会议上。

50. 陈添:关于《北京市大气污染防治条例》(草案)的说明——2013 年 7 月 24 日在北京市第十四届人民代表大会常务委员会第五次会议上。

51. 柳纪纲:关于《北京市大气污染防治条例》(草案)的说明——2014 年 1 月 18 日在北京市第十四届人民代表大会第二次会议上。

52. 周生贤:关于《中华人民共和国大气污染防治法》(修订草案)的说明——2014 年 12 月 22 日在第十二届全国人民代表大会常务委员会第十二次会议上。

53. 钮茂生:关于《中华人民共和国防洪法》(草案)的说明——1997 年 6 月 27 日在第八届全国人民代表大会常务委员会第 26 次会议上。

54. 尹力:2016 年四川省人民政府工作报告——2016 年 1 月 25 日在四川省第十二届人民代表大会第四次会议上。

55. 蒋巨峰:关于灾后恢复重建情况的报告——2010 年 9 月 27 日在四川省第十一届人民代表大会常务委员会第十八次会议上。